Handbuch der
Kammer~
musik

Otto Schumann

Handbuch der Kammermusik

Originalausgabe Heinrichshofen's Verlag, Wilhelmshaven
© 1983 genehmigte Lizenzausgabe Manfred Pawlak Verlags-
gesellschaft mbH, Herrsching
ISBN: 3-88199-107-7

Inhalt

Inhalt

Inhalt

Ergänzende Übersicht:

Inhalt

8

Inhalt

Inhalt

Vorwort

Wie in seinem „Opernbuch" und in seinem „Orche-sterbuch" wendet sich der Verfasser mit der hier vorge-legten Arbeit vorwiegend an den Musikliebhaber, nicht an den Fachmann (obwohl auch dieser manchen Hinweis finden mag). Wiederum erscheint es sinnvoller, Haltung und Bekenntnis offen hervortreten zu lassen, als mit sogenannter Objektivität zu liebäugeln; diese kann es in lebendiger Kunst niemals geben.

Unter Kammermusik wird hier verstanden, künstle-risch bedeutsame Musik für ein oder mehrere Instru-mente, sofern sie solistisch besetzt und behandelt wer-den. Sie reicht also von der Solosonate über Duos, Trios, Quartette bis zum Nonett und so fort, — und zwar un-beschadet, ob mit oder ohne Klavier; die Werke für Klavier allein dagegen wurden nicht mit einbezogen.

Die Überfülle an kammermusikalischen Werken machte es notwendig, eine Auswahl zu treffen. Der Le-ser erwarte also nicht ein wahlloses Verzeichnis aller je geschriebenen Kammermusik, wohl aber eine sich-tende Bestandsaufnahme des noch Lebendigen. Maß-stab bei der Sichtung war die in Jahrzehnten immer wieder überprüfte Erfahrung des Verfassers. Damit diese nicht einseitig sich hervordränge, wurden alle er-reichbaren Konzert- und Rundfunkspielfolgen der ver-gangenen Jahre sorgfältig beobachtet und ausgewertet.

So wird der Leser kaum jemals eine kammermusi-kalische Spielfolge antreffen, für die er sich in diesem Buch nicht Rat holen könnte. Etwa dreihundert Tonmei-ster mit ihren wichtigsten Werken wurden mehr oder

minder ausführlich besprochen. Selbstverständlich stehen die klassischen und romantischen Meister im Vordergrund: wer ihre Werke begreift, hat damit den künstlerischen Ausgangspunkt für alles früher oder später
Geschaffene gewonnen, — nicht im Sinne der Wertung,
sondern dem des Verständnisses. Daß der Verfasser
die musikalische Klassik und Romantik als e i n e große
Epoche, nicht als die e i n z i g e , ansieht, mögen einige
Zahlen beweisen. Im Hauptteil wurden 17 Komponisten
behandelt, die vor 1732 (Haydns Geburtsjahr) geboren
wurden, 26 Komponisten, deren Geburtsjahre zwischen
1732 und 1860 (Hugo Wolfs Geburtsjahr) liegen, und
28 Meister, die nach 1860 geboren wurden. Dazu kommen in der „Ergänzenden Übersicht" noch mehr als
zweihundert Komponisten, die man im weiteren Sinne
als zeitgenössisch bezeichnen darf. Es sei hier erwähnt:
die schwierige Stoffbeschaffung zwang dazu, manche
Werke nur nach dem Hören zu besprechen, freilich nach
mehrmaligem Hören; bei den wenigen Werken, die der
Verfasser nur ein einziges Mal hören konnte, wurde
stets darauf verwiesen.

Kammermusik ist die vergeistigtste Art des Musizierens. Sie stellt an Hörer und Spieler anfangs erhebliche Anforderungen. Dann aber erschließt sich ein
Wunderreich künstlerischen Denkens und Erlebens, und
der Teilnehmende begibt sich in eine geistige Zucht, der
nur wenig Gleichartiges zur Seite gesetzt werden kann.
Dieses Buch will zu seinem Teil dazu beitragen, daß
solche geistige Zucht und denkerische Haltung, solches
erlesene Erleben und künstlerische Gestalten möglichst
vielen nähergebracht werden. Aber es kann ihnen die
Arbeit nur erleichtern, nicht sie ihnen abnehmen. Das
ist in keiner Kunstgattung möglich, — am wenigsten
in der Kammermusik.

Es heißt freilich diese Tatsache unrichtig bewerten, wenn zeitgenössische Komponisten glauben, in
ihren Kammermusikwerken möglichst schwierig und

schwerverständlich schreiben zu müssen, nach dem Wahlspruch: Je unverständlicher, desto geistvoller. Sie schaffen damit eine Hirnmusik, deren Enträtselung man ruhig ihnen selbst und ihresgleichen überlassen darf. Der Verfasser ist wahrhaftig alles andere als ein Gegner der Neuen Musik; soweit sich aber Neue Musiker darin gefallen, in erster Linie unverständlich zu schreiben, stellt er sie auf eine Stufe mit kauderwelsch redenden Zauberern und fremdwortprunkenden Wissenschaftern, deren geheimnisvolle Gewandung doch nur die eine Aufgabe haben kann, Halbkönnen, geistige Unklarheit und Halbbildung zu verhüllen. Die echte Künstlerpersönlichkeit läßt sich gewiß vom Hörer oder Betrachter nicht knechten; wer aber den Aufnehmenden miß- oder gar verachtet, hat den Anspruch verwirkt, überhaupt gehört zu werden. Wahre Kunst setzt sich immer durch; denn sie ist höchster Ausdruck ihrer Zeit und der sie hervorbringenden Gesellschaft. Und wahre Kunst will reifen — beim Schaffenden wie beim Aufnehmenden. Die reifen Werke der Neuen Musik haben sich denn auch längst durchgesetzt. Und die unreifen ... Nun, entweder sie reifen nach oder sie fallen ungenießbar vom Baum. Es wird kaum jemandem beikommen, eine Vereinigung zum Genuß unreifen Obstes zu gründen. Sollte sie aber doch gegründet werden, so braucht sich niemand zum Beitritt zu drängen.

Das vorliegende Buch will zu kammermusikalischem Denken überhaupt anregen, nicht lauter Einzelrezepte geben; daher das bewußt wechselnde Darstellungsverfahren. Bald wird über einen Komponisten und seine Kammermusik nur ganz allgemein gesprochen, bald nur eine Gruppe seines kammermusikalischen Schaffens hervorgehoben; dann wieder wird ein einzelnes Quartett oder dergleichen auseinandergelegt, oder nur ein Satz, zuweilen gar nur ein einzelnes Thema nach Gehalt und Gestalt untersucht. Wer einmal ein Thema etwa eines Klassikers musikalisch wirklich begriffen hat, der hat damit den Zugang auch zur Moderne gefunden — und umgekehrt. Denn Meistermusik bleibt Meistermusik, in welchem Zeitgewand sie auch auftreten mag.

O. S.

Zur zweiten Auflage

Die zweite Auflage des vorliegenden Buches brauchte gegenüber der ersten nicht wesentlich verändert zu werden. Neben einigen Verbesserungen und Ergänzungen (neuere Komponisten und neuere Werke) wurden die Abschnitte über solche Komponisten erweitert, deren Schaffen sich entweder stärker durchgesetzt oder auf andere Komponisten eingewirkt hat. Da dieses Buch zum Verständnis der Kammermusik schlechthin beitragen möchte, nicht aber jedes einzelne der in kaum übersehbarer Fülle fast täglich neu auftauchenden Werke, hat es nicht den Ehrgeiz, ein Katalog zu sein. Da es in deutscher Sprache für deutsche Musikfreunde geschrieben wurde, sind die Werke von deutscher Sicht aus ausgewählt, sodaß ausländische Komponisten in sinngemäßer Perspektive erscheinen.

O. S.

JOHANN ROSENMÜLLER

Geboren etwa 1620 in Ölsnitz (Vogtland). Studierte in Leipzig, wirkte dort an der Thomasschule und wurde 1651 Organist an der Nikolaikirche. Wegen seiner ungewöhnlichen Tüchtigkeit war er als Nachfolger von Tobias Michael im Thomaskantorat vorgesehen. Seine Aussichten waren vernichtet, als er 1655 wegen Sittlichkeitsverbrechen ins Gefängnis geworfen wurde. Es gelang ihm, zu entfliehen und über Hamburg nach Italien zu entkommen. In Venedig schuf er zahlreiche Werke — unter italienischem Einfluß, aber in deutschem Geist. Sein wachsender Ruf zog immer mehr Schüler in seine Nähe, bis er 1674 eine ihm angebotene Stellung als Hofkapellmeister in Wolfenbüttel annahm. Dort ist er nach zehnjährigem Wirken gestorben (September 1684). Hauptwerke: Orchester- und Kammermusik, Kantaten.

Rosenmüller entstammt, wie so mancher bedeutende Tonmeister vor und nach ihm, dem mitteldeutschen Raum: in Leipzig erarbeitete er sich das Rüstzeug strenger Organistenkunst und erfüllte sich zugleich mit dem Geist volkstümlich deutschen Suiten-Musizierens (eine kostbare Probe dafür bieten die mehrstimmigen Suiten seiner „Studentenmusik" von 1654). Als er aus Leipzig fliehen mußte, verschlug es ihn schicksalhaft nach Oberitalien, wo er die eben entwickelten Formen des neuen Musikdenkens kennen lernte und wo die leuchtende Farbenpracht Venedigs seiner phantasiebedürftigen Seele reiche Nahrung bot. Nach zwanzigjähriger Trennung nahm ihn die mitteldeutsche Heimat wieder auf: in Wolfenbüttel war ihm noch ein Jahrzehnt des Reifens vergönnt, und dort schuf er jene Werke, die seinen Namen in das goldene Buch der deutschen Tonkunst geschrieben haben.

Die Jahre, in denen Rosenmüller sich in Venedig aufhielt, sind für die Ausbildung der Kammersonate italienischen Stils entscheidend. Giovanni Legrenzi (1626 bis 1690), Giovanni Battista Vitali (1644—1692) und später Arcangelo Corelli (1653—1713) sind die wesentlichen Ausgestalter der Sonatenform. Mancherlei hat Rosenmüller von den älteren italienischen Musikern gelernt, mancherlei hat er aus deutschem Musikgut hinzugefügt; aber man würde seiner Bedeutung nicht gerecht, wollte man ihn lediglich als einen Meister betrachten, der als erster die Eigentümlichkeiten deutscher und italienischer Instrumentalmusik in weitem Maße zu einer neuen starken Einheit gebunden habe. Ausschlaggebend an seinem Werk, soweit es heute bekannt ist, sind nicht die Stil- und Formbestandteile, sondern die innere Haltung. Sicher ist es reizvoll, den zahlreichen stilistischen und formalen Verschlingungen in Rosenmüllers Kammermusik nachzuspüren, der farbigen Harmonik der Venezianer und der Frische deutscher Suiten, den schnell wechselnden Zeitmaßen der venezianischen Ouvertüre und den erstaunlichen Verdichtungen langsamer Sätze, der Stimmenverflechtung nach Art italienischer Kirchensonaten und der frisch zupackenden Ursprünglichkeit deutscher „Studentenmusik". Dennoch liegt die eigentliche Größe Rosenmüllers auf einem anderen Gebiet; er hat jene Haltung der Kammermusik geschaffen, die fast allen deutschen Meistern musikalischer Kammerkunst in den folgenden Jahrhunderten zu eigen geblieben ist: das einzelpersönliche Ringen und Auseinandersetzen mit geistigen Aufgaben. Gilt Corelli in der Spannweite seiner Darstellung, dem künstlerischen Ebenmaß seiner Formen und der ruhigen, Abstand wahrenden Sicherheit seines Gestaltens als Klassiker der alten italienischen Kammermusik, so dürfen wir Rosenmüller wegen seines geistigen Suchens, seines aller bloßen „Schönheit" abholden Wahrheitsdranges und wegen seiner leidenschaftlichen Eindeutigkeit als den Klassiker der deutschen Kammermusik bezeichnen.

Noch heute wird allerdings Rosenmüller mehr gerühmt als gespielt, obwohl wir seit einiger Zeit über Neudrucke zahlreicher Kammermusikwerke verfügen. Die d-moll-Sonate (aus der Sammlung von 1682) enthält einen langsamen Satz von einer so einsamen Größe, daß schon um seinetwillen das Werk Rosenmüllers gehoben zu werden verdient. Takte wie die unseres Beispiels zeigen einen Mann, in dessen Klängen noch einmal der

1 Langsam

Geist der deutschen Gotik auflebt. Das Aufsteigen des chromatischen Themas in den dicht aufeinander folgenden Stimmen und die nicht umspielenden, sondern dramatisch ergänzenden Gegenstimmen zeichnen auf engstem Raum das Bild eines musikalischen Domes, in dem ein Einzelner der geistigen Sehnsucht und dem unbewußten Wollen einer Gesamtheit erhaben-kraftvollen Ausdruck verleiht.

DIETRICH BUXTEHUDE

Geboren 1637 in Helsingborg als Sohn eines in Däne-mark gebürtigen Organisten. Schüler seines Vaters. 1657 Organist in Helsingborg, seit 1660 in gleicher Eigenschaft in Helsingör. 1668 wurde er Amtsnachfolger seines Schwie-gervaters Franz Tunder an der Marienkirche zu Lübeck. Als Orgelspieler und Leiter der 1673 von ihm begründeten „Abendmusiken" wurde er bald berühmt und Mittelpunkt der norddeutschen Musik. Händel und Bach haben in jun-gen Jahren Pilgerfahrten nach Lübeck angetreten, um den großen Buxtehude zu hören. Gestorben am 9. Mai 1707 in Lübeck. Hauptschöpfungen: Orgelwerke, Kirchenkantaten, Triosonaten.

Buxtehudes Kammermusik ist — wie die Rosenmül-lers — im heutigen Konzertleben noch weitgehend unbekannt, während die ausländischer Zeitgenossen vielfach zum festen Spielplan gehört. Aber es wird die Zeit kommen, in der die deutschen Spieler und Hörer zu diesen beiden Großen eine ähnliche Pilgerfahrt antre-ten werden, wie sie einst von Händel und Bach zu Bux-tehude unternommen wurde. Glücklicherweise ist we-nigstens das Orgel- und zum Teil auch das Vokalwerk des Lübecker Meisters zu einem unvergänglichen, leben-digen Bestandteil deutscher Musikpflege geworden. Während sich in ihnen (vor allem in den Orgelwerken) die Eigentümlichkeiten Buxtehudes am sinnfälligsten offenbaren — kühn schweifende Phantasie, eigenwillig schöpferisches Umgehen mit der Form, sinnende Geistig-keit und tatbereiter Wille — und ihren Eindruck nie ver-fehlen, wirken diese Kräfte in den kammermusikali-schen Schöpfungen weniger eindringlich. Das liegt vor-wiegend an den instrumentalen Gegebenheiten.

Die vierzehn Triosonaten (erschienen 1696) sind näm-lich sämtlich gedacht für Violine, Gambe und Basso

continuo (Cembalo). Und es finden sich nur verhältnismäßig wenige Werke der älteren Musikliteratur,
die so bedingungslos nach stilgerechter Aufführung
verlangen wie diese Triosonaten. Versuche, die Gambe
durch das Cello und das Cembalo durch das Klavier
zu ersetzen, führen zu unbefriedigenden Ergebnissen.
Darüber hinaus wirken die Instrumente jener Zeit (abgesehen davon, daß sie nicht überall ohne weiteres zur
Verfügung stehen) auf die meisten Hörer befremdend,
obwohl ja in dieser Beziehung gerade in den letzten Jahren schon ein gewisser Wandel eingetreten
ist. Eine stärkere Verbreitung der großartigen So-
natenkunst Buxtehudes ist daher in erster Linie eine
Aufgabe der Erziehung zu stilgerechtem Hören durch
stilgerechte Aufführungen. Daß es für die Orgelwerke
im tiefsten Grunde nicht anders liegt, sei hier nur erwähnt. Die Maschinenorgel von 1900 ist nicht die geeignete Vermittlerin Buxtehudescher Gedankentiefe. Was
aber der Wucht der neuzeitlichen Orgel wenigstens in
großen Umrissen gelungen ist, muß der üblichen Triobesetzung versagt bleiben. Buxtehudes freies Schalten
mit der Form, diese innerlich zwingende Freiheit in der
Satzreihung, die eigenwillige Mischung homophoner
und polyphoner Schreibweise, das unvermutete Ein-
streuen satzfremder Bestandteile, das beklemmende und
zugleich erlösende Absinken mächtiger Prestissimo-
Stürme in die Windstille weniger langsamer, harmonisch überraschender Takte, — all diese Eigentümlichkeiten Buxtehudes sind nicht ein bloßes Spiel der Formen; vielmehr erscheinen sie als Flächen und als Pfeiler,
als Raum und als Lichtbrechungen eines überwältigenden Geistgebäudes, wenn man sie durch die ursprüngliche Instrumentalbesetzung feingetönten Klang und
strebende Linienführung werden läßt. Aber nur dann.

ARCANGELO CORELLI

Geboren am 12. Februar 1653 in Fusignano. Unterricht bei Giovanni Benvenuti in Bologna. Nach Kunstreisen durch Deutschland und Frankreich zog er 1680 nach Rom. Dort wirkte er zeitweise in der Umgebung der in Rom lebenden Königin Christine von Schweden, dann im Hause des Kardinals Ottoboni, wo er am 10. Januar 1713 starb. Hauptwerke: Triosonaten, Violinsonaten, Concerti grossi.

Als Corelli um 1680 zum ersten Male mit eigenen Schöpfungen auf den Plan trat, war die Form der Triosonate (zumeist zwei Geigen und Cembalo) in beiderlei Gestalt bereits völlig ausgereift: die „Kirchensonate" mit ihren vier Teilen langsam / schnell / langsam / schnell bevorzugte den strengen Satz, die drei- oder viersätzige „Kammersonate" zog wesentliche Antriebskräfte aus dem idealisierten Tanz; zugleich hatten sich Kirchensonate und Kammersonate gegenseitig beeinflußt und durchdrungen. Den so abgesteckten Rahmen läßt Corelli unangetastet, erfüllt ihn vielmehr mit edlen Bildern seiner großen Seele. Ob er homophon oder polyphon schreibt, ob er das feierliche Largo einer Kirchensonate gestaltet oder eine Kammersonate im Tanzstil beschließt — stets bleibt er in den Grenzen einer klassisch ausgewogenen Schönheit, eines ruhigen Maßhaltens der inneren und äußeren Bewegung. Besonders ergreifend wirkt dieses Maßhalten, wenn man Corellis Gesamtwerk betrachtet: zu einer Zeit, in der sich die großen Formen der Instrumentalmusik erst herausbilden, reicht es bereits von der einzelpersönlichen Solosonate über die Kammerkunst der Triosonate bis zur orchestralen Großartigkeit der Concerti grossi; und wenn auch Corelli diesen verschiedenen Musizierarten den ihnen gemäßen Inhalt zu geben weiß, so läßt er sich doch weder zu leidenschaftlichen oder rauschhaften Äußerungen hinreißen noch versucht er sich an entsprechenden gegensätzlichen Formen. Die Form bleibt sich vielmehr stets gleich (wenn auch nicht starr, sondern fließend); und gleich bleibt auch das Maßhalten. Damit wirkt er als Gegenkraft gegen seine großen deutschen Zeitgenossen Rosenmüller und Buxtehude, als Träger einer ausgewogenen Gattungskunst gegenüber der leidenschaftlich-phantastischen Willenskunst der nordischen Meister.

Solch strenges Maß hält Corelli sogar äußerlich ein: seine Werkzahlen 1 bis 6 umfassen je zwölf Sonaten, und zwar enthalten Werk 1 und 3 je zwölf Kirchensonaten, Werk 2 und 4 je zwölf Kammersonaten, Werk 5 (gewidmet der brandenburgischen Kurfürstin Sophie Charlotte, 1700) zwölf Violinsonaten und Werk 6 zwölf Concerti grossi. Die Veröffentlichung erstreckt sich über die Jahre 1683—1712; die zuletzt erschienenen Concerti grossi sind jedoch — mindestens zu einem Teil — schon um 1680 entstanden. Wie wenig man damals geneigt war, den für uns deutlich wahrnehmbaren Unterschied zwischen der Orchesterkunst der Concerti und der solistischen Ausprägung der Violinsonaten anzuerkennen, mag man daraus entnehmen, daß Corellis Schüler Geminiani die Violinsonaten als Concerti grossi bearbeitet hat (ein Verfahren, welches bis ins Spätbarock vielfach üblich war und seine Rechtfertigung darin findet, daß man damals zwar dem Persönlichkeitsg e d a n k e n huldigte, das Persönliche jedoch noch nicht als Einmaliges, als „Individuelles" erlebte).

Als Beispiel für die innere Gleichartigkeit Corellischen Schaffens diene die Gegenüberstellung zweier Adagio-Themen. Thema 1 entstammt einer Kammersonate der Werkzahl 2, ist sangbare, in sich ruhende, sich selbst genügende Melodie. Thema 2 trägt das Adagio einer Kirchensonate der Werkzahl 3, ist Keimzelle einer behutsam polyphonen Entwicklung. Zwei hinsicht-

lich ihrer musikalischen Aufgabe also durchaus verschiedene Themen—zumal in der von dem Meister stets

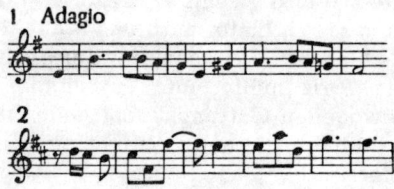

genau innegehaltenen Trennung von Kirchen- und Kammersonate. Und doch, welch innerer Gleichklang, welche
Übereinstimmung in der beherrschten Sicherheit, wie
gleichartig die Kraft anschaulichen Ausdrucks. H. J. Mo-
ser sagt einmal, der Ausdruck der Triosonaten Corellis
reiche von pomphafter Feierlichkeit bis zu geistreicher
Pointierung. Dieser Ausspruch hat unbedingte Gültig-
keit; nur erinnere man sich, daß echte Barockkirchen
vom Raum bis zum kleinsten Ornament ebenfalls ausdrucksmäßig von pomphafter Feierlichkeit bis zu geistreicher Pointierung reichen, daß aber eines unlösbar ins
andere greift und eines wie das andere zwingend in ein
einheitliches Ganze gebettet ist. So auch bei Corelli;
die Spannweite seiner Triosonaten entspringt einem
überpersönlichen Gedanken und nicht einem faustisch
erobernden Wollen.

HENRY PURCELL

Geboren 1658 in London als Sohn eines Chormeisters der Westminsterabtei. Wurde musikalisch unterwiesen durch Cooke, den Lully-Schüler Humphry und Blow. Chorknabe der Chapel Royal. 1680 Organist der Westminsterabtei, 1682 Organist der Chapel Royal, 1683 Königlicher Hofkomponist. Gestorben am 21. November 1695 in London. Hauptwerke: Opern und Bühnenmusiken, kirchenmusikalische Werke, Chöre, Gesänge, Kammermusik, Klavierstücke.

Der „britische Orpheus", wie Purcell von seinen Landsleuten genannt wird, gilt als bedeutendster Tonschöpfer, den England hervorgebracht hat. Zwar ist es auch Purcell nicht gelungen, eine wirklich nationalenglische Tonsprache zu schaffen (er hat sich nach seinen eigenen Worten um die „vorbereitenden Arbeiten" um eine solche gemüht); das ändert aber nichts an der Tatsache, daß er als wahrhafter Meister der Tonkunst vor uns steht. Sein Gesamtwerk geht auf mancherlei Wurzeln zurück: überlieferte englische Kunst der Polyphonie, völkische Unmittelbarkeit der Phantasie, italienischer Operngesang und französische Opernchortechnik haben Purcell stark beeinflußt. Und wenn er auch diese Anregungen nicht völlig zu einem musikalischen Nationalstil Englands zu binden vermochte, so war er doch als Persönlichkeit stark genug, sie einheitlich auszurichten und zu einem großartigen persönlichen Werkstil auszubauen; selbst ein Händel hat aus Purcells Schöpfungen viel gelernt.

Wenn auch im Schaffen Purcells die Kammermusik äußerlich einen nachgeordneten Platz einnimmt, so birgt sie doch einige prachtvolle Werke. 1683 (ein Jahr nach Rosenmüllers großer Sammlung, im ersten Veröffentlichungsjahr von Corellis Sonaten und dreizehn Jahre vor Buxtehudes Triosonaten) wurden Purcells Sonaten für zwei Violinen und Basso continuo veröffentlicht; ihnen folgten zwei Jahre nach seinem Tode zehn Sonaten für zwei Violinen, Cello und Basso continuo (1697). Mindestens bei den Triosonaten läßt sich also von einer Beeinflussung durch die genannten anderen Meister nicht sprechen. Umso auffallender wirkt die formale und innere Verwandtschaft mit Corelli und Buxtehude. Mit Corelli teilt Purcell das ruhige Maßhalten und eine gewisse Gegenständlichkeit, formal schließt er sich häufig der Satzanordnung von dessen Kirchensonaten an (auch in Bühnenmusiken), weicht allerdings auch von ihm ab durch die Gruppierung langsam / langsam / schnell / schnell. Innerlich verwandter ist er jedoch Buxtehude, dessen Phantastik — wenn auch gemildert — und freies Schalten sich oft bei Purcell finden; auch die kunstvoll gebaute Vielstimmigkeit stellt den englischen Meister auf eine musikalische, geistige und Herkunfts-Ebene mit dem Lübecker Organisten.

Unser Beispiel mag die Vorliebe Purcells für den kunstvollen Kanon als Mittel der Polyphonie veranschau-

lichen (aus einer Triosonate): der Baß beginnt mit dem Thema, die zweite Violine bringt es halb so schnell in der Quinte, die erste Violine viermal so langsam in der

Oktave. In der Mischung von polyphoner Kunst, starker Melodik und schweren Farben besteht das Wesen von Purcells Triosonaten, wenn man sie rein musikalisch nimmt; geistig gemahnt er an Mozart: italienisches Romanentum und germanische Art verschmelzen zu einem neuen Stil, nur daß sich bei Mozart ein völkisch verbind- licher, bei Purcells Triosonaten jedoch ein eigenpersön- licher Stil entwickelt hat. Dieser allerdings überzeugend und zuweilen auch wirklich volksnah.

FELICE DALL'ABACO

Geboren am 12. Juli 1675 in Verona. Lebte längere Zeit in Modena, wurde 1704 kurfürstlicher Kammermusiker in München, 1714 Kammerkonzertmeister und kurfürstlicher Rat. Gestorben am 12. Juli 1742 in München. Schrieb vor allem Konzerte und Kammermusik.

In den Werken dall'Abacos treffen mancherlei musikalische und volkhafte Strömungen zusammen. Die Kammermusik ähnelt in Haltung und in der formalen Anlage derjenigen Corellis, wenn sie sich auch zuweilen etwas anspruchsvoller, „hoheitsvoller" kundgibt. Aber der lange Aufenthalt in seiner Wahlheimat Deutschland hat bei dall'Abaco tiefgehende Spuren hinterlassen. Einmal wächst die Polyphonie weit über Corelli hinaus

ins Baukräftige, Denkerische (Beispiel 1, aus der Triosonate Werk 3 Nr. 2). Zum andern gewinnt im Zusammenhang damit die Harmonie eine geradezu architektonische Bedeutung. Diesem so gefestigten hochbarocken Ausdruck entwächst der Tondichter wiederum an manchen Stellen seines Schaffens. Die Triosonate Nr. 9 der gleichen Werkzahl 3 enthält eine Allemande, deren Thematik und Polyphonie die Tür zu einem neuen Lebensgefühl aufstößt (Beispiel 2). Hier kündigt sich schon mit aller Behutsamkeit die anmutige Festigkeit und spielerische Feinheit des frühen Rokoko an. Noch deutlicher wird der Zeitenwandel sichtbar in den Violinsonaten

der Werkzahl 4. Da finden sich — wenn auch unvoll-
kommen in der Gestaltung — bereits zweite Themen

(während das Barock für jeden Satz eigentlich nur e i n
Thema kennt), ja, der ganze Zuschnitt wirkt wie eine
Vorwegnahme mancher Rokokolinie (Beispiel 3). Und

wenn auch dieses alles noch von barocker Haltung erfüllt ist, so steigt doch am Horizont unverkennbar der
Schein eines neuen Lebensgefühls herauf.

GEORG PHILIPP TELEMANN

Geboren am 14. März 1681 in Magdeburg als Sohn eines Predigers. Trotz seiner außergewöhnlichen musikalischen Begabung suchte ihn die Mutter nach dem Tode des Vaters von der Musik fernzuhalten. Aber wohin er auch kam, auf die Gymnasien zu Zellerfeld und Hildesheim, als Student der Rechte nach Leipzig, — immer wieder brach sich sein musikalischer Schaffensdrang ungestüm Bahn. 1704 wurde er Organist in Leipzig. Abwechselnd mit Kuhnau schrieb er für die Gottesdienste der Thomaskirche Kantaten, komponierte eine Zeitlang Opern und begründete ein Collegium musicum. Mehrere Jahre war er gräflicher Kapellmeister in Sorau, ging dann 1708 nach Eisenach, wo er Hofkapellmeister wurde. 1712 Kapellmeister der Barfüßer- und Katharinenkirche in Frankfurt a. M. Seit 1721 städtischer Musikdirektor in Hamburg. Dort ist er am 25. Juni 1767 gestorben. Auf allen Gebieten der weltlichen und geistlichen Musik hat er eine bis heute noch nicht zu übersehende Menge von Kompositionen geschrieben.

Telemann, vier Jahre älter als Bach und Händel, mit denen er befreundet war, galt seinen Zeitgenossen als der größte deutsche Tonmeister des Jahrhunderts. Das mag einerseits darauf zurückzuführen sein, daß die Menge seiner Kompositionen in einer schier unglaublichen Flut über Deutschland dahinströmte (Telemann soll im Alter selbst nicht mehr mit Sicherheit gewußt haben, was er alles geschrieben hatte). Zum andern war er kein „Spezialist", sondern bedachte j e d e s Gebiet der Musik mit Dutzenden und Hunderten von Kompositionen, von der Kirchenkantate bis zur Hochzeitsmusik, von der Oper bis zum Klavierstück. Vor allem war er ein Mann, der alles Neue mit lebendiger Begeisterung aufnahm und es lebendig weiterzugeben wußte. Er übernahm (zumal in seinen Klavierphantasien) die Homophonie der Italiener, komponierte mehrere hundert französlsche Orchestersuiten („Ouvertüren"), ließ sich stark durch die polnische Musik anregen, verschmähte auch Anlehnungen an seichte Schlager nicht. Bei alledem blieb er ein Meister des Satzes, der selbst dem gehaltlosesten Werk noch den Schmuck echten Könnens mit auf den Weg gab. Kein Wunder, daß Telemann, obwohl wurzelnd im barocken Kontrapunkt wie Bach, bei solcher geistigen Gewandtheit und Vielseitigkeit hellhörig das Heraufkommen eines neuen Zeitstils wahrgenommen und ihn mit herauszubilden geholfen hat. Das Satzbild der neueren Sonate, wie sie Haydn endgültig durchgestaltet hat, findet sich häufig genug bei Telemann umrißhaft vorgezeichnet. Wesentlich für Telemann ist sein bekanntes Wort: „Ist in der Melodie nichts Neues mehr zu finden, so muß man es in der Harmonie suchen." In dieser Auffassung spiegelt sich die Übergangslage seiner Zeit und seines Schaffens. Als Sproß einer mitteldeutschen (väterlicherseits) und einer süddeutsch-österreichischen (mütterlicherseits) Familie trug er ein Erbgut in sich, das ihn aufgeschlossen machte für die Vielfältigkeit des neuen Werdens. Was Telemann trotz aller Vielschreiberei so überaus liebenswert macht, ist seine in allem stets unerschütterliche deutsche Haltung und die frische Zügigkeit seines Schaffens.

Seit einiger Zeit hat man Telemann von neuem „entdeckt". Die Wiederbelebung knüpft besonders bei der Kammermusik (oder doch den kammermusikalisch geschriebenen Werken) an, und sie wird getragen von einer musikalischen Jugend, die sich von der Belastung der Musik durch schwierige technische Aufgaben oder durch metaphysischen Tiefsinn abwendet und an die Freuden vielseitiger, unbeschwerter Spielmusik anzuknüpfen trachtet. Diese ist nun bei Telemann in reichem Maße und in den verschiedenartigsten Aufführungsmöglichkeiten zu finden: Werke für Klavier solo und Geige solo, Sonaten für zwei Violinen oder zwei Flöten, Trios für zwei Violinen (oder Flöten) mit Baß, Suiten für Violine (oder Flöte oder Oboe) mit Klavier, Stücke für zwei Violinen, Cello und Basso continuo, Trios mit Gamben und Klavier, Sonaten für Klavier allein oder mit Violine oder Flöte und Continuo, Quartette für Violine, Flöte, Gambe und Continuo, Suiten für zwei Violinen (oder Oboen), zwei Bratschen und Continuo — das ist nur eine Auswahl aus der Vielfalt. Die Formen reichen von der streng gefügten alten Kirchensonate bis zur freien Satzreihung, von kraftvoller Polyphonie bis zu plaudernder Homophonie, von Corelli bis zum frühen Haydn.

Zwei Proben für die Flüssigkeit des musikalischen Gedankens und die kunstvoll durchsichtige Formung mögen eine Vorstellung geben von Telemanns weltmännischer Künstlersprache. Beispiel 1 stammt aus den Klavierphantasien, während Beispiel 2 den Anfang eines

1 Tempo di minuetto

2 Lebhaft

Quartetts für Flöte, Gamben und Basso continuo wiedergibt. Zu diesem Telemann, dem Meister des quellenden Einfalls, des lebendigen Fortschreitens und des flüssigen Ausdrucks in den lebhaften Sätzen pilgert man gern, während die langsamen Sätze doch wohl mehr für den rein geschichtlich Hörenden ihre eigentümlichen harmonischen, klanglichen und polyphonen Reize entfalten.

GEORG FRIEDRICH HÄNDEL

*Geboren 23. Februar 1685 in Halle als Sohn eines Hof-
barbiers. Erst nach dem Tode des Vaters lebte er ganz der
Musik. 1706—1707 in Hamburg, 1707—1710 in Italien. Nach
kurzem Zwischenaufenthalt in Hannover ging er nach England, wo er von 1712 bis zu seinem Tode (14. April 1759 in
London) wirkte. Begraben in der Westminsterabtei, der Krö-
nungs- und Begräbnisstätte der englischen Könige. Haupt-
schaffensgebiete: Oper, Oratorium, Orchester, Orgel, Klavier, Kammermusik.*

Händels Werk strebt in jeder Einzelheit zum Weiträumigen, Großartigen, Erhabenen, Künderischen. Die
seiner willensbetonten, tatbereiten, auf stärkste Breiten-
und Tiefenwirkung ausgehenden Art gemäße Ausdrucksweise sind die Großformen der Oper, des Concerto
grosso und vor allem des Oratoriums. Erst in ihnen vermag sich Händels Kraftnatur wirklich zu erfüllen, sie
erst bilden den entsprechenden Raum für seine gewaltig
schreitenden Gedanken. Klavier-, Kammer-, ja selbst
Orgelmusik erscheinen demgegenüber als Stufen, die
zu den Großbauten hinaufführen. Aber zugleich wirken
sie als zugehörige Teile des Ganzen, offenbaren den
gleichen Geist und die gleiche machtvolle Fülle. Auch
hier die eigentümliche Verbindung von kräftigen volks-
nahen Themen, festen Rhythmen, baukräftiger, übersichtlicher Polyphonie, klar gegliederten Harmonien
und voll ausschwingendem Klang. Durch solche Vereinigung wirkt Händels Klavier- und Kammermusik
diesseitiger, sinnenfroher und eingängiger als Bachs
grüblerische Versenkung; sie ist weniger stimmig- als
klang-betont. Die Polyphonie ist nicht das entscheidende, sondern nur eines unter mehreren gleichberechtigten Ausdrucksmitteln, meisterhaft gehandhabt, doch

nur gelegentlich zu strengster Fügung verdichtet. Man
spürt überall den Einfluß der Italiener und auch der
Franzosen in der Geschmeidigkeit der formalen Gestalt;
die innere Haltung aber bleibt deutsch, germanisch.

Während die Klavierwerke mit einigen Stücken in
das Gebiet der Konzertmusik hineinreichen (die C-dur-
Chaconne, eine Sonate für zweimanualiges Cembalo
usw.), gehören die in Opus 1 zusammengefaßten S o -
n a t e n   f ü r   G e i g e   o d e r   F l ö t e   o d e r   O b o e
m i t   B a s s o   c o n t i n u o durchaus zur gehobenen
Hausmusik. Bei ihnen ist nicht ohne weiteres zu entscheiden, ob man die Geige, die Flöte oder die Oboe
als Melodieinstrument verwenden soll. Meist geben
allerdings die stilistischen Eigentümlichkeiten einen
entscheidenden Hinweis. So sind die Nummern 3, 10 und
12 ohne Zweifel für die Geige, die Nummer 8 für die
Flöte, die Nummer 9 für die Oboe bestimmt. Allen diesen Sonaten eignet strömende Melodienfülle des führenden Instruments, ruhige Beherrschtheit der Form
(die niemals ins „Konzertierende" abgleitet, wie es damals bei den Italienern und später zuweilen in der deutschen Romantik der Fall war) und vor allem ein peinlich
genaues, freilich spielerisch-gelockert wirkendes Ineinandergreifen der Melodie- und der Baßstimmen.

Unbestimmter in der instrumentalen Ausführung sind
die T r i o s o n a t e n. Freilich lassen sich dabei bezaubernde Klangmischungen hervorrufen (allerdings mit
der gebotenen stilistischen Behutsamkeit). Zu dem
klangtragenden Cembalo treten nämlich zwei Ober-
stimmen und eine Baßstimme; diese lassen sich besetzen
mit zwei Geigen — wobei der Baß durch das Cello auszuführen wäre — oder mit zwei Oboen oder zwei Flöten
— dabei käme als Baß das Fagott in Betracht. Gelegentlich lassen sich aber auch Streich- und Holzblasinstru-
mente mischen, wodurch unter Umständen die Vereinigung melodischer Schönheit und dreistimmiger Polyphonie noch gewichtiger hervortritt. Die beiden Samm-

lungen dieser Triosonaten — Opus 2 und 5 — heben sich inhaltlich und formal stark voneinander ab.

Die Stücke der Werkzahl 2 sind K i r c h e n s o n a t e n mit dem ruhigen, abgewogenen Gleichmaß der Sätze „langsam / schnell / langsam / schnell". Corellis Vorbild wird von Händel nachgestaltet. Er sieht ab von aller Dramatik und gibt statt dessen hochgestimmte Bewegtheit, oft feierlich und verhalten, dann wieder edel schwingend, — immer aber leidenschaftslos, unpersönlich, fast gegenständlich, man möchte sagen „klassisch" in dem unveränderlichen Wechsel des „langsam / schnell" der vier Sätze, der gleichbleibenden Tonart, der erhabenen Klarheit der Themen, die weder in der melodiösen Gelöstheit der langsamen Sätze noch in der drängenden Kraft der Allegri ihren gemeißelten Charakter verlieren und in ihrer ersten Fassung bereits die Gestaltung des ganzen Satzes vorwegnehmen.

Anders die K a m m e r s o n a t e n der Werkzahl 5. Durch die Aufnahme französischer Satzformen wie Sarabande, Air, Bourrée, Allemande, Gavotte usw. verliert die Sonate ihre strenge Ausgewogenheit, nähert sich der locker gereihten Suite, wird persönlicher, freier im Ausdruck. Die Polyphonie erscheint lichter und weniger anspruchsvoll als in den Kirchensonaten, das Einzelthema verliert etwas von seiner alleinbestimmenden Übermacht, motivische Arbeit schlingt sich durch das Formgerüst. Vor allem gewinnt der Klang an Wirkung; er reicht nun von orchestraler Volltönigkeit bis zu gestichelter Zartheit. Ein paar Takte mögen den Gegensatz zwischen Händels Kirchen- und Kammersonaten beleuchten; er ist nicht überall so ausgeprägt wie hier, gibt sich aber mehr oder weniger in ähnlicher Weise kund. In Beispiel 1 (aus der Kirchensonate g-moll) herrscht das Thema; es hat mit seinem in halben Noten ansteigenden und in Vierteln wieder fallenden Verlauf etwas von der herb-schönen Kühle einer Plastik an sich, die kanonische Stimmführung unterstreicht nach-

drücklich die Alleinherrschaft des Themas. Dagegen
weist Beispiel 2 (aus der Kammersonate e-moll) auf eine

anders geartete Haltung. Hier ist alles spielerischer,
freier, weniger dem Thema verhaftet; in der Unterstimme gleitet ein knappes, scharf gezeichnetes Motiv
von Harmonie zu Harmonie, während sich die obere
Stimme an den Haltepunkten mit einem ganz anderen
Motiv einflicht.

Eines gilt es festzuhalten: solche Gegensätze innerhalb der Triosonaten Händels offenbaren nichts — wie
etwa bei Telemann — von den Wandlungen des Zeitge-
fühls, also vom Übergang vom Barock zum Rokoko. Sie
zeugen vielmehr von der Weite des barocken Lebens-
raums, dem sie innerlich und äußerlich völlig zugehören,
entsprechen einander wie Spannung und Entspannung.
Als Händel starb, hatten die „Mannheimer" mit ihrem
neuen Stil bereits ihren großen Sieg in der Geschichte
der Instrumentalmusik errungen, hatte sich Telemann
längst in den neuen musikalischen Ausdruck hineinge-
lebt und ihn wesentlich gefördert. Es sieht fast so aus,
als habe Händel von der uns so wesentlich erscheinenden Stilumwälzung überhaupt keine Kenntnis genommen. Auch das wäre kennzeichnend für ihn und seine
Stellung zu Stil und Form. Er war ein barocker Voll-
mensch und hatte daher an den barocken Ausdrucksmitteln nichts zu deuten und zu rütteln. Aus diesem
Grunde sollten wir ihn auch nicht als Meister der
„alten", sondern der „großen" Musik erleben.

JOHANN SEBASTIAN BACH

Geboren am 21. März 1685 in Eisenach als Sproß einer über ganz Mitteldeutschland verbreiteten Musikerfamilie. Erzogen und unterrichtet von seinem Bruder Johann Christoph in Ohrdruf. Weiterer Unterricht in Lüneburg. Erste Stellung als Geiger in Weimar. Seit 1703 Organist in Arnstadt, 1707 Organist in Mühlhausen i.Thür. 1708 Hoforganist und Kammermusikus in Weimar. 1717.—1723 anhaltischer Kapellmeister und Kammermusikdirektor in Köthen. Seit 1723 Thomaskantor in Leipzig. Dort ist er am 28. Juli 1750 gestorben. — Bach hat (abgesehen von der Oper) auf jedem Gebiet der Musik Unvergängliches geschaffen.

Bachs Kammermusik wendet sich — wie der größte Teil seines Schaffens überhaupt — an den ganzen Menschen. Sie will erarbeitet sein, vom Ausführenden und vom Aufnehmenden. Es genügt nicht, sich von ihren Gefühlswerten überströmen zu lassen. Vielmehr verlangt sie technisches Können, kompositorisches Wissen, Fähigkeit zum Zergliedern und zur Zusammenschau, kristallkühles Denken und unmittelbare Erlebenskraft.

Es kennzeichnet Bach als geschlossenen Menschen des Barocks, daß es für ihn keine eigentlichen Probleme der Form gibt. Wie Händel nimmt er die Form als etwas Gegebenes, innerhalb dessen sich alles ausdrücken läßt, was ihn als denkenden und empfindenden Musiker bewegt. Zwar beschäftigen ihn die formalen Ausdrucksmittel der Deutschen, Italiener, Franzosen, Engländer; aber er bleibt — ob er nun französische und englische Suiten oder ein italienisches Konzert schreibt — jederzeit ein Deutscher, den es wenig zu reizen vermag, an den Formen zu basteln, da er auch innerhalb des Vorhandenen genügend zu sagen hat. Daher ist seine Kammermusik formal so übersichtlich: die schlichte Invention mit ihrer thematisch-kontrapunktischen Verknüpfung, das harmonisch bestimmte und harmoniebestimmende Präludium, die allen Stimmen gleiche Selbständigkeit gewährende Fuge, die Suite mit ihren Kernsätzen „Allemande / Courante / Sarabande / Gigue", zuweilen eingeleitet von einer „Ouvertüre" und erweitert durch eingeschobene (Gavotte, Menuett) oder angehängte Sätze (Chaconne, Passacaglia) und schließlich die Kirchensonate mit ihren vier Sätzen „langsam / schnell / langsam / schnell", — das sind die wesentlichen von Bach angewendeten Instrumentalformen. Das eigentliche musikalische Geschehen spielt sich aber erst innerhalb dieser Formen ab. Während Händel nach außen kündet, strebt Bach nach innen, versenkt sich, baut unter einer sich kaum verändernden Oberfläche ein oft verwirrend erscheinendes, jedoch stets planvolles Geäder von Stollen, die alle zu einem Mittelpunkt vorstoßen. Künstlerisches Ausdrucksmittel ist eine Polyphonie, in der sich ausgeprägter Bauwille und lebendiges Wachstum gleichermaßen einer linienhaften Stimmigkeit, eines folgerichtigen Harmonieverlaufs, eines scharf gliedernden Rhythmus und einer strömenden Bewegungsenergie bedienen, um sich tönend zu verwirklichen. Dazu tritt noch eine weitere Eigentümlichkeit von Bachs Schaffen im Bereich der Instrumental- und vor allem der Kammermusik. Bach gehörte zu den besten Geigen- und Klavierspielern seiner Zeit, er kannte also die technischen und geistigen Ausdrucksmöglichkeiten dieser Instrumente wie kaum ein anderer; daher lockte es ihn immer wieder, solche Möglichkeiten weitgehend auszunutzen. Zugleich ist seine Schreibweise so entstofflicht, als sei sie nicht für bestimmte Instrumente gedacht, sondern für das innere Ohr, für den Geist, der aller Stofflichkeit zu entraten vermag. Eines der Wunder von Bachs Musik haben wir in der so entstehenden gegenseitigen Durchdringung von begrifflichem Denken und lebendiger Instrumentalpraxis zu erblicken.

Die überwältigende Schichtung von musikalisch-geistigen und stimmunghaften Ebenen des „Wohltemperierten Klaviers" wird in den W e r k e n f ü r G e i g e
a l l e i n nicht erreicht. Dafür stoßen sie in künstlerische Höhen vor, die vor und nach Bach niemand wieder betreten hat. In der Technik und im Ausdruck knüpfen Bachs Werke für Geige allein bei der deutschen Geigenschule (Biber, Strungk) an, also bei derjenigen Richtung, die — im Gegensatz zu den italienischen „Bel-canto"-Spielern — zugunsten einer kühn schweifenden, das Überwirkliche durchmessenden Phantasie die Klarheit der melodischen Linie vernachlässigt, in ihr nicht nur „darstellen", sondern suchen, durch sie nicht wirken, sondern mit ihr werken will. In dieser Richtung lebt viel von der gotischen Mystik Buxtehudescher Orgelwerke; daher auch die hervortretende Polyphonie, die für ein reines Melodieinstrument immer ungewöhnlich wirkt. Bach geht in der Ausgestaltung der polyphonen Teile in seinen Geigensonaten so weit, daß die Frage berechtigt erscheint, ob man sie mit unseren neuzeitlichen Geigenbogen überhaupt ausführen soll. Die mit dem straffen Bogen auf stark gewölbtem Steg hervorgebrachte Polyphonie zerreißt durch das notwendig werdende „Springen" den Zusammenhang der verschiedenen Stimmen, sodaß über dem Klangbild eine Unruhe liegt, die den Tod echten Bach-Musizierens bedeutet. Schon seit langem wird deshalb die Forderung erhoben, bei der Wiedergabe der Bachschen Geigensonaten lieber auf den „großen Ton" zu verzichten und dafür mit dem alten gewölbten, locker gespannten Bogen auf flacherem Steg zu spielen, eine Forderung, der freilich nur selten entsprochen wird.

Die sechs Geigensonaten (entstanden etwa 1720) sind in Wirklichkeit drei Sonaten und drei Suiten. Äußerlich gleichen sie sich dem alten Formgerüst an: die Sonaten sind Kirchensonaten nach Corellischer Art mit der Satzfolge „langsam / schnell / langsam / schnell", und die

Suiten entsprechen — mit gelegentlichen Erweiterungen — dem bekannten Schema. Jedoch der Inhalt hat sich wesentlich geändert. Die zweiten Sätze der Sonaten bestehen jetzt stets aus wirklichen Fugen (sie sind also nicht nur „fugiert"), der erste Satz bildet als eine Art Präludium eine musikalisch-geistige Einheit mit dem zweiten (wie im „Wohltemperierten Klavier" das sich ergänzende Gegensatzpaar „Präludium und Fuge"). Ähnliche Verwandtschaft findet sich auch in den Schlußsätzen: sie sind vom Melodischen her bestimmt; dieses äußert sich in dem langsamen Satz geschlossen, ruhig, fast stillstehend, und im schnellen Schlußsatz offen, schwingend und bewegt.

Besonders deutlich werden dieser Aufbau und die innere Bindung der Sätze in der C - d u r - S o n a t e. Schon ein Blick auf die Themenfassung zeigt, worauf es bei diesen Sätzen ankommt. Das einleitende Adagio

1 Adagio

(Beispiel 1) entwickelt aus dem Grundton in allmählichem, wahrhaft lebensgesetzlichem Wachstum zunächst Bewegung, dann Mehrstimmigkeit, weiter Harmonie und endlich Klang, — alles zusammengehalten durch die fächerförmige Gegenbewegung der Außenstimmen. Dieses Adagio-Präludium schließt auf der Dominante und bietet damit den unmittelbaren Ausgangspunkt für die sich anschließende Fuge. Deren Thema

2 Fuga

(Beispiel 2) entspricht durchaus dem Beginn des Adagio-Präludiums; denn es entwickelt sich ebenfalls aus einem

ruhenden Anfangston. Selbst die chromatische Abwärts-
bewegung der Unterstimme im Adagio findet sich in der
Fuge wieder (vom 5. Takt an). Die Durchführung der
Fuge selbst wechselt zwischen gedrängter Polyphonie
und einstimmigen Akkordbrechungen, vermeidet also
jede Überlastung. Ein Blick auf den Anfang des melo-
diegesättigten Largo (Beispiel 3) und den Beginn des
Schlußsatzes (Beispiel 4) läßt erkennen, daß die beiden

3 Largo

4 Allegro assai

Themen in ihrem wellenförmigen Auf und Ab beinahe
parallel laufen. Die beiden Sätze entwickeln also den
gleichen Keim: das Largo in gesammelter Ruhe, das Allegro assai in treibender Bewegung.

Die drei G e i g e n s u i t e n sind deutlich voneinander abgehoben. Die h-moll-Suite hat zwar die bekannte
Tanzsatz-Folge Allemande / Courante / Sarabande / Bourrée, doch ist alles Tanzartige vermieden, — zumal in den
„Doubles" (Variationen), die jedem Satz angegliedert
sind. In der E - d u r - S u i t e dagegen liegt der geistig-
musikalische Gehalt vorwiegend in dem umfangreichen
Preludio, während die folgenden Sätze Loure / Gavotte
en Rondeau / Doppelmenuett / Bourrée / Gigue zumin-
dest thematisch dem Tanz verhaftet sind.

Endlich die gewaltige d - m o l l - S u i t e, deren
Schluß-Chaconne so berühmt ist, daß man über ihr die
vorangehenden Sätze meist vergißt. Zu unrecht; denn
sie bilden mit der Chaconne ein Ganzes, sodaß die Chaconne ohne den Unterbau der vier anderen Sätze ge-

wissermaßen in der Luft schwebt und dadurch — zumal in der üblichen Wiedergabe mit dem neuzeitlichen Violinbogen — etwas Technisch-Artistisches erhält. Dabei sollte schon die innere Gleichheit des thematischen Stoffes vor der gebräuchlichen Vereinzelung der Chaconne bewahren. Man vergleiche einmal den Beginn der ersten vier Sätze (Beispiel 5, 6, 7, 8) untereinander

5 Allemande

6 Courante

7 Sarabande

8 Gigue

und dann diese mit dem Thema der Chaconne (Beispiel 9), und man wird den unlöslichen Zusammenhang der fünf Sätze erkennen. Zudem erlebt man erst dann das riesige Gewicht der Chaconne; denn die vier vorausgehenden Sätze und die Chaconne halten sich gegenseitig in der Schwebe. Die derart entstehende Zweiteiligkeit in einer fünfsätzigen Suite birgt so viele künstlerische Reize, daß man schon um ihretwillen stets das Gesamtwerk spielen sollte. — Freilich, schon für sich allein betrachtet ist die Chaconne ein Meisterwerk, wie es nur wenige andere gibt. Händels große Chaconne für Klavier, der letzte Satz von Brahms' e-moll-Sinfonie und Bachs Geigenchaconne sind die ragenden Schöpfungen dieser Kompositionsart. Bachs Thema (Beispiel 9) wirkt gegenüber dem rhythmisch einfacheren, wortmächtigen Thema Händels wesentlich grüblerischer, rhythmisch

lastender, beinahe phantasie-artig. Jedoch wird der Betonungsnachdruck auf dem zweiten Viertel im Dreivierteltakt in den Variationen nur teilweise beibehalten, wie denn Bach überhaupt in den Variationen alle äußere Gleichartigkeit vermieden und das Hauptgewicht auf geistige und stimmungsmäßige Veränderungen gelegt hat. Und darin sehen wir die besondere Größe der Chaconne, daß hier mit der strengsten Variationsform der freieste Geistesflug verbunden ist. Die Chaconne ist in drei große Abschnitte gegliedert (d-moll / D-dur / d-moll), und innerhalb eines jeden Abschnitts führt eine gewaltige Steigerung von ruhiger Bewegtheit bis zu weitausladender Akkordik. Einige Takte aus dem ersten Abschnitt mögen das belegen (Beispiel 10 bis 14). Der punktierte Rhythmus der ersten beiden Variationen

(Beispiel 10; beachte auch die chromatische Gegenstimme!) löst sich in der dritten in ausdrucksvoll gleitende Achtelbewegung (Beispiel 11) und weiter in beschwingte Sechzehntel. Ähnlich in der nächsten Variation, nur daß diese weitstufiger ist und im Baß die

chromatische Gegenstimme wieder aufnimmt. Die beiden folgenden Variationen sind erfüllt mit ehern gleichmäßiger Sechzehntelbewegung (Beispiel 12). Es folgt

eine kräfteverdichtende Atempause (Beispiel 13), wobei
die Bewegung einen Augenblick in der Zweistimmigkeit
gehemmt erscheint, aber nur, um in einer nun unaufhaltsamen Wucht weiter vorwärts zu schießen. Sie erreicht in den Zweiunddreißigstel-Triolen der weiten,
arpeggierten Akkordik ihren äußeren Höhepunkt (Beispiel 14) und faßt dann in machtvollen Akkorden den

Gedankenkern des Themas zusammen. Im zweiten
Hauptabschnitt, nunmehr in Dur, erfolgt eine ähnliche
Steigerung; nur knapper und vorwiegend harmonisch
getragen, während die reine Bewegung als bestimmende
Kraft erst an zweiter Stelle steht. Vom leisen Einsatz
der Dur-Harmonie (Beispiel 15) bis zu dem Rundbogen

der auf- und absteigenden Akkordmassen der dreiundzwanzigsten Variation (Beispiel 16) wird das Thema ge-

radezu orchestral ausgedeutet, — auf einer einzigen
Geige! Nach der Überleitung durch doppelgriffige Ak-
kordfolgen hebt dann der Schlußteil an: jetzt wieder in

Moll, wie in Entsagung noch einmal anknüpfend an den
Beginn des Dur-Teiles (vergl. Beispiel 17 mit 15). Die

wenigen Variationen dieses letzten Abschnitts fassen
die bewegungsmäßig-motivische Anlage des ersten und
die orchestral-harmonische des zweiten Teiles noch
einmal zusammen. Erschütternd, wenn in den letzten
Takten, nach einem wilden Zweiunddreißigstel-Lauf das
Thema in vollen Akkorden fortissimo noch einmal aufklingt, in schmerzlichen Harmonien zusammensinkt und
nach einem letzten Schwingen in Sechzehnteln langsam
im Schlußton verweht.

Während Bachs Werke für Klavier solo und Geige
solo sich einen beachtenswerten Platz in Hausmusik und
Konzert erobert haben, sind die sogenannten Cello-
Suiten nicht so bekannt geworden. Nun ist nicht zu
bezweifeln, daß Bach dem Klavier und der Geige musikalisch und geistig Bedeutenderes anvertraut hat als
dem Cello. Aber für unser durch das neuzeitliche Klavier
und die neuzeitliche Geigentechnik einseitig geschultes
Gehör gibt es kaum eine bessere Einführung in den
Klang und den Geist der „alten Musik" als die Bachschen Werke für Cello solo. Einmal, weil keinerlei formale Schwierigkeiten den Hörer besonders in Anspruch

nehmen: es sind sechs Suiten mit der üblichen Satzanordnung der Frobergerschen Suite, eingeleitet durch
gelöste Präludien; die Polyphonie tritt zurück. Zum andern, weil man mit instrumentalen Eigentümlichkeiten
vertraut gemacht wird, die uns heute sonst nicht mehr
begegnen: vier der Suiten werden in der üblichen Stimmung des Cello gespielt, eine für „Cello discordato"
(d. h., die obere Saite wird von a nach g herunterge-
stimmt, wodurch sich ein anderes Klangbild ergibt), und
eine Suite — wenn nicht mehrere — hat Bach für die
fünfsaitige „Viola pomposa" gedacht, ein großes Streichinstrument, das im Gegensatz zum Cello nicht auf den
Boden gestellt, sondern im Arm gehalten wird. Die
Klangwelt des Barocks ist von den uns gewohnten Klängen durchaus verschieden; sie wieder heraufzuzaubern,
ist bei den Orchesterwerken fast unmöglich, bei den
Cembalo- und Clavichord-Stücken nur unter besonders
günstigen Voraussetzungen in der Hausmusik aussichts-
reich; die Suiten für Cello (oder Viola pomposa) dagegen lassen sich in kleineren Kammermusikräumen
sehr wohl stilgerecht aufführen. Der Nutzen solcher
(regelmäßig einzuhaltender) Veranstaltungen kann
nicht hoch genug veranschlagt werden.

Mit der Forderung nach stilistisch echter Wiedergabe
darf man freilich nicht zu weit gehen. Es gibt Stücke,
die eine Wiedergabe im alten Stil geradezu erfordern,
und solche, bei denen diese Forderung den Tod der
Werke bedeutet. „Das Wohltemperierte Klavier" ist für
das Clavichord und für das Cembalo bestimmt, — dennoch spielt man es mit Recht auf dem modernen Klavier
oder Flügel. Gar für das Musizieren im häuslichen Kreis
steht in den seltensten Fällen ein Clavichord oder ein
Cembalo oder beides zur Verfügung. Daher verstummt
die sonst oft übereifrig erhobene Forderung nach sogenannter Werktreue sehr schnell vor derartigen Werken.
Fast möchte man annehmen, daß die K l a v i e r - V i o -
l i n - S o n a t e n Bachs nur deswegen so wenig bekannt

sind, weil man bei der Ergründung ihrer instrumentalen Besetzung allzu viele Erwägungen anstellt. Es handelt sich hier um sechs Sonaten für Cembalo certato, Violine und Continuo. Und nun beginnen die Besetzungsfragen. Das „Cembalo certato" ist ein ausgeschriebener Klavierteil, das Continuo ist eine bezifferte Baßstimme. Soll man das Continuo mit einem zweiten Klavier oder Cembalo besetzen und generalbaßartig auszieren? Soll man die Continuostimme statt dessen nur von einem Cello ausführen lassen? Soll man die ausgeschriebene Cembalostimme vom Cembalo oder vom Klavier durchführen lassen? Kann man für die Sonaten überhaupt eine grundsätzliche Richtschnur geben, wo doch solche Unterschiede bestehen wie etwa die zwischen der in E-dur und jener in A-dur? Um diese Fragen beantworten zu können, muß man sich zunächst klar sein, daß die Bezeichnung „Triosonate" bei diesen Werken doch wohl in erster Linie auf die Drei-Stimmigkeit und nicht auf die dreifache Besetzung zurückzuführen ist: die erste Stimme liegt in der Geige, die beiden anderen Stimmen sind in dem Cembalo certato ausgeschrieben. Geht man also von der Stimmigkeit aus, so lassen sich die Sonaten bereits erschöpfend durch Geige und Klavier darstellen. Nimmt man als Stütze noch ein Cello hinzu, so gewinnt man gewiß an Klang, nicht aber an architektonischer Fügung. Seit Albert Schweitzer für diese Sonaten das Klavier als „unerträglich" bezeichnet hat, wagt man kaum noch, als Cembalo certato das Klavier zu wählen und verzichtet — da ein Cembalo nicht immer zur Verfügung steht — lieber ganz auf die Sonaten. Man empfindet nämlich recht gut, daß ein Cembalo allein (vor allem im Konzert) nicht ausreicht. Besetzt man aber das Continuo mit einem zweiten Cembalo, so braucht man bereits zwei derartige, immerhin seltene Instrumente; besetzt man es dagegen mit dem Cello, so ziehen die beiden Streicher alles Linienhafte — schon durch ihren kräftigeren Klang — an

sich, und das Cembalo certato wirkt als Füllung und
nicht als Stimme. Die wissenschaftlich dankenswerten
und auch ergiebigen Versuche, durch Hinzufügung eines
weiteren Melodieinstruments der Frage beizukommen,
befriedigen doch wohl vorwiegend nur den wissenschaftlich Hörenden, während der Musikliebhaber nur noch
mehr beunruhigt wird. Bleiben wir daher ruhig bei der
Besetzung durch eine Geige und ein Klavier. Bei behut-
samem, mehr auf Stimmigkeit denn auf Klangentfaltung
gerichtetem Klavierspiel lassen sich mit dieser Besetzung — und auch mit hinzutretendem Cello — die Klavier-Violin-Sonaten Bachs recht gut ausschöpfen. Besser,
sie werden so gespielt als überhaupt nicht. In dieser Wiedergabe wird zugleich die geschichtliche Bedeutung der
Werke deutlich: sie beenden auf ihre Weise das Zeitalter der alten Triosonate und helfen, das neuere Trio
heraufführen. Schließlich aber kommt es doch vor allem
auf den Gehalt dieser Sonaten an. Und da will uns scheinen, als ließen sich andere Werke viel dankbarer auf
ihren musikalischen Bau, auf ihre Stimmigkeit, Bewegungskraft und Harmoniefolge untersuchen. Die Besonderheit dieser Klavier-Violin-Sonaten liegt eben darin,
daß sie nicht so sehr „fachlich" als vielmehr „mensch-
lich" geschrieben sind. Es ist kunstvolle Hausmusik von
auffallender Nähe und Wärme, in ihnen steckt unverkennbar manches persönliche Bekenntnis Bachs, mancherlei Gemütsbewegung, und zwar nicht ins Überper-
sönliche erhoben, sondern unmittelbar erlebt und ausgesprochen — darin in vielem Beethoven verwandt

(wenn auch, entsprechend ihrem barocken Charakter,
etwas verhaltener). Das Siciliano der c-moll-Sonate,

der Kanon aus der Sonate A-dur, das stürmende Schluß-
thema aus der E-dur-Sonate (Beispiel 18) und andere
Schönheiten zeichnen sich eben durch die Unmittelbarkeit des Ausgesprochenen aus.

Ähnlich diesen Sonaten sind die Triosonaten für
z w e i G e i g e n (Flöten) u n d C o n t i n u o gestaltet. Man spürt allerdings den Abstand der Entstehung: jene stammen aus der Köthener Zeit, diese sind
in Leipzig geschrieben zu einer Zeit, in der Bach in alle
Geheimnisse der Komposition völlig eingedrungen war.
In der Viersätzigkeit tritt daher das rein Bauliche, Ge-
danklich-Tiefe stärker hervor, während das Bekenntnishafte fast verschwunden scheint. Für den Geist und
für den Unterschied der beiden Gattungen ist aufschlußreich ein Vergleich des Beispiels 18 mit dem verdichteten, beinahe konstruktiven Einsatz der beiden Geigen

19

im ersten Satz der C-dur-Sonate (Beispiel 19): dort unmittelbar geäußerte Kraft, hier beherrschte Klarheit.

1747, also mitten in der großen stilgeschichtlichen
Wende der Musik, übersandte Bach an Preußens König
Friedrich den Großen das „Musikalische Opfer". Es han-
delt sich hier um eine kunstvolle Ausarbeitung jenes
Themas, das Friedrich der Große bei Bachs Besuch in
Potsdam dem Meister vorspielte, damit dieser darüber
aus dem Stegreif eine sechsstimmige Fuge spiele. Im
„M u s i k a l i s c h e n O p f e r" befindet sich am Schluß
eine Triosonate für G e i g e , F l ö t e u n d C e m b a l o.
Sie gehört zum Reifsten, was auf dem Sondergebiet der
Triosonate je gewachsen ist. An der Schwelle der
neuen Zeit entstand dieses Werk, das zum letzten Male
Geist und Gestalt dieser barocken Werkgattung zu-
sammenfaßt. In keinem Takt wird dem heraufkommen-

den neuen Stil auch nur im geringsten Rechnung getragen, das Ganze ein letzter, beinahe entstofflichter Inbegriff des in sich ruhenden deutschen Barocks, vergleichbar der erdenfernen Rätselwelt der „Kunst der Fuge", des letzten Werkes Bachs. Vier Sätze, in denen das Thema Friedrichs (Beispiel 20) noch einmal auf seinen

20

innersten Kern untersucht, wie prüfend gegen das Licht gehalten wird. Im Largo (die alte Form der Kirchensonate ist beibehalten) des Einleitungssatzes schimmert der thematische Gedanke nur eben durch. Dagegen trägt es als Cantus firmus den zweiten, schnellen Satz durch das Gewebe der fugierten Arbeit. Im Andante tritt es an unmittelbarer Greifbarkeit wieder zurück, um dann im letzten Satz rhythmisch stark verändert reine Bewegungsenergien zu entfalten (Beispiel 21). Ein Vergleich der Urgestalt des Themas (20) gerade mit dieser

21

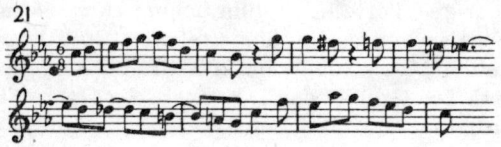

Umformung (21) und der Durchführung zeigt, wie sehr sich Bach an den geistigen Inhalt eines musikalischen Gedankens hingegeben hat, wie sehr er nach innen srebte: kompositorische Verzahnung ist bei ihm gleichbedeutend mit geistiger Durchleuchtung.

Der Vollständigkeit halber sei noch auf einige Kammermusikwerke verwiesen, die freilich mehr gelobt als aufgeführt werden: eine frühe Sonate für Geige, Flöte und Continuo, drei Sonaten für Klavier und Flöte, So-

naten für Geige und bezifferten Baß, Inventionen für
Geige und Cembalo, drei Sonaten für Klavier und
Gambe. Es muß zugegeben werden, daß die oben besprochenen Werke musikalisch und geistig bedeutender
sind als die zuletzt genannten. Dafür sind viele der un-
bekannteren Stücke technisch verhältnismäßig leicht zu
bewältigen und daher für diejenigen Liebhaber der
Hausmusik zu empfehlen, die sich scheuen, an die größeren Werke heranzugehen.

JOHANN FRIEDRICH FASCH

Geboren am 15. April 1688 in Buttelstedt bei Weimar. Wurde 1700 Sängerknabe der Weißenfelser Hofkapelle, 1701 Schüler der Leipziger Thomasschule, 1707 Student in Leipzig. Dort begründete er ein Collegium musicum. 1713 als Kompositionsschüler Graupners in Darmstadt, obwohl er zuvor schon fleißig Opern und Orchesterstücke geschrieben hatte. Vorübergehend Geiger in Bayreuth. 1714 bis 1719 Kammerschreiber in Gera, später dort auch Organist. 1721 bis 1722 Kapellmeister des Grafen Morzin in Lucavec (Böhmen), wo später Joseph Haydn angestellt war. Seit 1722 bis zu seinem Tode (5. Dezember 1758) Hofkapellmeister in Zerbst. Sein Sohn Karl gründete die Berliner Singakademie. Hauptwerke: zahllose Kantaten, Messen, Orchesterouvertüren, Konzerte, Kammermusikwerke.

Fasch ist Zeitgenosse Bachs, Händels und Telemanns. Überblickt man die wenigen bekanntgewordenen Werke, so verbindet ihn die kontrapunktische Schreibweise mit Bach, die rhythmische offene Thematik mit Händel, das zuweilen sich auflichtende Satzbild mit Telemann. Was aber Telemann bewußt und mit einer lebhaften Fortschrittsbegeisterung anstrebte, das wächst bei Fasch langsam und fast nebenher. Im Grunde ist er — nach seinen Kammermusikwerken zu urteilen — durchaus dem Barock verhaftet; jedoch erscheint der Übergang vom Barock zum Rokoko gerade bei ihm organisch und innerlich gerechtfertigt.

Hugo Riemann hat fünf T r i o s o n a t e n und ein Quartett von Fasch neu herausgegeben. Die ersten beiden Sonaten (d-moll und D-dur, für Geige, Bratsche, Cello und begleitendes Klavier) zeichnen sich durch eine besonders kunstvolle Schreibart aus: sämtliche Sätze sind in strenger Kanonfügung gearbeitet. Es spricht für die künstlerische Größe Faschs, daß er dieser technischen Gleichförmigkeit lebendige Inhalte zu gesellen weiß. Besonders aufschlußreich die D - d u r - S o n a t e. Sie hat nur drei Sätze, stellt den einen langsamen Satz an den Anfang, die Thematik gemahnt an Händel, der architektonische Stimmenaufbau erinnert an Bach und die harmonische Freizügigkeit verweist schon auf die neue Zeit (Beispiel 1, Beginn des Schlußsatzes). Die drei

anderen Sonaten (a-moll, F-dur, G-dur, für Geige, Bratsche und Continuo) wurzeln thematisch ebenfalls im Barock, aber ihr Geist hat sich gewandelt. Die hier wiedergegebene Stelle aus der a - m o l l - S o n a t e (Beispiel 2) mutet mit ihrer motivisch-thematisch gelockerten Arbeit schon beinahe wie Haydns Durchführungssprache an und löst sich durchaus von der alten, allein dem Thema und dem Kontrapunkt verpflichteten Aus-

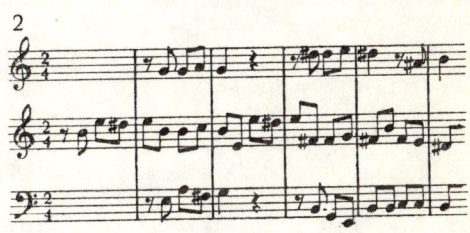

drucksweise. Es meldet sich der Anspruch des Einzelmenschen.

Das Q u a r t e t t (d-moll, für zwei Geigen, Bratsche und Cello) behält den „alten Stil" zwar noch bei, aber die Stimmigkeit ist eine andere geworden: die vier Instrumente wirken selbst in der straffsten Bindung als „Individualitäten", die einem Eigengesetz auch da gehorchen, wo sie sich zu gemeinsamem Dienst zusammenfinden; dieser gemeinsame Dienst wiederum liegt nicht mehr vorwiegend im linienhaften Gewebe, sondern oft genug in der Gestaltung eines Klanges, der in sinfonische Bereiche vorstößt.

GIUSEPPE TARTINI

Geboren am 8. April 1692 in Pirano. Gegen den Willen der Eltern, die ihn gern als Klosterbruder gesehen hätten, studierte er seit 1710 Rechtswissenschaften an der Universität Padua. Dort wurde er bald berühmt als — Fechter. Aber seine Lieblingsbeschäftigung Musik hat er niemals vernachlässigt. Lebensinhalt wurde sie ihm freilich erst, als er vor einer Anklage wegen Entführung in das Franziskanerkloster zu Assisi flüchten mußte: er vervollkommnete sein Geigenspiel und nahm auch Kompositionsunterricht. 1721 wurde er Orchesterleiter an der Basilica Sant' Antonio in Padua; 1723 bis 1725 Kammermusiker in Prag und seitdem bis zu seinem Tode (26. Februar 1770) wieder in seiner vorigen Stellung zu Padua. Hauptwerke: Geigensonaten, Geigenkonzerte, vier- und fünfstimmige Konzerte.

Der große Geiger Tartini hat die klassische Haltung Corellis in eine neue Zeit hinübergeführt, — die Haltung, nicht den Geist und nicht den Stil. Vor allem die Verpflichtung gegenüber der Form macht Tartini so verwandt mit Corelli. Bei ihm finden sich nicht die kleinen Verspieltheiten des „galanten Zeitalters", deren allmähliches Überwuchern bei manchen Komponisten den großen Zug der Corelli-Schöpfungen nach und nach fast völlig verdeckt haben. Erstaunlich, daß Tartini seine Aufgabe, Bannerträger einer würdigen Haltung zu sein, zu erfüllen vermochte, obwohl er die Lösung dieser Aufgabe im wesentlichen einem einzelnen Instrument anvertraut hat: der Geige. Nicht nur in den Geigensonaten, auch in den mehrstimmigen Werken bleibt bei ihm die erste Geige tonangebend. Der von Tartini ausgehende Einfluß erklärt sich aber nicht allein aus seinen Werken; sein Wirken als allberühmter Virtuos, Geigenlehrer und Musiktheoretiker hat viel dazu beigetragen, seiner geistigen Haltung achtunggebietendes Ansehen zu verschaffen.

Bekanntgeworden ist in Deutschland vor allem seine „Teufelstriller-Sonate". Sie mag uns einen Blick auf Tartinis Schreibart vermitteln. Der Form nach eine Kirchensonate mit den Folgen langsam / schnell / langsam / schnell. Das Thema des ersten Satzes (Beispiel 1)

1 Larghetto affettuoso

enthält bereits entscheidende Züge von Tartinis Haltung. Es scheint wie geschaffen zur motivischen Aufgliederung und Durchführung, aber die bindende Kraft des Ganzen ist stärker als das motivische Auseinanderstreben. Darin offenbart sich die barocke Haltung des Meisters; ebenso in der Ausgewogenheit der thematischen Gestalt. In diesem Geist wird das Thema durch den ganzen Satz fortgesponnen. Aber zwei Stellen des Themas kennzeichnen einen Bruch mit dem barocken Insichruhen der Kräfte. Einmal der dritte Takt, dessen chromatische Entwicklung etwas Leidenschaftlich-Drängendes in sich trägt, wie man es im musikalischen „Sturm und Drang" nach der Jahrhundertmitte häufig wiederfindet. Zum andern die Takte sieben und acht: der achte mutet äußerlich an wie ein bloßes „Echo" des siebenten, gehört in Wirklichkeit aber als eine Art Anlauf zu den folgenden, das Thema krönenden Takten. — Während der zweite Satz den bei Tartini mehrfach zu findenden gleichmäßigen Bewegungsablauf zeigt, sind die beiden Schlußsätze zu einem Ganzen zusammengezogen; denn der eigentliche langsame dritte Satz (ein „Grave") ist im Grunde nur eine Gliederung des Schlußallegros, das er einleitet und durch zweimalige Wiederholung in drei Teile gliedert. Das Allegro selbst ist offenkundig für den Konzertvortrag berechnet und in seinen technischen Hexereien ein Belegstück für das hohe geigerische Können, aber auch für den Phantasiereichtum des Meisters. Hier möge auch der „Teufelstriller" angeführt werden, nach dem die Sonate benannt ist (Beispiel 2): der Teufel

2 Allegro

selbst, so sagt Tartini, habe ihm diesen Triller und die Doppelgriffe in der Nacht auf seinem Bett sitzend vorgespielt.

JOHANN JOACHIM QUANTZ

Geboren am 30. Januar 1697 in Oberscheden (Hannover) als Sohn eines Schmieds. Erster Unterricht bei seinem Oheim in Merseburg, dann in verschiedenen Orten, bis er in Dresden fest angestellt wurde. 1724 bis 1727 machte er Kunstreisen durch Italien, die Schweiz, Frankreich und England. Von Dresden aus fuhr er wiederholt zum preußischen Kronprinzen, der von ihm, sehr zum Verdruß des Soldatenkönigs, das Flötespiel lernte. Seit 1741 Hofkomponist Friedrichs des Großen. Gestorben am 12. Juli 1773 in Potsdam. Hauptwerke: über ein halbes Tausend Flötenkonzerte, -Duos, -Trios usw., sowie Lieder und vor allem seine wichtige Schrift „Versuch einer Anweisung, die Flöte traversière zu spielen".

Quantz ist ein Hauptvertreter der Berliner Schule um die Mitte des 18. Jahrhunderts. Es ist üblich, dieser Schule Unfruchtbarkeit, Sprödigkeit, Kunstschulmeisterei und ähnliche Eigentümlichkeiten nachzusagen. Auf die Oden- und Liederkomposition trifft dieses Urteil im wesentlichen zu; auch die Instrumentalwerke haben häufig etwas Nüchternes, Gemessenes, sozusagen Wohlanständiges. Aber die Zeit dürfte nicht mehr allzu fern sein, in der man der Haltung der Berliner Schule mehr gerecht wird als bisher. Neben der gelösten Wiener und der leidenschaftlichen Mannheimer Schule wirkt die Berliner sicherlich steifer, zurückhaltender, — zumal in der Kammermusik. Das ist verständlich; denn geistiger Mittelpunkt des Berliner (besser: Potsdamer) Kammermusizierens war Friedrich der Große, sodaß Kammermusik als etwas Höfisches empfunden wurde. Quantz war schließlich nicht der einzige, der seine Werke für jenen musikalischen Kreis schrieb, in dem Preußens König flöteblasend mitwirkte. Der Geist dieses Kreises war aufklärerisch im Denken, kühl im politischen Handeln, allem Lustvoll-Schwelgerischen abhold. Dieser Geist spricht sich auch aus in Quantz' Wort, man dürfe „keine wohlgesetzte Melodie, welche alles zureichende Gefällige schon in sich hat, verändern" (das heißt hier: dem sonstigen Zeitgeschmack entsprechend „verzieren"); und dieser Geist lebt ebenso in den Kompositionen von Quantz. Unser Beispiel aus einer Sonate für Querflöte

(Baß eine Oktave tiefer)

und Baß mag die Haltung dieses im besten Sinne höfischen Meisters verdeutlichen. Da ist alles klar und eindeutig, gemessen schreitet der Baß, in würdevoller Anmut scheint sich die Flötenmelodie auf dem getäfelten Boden eines friderizianischen Schloßsaales zu bewegen. Noch spürt man die Nähe des Barocks in diesem Rokokothema; aber aus der selbstverständlichen inneren Haltung von einst ist äußere Stilisierung geworden. Immerhin: solches Streben nach Haltung wirkt in jenen Jahren echt und edel; man ist aufklärerisch, aber man ist nicht „Individualist". Und eine andere Besonderheit bei Quantz atmet den gleichen Geist: die Tempovorschrift des Satzes „Ein wenig lebhaft, aber sangbar" findet sich bei manchen seiner Allegrosätze. Allegro ist ihm keineswegs gleichbedeutend mit „schnell"; man läßt sich nicht hinreißen durch lebhaftes Zeitmaß, man wahrt auch hier die Haltung.

Diese Haltung aber war „preußisch", deutsch, bewußt deutsch. Quantz bewunderte die verstandesklare Musik der Franzosen, anerkannte die leidenschaftliche Wärme der italienischen Gesangslinie; doch er sah auch ihre Schwächen und Ausartungen. Sein Versuch, die Vorzüge der Italiener und Franzosen sich dienstbar zu machen und darüber hinaus die große deutsche Überlieferung in aussichtsreiche Bahnen zu steuern, mutet zwar in manchem Werk abgezirkelt an, hat jedoch — wie das Wirken der Berliner Schule überhaupt — im stillen vieles Gute geschaffen.

GIOVANNI BATTISTA SAMMARTINI

Geboren 1701 in Mailand. War den größten Teil seines Lebens Organist und Kapellmeister in Mailand, erfreute sich daneben eines internationalen Rufes als Theoretiker (Gluck war vier Jahre sein Schüler). Gestorben am 15. Januar 1775 in Mailand. Hauptwerke: Sinfonien, Konzerte, Kammermusik, Opern, Messen und andere Kirchenmusiken.

G. B. Sammartini (der „Mailänder", zum Unterschied von seinem älteren Bruder Giuseppe, dem „Londoner") wurde von Haydn einmal als Schmierer bezeichnet; Gluck verdankt dem Unterricht bei Sammartini sehr viel, ohne daß er ihm innerlich verpflichtet gewesen wäre; und der italienische Schriftsteller Fausto Torrefranca sang 1913 den Brüdern Sammartini ein huldigendes Loblied. Eine solche Übergangserscheinung wie der Mailänder Sammartini ist eben schwer zu fassen. Wählt man das leicht zugängige Es-dur-Trio (zwei Geigen, Klavier, gegebenenfalls mit Cellostütze) als Beispiel für seinen kammermusikalischen Stil, so gewinnt man einen fesselnden Einblick in jene Zeit der Wandlungen des musikalischen Bewußtseins. Man spürt noch den Nachklang des Barocks in dem Überwiegen des ein-thematischen Denkens, jedoch nimmt man gleichzeitig wahr, wie dieses Denken manchmal sich vortastet bis zur Durchführungstechnik des frühen Haydn. Dann wieder erscheint manches Motiv als zierliche Prägung des galanten Stils, zeugte nicht die unterirdische Bindung des melodischen Geschehens für ein weiträumigeres Erleben, als diesem Stil zu eigen war. Diese Doppelgesichtigkeit geht aber noch weiter. Jeder einzelne Satz des Es-dur-Trios ist in sich geschlossen und erweist den starken Gestaltungssinn Sammartinis; dagegen fragt man sich vergebens nach dem einigenden Band, durch das die Sätze miteinander verbunden wären. Vergleicht man den Beginn des ersten Satzes (Beispiel 1) und seine andrängende Wucht mit entsprechenden Takten des zweiten Satzes (Beispiel 2) und erwägt man, daß die Sätze in

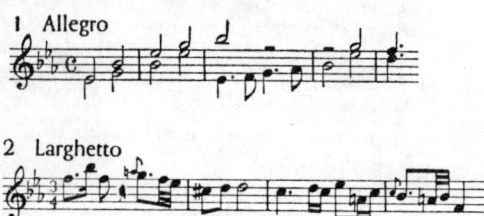

1 Allegro

2 Larghetto

ihrer Gesamthaltung durchaus den angeführten Ausschnitten gleichen, so scheinen die Sätze wirklich beziehungslos nebeneinander zu stehen. Denn von dem hingebenden Gefühlserguß des Larghetto zu dem tatfesten Hauptsatz führt keine Brücke, — nicht einmal die des dramatischen Gegensatzes. Endlich fragt man sich bei dem Thema 1, ob wir hier überhaupt noch vor einem kammermusikalischen Gedanken stehen oder ob wir es nicht vielmehr mit einem orchestral-sinfonischen Kern zu tun haben.

Bei alledem gilt es festzuhalten, daß Sammartinis schöpferische Kraft sämtliche dieser „Widersprüche" zu tragen imstande ist. Und gerade das macht ihn zu einer der edelsten Erscheinungen in der Stilumwälzung um die Mitte des 18. Jahrhunderts.

FRANZ XAVER RICHTER

Geboren am 1. Dezember 1709 in Holleschau (Mähren).
1740 Kapellmitglied in Kempten, 1747 bis 1769 in der be-
rühmten Mannheimer Kapelle, 1769 bis zu seinem Tode
(12. September 1789) Kapellmeister am Straßburger Mün-
ster. Hauptwerke: Messen, Motetten, Sinfonien, Kammer-
musik.

Franz Xaver Richter, der Deutschmähre, und Johann
Stamitz, der Deutschböhme, sind die eigentlichen Begründer der Mannheimer Schule. Mit ihr zieht in der Or-
chester- und Kammermusik ein neuer Stil herauf, jener
Stil, der in den Werken Haydns, Mozarts und Beethovens seine Krönung fand. Für die Kammermusik bedeutender ist Richter. Sonaten für Flöte (oder Geige) mit
Continuo, Flöten- (oder Geigen-)Duette, Trios für Klavier, Flöte (oder Geige) und Cello, Sonaten für Flöte
(oder Geige), Cello und Klavier und vor allem reine
Streichquartette (zwei Geigen, Bratsche, Cello) legen in
verschiedenem Grad Zeugnis ab für das schrittweise
Heraufkommen des neuen Stils. Schrittweise; denn bei
Richter vollzog sich nichts in Sprüngen, sondern alles
wuchs langsam, bedächtig, sinnvoll. Schon verhältnismäßig früh erreichte er im reinen Streichquartett jene
selbständige Gelöstheit der Stimmen in der thematisch-
motivischen Durchführung, auf der dann Haydn entscheidend weiterzubauen vermochte. Zwar läßt sich an vielen
Einzelheiten nachweisen, wie sehr Richters Schaffen aus
dem „alten Stil" erwachsen ist; aber gerade das macht
einen besonderen Reiz seiner Kammermusik aus, daß
man in ihr das lebensgesetzliche Ablösen des Neuen
vom Alten so gut verfolgen kann.
    Das „Neue" liegt ebenso in der Thematik wie in der
thematisch-motivischen Auflichtung des Satzbildes wie

endlich in der zuweilen zu beobachtenden Gegenüberstellung von zwei Themen (oder doch wenigstens Motiven), wobei das zweite Thema sichtlich kein Kontrapunkt mehr ist, sondern ein ausgesprochenes Gegenthema. Freilich, neben den vollendeten Schöpfungen des Dreigestirns Haydn / Mozart / Beethoven sind diese Dinge verblaßt. Wenn wir ehrlich sein wollen, müssen wir sagen, daß wir auch Richter nur noch „musikgeschichtlich" und nicht lebendig hören, — der Mannheimer Meister teilt das Schicksal der meisten Wegbereiter und Vorläufer.

Zwei Stellen aus Richters kammermusikalischem Werk mögen aber wenigstens die Wegstelle bezeichnen, an der sich die Entwicklung damals befand. Beispiel 1

ist das erste Thema des C-dur-Streichquartetts aus op. 5, in dem sich barocke Haltung und frühklassische Formung eigentümlich überschneiden. Beispiel 2 entstammt einem

Trio für Flöte (Geige), Cello und Klavier (die Cellostimme ist, da sie dem Klavierbaß nahezu parallel verläuft, in unserem Beispiel weggelassen).

GIOVANNI BATTISTA PERGOLESI

Geboren am 4. Januar 1710 in Jesi als Sohn eines Feld-
messers. Konservatoriumsbesuch in Neapel. Gestorben am
16. März 1736 in Pozzuoli (bei Neapel). Hauptwerke:
Opern, kirchliche Werke, Kammermusik.

Pergolesi, der mit sechsundzwanzig Jahren gestor-
bene Schöpfer der zauberhaften Buffo-Oper „Die Magd
als Herrin", der Komponist eines unsterblichen „Stabat
mater" gleicht in vielem unserem Mozart: in der frühen
Vollendung, in der genialen Leichtigkeit, mit der er
Gewichtiges zu schreiben wußte, in der erlesenen Zierlichkeit seiner Sprache. Aber ihm eignet nicht — von
unserem deutschen Standpunkt aus gesehen—die hinter-
gründige Geistigkeit Mozarts. Er ist ein Mozart ohne
Dämonie. Dazu mag sein allzu kurzes Leben nicht aus-
gereicht haben.

Am deutlichsten erkennt man das an Pergolesis Kammermusik. Stilistisch stellt sie sich dar als erstaunlicher
Vorgriff auf die Zukunft. Pergolesi schrieb zu einer
Zeit, in der die Deutschen Bach und Händel und zahlreiche Italiener noch ganz und gar in der barock-poly-
phonen Haltung wurzelten, einige Dutzend Triosonaten
(zwei Geigen und Continuo), deren Stil noch nach Jahrzehnten Allgemeingut der musikalischen Welt gewesen
ist. Zeigt schon das zweigeteilte Thema einer Fuge (Beispiel 1, aus der G-dur-Triosonate) das „Neue", so wirkt

1 Presto

die Fuge selbst in ihrer fast spielerischen Auflockerung
des schweren Gefüges, ihrem lichten Wechsel von Durch-

63

führung und Zwischenspiel und in ihrem leichten, dennoch beweiskräftigen Rankenwerk gänzlich unbarock. Noch weiter entfernt sich Pergolesi von der alten Kirchensonate und ihrem schweren Ernst in den nichtpolyphonen Sätzen. Das a-moll-Larghetto (Beispiel 2) aus

der siebenten Triosonate beginnt mit einer Eigentümlichkeit Pergolesis, die bis heute fortwirkt: die Oberstimme hält einen Ton, die Unterstimmen schreiten in ständiger Motivfolge weiter. Das ergibt jene Durchsichtigkeit des Klanges, jenes feine Spiel mit instrumentalen Wirkungen, wie man sie früher als Entdeckungen Mozarts geliebt hat. Von selbständiger Stimmführung bleibt an solchen Stellen nicht mehr viel übrig. Denn aus der Linienhaftigkeit scheidet nicht nur die liegende Stimme aus, sondern die beiden anderen Stimmen finden sich oft zu reinen Parallelgängen zusammen: so in den Dezimen des dritten Taktes von Beispiel 2, so auch in den zahlreichen Terzen von Beispiel 3. Seinerzeit wirkten so geartete Stimmfärbungen geradezu erregend in

ihrem süß-zärtlichen Schwingen. Beispiel 3 (aus der Es-dur-Sonate) mag einen Begriff vermitteln von der Themenfassung Pergolesis in den Haupt-Allegrosätzen.

Diese Takte haben nichts Baukräftiges in sich, sie singen, — und der junge Meister gilt daher als einer der ersten Musiker, die das „singende Allegro" (in voller Pracht später bei Mozart) angewendet haben. Daß die großen Allegrosätze in Pergolesis Kammermusik zuweilen bereits deutliche Ansätze der späteren „Sonatenform" haben, sei hier nur angemerkt; denn nicht als Umgestalter der Form haben wir diesen Musiker zu betrachten, sondern als Mitschöpfer jenes problemlosen „reinen Spieles", das neuerdings wieder so zahlreiche Anhänger gefunden hat.

PHILIPP EMANUEL BACH

Geboren am 8. März 1714 in Weimar. Schüler seines Vaters. Studierte in Frankfurt a. O. zunächst Rechtswissenschaften, gründete dort einen Gesangverein und ergab sich bald ganz der Musik. 1738 in Berlin, seit 1740 Cembalist Friedrichs des Großen, seit 1767 als Nachfolger Telemanns Kirchenmusikdirektor in Hamburg, wo er am 14. Dezember 1788 gestorben ist. Hauptwerke: Klaviermusik, Sinfonien, Kammermusik, kirchliche Werke, Lieder.

Karl Philipp Emanuel Bach, von dem Mozart sagte: „Er ist der Vater, wir sind die Buben", hat sein Größtes in Klaviersonaten gegeben. Er war es, der dem Klavier zu seiner Zeit seine wesentlichen neuen Aufgaben zugewiesen hat; man müsse, wie er selbst schreibt, soviel als möglich sangbar für das Klavier setzen. Wer dieses Wort beherzigt, wird an den vielfach kaum faßbaren Verzierungen seines Klavierstils keinen Anstoß mehr nehmen: sie sind modische Z u t a t e n, machen also nicht das Wesen der Werke aus. Auch Emanuel Bach stand zwischen den Zeiten; französisches Rokoko, deutsche Empfindsamkeit und die besondere Formen- und Gedankenstrenge der Berliner Schule treffen bei dem Cembalomeister des großen Preußenkönigs zusammen. Daher die Ungleichwertigkeit des Gesamtwerkes, sein vielfach zeitbedingter Stil; daher aber auch die Sicherheit, mit der Emanuel Bach die Formenansätze der neueren Sonate als erster kraftvoll ausbildet und als verbindlich für die Zukunft hinstellt. Vor allem aber ist er es, der das Klavier zum vollwertigen Träger persönlichkeitsstarker Ausdrucksmusik macht. Das ist nicht mehr das „objektive" Musizieren des Barocks, nicht mehr nur das erlesene Formenspiel des französischen Rokokos und nicht allein die Melodienfreude der Italiener, — das ist ein Durchbruch der Einzelpersönlichkeit, wie wir ihn sonst in der Vorklassik so überwältigend überhaupt nicht und in der Klassik nur bei Beethoven antreffen.

So Bedeutendes uns Emanuel Bach als Klavierkomponist zu sagen hat, so wenig spricht uns seine Kammermusik im engeren Sinne an. Vor allem, seit zwei „Streichquartette", die wirklich erstaunlich schienen, sich als Orchesterquartette in Konzertform erwiesen haben. Gewiß wird man gelegentlich gern zu den beiden Trios in G-dur und B-dur greifen, wenn man sich das Bild der Berliner Kammermusik um die Mitte des 18. Jahrhunderts ins Gedächtnis rufen will. Sie sind gedanklich weniger überlastet als viele andere Erzeugnisse jener Zeit, dafür umso durchgeistigter und edler in der Haltung. Dennoch, spricht das erste Thema des G-dur-Trios (das Beispiel gibt den Beginn) uns heute wirklich

noch an? Ist es nicht vielmehr ein Augen-Thema, dessen kunstvolle, keimkräftige Anlage man so lange bewundert, bis man es hört? Über die zeitgeschichtliche Bedeutung dieses Trios ist kein Wort zu verlieren; aber es für die Gegenwart — und zwar nicht nur für den musikwissenschaftlich geschulten Menschen — wieder lebendig zu machen, dürfte ein aussichtsloses Bemühen sein.

CHRISTOPH WILIBALD GLUCK

Geboren am 2. Juli 1714 in Erasbach (Oberfranken) als Sohn eines Försters. 1732—1736 in Prag, dann vier Jahre Schüler von G. B. Sammartini in Mailand. 1746 in London, später Kapellmeister der Mingottischen Operntruppe. 1754 bis 1764 Hofkapellmeister in Wien. Darauf längere Zeit in Paris. Gestorben am 15. November 1787 in Wien. Er schrieb vor allem Opern; daneben sind einige Sinfonien, Triosonaten, Lieder und Oden bekanntgeworden.

Gluck, der Reformator der Oper im 18. Jahrhundert, hat nur wenig Kammermusik geschrieben, und diese mit etwa zweiunddreißig Jahren, also zu einer Zeit, in der er noch unter dem Einfluß seines Lehrers Sammartini stand. Dieser Einfluß betrifft allerdings nicht die geistige Haltung, sondern lediglich die technische Schreibweise: die Anfänge einer motivischen Arbeit. Gluck kommt somit von einer ganz anderen Seite zu dem „neuen Stil" als etwa die Mannheimer Schule von Stamitz und Richter. Was insbesondere bei Stamitz als „Revolution" bezeichnet werden kann, vollzieht sich bei Gluck als Entwicklung. Wie bei seinen Opern fühlte er sich nicht als Umstürzler, sondern als Reiniger und Vollender. Daher ist er in seiner Grundhaltung durchaus der Vergangenheit verhaftet; das läßt sich sehr deutlich an der thematischen Erfindung in den Triosonaten ablesen, die oft genug Eigentümlichkeiten Corellis offenbart; freilich mit einem wichtigen Unterschied: bei Gluck wird der Klang an manchen Stellen zu einem selbständigen Träger dramatischer Spannung (wie in seinen Opern), und die Themen biegen zuweilen in motivische Neuwege ein, die dem älteren Stil gänzlich fremd waren. Und solche Themen bilden dann den Ausgangspunkt für thematisch-motivische Arbeit. Geschlossene Allegro-

Thematik, der wesentliche Baustoff für die neuere Sonate, ist in Glucks sieben Triosonaten noch selten; wo
sie aber einmal erscheint (wie in der F-dur-Sonate, Beispiel), reißt sie sogleich die Führung an sich, und zwar

nicht nur in der Durchgestaltung des einheitlichen Formgusses dieses einen Satzes, sondern in der ganzen Sonate. Das einleitende Andante wird nämlich zu einer
geistigen Vorbereitung auf dieses Allegro, nicht im
Sinne eines „Präludiums" (Einleitung), sondern eines
Kräftesammelns. Andererseits ist nun das zum Hauptsatz gewordene Allegro so stark und — zusammen mit
dem Andante — so gewichtig, daß das (an sich bezaubernde) Schlußmenuett ein wenig in der Luft hängt. Man
verlangt unwillkürlich nach einem Gegengewicht zu
dem Allegro. An keiner anderen Stelle seines kammermusikalischen Werkes ist Gluck dem Geist und der Haltung der künftigen großen klassischen Sonaten so nahe
gekommen wie hier.

Wer Glucks Triosonaten hört oder liest, wird in ihnen
viel Wertvolles entdecken. Doch solange des Meisters
großartig herbe Opern noch nicht zum lebendigen Kulturgut Deutschlands gehören, müssen alle Erweckungsbemühungen auf diese Musikdramen zielen, weil die
Kammermusik hinter ihnen an menschlichem Gehalt und
künstlerischer Bedeutung durchaus zurücksteht.

JOHANN SCHOBERT

Geboren etwa 1730 (vermutlich in Schlesien). Seit 1760 Kammercembalist des Prinzen Conti in Paris, wo er am 28. August 1767 gestorben ist. Hauptwerke: Kammermusik, Klavierkonzerte.

Schobert, seinerzeit gefeierter Cembalist der Pariser Adelskreise, war als Komponist ein Alleingeher. Sein Werk wurde zwar noch vor wenigen Jahrzehnten dem Mannheimer Kreis zugeordnet, aber heute weiß man, daß diese Zuordnung nur das Äußere getroffen hat und nicht den Kern. Innerlich steht er höchstens dem „Mannheimer" Richter nahe; auch dieser hatte jenen verhaltenen Ernst, der Schobert eigentümlich ist. Doch entfernt ihn von Schobert dessen glühende Erlebenskraft. Vor allem aber: Schobert schafft — darin etwa Chopin vergleichbar — ganz vom Klavier aus, von dessen Spielbedingungen, Klangmöglichkeiten und Instrumentalthematik. Und hierin ähnelt er keinem seiner Zeitgenossen. Alles, was er schreibt, hängt aufs engste mit dem Klavier zusammen: Klavierkonzerte, Klaviersonaten, Sonaten für Klavier und Geige, Klaviertrios, Klavierquartette (mit Bläsern und Streichern). Das ist zum Teil selbstverständlich eine Folge seiner Tätigkeit als Cembalist. Aber in dieser eigentümlichen Schreibweise atmet auch ein neuer, andersgearteter Geist. Er habe die Sinfonie auf das Klavier übertragen, sagten schon die Zeitgenossen von ihm. Dieses Urteil zeigt bereits, wie weit Schoberts Klaviermusik entfernt ist von der überkommenen Cembalomusik und wie sehr sie Beethoven und der Romantik nahekommt. Dazu tritt ein weiteres: das Generalbaßzeitalter ging zu Schoberts Lebzeiten seinem Ende entgegen; die Fähigkeit, nach einem „bezifferten Baß" die Cembalostimme kunstvoll auszuführen, starb langsam

aus, gleichzeitig aber wuchs der Kreis der musizierenden Liebhaber (Ph. Emanuel Bachs „Sonaten für Kenner
und Liebhaber"!). Es wurde daher geradezu notwendig,
die Klavierstimme voll auszuschreiben, wollte man seine
Werke nicht auf den immer kleiner werdenden Kreis der
„Kenner" beschränkt sehen. Dieses Ausschreiben der
Klavierstimme ist nun bei Schobert nicht etwa eine Art
schriftlicher Festlegung dessen, was ein Generalbaßspie-
ler nach dem bezifferten Baß improvisiert haben würde;
vielmehr überträgt er wirklich die „Sinfonie auf das Klavier". Das heißt, er weist dem Klavier jenen Stil zu,
dessen sich die neueren Sinfoniker seiner Zeit bedien-
ten. Es ist „durchbrochene Arbeit", also ein Weiterschie-
ben der Themen- und Motivteile von Stimme zu Stimme.
Dabei gilt es festzuhalten: Schobert schreibt zwar (in
dem angedeuteten Sinne) „sinfonie-artig", nicht aber
orchestral; denn seine Werke tragen durchweg jenen
feingestichelten, mehr auf lichte Zeichnung als auf
schwere Malerei ausgehenden Charakter, den wir als
„kammermusikalisch" zu bezeichnen uns seither gewöhnt haben.

In einigen Schöpfungen geht Schobert mit seiner Vorliebe für das Klavier so weit, daß die übrigen Instrumente zuweilen zur reinen Begleitung herabsinken.
Zeigt das auch einen grundsätzlichen Wandel gegenüber
der älteren Kammermusik an, in der das Cembalo überwiegend nur als Klang- und Harmoniestütze für die anderen Instrumente verwendet wurde, so bleibt doch im
größten Teil seines Schaffens die Gleichberechtigung
a l l e r Instrumente gewahrt. Ein Blick auf seine Durchführungen beweist das zur Genüge; denn in ihnen geht
er mit einer Folgerichtigkeit zu Werke, die ohne das
Zusammenwirken aller Instrumente an dem Zustande-
kommen des Gedankengespinstes nicht vorstellbar ist.
Die großartigsten Stellen von Schoberts Kammermusik
aber finden sich dort, wo sich auf dem Grunde strengster
gedanklicher Folgerichtigkeit unvermerkt eine Traum-

welt schwebender Stimmungen erhebt. Hier unterscheidet sich der Schlesier grundsätzlich von dem Deutschböhmen Stamitz: dieser ist blutvoll-musikantisch und diesseitsverbunden, jener gehört mehr der Welt des Geistes und des Träumens. Umso notwendiger wäre es, nicht nur die „Mannheimer" der Gegenwart wieder nahezubringen, sondern auch Einzelgänger wie Schobert. Denn die Großgüter der musikalischen Klassik und Romantik leiten ihren Ursprung nicht allein von e i n e r Quelle her.

JOSEPH HAYDN

Geboren am 1. April 1732 in Rohrau an der Leitha als Sohn eines armen Wagenbauers. Mit vierzehn Jahren Sängerknabe am Wiener Stephansdom, wo er praktischen Musikunterricht erhielt. Die Mittel für eine weitere Ausbildung erwarb er sich durch Privatstunden, als Tanzbodenmusikant und als „Musikdiener" bei dem berühmten Komponisten Porpora. 1759 Leiter einer gräflichen Kapelle in der Nähe von Pilsen. 1761 zweiter Kapellmeister beim Fürsten Esterhazy in Eisenstadt, 1766 alleiniger Dirigent. Als die Kapelle 1790 aufgelöst wurde, erhielt Haydn ein Ruhegehalt von 1400 Gulden jährlich und zog nach Wien. Zweimal hielt er sich mehrere Jahre in England auf als Dirigent von Londoner Anrechtskonzerten. Gestorben am 31. Mai 1809 in Wien. Hauptwerke: Sinfonien, Kammermusik aller Art, Konzerte, Oratorien, geistliche Werke, Opern, Lieder.

In Haydns Werk vollendet sich jener musikalische Stil, den wir als den „klassischen" zu bezeichnen uns gewöhnt haben. Diesen Stil hat sich der Meister in langen Jahrzehnten selbst erarbeiten müssen, er ist förmlich in ihn hineingewachsen. Geboren im Hochbarock, aufgewachsen im Rokoko, als junger Mann Zeuge der „Mannheimer", als Vierziger Zeitgenosse des Sturm und Drang, im Alter einer der Hauptträger der Klassik, als Greis stiller, aber miterlebender Beobachter der heraufkommenden Romantik, dazu künstlerischer und menschlicher Freund Mozarts, — diese schier unfaßbare Fülle musikalischen Werdens in jenen Jahrzehnten läßt sich auf Schritt und Tritt in Haydns Werk verfolgen. Doch Haydn war ein Eigener, eine Persönlichkeit wachen Geistes und starken Herzens, sodaß er dem andrängenden Stilwandel niemals verfiel, sondern ihn werkend mitgestaltete, ja, der musikalisch-klassische Ausdruck ist

trotz aller Vorläufer und Weggefährten in seiner vollen
Größe von Haydn geschaffen worden.

Äußeres Kennzeichen dieses Stils ist die Vorherrschaft der „durchbrochenen" thematisch-motivischen
Arbeit mit zwei gegensätzlichen und doch verwandten
Themen, und zwar im Rahmen der sogenannten Sonatenform. Diese fand Haydn in wesentlichen Zügen bereits ausgebildet vor, nämlich im Werk von Johann Stamitz und besonders bei Philipp Emanuel Bach. Die rein
motivische Arbeit wiederum geht vorwiegend zurück
auf Johann Sebastian Bachs Brandenburgische Konzerte.
Doch die Vereinigung thematisch-motivischen Denkens
und sonatenmäßiger Gestalt wird durch Haydn nicht
durch äußeres Zusammenziehen der beiden Bestandteile
erreicht; vielmehr wachsen sie allmählich zu einem lebensgesetzlichen Ganzen zusammen und bedingen sich
somit gegenseitig. Kennzeichen für den reifen Sonatensatz Haydns sind: die immer stärker werdende Verwandtschaft des ersten und zweiten Themas, die dramatische Kraftverlagerung auf scheinbare Nebenmotive,
Ausdehnung der motivischen Arbeit über den ganzen
Satz (also nicht nur auf die Durchführung). Diese Kennzeichen gelten — und das ist besonders festzuhalten —
seit Haydn gleicherweise für die Einzelsonate, für die
Kammermusik im engeren Sinne und für die Sinfonie.
Damit ist die deutsche Instrumentalmusik unter ein all-
gemeinverbindliches Gesetz gestellt, ein Gesetz, das seit
mehr als anderthalb Jahrhunderten in Kraft geblieben
ist und sich trotz mancher Angriffe noch immer behauptet hat.

Haydns tönendes Werk erschöpft sich jedoch — zumal in der Kammermusik — nicht in der Vollendung des
großartigen Formenbaus. Seine Musik ist mehr. In ihr
leuchtet der Widerschein eines denkmächtigen Geistes
und eines lebendig warmen Gemütes. Seine oft heiter-
volkstümlichen Themen sind Ausdruck eines schlichten,
gemüthaften Erlebens; freilich nicht im Sinne eines gut-

mütig-einfältigen „Papas Haydn", der allen Leuten einen
hübschen Spaß machen möchte. Der Meister der deutschen Kammermusik ist weder ein Spaßmacher noch ein
allgemeinverständlicher Plauderer. Diese Kammermusik — und hier vor allem die über achtzig Streichquartette — ist Denkmal eines arbeitsreichen und ringenden
Lebens, und man darf sagen: nicht die (übrigens durchaus nicht überwiegend!) volkstümlichen Themen machen das Wesen Haydns aus, sondern der aus ihnen auf-
geführte geistige Bau. Ein halbes Jahrhundert lang hat
Haydn Kammermusik verschiedener Art geschrieben,
und wenn man diese Werke in der entstehungsge-
schichtlichen Reihenfolge durchwandert, so wird man
von Schritt zu Schritt ehrfürchtiger vor dem Riesenmaß
zielstrebiger Arbeit, unablässigen Wachsens und tätigen
Reifens. Am Ende solcher Wanderung möchte man glauben, Haydn habe thematisch immer wieder auf die
Volksmusik zurückgegriffen, nur um bei seinem geistigen Höhenflug nicht die Verbindung mit der Natur zu
verlieren. Und in solcher Verhaltensweise erblicken wir
seine tiefe, fromme Gläubigkeit: wenn er zum Komponieren seinen Sonntagsrock wie zum Gottesdienst an-
zog, wenn er auf den Knien Gott um ein gutes Gelingen
seines Werkens anflehte, so ist das weder frömmelnd
noch zopfig, sondern in diesen sinnbildlichen Handlun-
gen waltet das Gesetz der Besinnung vor dem Sinnen,
waltet das Wissen um die Notwendigkeit, den schaffenden Geist vor der Tat immer wieder zurückzubinden an
die Wurzelkräfte des Gemüts, Geist und Gemüt eins
werden zu lassen mit den Urkräften des Alls.

*

Die Sonaten für K l a v i e r u n d G e i g e sind von
Haydn einigermaßen stiefmütterlich behandelt worden.
Zumeist hat die Geige lediglich die Aufgabe, die führende Oberstimme des Klaviers zu verstärken. Es handelt sich also im Grunde hier nur um verkappte Klavier-

sonaten. Spürt man in einer der Sonaten wirklich einen echten Gegensatz zwischen den beiden Instrumenten, so handelt es sich fast immer um Bearbeitungen anderer Kompositionen für Klavier und Geige (z. B. der Streichquartette aus Werk 77).

*

Von ähnlicher Unselbständigkeit sind Geige und Cello in den meisten Klaviertrios. Die Geige folgt zumeist der Klaviermelodie oder umschreibt sie nur, und das Cello verrät in seinem Gleichklang mit dem Klavierbaß seine Herkunft aus dem alten Basso continuo. Einige Werke aus der Spätzeit allerdings zeigen eine wachsende Verselbständigung der drei Instrumente; jedoch auch sie werden stets nur einen Platz in der nicht allzu schweren Hausmusik beanspruchen dürfen, weil sie — bei aller Würdigung edler Schönheiten — neben den Streichquartetten kaum zu bestehen vermögen.

*

Es ist zu bedauern, daß die sechs Sonaten für Geige und Bratsche so vernachlässigt werden. Es gibt nicht allzuviele mittelschwere Sonaten, in denen die Geige so stoffgerecht und geistvoll behandelt wird wie in diesen Stücken quellender Einfälle und fester Umrißzeichnung. Für den Bratscher sind sie freilich undankbar; denn er bleibt durchaus auf knappste Begleitung beschränkt. Während wir das bei der älteren Sonate mit Generalbaß in Kauf nehmen, sind die Spieler in dieser Beziehung bei Haydn merkwürdig anspruchsvoll.

*

Kurz fassen können wir uns auch hinsichtlich der Streichtrios und der Barytontrios. Die Trios für zwei Geigen und Cello (Haydn hat 21 solche Trios geschrieben) sind zumeist dreisätzige Werke nach Suitenart; am Anfang steht gewöhnlich ein langsamer Satz, dann folgt ein Allegro, den Schluß bildet ein Menuett. Von dem wirklichen Haydn geben sie eine nur schwache Vorstellung, da sie überwiegend dem Rokokostil angehören. Die T r i o s f ü r B a r y t o n , B r a t - s c h e u n d C e l l o bergen viel zauberhafte „Unterhaltungsmusik" von künstlerischem Rang, doch sind sie zum größten Teil für uns verloren, weil das Baryton heute nicht mehr gespielt wird. Es handelt sich um eine tiefe Viola d'amore mit sechs oder sieben Saiten über, sowie neun bis vierundzwanzig Saiten unter dem Griffbrett. Die oberen Saiten wurden mit dem Bogen gestrichen, während die Saiten unter dem Griffbrett mitschwangen und so den Klang eigentümlich einfärbten. Fürst Nikolaus Esterhazy war Barytonspieler und verlangte daher von seinem Kapellmeister Haydn immer neue Kompositionen für sein Lieblingsinstrument (Haydn hat etwa 170 Werke mit Baryton geschrieben).

Streichquartette

Im Mittelpunkt von Haydns kammermusikalischem Schaffen standen — und stehen vor allem heute — die S t r e i c h q u a r t e t t e . Wenn wir im Folgenden der Werkzahl nach gruppieren, so muß man sich dabei vor Augen halten, daß die höhere Werkzahl zwar im allgemeinen die spätere Entstehung andeutet, daß aber dieser zeitliche Maßstab nicht in jedem einzelnen Falle ausreicht.

Werk 1 und 2 (je sechs Quartette)

Bei diesen Quartetten handelt es sich — abgesehen vom fünften Quartett der Werkzahl 1 — um Frühwerke. Es sind noch keine Streichquartette in unserem Sinne,

sondern Suiten („Cassationen" hießen sie ursprünglich).
Sie haben — von der erwähnten Ausnahme abgesehen
— fünf Sätze und zwar meist in folgender Anordnung
Presto/Menuett/Adagio/Menuett/Presto. Im Mittelpunkt
steht also ein langsamer Satz, meist in gesangsmäßigem
Melos von der ersten Geige vorgetragen und von den
drei übrigen Instrumenten begleitet, — also eine Art
instrumentales Ständchen. Dieser Eindruck wird verstärkt durch die beiden das Adagio einfassenden Menuette und die beiden schnellen Außensätze. Es ergibt sich
also das Bild der Serenade, der „Abendmusik": Auf-
marsch der Musikanten/Tanz/Ständchen/Tanz/Abmarsch
der Musikanten. Allerdings weicht Haydn von dem
Schema zweimal ab: in Nummer 3 von Werk 1 (Beispiel 1) und Nummer 6 von Werk 2 (Beispiel 2) steht

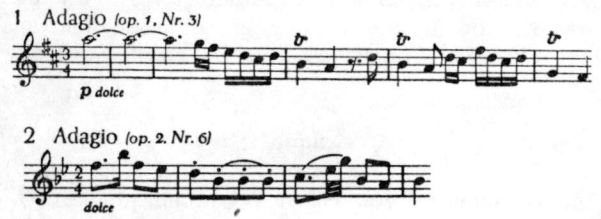

1 Adagio (op. 1, Nr. 3)

p dolce

2 Adagio (op. 2, Nr. 6)

dolce

das Adagio am Anfang, während der Prestosatz in die
Mitte gerückt wird. Die einzelnen Sätze sind im allgemeinen knapp gefaßt, wie es sich für die im 18. Jahrhundert beliebte Form der „Kassation" gehört: diese
sollten unterhaltende Musik im Freien oder in einem
Gartensaal sein, waren also nicht für konzertmäßige Aufführung und angespanntes Anhören gedacht. Dementsprechend ist die Thematik einfach (Beispiel 3, 4 und 5),
die Verarbeitung bleibt schlicht, und das Formbild der
Hauptsätze ist durchaus nicht einheitlich, — darf nicht
einheitlich sein, wenn diese leichtgewogenen Stücke
nicht einförmig wirken sollen. Damit stimmt es überein,
wenn die innere Haltung dieser Werke den Grundton

gepflegter Frohlaune nur selten verläßt. Während die
elf Quartette aus Werk 1 und 2 nach Anlage, Satz und

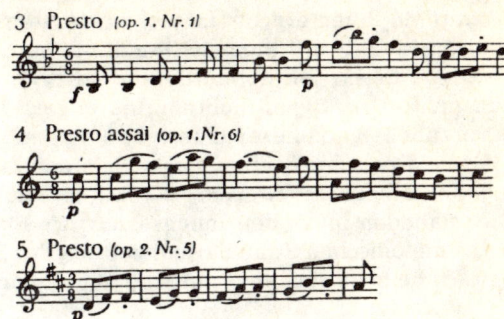

Haltung zierre Zeichnungen darstellen, wirkt das B-dur-
Quartett Werk 1 Nr. 5 eher prunkhaft, äußerlich und
theatralisch. Nicht nur das Hauptthema (Beispiel 6),

sondern auch die Satzanordnung Allegro / Andante / Allegro molto weisen auf eine andere Entstehungszeit und
wohl auch auf eine andere Bestimmung des Werkchens
hin.

Werk 3 (sechs Quartette)

Der alte Suiten g e i s t lebt auch in diesen Quartetten
noch fort, die Suiten f o r m dagegen hat sich gegenüber
den Werkzahlen 1 und 2 wesentlich geändert: vier der
Quartette sind nur noch viersätzig (ein Menuett fällt
weg), eines ist zwei- und eines dreisätzig. Da die Werke
im ganzen nicht kürzer geworden sind, verbindet sich

mit dem Wegfall des einen Menuetts eine Vergrößerung
der verbleibenden Sätze und dadurch zugleich eine verstärkte Durchgestaltung. Das kommt zumeist den Kopf-
sätzen zugute; in ihnen erprobt Haydn zum ersten Male
in größerem Umfang die thematisch-motivische Durchführungskunst, deren jahrhundertlange Geschichte auf
ihn zurückgeht. Drei Eigentümlichkeiten gilt es besonders hervorzuheben bei diesen Quartetten: in den ersten
Sätzen ist die Kraft der Motive stärker als der Zusammenhang der einzelnen Themen, gerundete Thematik
findet sich dagegen oft in den Innensätzen, die Einheitlichkeit des melodischen Stoffes (Kennzeichen der Suite)
wird vielfach beibehalten, aber auf eine neue Ebene gehoben.

Die erste Eigentümlichkeit — Vorherrschaft des Motivs über das Thema in den ersten Sätzen — springt in
die Augen, wenn man nur einen Blick auf die Eingangs-
themen der Quartette wirft (Beispiel 7 bis 10). Bei Werk 3

Nr. 3 besteht der Themenbeginn sogar nur aus einer
mehrfachen Wiederholung eines Motivs (8), bei anderen

wird die Motivik noch dadurch besonders hervorgehoben, daß die Motive in verschiedener Lautstärke erklingen (7) oder zugleich noch auf verschiedene Instrumente verteilt sind (9). An solcher Art motivbetonter Thematik entfaltet sich in den Ecksätzen dieser Quartette zum ersten Male die vielfältige motivische Ausdrucksweise Haydns. Natürlich nicht, da es immerhin Frühwerke sind, durchweg in der meisterlichen Verdichtung der reifen Quartette; wohl aber in einem Erproben des eingeschlagenen Weges auf mannigfache Art, wobei schrittweise die Selbständigkeit der Mittelstimmen wächst.

Bei einer so beschaffenen Thematik der Allegrosätze wird eine gerundete, nicht in Motive aufgespaltene Themenbildung bei den Innensätzen geradezu künstlerische Notwendigkeit. Nimmt man die Serenade des ersten, das Andante des fünften und das Menuett des sechsten Streichquartetts dieser Werkzahl als Beispiele, so wird unschwer erkennbar, daß deren innige Thematik sicher ganz bewußt melodienhaft, ja liedhaft ausgeformt wurde als Gegensatz zur betonten Motivik der Ecksätze

11 Menuett *(op. 3. Nr. 6)*

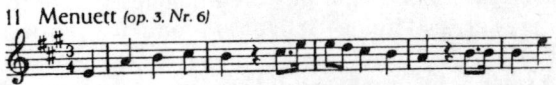

(vergl. sogar das Menuettthema des A-dur-Quartetts, Beispiel 11).

Stellt man das Thema dieses Menuetts neben die Themen des ersten (10) und des letzten Satzes (12) des gleichen Quartetts, so schimmert die Einheitlichkeit des melodischen Kerns der Sätze wahrnehmbar genug durch

12 Scherzando *(op. 3. Nr. 6)*

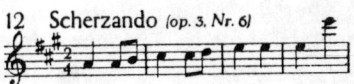

chen Quartetts, so schimmert die Einheitlichkeit des melodischen Kerns der Sätze wahrnehmbar genug durch die drei Themagestalten hindurch. Stehen wir solchermaßen scheinbar nur vor einem Kennzeichen der Suite, die ja auch einen für alle Sätze gleichen thematischen Kern in sich trägt, so betritt Haydn damit zugleich ein geistig-musikalisches Neuland, das in der Klassik (vor allem von Beethoven) und in der Romantik (bis zu Wagner und Pfitzner) überaus fruchtbar bearbeitet worden ist: es ist der Versuch, ein zyklisches Werk — sei es eine Sonate, eine Sinfonie, eine sinfonische Dichtung oder ein Musikdrama — durch ein Hauptmotiv („Urmotiv") einheitlich zu erfassen und zu gestalten. Daß dieses Verfahren in diesen frühen kammermusikalischen Werken nicht einem Zufall entspringt, erweist der erste Satz des dritten Quartetts der Werkzahl 3 und erweisen manche der gleichzeitig entstandenen Sinfonien Haydns.

Werkzahl 9 (sechs Streichquartette)

In den sechs Quartetten der Werkzahl 9 (etwa 1769 geschrieben) ist die sich bereits in Werk 3 anbahnende Viersätzigkeit zur Regel geworden; jedes Quartett unterliegt der Satzfolge Allegro / Menuett / Langsamer Satz / Allegro. Diese (später aufgegebene) Aufteilung verlegt das Schwergewicht auf den ersten und den dritten Satz; der zweite (Menuett-)Satz wirkt als geistige Entspannung, der vierte als befreiender Ausklang. Dabei weist Haydn besonders den ersten Sätzen eine gesteigerte Bedeutung zu. Das kündigt sich in verschiedener Richtung an. Einmal gewinnt das Hauptthema dieser Sätze vielfach eine weiträumige Form (Beispiel 13 und 14), eine über die bloßen Motive hinwegtragende Gesamtspannung. Damit im Zusammenhang steht eine auffallende Beruhigung des Zeitmaßes: überwogen bisher Presto und Allegro molto, so entfalten sich die neuen musikalischen Gedanken der ersten Sätze überwiegend im Allegro moderato; die Themen gewinnen also nicht nur an Gestalt, sondern an lebensnahem Atem. Außerdem werden die Durchführungen immer umfangreicher

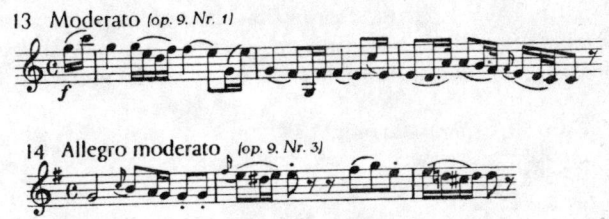

und befassen sich in zunehmendem Maße nicht mehr mit dem gesamten musikalischen Stoff der Themenaufstellung, sondern greifen häufig nur das Wesentliche, technisch und geistig für die Durchführung besonders Geeignete heraus — Dinge, die uns heute selbstverständlich erscheinen, damals jedoch etwas durchaus Neuartiges bedeutet haben.

Werden so die Anfangssätze allmählich zum Schauplatz g e i s t i g e r Auseinandersetzung, so vollzieht sich in den dritten (den langsamen) Sätzen eine s e e l i s c h e Vertiefung, die von der „Empfindsamkeit" als allgemeiner Zeiterscheinung bis zum leidenschaftlichen Ausdruck des Einzelmenschen reicht, wohl auch beides in sich vereinigt. Das geht soweit, daß Haydn dem „Cantabile" des 2. Quartetts dieser Reihe eine besondere Adagio-Einleitung vorausschickt, die in wenigen

Takten ein ganzes Gemälde seelischer Gestimmtheit entwickelt (Beispiel 15). Spürt man an solchen Stellen bereits den Einfluß des Norddeutschen Ph. Emanuel Bach und die Überwindung des nur spielerischen Rokokos, so wird das an dem Gesamtzuschnitt des d-moll-Quartetts (Nr. 4) noch deutlicher. Schon die Themenfassung selbst (Beispiel 16 gibt den Beginn des ersten Themas) ist dramatischer Seelenhaltung entwachsen; da ist auch nicht

16 Allegro moderato *(op. 9. Nr. 4)*

der geringste Rest eines Nur-Musizierens, einer höfisch unterhaltenden Musik geblieben. Diese Thematik tritt mit geistigen Ansprüchen auf, sie will nicht dem Ohre schmeicheln, sondern den Geist zwingen, die Seele erwecken. Etwas von solcher Größe schwingt sich auch in den „Tanz" des Menuetts, dessen Thema (Beispiel 17)

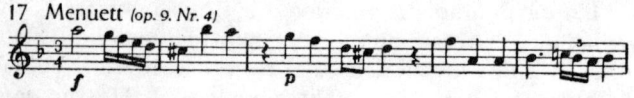

17 Menuett *(op. 9. Nr. 4)*

offensichtlich den Gedanken des Hauptthemas (16) wieder aufgreift und ihn eigenwillig von einer neuen Seite beleuchtet. Es verschlägt dabei nicht viel, daß die Durchführung solcher Gedanken mit deren ursprünglicher Prägung noch nicht Schritt hält (erst das Presto-Finale mit seinem Flechtwerk bindender Kontrapunktik und durchbrochener Motivik zeigt eine Ausgewogenheit von Gedanke und Durchgestaltung): sind erst einmal Gedanken von solcher Kraft und Spannweite gefunden und geformt, so gehen sie bei einem Schöpfermenschen wie Haydn nicht wieder verloren.

Als kleine technische Besonderheit dieser Quartettreihe verdient angemerkt zu werden, daß die Behand-
lung der ersten Geige vielfach „konzertierend" wirkt.
Das führt man darauf zurück, daß in Haydns Kapelle zu
jener Zeit der tüchtige Geiger Tomasini wirkte; an
dessen besondere spielerische Fähigkeiten mag Haydn
gedacht haben, während er die Stimme der ersten
Geige dieser Quartette ausarbeitete.

Werkzahl 17 (sechs Quartette)

Im allgemeinen bedeuten die Quartette dieser Reihe
nur eine Fortsetzung der in Werk 9 eingeschlagenen
Bahnen. Wiederum überwiegt in den Hauptsätzen ein
gemäßigtes Zeitmaß, wiederum ist die Satzfolge „Moderato / Menuett / langsam / schnell" maßgebend mit der
durch sie bedingten Gewichtsverlagerung auf den ersten
und dritten Satz; allerdings kündigt sich nun schon ver-
schiedentlich eine neue Auffassung der Schlußsätze an,
wie in dem F-dur-Quartett (Werk 17, Nr. 2), wo das
Allegro di molto seinen Charakter als „Ausklang" verliert und dafür die geistige Auseinandersetzung noch
einmal verdichtet. Ein anderer Entwicklungsfortschritt
zeigt sich darin, daß die Durchführungen sich sehr erweitern (etwa im G-dur-Quartett, Nr. 5, 1. Satz) und die
Länge des eigentlichen Thementeils übertreffen. Obwohl
die konzertierende Führung der ersten Geige wie bei
den Quartetten der Werkzahl 9 kennzeichnendes Merkmal bleibt, macht ihr nun die zweite Geige zuweilen
schon den Rang streitig bei der Ausdeutung des thematischen Stoffes und verweist die erste Geige hin und
wieder in eine mehr dienende Stellung. Zusammen mit
einer gelegentlich auftretenden, behutsamen Polyphonie
bildet diese Art den Ansatz zu neuer Ausdrucksweise,
die sich erst in späteren Werken erfüllen sollte. Ganz
eigentümlich aber wirkt die Fassung der verschiedenen

Hauptthemen. Unter ihnen befinden sich immer noch mehrere, die ohne weiteres auch in einer Sinfonie jener Zeit stehen könnten. Andere wiederum weisen nun schon einen Stil auf, den man als ausschließlich kammermusikalisch bezeichnen darf. Das Thema von Werk 17, Nr. 6 (Beispiel 18) wäre auch in einem Divertimento

18 Presto *(op. 17. Nr. 2)*

oder einer frühen Haydnsinfonie vorstellbar. Dagegen kann man sich die Themen der Nummern 2 und 5 dieser Reihe (Beispiel 19 und 20) nur noch als Themen für

19 Moderato *(op. 17. Nr. 2)*

20 Moderato *(op. 17. Nr. 5)*

Streichquartette denken. Mit dieser Herausarbeitung besonders geprägter kammermusikalischer Themen beginnt die eigentliche Scheidung in die drei wichtigen Schaffensgebiete der Einzelsonate, des Streichquartetts und der Sinfonie, eine Scheidung, die das eigentümliche Bild der musikalischen Klassik erst zu dem gemacht hat, was es ist. Von nun an ist es nicht mehr möglich, ein Tonstück durch beliebige Instrumente ausführen zu lassen (wie etwa bei der Triosonate), aus einer Solosonate ein Concerto grosso zu machen (wie es Geminiani noch mit Geigensonaten seines Lehrers Corelli tat) oder ein Orchestertrio durch ein solistisch besetztes Streichtrio wiederzugeben (was z. B. für manches Or-

chestertrio von Stamitz durchaus denkbar wäre). Und in
dieser rein kammermusikalischen Themenfassung der
Haydnquartette von 1770/71 erblicken wir das Endglied
jener Entwicklungskette, die zur Schaffung der Kammermusik im heute gebräuchlichen engeren Sinne geführt
hat.

„Sonnen-(Fugen-)Quartette"
Werkzahl 20 (sechs Streichquartette)

Die „Sonnenquartette" (die Bezeichnung rührt her von
dem Titelbild einer alten Ausgabe) schrieb Haydn 1772,
also im Alter von vierzig Jahren. Dennoch ist ihr Stil
alles andere als ausgeglichen. Konnte man nach der Entwicklung bis zur Werkzahl 17 annehmen, Haydn habe
nun die wesentlichen Merkmale des neuen kammermusikalischen Stils herausgearbeitet und werde an die
Durchdringung der so gewonnenen Ausdrucksmittel
herangehen, so überrascht das Satzbild der Sonnenquartette durch das Auftreten eines weiteren Stilbestand-
teiles: der barocken Fuge: drei der Quartette enden mit
kunstvollen Fugen von zwei, drei und vier Themen, und
fugierte Arbeit schimmert auch durch verschiedene
andere Sätze. Worauf dieser Rückgriff auf die Vergangenheit zurückzuführen ist, läßt sich nur vermuten.
Hat sich der sonst so bescheidene Meister auf seinen
Künstlerstolz besonnen und zeigen wollen, daß er nicht
nur ein musikalischer Unterhalter und „Spaßmacher"
war? Wollte er sich selbst prüfen, ob sein stetiges Vor-
anschreiten auf einer neuen Bahn mit den großartigen
Werten der von ihm bewunderten Barockmeister zu ver-
einen sei? Hat er sich noch einmal in strenge Zucht
nehmen wollen, bevor er den letzten, endgültigen Schritt
tat? War dieses Zurückgreifen auf den strengen Satz
ein weiterer Versuch, seine Ausdrucksart zu verdichten,
zu vertiefen, zu sättigen? Wahrscheinlich hat alles das
zusammengewirkt, — am stärksten jedoch das Streben

nach verdichtetem Ausdruck; denn Haydn hat in diesen Quartetten zugleich die Errungenschaften der bisherigen Arbeit beibehalten und ausgestaltet, er hat ferner eine neue Gewichtslage erprobt, indem er den langsamen Satz mehrfach an die zweite und das Menuett an die dritte Stelle setzt. Mit dieser veränderten Gewichtslage mag es auch zusammenhängen, daß Haydn die Fugen in die Schlußsätze verlegt. Als Beispiel für die so zustande-kommende Formung des Quartetts mag das innerlich besonders gebundene Quartett Nr. 2 dieser Werkzahl dienen. Der erste Satz in C-dur mit seinem Cello-Kopf-thema (Beispiel 21) ist ein Meisterstück der damaligen

21 Moderato *(op. 20. Nr. 2)*

Durchführungskunst, harmonisch und motivisch; zu-gleich trägt er manches Zeichen barocken Fugendenkens in sich. Es folgt als langsamer Satz ein „Capriccio" in c-moll mit einem Forte-Unisono, das in seiner Haltung an manche Stelle des barocken Concerto grosso erinnert und zugleich auf Beethovenschen Ausdruck vorausgreift. Das sich anschließende Menuett scheint in seinem stillen Frohsinn stilistisch hier nicht recht am Platz, wirkt jedoch durch seine echte Innigkeit und Wärme gerade in diesem kunstvoll gearbeiteten Quartett sehr stark. Als Finale tritt dann die Fuge „mit vier Subjekten" auf, sicher gearbeitet und fest gebaut, gleichzeitig aber durch-setzt von Durchführungsteilen, die nicht denen der Ba-rockfuge entsprechen, sondern sich als ein Ringen und Kämpfen im Sinne der klassischen Finale-Durchführung darstellen.

Wenn dieses Quartett das Thema zum ersten Male durch das Cello vortragen läßt, so offenbart sich darin eine Abkehr von der älteren Kammermusik, wie sie offener kaum gedacht werden kann: das Cello ist endgültig aus der Rolle des reinen Baßinstruments gelöst und nimmt selbständig an der thematischen Gedankenausbreitung teil. Ähnliches wiederholt sich z. B. in den Variationen des D-dur-Quartetts (Nr. 4). Wir dürfen in dieser verstärkten Heranziehung des Cellos als eines thematisch gleichberechtigten Instruments einen Beweis dafür erblicken, daß Haydn eine Rückkehr zu barockem Ausdruck — wie es durch das Auftauchen der Fugen wohl scheinen möchte — durchaus ferngelegen hat. Wie man sich überhaupt davor hüten sollte, den gelegentlich zu hörenden Ausdruck „Fugen-Quartette" für die Sonnenquartette allzu wörtlich zu nehmen. Die Fugen der Sonnenquartette sind lediglich andere Stilmittel, nicht aber entscheidende. Dafür spricht nicht nur die Anzahl der Fugen, sondern das bekunden — neben den bereits erwähnten anderen Eigentümlichkeiten — nachdrücklich Sätze wie das Menuett und das Finale des schon genannten D-dur-Quartetts Nr. 4: das Menuett bezeichnet Haydn selbst als „Menuetto alla Zingarese", und wenn man folgenden Ausschnitt aus dem „Presto e scherzando" des Finales betrachtet (Beispiel 22), so wird man

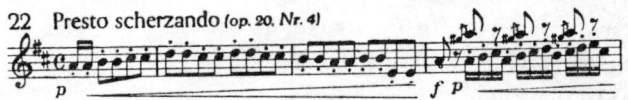

22 Presto scherzando *(op. 20, Nr. 4)*

kaum wieder in Versuchung kommen, die Bezeichnung Fugenquartette für diese sechs Werke anzuwenden.

„Russische Quartette"
Werkzahl 33 (sechs Streichquartette)

Von den Quartetten der Werkzahl 33 (1781) sagte Haydn, sie seien „auf eine ganz neue besondere Art". Er war sich also durchaus bewußt, daß er nach einer

neunjährigen Pause im Streichquartettschaffen einen
von seiner früheren Kammermusik abweichenden Stil
gefunden hatte. Leider sind die üblich gewordenen Bezeichnungen dieser sechs Quartette geeignet, den Musikliebhaber bei der Beurteilung der „neuen Art" auf
falsche Bahnen zu lenken. „Russische Quartette" nennt
man sie; nicht weil sie etwas Russisches an sich haben,
sondern weil sie dem Großfürsten Paul von Rußland
gewidmet sind. Dann heißen sie wohl auch „Gli Scherzi",
weil die Bezeichnung Scherzo durchweg an die Stelle von
Menuett getreten ist; gleichwohl sind alle Scherzi echte
Menuette. Endlich spricht man auch von „Jungfernquar-
tetten", nach der äußeren Ausstattung einer frühen Ausgabe. Wollte man durchaus einen Namen wählen, der
dem neuen Stil Haydns entspricht, so könnte man sie
vielleicht „Motivquartette" nennen; denn die jetzt hervortretende Eigentümlichkeit des Stiles besteht darin,
daß Haydn seine Themen folgerichtig motivisch aufschließt. Das heißt: Haydn bestreitet seine Durchführungen nicht mehr mit dem Thema, sondern stärker als
je zuvor mit Einzelmotiven des Themas, und zwar oft
mit Motiven, die zunächst nebensächlich erscheinen, ja,

mit solchen, die sich aus einem anfänglichen Nebenmotiv
erst entwickeln. Die Beispiele 23 a, b, c mögen das ver-

deutlichen: 23a ist der Beginn des Hauptthemas des ersten Satzes des D-dur-Quartetts (Werk 33, Nr. 1); das zweite Viertel nach dem Auftaktachtel wird in eine scheinbar nur überleitende Sechzehntelgruppe aufgelöst. Beispiel 23b bringt diese Auflösung schon in einer etwas anderen Gestalt. Und Beispiel 23c gibt eine Vorstellung davon, wie Haydn das ursprüngliche Nebenmotiv in der Durchführung zu nützen weiß.

Das ist nun wirklich eine „ganz neue besondere Art". Jedoch nicht die einzige. Der Motivaufschließung des D-dur-Quartetts im N a c h einander gesellt sich eine andere im N e b e n einander. Das zweite Quartett dieser Reihe (Es-dur) gibt davon — abermals im Kopfsatz — eine gute Vorstellung. Beispiel 24a spiegelt den Beginn

24a Allegro moderato cantabile *(op. 33, Nr. 2)*

24b

des Hauptthemas. Beispiel 24b fängt in weniger als drei Takten das Ineinandergreifen gleicher und verschiedener Motive ein. So beginnt das Cello mit dem Motiv aus dem zweiten Volltakt von 24a; auf dem Schlußton wird das Motiv dann aufgegriffen von der Bratsche, weiter von Cello und zweiter Geige in Sextenparallelen, schließlich von der ersten Geige, und so setzt sich das Spiel mit diesem Motiv fort. Damit nicht genug. Im ersten Takt bringt die erste Geige bereits das Auftaktmotiv des Gesamtthemas, und im zweiten und dritten Takt liegt bei der zweiten Geige das chromatische Motiv b-h-c verborgen. An solchen Stellen — und sie häufen sich in der klassischen Kammermusik — sollte man ernstlich überprüfen, ob wirklich die musikalische Klassik als „homophon" bezeichnet werden darf. Das ist doch vielmehr durchaus polyphon gedacht, wenn auch auf eine andere Art, als sie dem Barock eigentümlich war. Homophonie u n d eine neue Form der Polyphonie einen sich gerade in der klassischen Kammermusik zu einem besonderen Ausdruck.

Noch auf eine andere Weise äußert sich die „neue Art" Haydns. Das dritte Quartett C-dur der Werkzahl 33 beginnt mit einem Thema (Beispiel 25), das offenkundig einen Vogelschlag nachahmt (daher auch die

25 Allegro moderato (op. 33, Nr. 3)

Bezeichnung dieses Werkes als Vogel-Quartett), und das Schlußrondo ist motivisch auf dem Kuckucksruf aufgebaut (Beispiel 26). Damit nimmt Haydn, der im übrigen die soeben besprochene motivische Aufschlie-

26 Rondo (op. 33, Nr. 3)

ßung auch im ersten Satz dieses Quartetts entsprechend durchführt, einen früher schon von ihm geübten Brauch wieder auf, baut ihn aber zugleich weiter aus. Denn hier werden die beiden Außensätze nicht allein durch einen motivischen Gemeinschaftskern zusammengehalten, sondern auch der Themenschnitt ist offensichtlich der gleiche, und schließlich gibt die zweifache Nachahmung eines Vogelrufes auch noch einen programmatischen Zusammenhalt.

Endlich bleibt noch anzumerken, daß die neue Art der Durchführungstechnik sich nicht auf die eigentlichen Durchführungsteile beschränkt, sondern den ganzen Satz überzieht. So wird z. B. die sogenannte Exposition, ursprünglich nichts anderes als eine Themenaufstellung, nunmehr zu einem kleinen Durchführungssatz für sich mit Hauptthema und Gegenthema, mit aus den Themamotiven gewonnenen Überleitungen und neuen Gedanken, mit motivischer Arbeit und Gewinnung keimkräftigen musikalischen Stoffes. Das gleiche gilt für die Reprise, die nicht mehr nur die Themen noch einmal zusammenfaßt, sondern oft Durchführungsteile wieder aufnimmt.

Es fällt auf, daß Haydn diese neue Durchführungskunst im wesentlichen auf die Kopfsätze dieser Quartette beschränkt hat. Er ist sich wohl durchaus bewußt gewesen, daß die Auffassungsschwierigkeiten der Werke durch seine „neue Art" gewachsen waren. Allzu viel mochte er den Ausführenden und Aufnehmenden nicht zumuten. Daher stellt er an den Schluß dieser Quartette jedesmal die leichtverständliche schlichte Rondoform, baut die langsamen Sätze gern dreiteilig und stattet sie sangbar aus, während er die Menuette zwar Scherzi nennt, ihnen aber nur gelegentlich echte Scherzoteile beimischt (vergl. Werk 33 Nr. 5).

*

Unter arger Unterschätzung hat das S t r e i c h q u a r t e t t W e r k 4 2 i n d - m o l l zu leiden. Man wird einräumen, daß es infolge seiner kurzen Fassung neben den größeren Quartetten dieser Jahre im Konzertsaal nicht bestehen kann; in der gepflegten Hausmusik dagegen kann es als beste Einführung in Haydns Streichquartettstil dienen. Mindestens der erste Satz mit sei-

nem äußerlich schlichten, innerlich gespannten Thema
(Beispiel 27), mit seiner geistvollen Durchführung und

27 Andante ed innocentemente *(op. 42)*

seinem verhauchenden Pianissimoschluß ist wert, immer
wieder hervorgeholt zu werden.

„Preußische Quartette"
Werkzahl 50 (sechs Streichquartette)

Die um die Mitte der achtziger Jahre entstandenen
„Preußischen Quartette" tragen ihren Namen nach einer
Widmung an den preußischen König Friedrich Wilhelm II. Einen Zuwachs an neuen Formen gegenüber
den Russischen Quartetten weist diese Reihe nicht auf;
vielmehr wird das bisher Erreichte vertieft und verbreitert. Die besonderen Kennzeichen dieser Arbeiten
sind: Verdichtung des musikalischen Stoffes, auf Klang-
wirkung gerichtete Instrumentation und Vergrößerung
der Formen. Die Verdichtung des musikalischen Stoffes
geht in diesen Quartetten so weit, daß Haydn häufig das
Gegenthema ganz wegläßt oder es eindeutig aus dem
Hauptthema entwickelt, sodaß es bei der Durchführung
kaum noch eine besondere Bedeutung erhält. Wie eine
rauschhafte Entdeckerfreude muß es über den Meister
gekommen sein, jedem einmal gefundenen Thema auf
den Grund zu gehen, seine Einzelmotive zu erforschen,
die ihnen innewohnenden Kräfte auszugraben und ans
Licht zu halten. So beginnt das fis-moll-Quartett Nr. 4
(Beispiel 28) mit einem Thema, das sich auf ein einziges
Kurzmotiv zurückführen läßt. Aber wie verschieden
wirkt dieses Motiv, je nachdem es kraftvoll von den drei

Anfangsachteln zum Grundton aufsteigt und dann im Dreiklang weiterschreitet oder ob es seufzerartig auf

28 Allegro spirituoso *(op. 50, Nr. 4)*

dem gleichen Ton als Vorhalt hängenbleibt und dann in die tiefere Sekunde absinkt, — zumal die verschiedene Lautstärke den jeweiligen Eindruck noch vertieft. Auch der Seitensatz (Beispiel 29) steht durchaus unter

29

dem Bann dieses (jetzt leicht eingefärbten) Kurzmotives. Beispiel 29 gibt zugleich auch eine Vorstellung von der erwähnten instrumentalen Klangmischung: silbern schwebt die Linie der ersten Geige über dem dunklen Gewoge der zweiten Geige und der Bratsche, in das die Harmoniegrundtöne des Cellos hineintropfen. Melodieführung und Klangbettung erinnern an Mozart; und tatsächlich hat der fast fünfundfünfzigjährige Haydn es nicht verschmäht, ganz bewußt von dem dreißigjährigen Freunde zu lernen, wenigstens das zu lernen, was seinem eigenen Wesen und seinen eigenen Zielen gemäß erschien. Daß er dabei stets selbständig geblieben ist — wie auch Ph. E. Bach, seinem großen Vorbild gegenüber —, wird in jedem Takt der großartigen Durchführung deutlich, dieser Durchführung eines Kurzmotives, wie sie später Beethoven in seiner 5. Sinfonie ins Riesenhafte gesteigert hat.

Das dritte Kennzeichen dieser Quartettreihe — die Vergrößerung der Form — äußert sich unter anderem darin, daß die sonatenmäßige Durchführung nun immer mehr auf andere Sätze als den Kopfsatz übergreift oder daß die Zwischensätze bedeutend umgestaltet werden. Solche Umgestaltung findet sich gleich im Andante des fis-moll-Quartetts. Es ist nicht mehr einfach dreiteilig (wie früher zumeist), sondern wird durch zweimalige Variation des Hauptteils und eine Variation des Mollsatzes fünfmal untergeteilt und dennoch geistig gebunden. Als Beispiele für das verstärkte Übergreifen der Durchführungstechnik auf andere als die Kopfsätze seien erwähnt: der Schlußsatz des B-dur-Quartetts (Nr. 1), der durchweg von den ersten Motiven des einzigen Themas beherrscht wird, der polyphone Schlußsatz des fis-moll-Quartetts und die meisten Menuette.

„Tostsche Quartette"
Werkzahlen 54, 55, 64 (zwölf Streichquartette)

Die Werkzahlen 54 und 55 enthalten je drei, die Werkzahl 64 umfaßt sechs Streichquartette; sie sind sämtlich dem Tuchgroßhändler Tost, einem guten Geigenspieler gewidmet und stammen aus den Jahren 1789/90. Die Widmung kommt in der Satzweise dieser Reihe dadurch zum Ausdruck, daß die erste Geige vielfach bevorzugt behandelt worden ist, — ohne freilich je ins Konzertmäßige zu verfallen und so die starke Verklammerung der vier Stimmen von innen her aufzubiegen. Denn das ist kennzeichnend für diese zwölf Werke: die vier Instrumente führen eine zuchtvolle, ganz aufeinander abgestellte Rede und Wechselrede. Es sind vier Persönlichkeiten, die sich bald ernst und bald scherzhaft über ein Thema unterhalten, wobei die eine (die erste Geige) fast unmerklich den Ton angibt. Über e i n Thema..., das gilt auch für die rein musikalische Ausdrucksweise; denn Haydn entwickelt hier — trotz der im vorigen Abschnitt angedeuteten Beeinflussung durch Mozart —

seinen Aufbau stets aus einem einzigen Grundgedanken. Das will nicht besagen, ein zweites Thema fehle überhaupt; aber wenn ein solches auftritt, so lehnt es sich entweder sehr an das Kopfthema an oder es steht an einer fast versteckten Stelle. Den möglichen Gefahren solcher Ein-Thematigkeit ist Haydn nicht ausgesetzt. Er weiß dem Gedankenkern so viele Entwicklungsmöglichkeiten abzugewinnen, daß man das Gegenthema nicht vermißt. Außerdem sorgen Harmonierückungen, gelegentliche Fugatoeinschübe an unvermuteten Stellen, ja, ganze Satzumstellungen für zureichende Belebung. Und der Wechsel von tiefsinnigem Ernst mit befreiendem Humor tut das seine, daß alle Einseitigkeit vermieden wird.

Welche Vielfalt Haydn dabei in ein einzelnes Quartett zu bannen weiß, zeigt bereits das C-dur-Quartett Werk 54 Nr. 2. Schon das Thema des ersten Satzes (Beispiel 30) ist bei aller einheitlichen Spannung in zwei

30 Vivace *op. 54, Nr. 2)*

fruchtbare Gegenmotive geteilt; das erste erfüllt von lebendiger Wucht in den ausholenden Dreiklangsschritten, die durch die Zweiunddreißigstel-Vorschläge vor dem Auftakt-Viertel noch besonders betont werden; das zweite Motiv dagegen scheint diese Bewegungswucht aufzufangen, obwohl es aus kürzeren, also schnelleren Notenwerten besteht. Mit solchen klassisch klaren Stellen vergleiche man nun etwa den Schlußsatz: in ihm sind Adagio und Presto in der Weise vereinigt, daß man das dahinhuschende Presto kaum als selbständig wahrnimmt, weil es eingeleitet und beschlossen wird vom Seelengesang eines klanggesättigten Adagios. Und wer vollends vor die nachstehenden Takte des Menuett-Trios

(Beispiel 31) gestellt wird, der möchte es kaum für möglich halten, daß sie von Haydn stammen.

31 Menuett–Trio (op. 54, Nr. 2)

Wie wenig sich Haydn an die von ihm selbst entwickelte Quartettform als Schema bindet, erweist das f-moll-Quartett Werk 55 Nr. 2. Hier steht der Allegrosatz, sonst das Hauptstück der Quartette mit seiner durchgebildeten Sonatenform, erst an zweiter Stelle, während das Andante mit seinen ruhig schwingenden Variationen über ein sanft schreitendes Thema (Beispiel 32) den Anfang bildet. Dabei ist gerade dieses

32 Andante più tosto Allegretto (op. 55. Nr. 2)

Allegro voll von harmonischen und satztechnischen Überraschungen und hätte daher — nach dem Schema — an die Spitze gehört. — Der Seltsamkeit wegen sei vermerkt, daß dieses Werk den Namen „Rasiermesser-Quartett" durch die Geschichte schleppen muß, weil Haydn es bei irgendeiner Gelegenheit einmal gegen englische Rasiermesser eingetauscht haben soll.

Sinnvoll wirkt dagegen die Bezeichnung „Lerchenquartett" für Werk 64 Nr. 5 C-dur. Der erste Satz beginnt mit leisen Stakkato-Harmonien der tieferen Stimmen, über denen dann die erste Geige in hoher Lage eine Vogelschlag-Melodie anstimmt (Beispiel 33). Diese Melodik, eine klanglich feine Instrumentation und eine jede Schwere hinter sich lassende Durchführung verleihen dem Satz sein eigentümlich lichtes Gepräge.

Während auch der langsame Satz vorwiegend melodisch bestimmt ist, stehen das Allegretto-Menuett und das

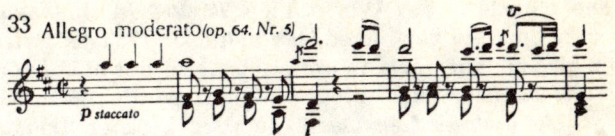

Schlußpresto unter der Herrschaft von reinen Bewegungsantrieben: das Menuett durch sein Thema, das mehr als zwei Oktaven fast gradlinig emporstürmt, und der Schlußsatz, der die einmal angeschlagene Sechzehntelbewegung unablässig beibehält.

Bemerkenswert ist aus dieser Reihe noch das h-moll-Quartett Werk 64 Nr. 2. Haydn spannt seine Gedanken wie Frage und Antwort von einem Satz zum andern. Das leidenschaftlich entflammte Hauptthema (Beispiel 34) ruft einen Sonatensatz ins Leben; ihn durch-

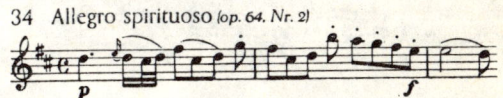

glüht eine seelische Spannung, die sich erst in dem Adagio (H-dur) zu lösen vermag. Dieses Bild von Spannung und Entspannung wiederholt sich in dem h-moll-Menuett und seinem H-dur-Trio. Die letzte Antwort aber gibt erst das Finale und zwar im Sinne des versöhnenden Humors: es führt die zuvor so ernst genommenen Gegensätze zurück auf scherzhafte Kraftmeierei und Zaghaftigkeit, die es in dem Wechsel von laut und leise in der Durchführung sehr lustig bloßstellt.

Joseph Haydn

„Apponyi-Quartette"
Werk 71 und 74 (je drei Streichquartette)

Die Quartette der Werkzahlen 71 und 74 sind dem
Grafen Apponyi gewidmet. Haydn hat sie 1793 geschrieben, also zu einer Zeit, in der er als Sechziger in London
als Großmeister der Sinfonie gefeiert wurde. Manches
von dem sinfonischen Geist, der den Meister damals
beseelte, ist auch in die Apponyi-Quartette übergegangen, — nicht von ungefähr und dem Tondichter unbewußt, sondern ausdrücklich und betont. Denn er prägt
sogleich die Anfänge dieser Werke ganz orchestral.
Wir stellen die Anfangstakte der Quartette nachfolgend
zusammen (Beispiel 35—40). So könnten Haydnsche

35 Allegro *(op. 71. Nr. 1)*

36 Adagio *(op. 71. Nr. 2)*

37 *(op. 71. Nr. 3)* Vivace

Sinfonien aus jener Zeit beginnen. Dem D-dur-Quartett
(Beispiel 36) ist eine förmliche Adagio-Einleitung vorangestellt, die das Sinfonische durch den Wechsel von
Forte-Akkorden und Piano-Linien ebenso betont wie
durch die abwärts gerichteten Oktavsprünge der nacheinander einsetzenden Instrumente Cello, Bratsche,
erste Geige. Als Adagio gedacht sind auch die beiden
Akkorde des C-dur-Quartetts (38). Das B-dur-Quartett
(35) beginnt mit fünf Fortissimo-Akkorden, das in Es-

dur (37) zwar nur mit einem Akkord, dafür folgt aber
eine bedeutungsvolle Generalpause. Die letzten beiden
Quartette dagegen stellen an den Anfang zwei mächtig
ausholende Unisono-Einleitungen, denen das Thema
dann entwächst (39 und 40). Haydn läßt also mit diesen

sinfonischen Gebärden gleich zu Beginn der Quartette
keinen Zweifel darüber, daß er sich der neuen Klang-
sprache bewußt ist. Umso erstaunlicher wirkt es, daß
die Neufärbung wohl die Quartette durchzieht, sich jedoch dem rein kammermusikalischen Ausdruck stets
unterwirft. Dabei sind die sinfonischen Einschläge recht
zahlreich. So — außer den erwähnten Einleitungen —
die weiträumige Themenfassung, die Ausgestaltung der
Final-Rondos, das immer mehr um sich greifende Durch-
führungsstreben auch in den Mittelsätzen und die Erweiterung des harmonischen Raumes (kühne Modulationen
über weite Strecken, Des-dur-Trio in dem F-dur-Menuett
von Werk 74, 2). Dazu tritt noch eine Vorliebe für satte
Farben, die auf den österreichischen Einschlag Haydns
zurückgehen mag. Wenn zu Beginn des C-dur-Quartetts
Werk 74 Nr. 1 die Unterstimmen in Quarten- und Sextenparallelen die Oberstimme geleiten (Beispiel 38) oder
wenn im Trio des gleichen Werkes die beiden Geigen

in Terzen schwelgen, so fühlt man sich unwillkürlich veranlaßt, solche Stellen österreichischen Musikgutes orchestral umzudenken.

Und doch gilt es festzuhalten, daß all diese Eigentümlichkeiten zu der kammermusikalischen Ausdruckswelt der früheren, etwa der Tostschen Quartette nur ergänzend hinzutreten, deren Kern also nicht antasten. Die Selbständigkeit der vier Stimmen wird nicht beeinträchtigt, die Satzart bleibt damit im echten Sinne kammermusikalisch.

Wenn wir die „Apponyi-Quartette" auf Grund mancher Eigentümlichkeiten als sinfonisch gefärbt bezeichnen, so soll das also nicht etwa auf einen mehr oder minder spürbaren Stilbruch deuten. Haydn war ein viel zu bewußter Künstler, als daß er nach jahrzehntelanger sorgfältiger Ausbildung eines kammermusikalischen Stiles nun plötzlich das Erreichte würde aufs Spiel gesetzt haben, indem er, auf der Höhe seines Ruhmes als Meister der Sinfonie stehend, unwillkürlich sinfonisches Denken und orchestralen Ausdruck auch in sein übriges Werk hätte einströmen lassen. Wir müssen daher die große Gebärde dieser Quartettreihe innerlich zu deuten suchen. Und da fällt nun auf, daß die „Apponyi-Quartette" in ihrer Haltung vielfach etwas Stolzes, Selbstbewußtes an sich tragen, eine ruhig-feste Würde, die den früheren Werken nicht in diesem Maße eigentümlich ist. Das muß gerade bei einem Tondichter, dessen Grundwesen Bescheidenheit war, bemerkenswert erscheinen. Liegt die Annahme nicht nahe, daß Haydns Selbstbewußtsein, in den Jahrzehnten täglicher Berufsarbeit im Schloß Esterhazy nicht eben genährt, durch seine glanzvolle Tätigkeit in London gestärkt worden war? Gefeiert von der damals ersten Gesellschaft Europas, vom englischen Hochadel mit Auszeichnung empfangen, vom englischen König um dauernden Aufenthalt in Schloß Windsor gebeten, lernte der Meister zum ersten Male das Gefühl kennen, als Mensch und Musiker geschätzt

und verehrt zu werden wie nur irgendein Großer der
Welt. Den äußeren Lockungen solcher Wertschätzung ist
Haydn nicht erlegen; er sehnte sich vielmehr zurück in
seine deutsche Heimat. Doch innerlich haben ihn diese
Erfahrungen stärker gemacht, haben ihm eine weltweite,
weltmännische Sicherheit gegeben, die sich dann gerade
in der adelig edlen Kunst der Kammermusik jener Jahre
niedergeschlagen haben mag.

Werk 76 (sechs Streichquartette)

Wenn man von Haydns „Meisterquartetten" spricht,
denkt man stets an die neun Quartette der Werkzahlen 76 und 77. Eine solche Wertbezeichnung ist doch
wohl recht bedenklich; denn Haydn hat genügend andere
Streichquartette geschrieben, die den Namen Meisterquartette ebenso verdienen wie die Spätwerke. Die
Werke 76 und 77 stammen aus den Jahren 1797 bis 1799,
sie tragen daher manche Eigentümlichkeit der Hochklassik und manches Siegel der Romantik an sich. Hält
man nun Hochklassik oder Romantik für die großartigsten Zeiten der deutschen Musikgeschichte, so ist man
selbstverständlich geneigt, diejenigen Quartette Haydns
am höchsten zu bewerten, die den hochklassischen und
romantischen Maßstäben am ehesten entsprechen. Wählt
man dagegen die Maßstäbe für die Quartette des Meisters aus der Zeit, in der sie entstanden sind, so muß
man bekennen, daß a l l e Streichquartette — abgesehen von den frühen Divertimento-Quartetten — Meisterwerke darstellen.

Noch etwas anderes kommt hinzu. Die Spätquartette
unterscheiden sich von den früheren nicht allein durch
musikalische Besonderheiten; vielmehr trägt jedes von
ihnen eine nur ihm eigentümliche Haltung zur Schau:
jedes Quartett scheint ein Einzelwesen, eine „Indivi-
dualität" geworden. Wer den Namen der Tostschen

Quartette hört, den überkommt sogleich die Vorstellung der ganzen Reihe, eine Gesamtvorstellung, die sich nicht an Einzelwerke heftet, sondern an alle zwölf Schöpfungen. Bei den Werken 76 und 77 ist das nicht mehr der Fall. Haydn hat sie zwar noch aus liebgewordener Gewohnheit gruppenweise zusammengefaßt, doch jedes der neun Quartette entwächst merklich dem Rahmen, entfaltet sich selbständig und frei für sich. Die Betrachter des 19. und 20. Jahrhunderts hielten solche „Individualisierung" wahrscheinlich für ein wesentliches Merkmal des Meisterlichen, da sie selbst dem Individualismus als herrschender Geistesmacht entstammten.

Niemand wird die erlesenen Spätquartette hören oder spielen, ohne tief ergriffen zu werden. Jedoch, sie allein als Meisterquartette zu bezeichnen, geht nicht an, weil dadurch die früheren Werke unwillkürlich entwertet werden.

Haydn behält in den Quartetten der Werkzahl 76 den Grundsatz bei, den einzelnen Satz — und möglichst auch das ganze Werk — von einem einzigen thematischen Kern aus zu gestalten. Das sogenannte Seitenthema wird in keinem Augenblick ebenbürtiger Gegenspieler des Hauptthemas. Und das, obwohl es diesen Quartetten an dramatischer Spannung wahrlich nicht mangelt. Damit bleibt der Tondichter durchaus im Bereich des 18. Jahrhunderts: der sogenannte Dualismus klingt bei ihm zwar an, doch wird er nicht zum tragenden Gedanken der dramatischen Spannung. Umso bewundernswerter, wie Haydn sein Thema musikalisch, seelisch und geistig auszuschöpfen weiß. M u s i k a l i s c h durch eine vertiefte Anwendung aller Kunstmittel, deren er sich je bedient hat. Dabei ist besonders darauf hinzuweisen, daß die früher bereits erwähnte neue Polyphonie — eine thematisch-motivische Vielsträhnigkeit auf homophoner Grundlage — nun zu einem überlegen gemeisterten Ausdrucksstil herangewachsen ist. Nicht das erneute Hervortreten fugierter

Stellen entscheidet über den Stil dieser Quartette, sondern die Bindung von homophonen Gedanken und polyphoner Verarbeitung, von leuchtkräftiger Harmonie und melodischem Fluß, von rhythmischer Bestimmtheit und gleitendem Zeitmaß (Tempowechsel innerhalb eines Satzes), von strenger Variation und freier Fantasie. Solche Vielfalt zur Einheit zu fügen, mit der Außenform weniger streng umzugehen und gleichwohl das Innenleben der Stimmen zu verdichten, alle Kunstmittel zu entfalten und dennoch edle Schlichte zu verkünden — das ist das Große, dem diese Quartette ihre Wertschätzung verdanken.

Das erste Werk der Reihe, das G-d u r - Q u a r t e t t (76, 1), enthält noch einmal jenen sinfonie-artigen Auftakt, wie wir ihn aus den Apponyi-Quartetten kennen: drei Akkorde in weiter Lage. Mit dem Themaeinsatz öffnet sich jedoch eine neue Welt (Beispiel 41). Den

41 Allegro con spirito *(op. 76, Nr. 1)*

Grundriß des Themas trägt zunächst das Cello vor, die Bratsche bringt sodann den diesem Grundriß in genauer Symmetrie entsprechenden Themenschluß, worauf zweite und erste Geige das Spiel wiederholen. In der Zeichnung wirkt das Thema wie ein Lied, seine innere Beschaffenheit enthält dagegen unverkennbare Keime für ein polyphones Weiterspinnen und für stille Variationen. Gerade durch das Nacheinander der vier Stimmen unterstreicht Haydn ausdrücklich diese thematische Beschaffenheit. Und als wollte er die Gleichberechtigung der Instrumente, ihr gleiches Recht an dem Thema, dem Hörer noch augenfälliger machen, läßt er den musikalischen Hauptgedanken bald darauf unisono wiederholen. Jetzt entwickelt sich eine Kette von Achtelnoten, die

im ersten Augenblick nichts als eine feingeschwungene
Bewegungsfigur zu sein scheint. Ihr ständiges Weiter-
schwingen läßt aber bereits ahnen, daß sie doch wohl zu
Bedeutenderem berufen ist. In der Durchführung wird
dann des Rätsels Lösung offenkundig, in dem Augenblick nämlich, in dem Thema und Achtelfigur gegeneinandergesetzt werden (Beispiel 42): man erkennt die

42 (op. 76, Nr. 1)

Achtel cis, a und fis als Durchgangstöne und d, h und g
(im ersten Volltakt unseres Beispiels) als Kopfmotiv des
Themas. Also ein Kontrapunkt, der aus dem Thema entwickelt wurde. Neben der so entstehenden Polyphonie
erwächst jedoch außerdem noch die eigentümliche Gestimmtheit der Variation. Damit sind die Bestandteile
des ersten Satzes festgelegt: liedhafte Thematik und aus
ihr gewonnener Bewegungskontrapunkt, Polyphonie
und Variation schlingen sich ineinander. — Der langsame Satz nimmt die Gegensätzlichkeit in der Einheit
wieder auf: das breitgelagerte Thema wird Veränderungen durch das jeweils führende Instrument unterzogen,
die jeweils nicht am Thema unmittelbar beteiligten Stimmen führen ein fast polyphon anmutendes Eigenleben. —
Das Presto-Menuett gibt sich den Anschein, als wolle es
die Gegensätzlichkeiten ins Spielerische hinüberschie-
ben, sodaß die innere Dramatik dann im Schlußsatz umso
deutlicher hervorbricht. Ist das Finalethema auch unzweifelhaft aus dem Thema des ersten Satzes hervor-
gegangen, so überrascht es doch durch das düster-
drohende g-moll, mit dem es einsetzt, geschärft durch
den Triolenbeginn und die wuchtenden Triolen am
Schluß. Aber Haydn vermeidet — wie in allen Quartet-

ten dieser Zeit — den tragischen Ausgang. Durch Umkehr des Themas gewinnt er unauffällig-schlicht den Dur-Gedanken, der zur Lösung in lichter Helle führt.

Ein noch deutlicheres Beispiel für Haydns neue Polyphonie bildet das d - m o l l - Q u a r t e t t (Werk 76, 2).

43 Allegro *(op. 76, Nr. 2)*

Hier ist das Thema (Beispiel 43) in seiner rein musikalischen Gestalt (zweimal fallende Quinte zu Beginn, daher die Bezeichnung „Quintenquartett") nur für den ersten Satz bestimmend, wo die in allen Stimmen auftretenden Quintenbogen von lebhaften Kontrapunkten umrankt werden. Der geistige Gehalt jedoch zwingt auch die anderen Sätze in seinen Bann. Besonders eindringlich und zugleich unauffällig im Andante, wo der Baugedanke in einem d-moll-Mittelstück ruht, den das eigentliche Andantethema in D-dur wie singend umfaßt: anfangs als thematische Linie, später als Variation dieser gesungenen Melodie. Selbst vor dem Menuett macht das Bauend-Polyphone nicht halt: die vier Stimmen werden — oktavenweise gekoppelt — zu einem zweistimmigen Kanon zusammengerafft. Und wenn sich auch im Thema des Finales die Melodik eines ungarischen Rondos abzuzeichnen scheint, so verträgt es in Wirklichkeit nicht das kleinste Rubato, weil es von vornherein in baukünstlerische Zucht genommen wurde.

Den Höhepunkt seines neupolyphonen Gestaltens erreicht Haydn im C - d u r - Q u a r t e t t (Werk 76, 3), dem „K a i s e r q u a r t e t t", so benannt nach dem zweiten Satz, in dem Haydns Melodie „Gott erhalte Franz den Kaiser" vier Variationen zugrunde gelegt wird. Bereits die ersten Takte entscheiden über die musikalische Haltung des Hauptsatzes — und des ganzen Werkes (Beispiel 44). Betrachtet man das Thema (Oberstimme) ausschließlich auf seine Linienführung hin, so ließe

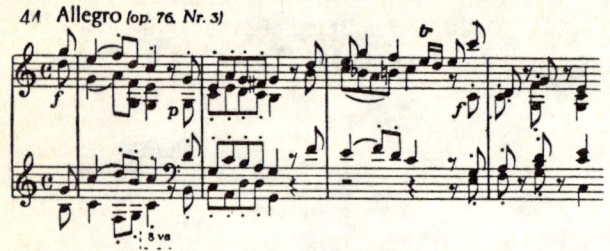

41 **Allegro** (op. 76, Nr. 3)

es sich immerhin noch den homophonen Gestalten der Vor- und Frühklassik zuordnen. Aber die Einzelheiten machen stutzig, denn das Thema ist nicht e i n Gedanke, sondern besteht aus mehreren Gedankenkernen, die untereinander ganz eigentümlich verbunden sind. Der melodische Haupteinschnitt liegt bei der Achtelpause des zweiten Volltaktes, sodaß zwei Thementeile zu entstehen scheinen. Dynamisch, also nach der Lautstärke, teilt Haydn anders ein, indem er das erste und das letzte Motiv des Gesamtthemas forte, die beiden mittleren dagegen piano spielen läßt. Rechnet man hinzu, daß die erste Themenhälfte in betont einfachem Rhythmus auftritt, während sich diese Bestimmtheit in den Synkopen der zweiten Hälfte verschleiert, bemerkt man ferner, daß Bindungsbogen fast ganz fehlen, so wird deutlich, daß Haydn das Thema bewußt auf Einzelheiten hin zugeschnitten hat, die nach Entwicklung in polyphoner Art streben. Ein Blick auf die Führung der übrigen Stimmen bestätigt diese Auffassung: das Cello setzt sogleich in Gegenbewegung zu den ersten beiden Motiven ein, und die Bratsche bringt im dritten Takt das Kopfmotiv gleichzeitig mit den Synkopen der Oberstimme. Im fünften Volltakt erscheint dann — zunächst in der zweiten Geige — ein Kontrapunkt in punktierter Sechzehntel-Bewegung, womit der wesentliche motivische Stoff für den

Satz gegeben ist. — Im Poco adagio cantabile wird die Liedmelodie „Gott erhalte Franz den Kaiser" zunächst vierstimmig vorgetragen. Dann folgen vier Variationen, und zwar in der Art, daß sich das Thema selbst nicht verändert, während die nicht-melodieführenden Stimmen polyphone Kontrapunkte entwickeln. In der ersten Variation liegt der Cantus firmus bei der zweiten Geige; dazu bringt die erste Geige eine in unverändert gleichmäßigen Sechzehnteln bestehende Gegenstimme. Die zweite Variation legt den Cantus firmus in das Cello; die zweite Geige geleitet ihn zumeist in Parallelgängen, die erste Geige findet dazu einen leicht synkopierten Kontrapunkt, die Bratsche ruht auf langen Noten. In der dritten Variation übernimmt die Bratsche das Thema, die erste Geige bildet ihren Kontrapunkt aus der vorigen Variation um, die zweite Geige gibt einen neuen Kontrapunkt, der zuweilen an das Kopfmotiv des ersten Kontrapunktes anknüpft, und das Cello streut mit kleinen chromatischen Figuren zarte Lichter in den Klang. In der vierten Variation kehrt der Cantus firmus wieder in die Oberstimme zurück. Wie dicht, aber auch wie licht Haydn die Kontrapunkte der drei anderen Stimmen dagegen setzt, mag an zwei Takten dieser Variation hier im Notenbild klar werden (Beispiel 45).

45 Poco adagio cantabile (op. 76, Nr. 3)

Melodie, Polyphonie, Harmonie und Klang werden zur Einheit. — Das Menuett (C-dur) ist ein echtes Scherzo; sein Charakter wird bestimmt durch ein Thema, das eigenwillig zwischen weiten Sprüngen und engen

Folgen wechselt. Im Trio (a-moll) wird die im Menuett
wühlende Kraft gestaut; aber gerade sein leises Schwingen verrät die unter der Oberfläche bebende Kraft. —
Mit drei Forte-Akkorden beginnt das S c h l u ß -
P r e s t o. Aber hier sind diese Akkordschläge nicht (wie
etwa bei den Apponyi-Quartetten) orchestrale Einlei-
tungs-Gebärde, sondern wesentliche Bestandteile des
musikalischen Stoffes und gewinnen so auch für die
Durchführung besonderes Gewicht. Die übrigen thematisch-motivischen Bestandteile sind ein aus dem Anfang
des „Kaiser-Liedes" gewonnenes, an innerer Haltung
jedoch dem Hauptgedanken des Quartetts verwandtes
Thema und eine aus Achteltriolen bestehende Bewegungsfigur. Mit diesen drei Grundlinien wird der mächtig gebaute Satz bestritten. Im übrigen ähnelt das Finale zugleich dem des G-dur-Quartetts: es steht in Moll,
klingt aber in Dur aus.

Solches Hinüberschwingen von Moll nach Dur, dieses
Empor zum Licht, wie es den Schlußsätzen der ersten
drei Quartette unsrer Reihe eigentümlich ist, muß man
sich vergegenwärtigen, will man mit dem B - d u r -
Q u a r t e t t (Werk 76, 4) zurechtkommen. Wesentlich
ist der erste Satz. Sein Thema (Beispiel 46) erscheint

46   Allegro con spirito *(op. 76, Nr. 4)*

kraftlos, durch den müden Halbtonschritt des Auftaktmotivs alles andere als „Allegro con spirito". Der zweimalige Anlauf nach oben wirkt nicht zielstrebig, und erst
die drei durch Pausen getrennten Viertel am Schluß
könnten eine Art Richtung weisen, stände dagegen nicht
das anhaltende, gestaltlose, unwandelbare Piano. Auch
im Verlauf bleibt das Piano zunächst noch bestimmend,
wie in nebligem Grau gleitet das Kopfmotiv — zudem

am Schluß noch fallend — durch das Dämmer. Dann
aber wird alles klar — im bildhaften Sinn des Wortes.
Die Nebel geraten in Bewegung, das Grau lichtet sich,
ein Strömen und Werden und Wachsen setzt ein, ausgehend von einer Bewegungsfigur der ersten Geige, sich
ausbreitend in den anderen Instrumenten, der Klang
wird heller, die Lautstärke schwillt, die Bewegungslinien
des musikalischen Geschehens werden greifbar, umfassen ein Strahlen und Leuchten. — „Sonnenaufgang"
hat man diesen Quartettsatz genannt, und in der Tat
fordert das allmähliche Erglühen und Sichweiten in diesem Satz mehr als ein nur musikalisches Erfassen. Nicht
Programm-Musik haben wir vor uns, sondern eine tönende Entfaltung, die zu bildhaftem Hören zwingt. —
Wie Haydn auf eine solche, in seiner Kammermusik
sonst nicht wiederzutreffende Gestaltungsweise verfallen ist, läßt sich wohl kaum ergründen. Gewiß, das Empor zum Licht, in den vorangehenden Quartetten ausge-
drückt durch den Dur-Ausklang der in Moll beginnenden
Schlußsätze, wird in dem Kopfsatz des B-dur-Quartetts
mit anderen Mitteln klanglich erneut verwirklicht. Aber
diese Aufgabe im Anfang eines mehrsätzigen Werkes
zu lösen, die drei noch folgenden Sätze dagegen freizuhalten von solchen Gedanken, wirkt gerade bei Haydn
rätselvoll. Damit ist natürlich nicht gesagt, die Sätze
stünden beziehungslos nebeneinander. Hält man sich
z. B. an die (nicht von Haydn stammende) Bezeichnung
„Sonnenaufgang" für den ersten Satz, so ließen sich auch

47 Adagio *(op. 76, Nr. 4)*

für andere Teile des Quartetts gestirnhafte Klänge nachweisen. Da finden sich etwa im Adagio mehrfach Stellen (vergl. Beispiel 47), die eine Namengebung wie

„Sternennacht" geradezu herausfordern, und man könnte meinen, Haydn habe in diesem Quartett im genauen Sinne des Wortes eine Himmels-Musik schreiben wollen.

Der erste Satz des D - d u r - Q u a r t e t t s (Werk 76, 5) ähnelt dem des B-dur-Quartetts insofern, als auch in ihm nichts von der dramatischen Spannkraft waltet, die sonst die Haltung der Kopfsätze in Haydns Streichquartetten prägt. Es sind Allegretto-Variationen über ein zierliches $^6/_8$-Thema, fein gestrichelt, zuweilen fast gehaucht, harmonisch gegliedert durch die Folge D-dur / d-moll / D-dur. Immer tiefer erschließen sich nun dem Meister die Sternengeheimnisse der langsamen Sätze. Vom Adagio des Kaiser-Quartetts über das Adagio des Quartetts in B-dur (47) führt ein gerader, stiller Weg in die Wunderwelt des in Klang gebetteten, gleichwohl polyphon gefaßten Fis-dur-Largos des D-dur-Werkes (Beispiel 48). Kein Wunder, daß dieses Largo in der Romantik so geliebt wurde. Es ist ein Nachtstück, schwebend im Einklang menschlicher Seelenreife und überirdischer Weltenharmonie, zuversichtlich wie gläubiges

48 Largo (op. 76, Nr. 5)

Beten, schwerelos wie ein Traum der Seele. Nach einem so jenseitigen Satz geben das klangfrohe Menuett und das übermütig mit Motiven spielende Finale über einem engstufigen, kraftvollen Thema wieder den notwendig gewordenen Boden unter den Füßen.

Den ersten Satz des E s - d u r - Q u a r t e t t s (76, 6) bilden wiederum Variationen über ein Allegretto-Thema (Beispiel 49). Der langsame Satz wurde von Haydn mit

„Fantasia" überschrieben. Er ist das seelische und musikalische Kernstück des ganzen Quartetts. Dabei spielt

49 Allegretto (op. 76. Nr. 6)

die ausdrucksvolle Melodik nicht einmal die ausschließlich maßgebende Rolle, die man ihr bei ihrem Eintritt zuschreiben möchte. Denn Haydn taucht in diesem Tonstück in Harmonietiefen, wie sie sich sonst in seinem Werk nicht allzu oft finden. Es ist ein Schwelgen in harmonischer Buntheit, ein tiefernstes Spiel mit enharmonischen Verwechslungen, ein ständiges Verschieben der harmonischen Grundlagen, ein Schweifen durch die Tonarten, das Haydn auch dadurch kenntlich macht, daß er zunächst keinerlei Gesamtvorzeichnung gibt, obwohl das Thema in klarem H-dur einsetzt. Wechsel der Lautstärke, eigentümliche Einschnitte in den Verlauf, lange Fermaten, die zuweilen dicht aufeinanderfolgen, und nachdenkliche Generalpausen verdichten die Wirkung des harmonischen Schweifens. Umso bestimmter wird Haydn in den nächsten Sätzen. Das eigentliche Menuett ist ein umrißhaft hingeworfenes Presto, das Trio bändigt den Stimmenverlauf in einem Fugato, und das Finale führt mit gedrungener Kraft und bestimmter Zielrichtung ganz in feste klassische Bahnen zurück. Eine merkwürdige Seelen-Herbheit liegt über diesem Quartett. Fast scheint es, als habe Haydn die Bekenntnisse der ausdrucksvoll schweifenden „Fantasia" durch die übrigen Sätze verschleiern wollen. Denn die Allegretto-Variationen des ersten Satzes schließen mit einem streng kontrapunktierten Allegro; strenge Arbeit (wenn auch heiter gesehen mit den Kontrapunkten über die Es-dur-Tonleiter) findet sich auch im Menuettsatz, und das Finale weist alles Ausdrucksmäßige gebieterisch ab.

Werkzahl 77 (zwei Streichquartette)

Die beiden Streichquartette Werk 77 wurden im Jahre 1799 geschrieben. Aber der siebenundsechzig Jahre alte Meister war immer noch lebendig und regsam genug, nicht in einem Schema weiterzuarbeiten. Zwar gehören verschiedene Quartette der Werkzahl 76 innerlich zu den beiden Streichquartetten des Jahres 1799, doch Haydn wiederholt sich nicht, er baut weiter. Selbst die Freude an der Form und ihrem veränderlichen Gehalt hat nicht nachgelassen. Das eigentliche Kennzeichen dieser beiden Werke ist freilich jener persönlichkeitsstarke Ausdruck, der sich alles Formalen mit gelassener Überlegenheit bedient.

Wie schon in den meisten Quartetten der Werkzahl 76 stellt auch im G - d u r - Q u a r t e t t (77, 1) der langsame Satz den eigentlichen Kern des Werkes dar, ohne daß die übrigen Sätze dadurch an selbstwirkender Kraft verlieren. Der Allegrosatz entwickelt zu dem aus einem nickenden Kopfmotiv (daher die Bezeichnung „Komplimentier-Quartett") zusammengesetzten Hauptthema (Beispiel 50) ein Seitenthema, dem in der Durchführung

50 Allegro moderato *(op. 77. Nr. 1)*

wichtige Aufgaben zugewiesen werden, das jedoch in der Reprise nicht wieder auftaucht. Wie so oft in den Spätwerken steht das Adagio dieses G-dur-Werkes in

51 Adagio *(op. 77. Nr. 1)*

der Unterterz der Haupttonart, in Es-dur. Sein ebenfalls „komplimentierendes" Thema (Beispiel 51), untergeteilt in den (forte) sich verbeugenden Beginn und den (piano) zierlich vorwärtsschreitenden Schluß, gibt eine zureichende Vorstellung des ganzen Satzes: es läßt sich nicht im strengen Sinne „durchführen", sondern trägt die musikalische Gebärde von Stufe zu Stufe, von Spannung zu Entspannung weiter. Im dritten Satz wirkt abermals die Gegensätzlichkeit: das machtvoll-treibende Presto-Menuett mit seinem Scherzo-Charakter umspannt einen schlichten Trio-Gedanken. Das Finale dagegen erscheint fast nur als spielerisch-musikantische Abrundung, obwohl es den Hauptsatz an Ausdehnung übertrifft.

Im F - d u r - Q u a r t e t t (77, 2) wird dem ersten Satz ein Thema unterlegt, das für Haydn bezeichnend ist.

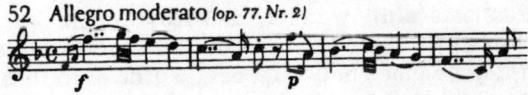

52 Allegro moderato *(op. 77. Nr. 2)*

Die ersten vier Takte (Beispiel 52) enthalten das Wesentliche: die scheinbare Gleichordnung der beiden Hälften löst sich sogleich in eine Reihe von Spannungen auf, wenn man den Unterschied der Lautstärke berücksichtigt, die Verschiedenheit des Anhubs (erst Schwung nach oben, dann nach unten) und das weitere Fortspinnen in den nächsten Takten, wo das doppelt punktierte Untermotiv der ersten Hälften des zweiten und vierten Taktes sogleich nachdrücklich in den Mittelpunkt gestellt wird. Eines Gegenthemas bedarf es hier für die Durchführung nicht, sodaß alle Seitenlinien des unauffällig kontrapunktierten Satzes dem Hauptgedanken entwachsen. Als zweiter Satz folgt das Menuett. Abermals ein Presto-Scherzo voll huschender Lichter, dazu ein Des-dur-Trio mit singender Melodik. Diesen Gegensatz bindet Haydn in einer kleinen Coda, wo er die Motivik des Menuetts mit der Tonart des Trios zu höherer Einheit verschmilzt. Den umgekehrten Weg geht das Andante: hier liegt die Verklammerung des

Gedankens in dem taktfesten Thema, während die folgenden Variationen diesen Gedanken immer gelöster entfalten. Das wirkt umso stärker, als der Satz zweistimmig, also herbstreng begonnen hatte. Das Rondo-Finale hat nichts mehr zu tun mit den unbekümmert frischen Rondos des frühen und mittleren Haydn. Alles ist hier gebändigt, verhalten, in Einzelteile geballt, die von streng gewölbten Bogen auf weite Strecken einheitlich überspannt werden.

*

Wenn man die Quartette der Werkzahlen 76 und 77 überprüft und den inneren Ausbau der Mittelsätze (also des langsamen Satzes und des Menuetts) beobachtet, so nimmt es nicht wunder, daß Haydn sein l e t z t e s Q u a r t e t t (Werk 103) von diesen Innenteilen aus in Angriff genommen hat. Vollendet wurde es freilich nicht. Es besteht aus einem Andante grazioso mit Variationen und einem Menuett mit Trio. Es kann kaum bezweifelt werden, daß Haydn auch diese Sätze noch weiter ausgebaut haben würde, wenn er die Ecksätze noch in Angriff genommen hätte. Was ihn veranlaßte, die Arbeit an diesem Quartett schon 1803 (sechs Jahre vor seinem Tode) niederzulegen, ist nicht bekannt. Es wirkt sinnbildhaft, daß die letzten vollständigen Quartette im Jahre 1799 abgeschlossen wurden. Denn Haydn war alles in allem doch ein Meister des 18. Jahrhunderts, soweit er auch in Einzelheiten in die Welt Beethovens und der Romantik vorgestoßen ist. Darin erblicken wir keine Enge, sondern die besondere Größe und Geschlossenheit unseres Meisters.

JOHANN CHRISTIAN BACH

Geboren 1735 (getauft am 7. September) in Leipzig als jüngster Sohn des großen Thomaskantors. Schüler seines Vaters, dann seines Bruders Ph. Emanuel. Seit 1754 in Mailand, wo er von Padre Martini unterrichtet wurde. 1760 Domorganist in Mailand (trat zum Katholizismus über). 1763 Musikmeister der englischen Königin, gründete 1764 zusammen mit Karl Abel die „Bach-Abel-Konzerte". Gestorben am 1. Januar 1782 in London. Hauptwerke: Opern, Chorwerke, Sinfonien, Konzerte, Kammermusik, Klavierwerke.

Soweit sich das Kammermusikwerk des „Mailänder" oder „Londoner" Bach übersehen läßt, eignet ihm weniger Tiefe als spielerische Pracht. Es ist nicht Ausdrucksmusik von besonderer Gestaltung, sondern aus verschwenderischer Fülle strömende Einfallsmusik. Fast hinter jedem Takt spürt man, daß große Meister wie Johann Sebastian und Ph. Emanuel Bach und der berühmte Kontrapunktiker Padre Martini den technischen Werdegang des jungen Bach bestimmt haben. Aber die Haltung des zu seiner Zeit berühmtesten Komponisten Europas wirkt weder richtunggebend noch verpflichtend, der Stil ist beinahe „international" gefärbt. Sein im Grunde immer deutsches Wesen drückt sich in der Musik eher anmutig denn kraftvoll aus, weil ihn die italienische Melodiensüße berauschte und weil er — als unbestrittener Führer des Londoner Musiklebens — der englischen Vorliebe für italienische Musik aus eigener Überzeugung gern geopfert hat. Als die Tonkunst der „Mannheimer Schule" die Welt eroberte, war Johann Christian Bach sogleich bereit, ihren wirkungsvollen Stil zu übernehmen. Aber er hat niemals höher gebaut, sondern immer nur verbreitert. Das freilich mit ungewöhnlichem Erfolg und in eindrucksvoller Weise.

Er konnte das, weil er ein unübertroffener ausübender Künstler war (Klavierspieler und Orchesterleiter) und weil ihm die Einfälle zuströmten, wie nur ganz wenigen anderen Musikerpersönlichkeiten der Geschichte. Doch gerade dieser Einfallsreichtum hinderte ihn, seine musikalischen Gedanken seelisch bis ins Letzte zu durchleben und arbeitend zu gestalten. Mit seinem berühmten „singenden Allegro", das er aus Italien übernahm und das sein Bewunderer Mozart zu höchster Vollendung führte, und mit seiner Mannheimer Technik stattete er fast jeden seiner Tongedanken aus, zwang ihn mit sicherer Hand in die ihm gemäße Form, ohne sich je um Formprobleme zu mühen oder in geistige Auseinandersetzungen zu vertiefen. Damit mag es zusammenhängen, daß ihm die Anwendung der nur zweisätzigen Form besonders lag: sie genügte zur Aufnahme seiner bildhaften, aber nicht keimkräftigen Themen.

Ob es gelingen wird, der Kammermusik Johann Christian Bachs einen größeren Anteil an unserem Konzertleben zu schaffen, steht dahin. Aus dem einst Vergessenen — und das Werk des Londoner Bach war lange Zeit so gut wie verschollen — heben wir doch wohl nur das wirklich Lebensfähige, uns noch Angehende. Bei einem Neubau einer echten Hausmusik allerdings wird man auf Johann Christian zurückgreifen dürfen. Da sind in jüngerer Zeit vor allem die Q u i n t e t t e der Werkzahl 11 bekanntgeworden, sechs Stücke aus dem Jahre 1776, für Geige, Bratsche, Oboe, Flöte und Cello, Gebilde von zauberhafter Anmut, klare Instrumentalgespräche über liebenswürdige Themen, zierlich im Klang und unschwer zu bewältigen. Auch die Q u a r t e t t e der Werkzahl 8 wären in diesem Zusammenhang zu nennen mit ihrer faßlichen Melodik, umrißhaften Zeichnung und knapp gefaßten Form. Das T r i o D-dur für Klavier, Geige und Cello führt dann in diejenige Welt des Londoner Bach, die uns am bedeutendsten erscheint, in die Klaviermusik.

KARL DITTERS VON DITTERSDORF

Geboren am 2. November 1739 in Wien als Sohn eines Hof- und Theaterstickers. Musiker im Wiener Hoforchester unter Gluck. Studium der Buffooper in Italien. 1765 Kapellmeister in Großwardein, dann Kapellmeister und Forstmeister des Breslauer Fürstbischofs Schaffgotsch. 1773 Amtshauptmann in Freiwaldau. Gestorben am 24. Oktober 1799 bei Neuhaus in Böhmen. Hauptwerke: 32 Opern und Singspiele, über hundert Sinfonien, Kammermusik, Klavierstücke.

Dittersdorfs kammermusikalischer Stil nähert sich in den sechs bekannten Quartetten (geschrieben vor 1790) vielfach der durchsichtigen Feinarbeit mancher Haydn-Quartette; geistig bleibt der Tondichter jedoch einem flächigen Rokoko-Ideal verhaftet. Während Haydn zu jener Zeit jeden musikalischen Gedanken bedachtsam erwog und ihm in ernster Arbeit immer neue Kräfte entlockte, sind Dittersdorfs Streichquartette ein Spiel mit Gedankensplittern. Es wäre ungerecht, wollte man diese Art als oberflächlich bezeichnen. Schon die meisterhafte Satzkunst Dittersdorfs muß vor solchem Urteil bewahren. Sie geht aus von der zupackenden Art der Mannheimer, ist sichtlich beeinflußt von Haydns zuchtvoll gelöster Arbeit, wahrt darüber hinaus jedoch ein eigenes Gesicht in der heiter wirbelnden Lebhaftigkeit des reinen Spiels. Nicht der übergeordnete Gedanke beherrscht das behende Lösen und Wiederverknüpfen von allerlei Motiven, sondern die lächelnde Freude an solchen Lösungen und Bindungen überhaupt. Hat man sich in Dittersdorfs Stil ein wenig eingelebt, so vermag man seine Stimmführung auf weite Strecken hin vorauszusagen, und wenn man von diesem edlen Spieltrieb förmlich besessen ist, kommt eine Stelle, die das ganze System umwirft. Meist sind derartige Überraschungen harmonischer Natur. Während nämlich Dittersdorf Stimmenablauf, Rhythmus und Klang einigermaßen streng zusammenfügt, geht seine Harmonik eigene Wege; und wenn die Bestandteile wirklich einmal zusammenstreben, dann gibt es von diesen Kreuzwegen aus harmonisch nicht ein Entweder-Oder, sondern ein Sowohl — als Auch.

Wer in der Musik den Widerschein einer gestalteten Weltanschauung sucht, wird ihn in Dittersdorfs Streichquartetten nicht finden. Denn ihnen fehlt die Zielstrebigkeit eines Haydn, die strömende Selbstverständlichkeit eines Mozart, das Bekennertum eines Beethoven.

Schon bei der Themenwahl rückt Dittersdorf ab von jedem Zwang zum lebensgesetzlichen Werden (vergl. die Anfänge der Kopfsätze in unserem Notenbeispiel). Da ist alles spielerisch erfunden, zierlich geformt, zuweilen sogar modisch gefärbt (etwa die Vorhalte bei den Motiv-Endungen. Wie durchseelt wirken entsprechende Vorhalte bei Mozart!).

Wem aber Musik ein edel-kunstvolles Spiel mit Tönen und Klängen ist, ein unbeschwerter Reigen erlesener Figuren, der wird bei Dittersdorfs köstlicher Anmut schwelgerisch verweilen. Denn der Meister ist, läßt man seine Art gelten, eine geschlossene Erscheinung in der Welt der Spielmusik. Niemals will er mehr gelten, als er ist. Dem Hörer Gedankenarbeit zuzumuten, dünkt ihn unhöflich. In seiner Jugend war Dittersdorf Page, und er hat eine treffliche höfische Erziehung genossen. Der Mann Dittersdorf war ein gewandter Plauderer und echter Kavalier. Und von dem ganzen Menschen Dittersdorf zeugt seine Kammermusik: sie lächelt, ist geistreich und formgewandt. Sie leuchtet, aber sie wärmt nicht.

LUIGI BOCCHERINI

Geboren am 19. Februar 1743 in Lucca als Sohn eines
Musikers. Unterricht in seiner Geburtsstadt, dann in Rom.
Nach Konzertreisen als Cellist übersiedelte Boccherini 1769
nach Madrid, wo er am 28. Mai 1805 gestorben ist. Boc-
cherini hat viel für den Preußenkönig Friedrich Wilhelm II.
geschrieben. Hauptwerke: Kammermusik, Orchesterwerke,
Kirchenmusik.

Das kammermusikalische Werk Boccherinis umfaßt
u. a. Geigensonaten, Cellosonaten, 54 Streichtrios,
91 Streichquartette, 12 Klavierquintette, 125 Streichquintette, 18 Quintette mit Oboe (oder Flöte), 16 Sextette,
zwei Oktette, — also eine geradezu unvorstellbare Anzahl von Schöpfungen dieser Gattung. Seine Sprache
ist die eines unverbindlichen, gleichwohl ansprechenden
Allerweltsrokokos. Wer in Italien groß geworden ist, in
Paris gewirkt hat, in Spanien Hofkapellmeister des Königs und dazu noch fleißiger preußischer „Hofkompo-
siteur" gewesen ist, der mußte wohl einen „internationalen", überall verständlichen Stil pflegen. Dennoch hat
sich Boccherini die Arbeit keineswegs leicht gemacht;
zwar scheinen ihm die liebenswürdigen Einfälle in Fülle
zugeströmt zu sein, aber er hat sie bei aller Leichtigkeit
des Ausdrucks sorgsam gepflegt und bearbeitet. Offenbar ist er durch die „Mannheimer Schule" beeinflußt
worden. Darauf deutet außer der Lebendigkeit seines
Abwandlungsvermögens besonders die reiche Abschat-
tung der Stärkegrade, die einem an guten Vorbildern
geschulten Klangsinn entstammt.

Aber das umfangreiche Werk Boccherinis ist heute
— wenigstens in Deutschland — zum größten Teil verweht. Bekannt, ja, berühmt ist eigentlich nur das Menuett aus dem E - d u r - Q u i n t e t t. Das Thema dieses

Menuetts (Beispiel) wiegt sich unsagbar anmutig auf seinen geschmeidigen Synkopen, wird gitarrenmäßig

von der gezupften Bratsche und dem ebenfalls gezupften ersten Cello begleitet, vom Tremolo der zweiten Geige in fülligeren Klang gebettet und von den Tupfern des zweiten Cellos mit klaren Baßfolgen unterbaut. Ein reizendes Klangbild, das durch den hübschen Gegensatz des knappen gestoßenen a-moll-Zwischengedankens und des zierlichen D-dur-Trios noch an Einprägsamkeit gewinnt. Der Allegrosatz steht in diesem Quintett an zweiter Stelle, während die Ecksätze durch ein „Amoroso" und ein Andante-Rondo gebildet werden. Auffallend die Vorliebe, innerhalb der feinen motivischen Arbeit je zwei Instrumente abwechselnd gruppenweise zusammenzufassen.

WOLFGANG AMADEUS MOZART

Geboren am 27. Januar 1756 in Salzburg als Sohn des ausgezeichneten Musikers Leopold Mozart. Als Sechsjähriger erregte er in München und Wien durch sein Klavierspiel Aufsehen, als Zwölfjähriger wurde er salzburgischer Kapellmeister. Bald huldigten Deutschland, Frankreich, Italien und die Schweiz dem hinreißenden Cembalospieler. Doch das Leben verwöhnte ihn nicht: als das „Wunderkind" zum Jüngling erwuchs und zum Manne reifte, begann der Kampf um das tägliche Brot, und dieser Kampf hat selbst dann nicht aufgehört, als Mozart schon seine großen Meisterwerke veröffentlicht hatte. Seit seinem einundzwanzigsten Jahre wohnte Mozart in Wien. Dort ist er am 5. Dezember 1791 gestorben. Sein Grab ist nicht genau bekannt. Da für ein besonderes Leichenbegängnis kein Geld aufzutreiben war, mußte der einstige Liebling europäischer Fürstenhöfe an einem kalten Wintertage irgendwo auf dem Friedhof begraben werden. Hauptwerke: Opern, kirchliche Schöpfungen, Sinfonien, Konzerte, Kammermusik.

Mozarts Kammermusik unterscheidet sich wesentlich von der seines älteren Freundes Haydn. Dessen kammermusikalischer Stil und Ausdruck gewinnen beinahe von Werk zu Werk an Fülle und Reife, tragen immer stärker das Gepräge des Gearbeiteten und Gedachten, offenbaren den Niederschlag des ringenden und ständig sich erneuernden Geistes. Bei Mozart dagegen scheinen die kammermusikalischen Schöpfungen der Meisterjahre — und nur die Werke von 1781 bis zum Tode des Tondichters können hier besprochen werden — in sich zu ruhen, muten an wie reife Früchte, deren Werden weniger von Belang ist als ihre zauberhafte Vollendung. Wohl gibt es Einzelheiten, von denen sich Ausblicke öffnen auf musikalische Landschaften, die uns Mozart würde geschaffen haben, wäre er nicht so früh abberufen worden. Im allgemeinen jedoch versinken solche Stellen in der Fülle der in sich ruhenden Werke. Haydn durchmißt bedächtigen Schrittes die Zeitenspannung vom Spätbarock über Rokoko, Sturm und Drang bis zur Klassik, selbst im Alter macht er nicht halt, sondern geht zielstrebig den letzten Gipfel an, den er am Ende seiner Lebenswanderung fern aufglühen sieht: die Romantik. Mozart dagegen wandert nicht; wie ein edler Demant zieht er alle Strahlen seiner Zeit an sich und wirft sie leuchtend und funkelnd zurück. Seine Zeit aber ist das abklingende Rokoko. Und gerade in der Kammermusik Mozarts spiegelt sich der Widerschein dieser kunstvollanmutigen, seelisch-verzärtelten, ganz dem Augenblick lebenden Kultur, vor allem aber das ahnende Wissen um die Gefahren, die sein Ende umlauern: sie bedeuten den Tod einer höfischen Gesellschaftskultur, dem man trotz allen Schauern der Seele lächelnden Auges in zierlicher Haltung entgegentänzelt.

Neben dieser Doppelgesichtigkeit von schöner Anmut und erschauernder Seelendämonie vermögen andere Einstrahlungen in Mozarts Kammermusik keinerlei Dauerwirkung auszuüben. Auch Wolfgang Amadeus ist von der Zeit des Sturms und Drangs angerührt worden; auch er stößt zuweilen vor in Beethovens leidenschaftliches Bekennertum; auch er ahnt in traumschwerem Herzen etwas von der keimenden Romantik. Doch solches liegt zumeist in Außenbereichen seines Schaffens. Bewunderungswürdig und rätselhaft bleibt nur, wie selbst so beschaffene Werke nicht als wesensfremd oder wenigstens als wesensfern erscheinen, sondern stets der eigentümlichen Doppelschwingung von Rokokoanmut und Rokokoüberwindung verhaftet bleiben.

Merkwürdig ist, daß Mozart im Jahrhundert der großen Stilumwälzungen lebt und doch im Innersten von ihnen unberührt bleibt. Selbstverständlich finden sich Einflüsse der Mannheimer, Nachwirkungen von Johann Christian Bach und Ph. Emanuel Bach, besonders Einwirkungen von Haydns „Arbeit"; aber sie werden zwar angewandt, jedoch nirgends entscheidend umgesetzt. Neben den zukunftweisenden, die musikalische Zukunft bestimmenden Werken der genannten Meister wirkt Mozarts kammermusikalisches Werk verharrend, ruhend, dem Augenblick hingegeben. Aber es ist auf seine Weise so in sich gefestigt, so zeitlos in seiner vollendeten Geschlossenheit, daß es mehr als ein Jahrhundert lang zum scheu verehrten Inbild aller musischen und musikalischen Menschen geworden ist. Niemand hat ernsthaft versucht, Mozarts kammermusikalischen Ausdruck fortzusetzen oder zu entwickeln. Er ist einmalig in seiner zeitlichen Gebundenheit und zeitlosen Größe, getreues Spiegelbild einer versunkenen Kultur und zugleich Inbegriff der frei schaffenden Persönlichkeit. An die Kammermusik des Meisters muß man herangehen mit dem Bewußtsein, daß sie weniger einen Markstein in der Musikentwicklung darstellt als eine Blüte der allgemeinen Kulturgeschichte. Denn Mozart schafft seine Werke nicht nach einem zielstrebigen Plan, um andere Meister fortzusetzen und die von ihnen gewiesene Richtung weiterzuführen; er schreibt vielmehr, was ihm gerade einfällt. Nur ist selbstverständlich dieses „Einfallen" bei einem solchen Meister nichts Zufälliges. Wie in einem Brennpunkt sammeln sich bei ihm die einfallenden Strahlen zu verdichteter Leucht- und Wärmkraft.

Als rein musikalisches Kennzeichen der Mozartischen Kammermusik darf das sogenannte singende Allegro betrachtet werden. Dabei entscheidet aber nicht die Tatsache, daß die schnellen Sätze singende Themen aufnehmen; das findet sich bereits bei früheren Italienern, bei Johann Christian Bach und anderen. Vielmehr überzieht Mozart durch seine singenden Themen alle Sätze der einzelnen Werke mit der Innerlichkeit und Gefühlswärme des Adagios und schafft auf diese Weise eine einheitliche Grundstimmung für das Ganze. Was Haydn vom Geistigen her geschaffen hat — durch Einheitlichkeit des thematischen Stoffes, motivische Arbeit und Ausbreitung der motivischen Arbeit über die eigentliche Durchführung hinaus —, das bewirkt Mozart vom Seelischen her. Ist bei Haydn der schnelle, gedanklich und thematisch gestraffte Hauptsatz Ausgangspunkt für die Gestaltung des Ganzen, so wurzelt Mozart in der singenden Innigkeit des langsamen Satzes. Was keineswegs ausschließt, daß Mozart sich der durch Haydn ausgebildeten geistigen Möglichkeiten bedient.

Sonaten für Klavier und Geige

Den größten Teil der Kompositionen Mozarts für Klavier und Geige wird man der Hausmusik zuweisen müssen. Besonders die Werke vor der Wiener Zeit; denn in ihnen findet sich nur gelegentlich jene Ausgewogenheit zwischen den beiden Instrumenten, die zur öffentlichen Aufführung kammermusikalischer Stücke nun einmal erforderlich ist. Meist sind es nämlich Klaviersonaten mit fast nur begleitender Geige. Wohl leuchten auch in diesen Sonaten zuweilen herrliche Schönheiten auf (etwa das singende Menuett-Trio der e-moll-Sonate, Köchel 304), aber zu wirklichem Ausdruck, im ganzen, zu echter Zwiesprache von Klavier und Geige kommt es doch erst mit den Sonaten 376 (F-dur), 377 (F-dur), 379 (G-dur) und 380 (Es-dur).

Besonders die F - d u r - S o n a t e (Köchel 377) kündet von dem neuen Geist. Das Thema des Hauptsatzes ist

doppelgesichtig (Beispiel 1): kraftvoll lebendig im Ansprung der ersten vier Takte, ermattend in den „Seufzern" der nächsten Takte. Der Wille zur Bestimmtheit

überwiegt jedoch. Er kündigt sich an in unablässig treibenden Triolen, kräftigt sich in der Durchführung an
einem kurzen Oktavmotiv und wird in der Reprise bestätigt durch das Abstoßen des Seufzermotivs. Freilich,
solche tatbereite Spannung hält bei Mozart nicht lange
an: der langsame Satz sinkt zurück in Zweifel und
Qualen der Seele: ein im Grunde schlichtes, durch Synkopierung und Doppelschläge jedoch unruhvoll erbe-
bendes Moll-Thema mit sechs Variationen. In diesen
steigert sich die Grundstimmung zunächst bis zur vierten
Variation mit ihren heftigen motivischen Entladungen;
dann folgt eine Scheinberuhigung (fünfte Variation in
Dur, die Doppelschläge werden zu Hauptnoten der un-
schuldsreinen Melodik), die jedoch von der sechsten
Variation mit ihrem totentanzartigen Siciliano sogleich
Lügen gestraft und in dem ergreifenden Anhang völlig
ausgelöscht wird. Für Mozart gibt es keine Möglichkeit, aus den Schauern des langsamen Satzes wieder
emporzufinden in die strahlende Helle des Hauptsatzes;
dazu ist er zu wenig Kämpfer. Er sieht die Lösung dort,
wo das ganze sterbende Rokoko die Rettung erblickte:
in der wehmütig-gelassenen Haltung. Und so schreibt
er als Schlußsatz ein „Tempo di Minuetto". Kein Menuett; denn zum Tanz führt kein Weg mehr nach den
Erschütterungen des zweiten Satzes. Nur das Zeitmaß
des Menuetts ist geblieben, der innere Ausdruck, die Erinnerung an das Einst. Ein wehmütiger Verzicht liegt
über diesem Satz, besonders über dem Anhang, der immer wieder anhebt, weil er den Abschied nicht wagt.

Ob man die Sonate Köchel 379 als in G-dur oder in
g-moll stehend bezeichnen soll, läßt sich nicht ohne
weiteres entscheiden. Der erste und der dritte Satz stehen in G-dur, während der zweite g-moll aufweist. Dafür wirkt der erste (diesmal ein breit singendes Adagio
wie in der frühen Kirchensonate) merklich als Vorbereitung für den zweiten (schnellen) Satz, sodaß dieser zum
eigentlichen Hauptstück der Sonate wird: ein leiden-

schaftlich erregtes Nachtstück mit einem Kopfthema (Beispiel 2), das in sich so stark ist, daß es sich einer

2 Allegro

weiterer Entfaltung in der Durchführung heftig verschließen möchte und durch sich selbst die Stürme des Satzes zu bestehen vermag. Damit scheint der Moll-Charakter der Sonate festgelegt; es ist die gleiche Dämonie, die auch die g-moll-Sinfonie durchzieht. Und doch kommt es nicht zu einer rein musikalischen Einheitlichkeit; denn der Schlußsatz mit seinen sich steigernden Variationen bringt zwar eine Variation abermals in g-moll, wahrt aber in den übrigen Variationen nicht nur tonartlich, sondern auch in der Gesamtstimmung ein lichtes Dur. In solchen Verschleierungen lebt abermals die Haltung des ausgehenden Rokokos.

In einer Sonate dieser Jahre findet sich eine geradezu erschütternde Spiegelung der persönlichen Verfassung Mozarts. Die Sonate in B - d u r (Köchel 378) wurde geschrieben, als die Verhältnisse zu Salzburg für den jungen Tondichter unerträglich geworden waren. Der erste Satz beginnt mit einem Thema (Beispiel 3 gibt den Beginn), das im ersten Takt frisch ansteigt, dann aber sich

3 Allegro moderato

in einer müden Sechzehntel-Figur erschöpft, in einer langen Pause vollends schweigt und im dritten und vierten Takt förmlich ratlos die entsagungsvolle Gebärde wiederholt. Ein solches Abbild von Mozarts Stimmung ist umso bemerkenswerter, als die Sonate an sich durchaus in der liebenswürdig-verbindlichen Gesellschaftsmusik des damaligen Salzburger Lebensraumes wurzelt.

Als bedeutendes Werk der Gattung sei endlich noch die E s - d u r - Sonate (Köchel 481) genannt. Der an Einfällen und raschem Wechsel überströmende, vor allem in der Durchführung wie stegreifartiges Konzertieren anmutende Kopfsatz und die erlesenen Variationen des Finales umrahmen einen der schönsten langsamen Sätze Mozarts. Es ist ein Adagio in As-dur; der Form nach ein Rondo, das Hauptthema wird bei jeder Wiederkehr verändert. Dazwischen zwei Seitensätze in f-moll und Des-dur, in denen die Geige schwärmerisch verklärt singt, umspielt von der ebenfalls melodisch geführten Klavierstimme. Hier ist das gelöste Ineinandergreifen der beiden Instrumente bis ins letzte verwirklicht, keine Stimme „führt", konzertmäßige Pracht und verschwiegene Zwiesprache gehen unmittelbar ineinander über.

Trios mit Klavier

Die Trios mit Klavier können wir nur streifen. Sie zählen überwiegend zu den weniger bekannten, von Mozarts Schöpfergeist nur teilweise geadelten Werken des Meisters. Prächtige Stücke zum geselligen Abspielen, nicht aber Werke zu schürfendem Erarbeiten. Das Klavier wird in den Trios bevorzugt behandelt; trotz aller Ausgewogenheit der beiden anderen Instrumente, trotz zuweilen geistvollem Gegeneinander der Klanggruppen und trotz starker Beteiligung aller Instrumente am thematischen Gewebe bleibt das Klavier die eigentliche Grundlage des Ganzen. Dabei haftet den Werken viel Stegreifartiges an. Manches scheint ganz aus dem Augenblick geboren, die Einfälle überragen bei weitem

die kunstgerechte Verarbeitung, ein gelockerter, frei-
schweifender Stil wird bestimmend für Erfindung und
Formung. Freies Schweifen aber ist völliger Gegensatz zu kammermusikalischem Gestalten; dieses verlangt ja strenge Bezogenheit, dichte Bindung, weises
Beschränken. Dieser Widerspruch zwischen Kammerstil
und freiem Schweifen macht die künstlerische Schwäche
der Klaviertrios aus — freilich auch ihren eigentümlichen Reiz. Denn Mozart schrieb in dem Jahrzehnt seiner
Meisterschaft, dem die Trios entstammen, kein Werk,
in dem er nicht an die Stelle von etwas nach den Regeln
Fehlendem ein Neues, Anderes gesetzt hätte. Dieses
Andere wechselt von Fall zu Fall seine Erscheinung. In
dem G - d u r - T r i o (Köchel 496) offenbart es sich in
dem weitgesponnenen sechzehntaktigen Hauptthema,
dessen Linienführung nicht gestalthaft abgrenzt, sondern skizzenhaft weite Räume der künstlerischen Vorstellungswelt andeutet. Im B - d u r - T r i o (Köchel 502)
sowie im E - d u r - T r i o (Köchel 542) tritt die melodisch
schweifende Linie zurück hinter weich gelösten Klängen,
die besonders in den Terzengängen zum Ausdruck kommen. Schweifende Schmucklinie und farbiger Klang treten zusammen im E s - d u r - K l a r i n e t t e n t r i o
(Köchel 498); schon das Hauptthema selbst ist vielgesichtig mit seinem Dreiklangsgerüst, seinen ausziere-
den Vorschlägen und dem aus ihm entwickelten Seitengedanken; dazu kommt die eigentümliche Klangfärbung
von Bratsche und Klarinette und von dieser Instrumen-
talmischung mit dem Cembalo. Entsprechend herrschen
im Inneren des dreisätzigen Werkes Licht- und Schat-
tenwirkungen, die in ihrer malerischen Kraft und seelischen Dramatik an Rembrandt erinnern.

Streichquartette

Mit dem Streichquartett (damals vielfach noch als Divertimento bezeichnet) beschäftigte sich Mozart schon zu einer Zeit, als er kaum dem Knabenalter entwachsen war, und immer wieder holte er diese Gattung musikalischen Schaffens hervor. Freilich nicht wie Haydn, der seine Gestaltungskraft am Streichquartett stählte und an ihm zu gebieterischer Größe emporwuchs; vielmehr scheint Mozart von Mal zu Mal seine tonkünstlerischen Fähigkeiten am Streichquartett überprüft zu haben. Es bildete für ihn gewissermaßen einen Querschnitt, den er von Zeit zu Zeit durch seine musikalische Entwicklungslage zog, während Haydns Streichquartette eher einen Längsschnitt durch ringendes Arbeiten darstellen.

Auf die Frühwerke brauchen wir hier nicht einzugehen (das erste Quartett schrieb Mozart als Vierzehnjähriger, dann folgten zwei Jahre später drei weitere Quartette). Auch die sechs Quartette von 1772—1773 können uns in unserem Zusammenhang nicht ausführlich beschäftigen (Köchel 155—160): es sind dreisätzige Stücke nach italienischem Vorbild, frisch in der Erfindung der knappgefaßten schnellen Sätze, bemerkenswert eigentlich nur

in der seelischen Tiefe der Adagiogedanken (Beispiel 4 entstammt dem Adagio des G-dur-Quartetts Köchel 156).

Aus ganz anderem Holz sind die sechs Quartette Köchel 168—173 geschnitzt, obwohl sie nur einige Monate später entstanden sind. Sie haben sich nicht aus den früheren Werken der Gattung entwickelt, sondern sie bedeuten einen Sprung in ein völlig neues Ausdrucksgebiet, das sich Mozart durch das Vorbild von Haydns

Sonnenquartetten (1772) erschlossen hat. Zum ersten
Male schafft der junge Tondichter Quartette von vier
durchgeformten Sätzen; dabei knüpft er an die Haydnsche Durchführungstechnik an und übernimmt zugleich
dessen Art, aus dem Schlußsatz ein musikalisches Ge-
dankengebäude zu machen. Vor allem wendet auch er
— gleich seinem Vorbild — den Blick in die Vergangenheit des Barocks und schreibt kontrapunktisch. Ganz
ausgeprägt in den Schlußsätzen, die nun zuweilen eine
Fuge bilden (Beispiel 5 aus dem F-dur-Quartett Köchel 168). Sind die Schlußsätze weniger streng gefaßt,

5 Allegro

so tritt die barockmäßige Satzweise in anderen Teilen
auf. Als Ausklang des C-dur-Quartetts (Köchel 169) erscheint ein Rondo, dafür beginnt das Andante mit einem
kanonartig gefügten Thema. Zweimal findet sich als Finale auch die Sonatenform. Aber der Wille zu barocker
Satzstrenge wird stets unterstrichen, nicht zum wenigsten dadurch, daß gerade in dem ersten (Köchel 168)
und dem letzten (Köchel 173) Quartett eine Fuge das
Werk krönt. Fugen, Rondos, Sonatenform als gesteigerte Schlußsätze, dazu gelegentlich eine langsame Einleitung oder eine Variationenreihe als Kopfsatz, thematische Durchführungen — deutlicher kann sich wohl der
Einfluß Haydns auf die Quartette nicht kundtun.

Haydn-Quartette

Solche Einflüsse finden sich nicht minder stark in den
sechs Quartetten der Jahre 1782—1785. Mozart hat sie
seinem Freund und Vorbild Haydn mit einer dankbaren

Widmung überreicht; aus diesem Grunde bezeichnet man sie meist als „Haydn-Quartette". Es gibt wohl kaum eine Werkreihe, die so deutlich auf ihre Vorbilder hinweist und zugleich so eigenständig wirkt wie diese sechs Quartette. Haydns Thematik, motivische Arbeit und formale Gruppierung kehren mit oft überraschender „Echtheit" wieder, kontrapunktischer Geist barocken Musizierens begegnet dem Spieler bald hier und bald dort. Wer die Quartette nicht sehr genau im Ohr hat, wird an vielen Stellen nicht ihren Urheber zu erkennen vermögen. Daneben stehen ausdrucksmäßige und stilistische Kühnheiten, mit denen Mozart viele musikalische Zeitgenossen geradezu entsetzt hat. Aber nicht die Einzelheiten des Nachgestaltens und des Eigenschaffens machen das Wesen dieser Tondichtungen aus, sondern entscheidend ist die seelische Schwingung des Ganzen. Wie diese sich musikalisch äußert, läßt sich kaum endgültig darlegen. Sicher ist es nicht der Klang allein, so auffallend und bedeutend er sich auch hier geben mag, — ein Klang, der entstanden ist aus dreifacher Wurzel: aus dem feinfühligen Erleben der vier Instrumental-Charaktere sowie deren gegenseitiger Zuordnung, aus vielgliedriger Kleinmotivik von zuweilen rein ornamentaler Verschlingung und aus einer oft betont farbigen Harmonik. Zu dem Wesen dieser Quartette führt schon eher manche Besonderheit des Stimmenverlaufs: es gibt da Querstände, chromatische Verdichtungen und enharmonische Überschneidungen, die mit der bewußt sorgsamen Arbeit der ganzen Werkreihe scheinbar nicht zusammenstimmen und die manchen Zeitgenossen wenig behagte (man erklärte sie für gekünstelt, ja für falsch). Aber es bleibt schon so: nur vom Musikalisch-Technischen her läßt sich das eigentümliche Wesen der Haydn-Quartette nicht erfassen; und wir wollen auch nicht rätseln. Es wird jeder beim Spiel und beim Anhören selbst das Geheimnis vernehmen, wie Mozarts seelische Kraft in der Lage ist, den so ganz anders gearteten Stil der Altklassik und Haydns nicht nur zu erfüllen, sondern ihn umzudeuten.

Mozart sagt in der Widmung zu diesen Quartetten, sie seien „die Frucht einer langen, beschwerlichen Arbeit". Sogleich das erste Q u a r t e t t i n G - d u r (Köchel 387) legt dafür Zeugnis ab. Der Tondichter überläßt sich nicht mehr einfach dem Strom der Einfälle, sondern greift Einzelheiten der Einfälle heraus, um sie zu Trägern eines „gearbeiteten Ablaufs" zu machen. Der Kopfsatz beginnt mit einem Thema, das nach seinem leichten Schnitt kaum geeignet erscheint, eine Durchführung zu tragen (Beispiel 6). Mozart verselbständigt nun Nebenmotive (die

6 Allegro vivace assai

letzten fünf Töne des zweiten Volltaktes, den Triller mit dem Nachschlag) und bestreitet mit ihnen weite Teile des Satzes; das Kopfmotiv tritt dagegen merklich zurück. So verfährt zwar zuweilen auch Haydn (selbst in seinen Sinfonien), doch wirkt diese Art bei ihm geistig, während sie bei Mozart seelisch gelockert anmutet. Die „beschwerliche Arbeit" ist freilich in beiden Fällen die gleiche. Bedeutsam in diesem Satz erscheint das Seitenthema mit seinem marschartigen Rhythmus und seiner dementsprechend leicht gefügten Harmonisierung (Wechsel zwischen Tonika und Dominante, Dezimenparallelen der Bratsche). An zweiter Stelle steht ein Menuett, dessen Thema durch eine Mischung von Einfachheit und Verschränkung überrascht; es beginnt mit zweimaligem Dreiklangsabstieg, steigt dann zweimal chromatisch einen Quartenbereich empor, wobei es Ton für Ton zwischen piano und forte wechselt (im $^8/_4$-Takt!), und wird dann durch eine Gegenstimme chromatisch kontrapunktiert. Das Trio steht in g-moll und hebt sich vom Menuett nachdrücklich ab. An dritter Stelle folgt der langsame

Satz (Andante cantabile). Das in Dreiklängen empor-
führende Hauptthema knüpft sichtlich an die Kopfthemen des Allegros und des Menuetts an. Das „Cantabile"
erfüllt sich dann in einem herrlichen Zwischensang der
pianissimo einsetzenden ersten Geige und besonders
in dem Seitenthema, zumal wenn es die erste Geige auf
der G-Saite in C-dur wiederholt. Auch der Nachschlag-
Triller des ersten Satzes taucht im Andante wieder auf
und zwar als punktiertes Kurzmotiv. Sämtliche Eigentümlichkeiten der ersten drei Sätze werden im Finale
straff zusammengefaßt und überhöht. Dieses Allegro
molto ist eine Fuge über ein dreiklang-artiges Kurzthema; zugleich kehren wieder die Chromatik des Menuetts, die Dezimen- (Terzen-) Parallelen aus dem Seitenthema des Kopfsatzes, die Sangbarkeit und Klangbettung des Andante, endlich die Unbeschwertheit des
homophonen Eingangsmotives aus dem Allegro (D-dur-
Dreiklangsthema im Finale). Wie man sich mit solcher
Vielspältigkeit in einem Satz zurechtfindet, bleibt dem
Einzelnen überlassen. Daß sie künstlerisch gebändigt
wurde, ist nicht zu bezweifeln.

Auch im d - m o l l - Q u a r t e t t (Köchel 421) arbeitet
sich Mozart an die Welt des musikalischen Barocks heran.
Jetzt aber nicht so sehr durch nachdrückliches Heraus-
stellen barocker Formen (wie in der Doppelfuge des
Finales von Köchel 387) oder barocker Stilmittel, obwohl
die Durchführung des ersten Satzes polyphon geschärft
ist. Barock wirken hier vielmehr die thematische Gestalt und deren beziehungsreicher Kontrapunkt. Gleich

das Kopfthema des ersten Satzes mit seinem Baß (Beispiel 7) sagt Entscheidendes aus. Das Thema der Ober-

stimme ist nicht Mozartisch, sondern gemahnt eher an
Händels herrische Größe; bezeichnend, daß es im Thementeil auch keine Rolle spielt, sondern sich erst in der
Durchführung — und nun auch polyphon — wirklich
durchsetzt. Die Baßstimme, scheinbar nichts als eine
diatonische Harmoniestütze, entwickelt sich in Wahrheit zu einem wichtigen Träger des ganzen Quartetts:
sie durchsetzt in ähnlicher oder gewandelter Gestalt die
Durchführung, beherrscht unterirdisch das gespannte,
friedlose Andante, wird in dem polyphon verklammerten Menuett zu wesentlichem Bestandteil des Themas
und bestimmt auch das Variationen-Finale, vor allem,
wenn es in den letzten vier Takten zu ruhenden Tönen
von Cello und Bratsche, zu eintonigen Triolenblitzen der
ersten Geige seine düstere Stimme in der zweiten Geige
erhebt und damit manche Anmut gerade dieses Schlußsatzes schwerblütig in Frage stellt. Auch die erwähnten
Triolen auf einem Ton durchziehen bedeutsam das ganze
Werk; sie liegen zu Beginn als „Begleitfigur" in den
Mittelstimmen, durchlaufen das gesamte Allegro, treten
im dritten Takt des Andante, des Menuetts und des
Finales als Melodiespitzen hervor.

Das Es-dur-Quartett (Köchel 428) erscheint
nicht so ausgewogen wie die übrigen Werke dieser
Reihe. Einheitlich wirkt es durch seine fast gegenständ-
liche Haltung, die auf eigenpersönlichen Ausdruck vielfach verzichtet. Das gilt besonders für das kraftvoll beginnende Menuett mit seinem Moll-Trio und für das
Allegro vivace des Schlußsatzes mit seinem gebrochenen
Hauptthema und dem musikantisch sprühenden Verlauf.
Auch die ersten beiden Sätze atmen in großen Zügen
die gleiche strömende musikantische Fülle und Klarheit.
In Einzelheiten offenbaren sich dagegen seelische Brechungen besonderer Art. So gleich im Hauptthema des
ersten Satzes (Beispiel 8), das sich nach dem Oktaven-
anstieg seltsam in chromatischen Vorhalten (ja: Vorbehalten) windet und in seinem gelösteren Fortschreiten

(ab Takt 5) noch energisch angetrieben werden muß
durch den anspringenden Rhythmus der zweiten Stimme,

8 Allegro ma non troppo

Ähnliche Entschleierungen birgt das Andante; es wird
getragen von einem innig-einfach singenden Thema,
gewinnt Gesicht und Gewicht durch ein klingendes
Wechselspiel gebrochener Akkorde und vor allem durch
eine Chromatik, die stellenweise zu „Tristan"-Klängen
führt (Beispiel 9). Daß bei solchen Stellen manche Zeitgenossen des Meisters den Kopf schüttelten, läßt sich

9 Aus dem Andante con moto

verstehen. Und doch ist diese Chromatik keineswegs
nur diesem Quartett eigentümlich; sie kennzeichnet vielmehr die „Haydn-Quartette" überhaupt.

Das B - d u r - Q u a r t e t t (Köchel 458) hat den miß-
verständlichen Namen „J a g d q u a r t e t t" erhalten,
nur weil das Kopfthema ein wenig an die Dreiklangsthematik des Jagdhorns erinnert. Mozart knüpft im
ersten Satz (Allegro assai vivace) wie im Finale bewußt
an Haydns Naturthemen an, erfüllt auch die beiden Ecksätze mit frischer Ursprünglichkeit und quirlendem Motivspiel. Aber dieses Spiel ist weit entfernt von den Verspieltheiten der Jugendwerke. So tauchen im ersten Satz
mancherlei selbständige Kleinmotive auf, deren ver-
schlungenes Leben beinahe romantisch anmutet. In der

Durchführung des Finales wiederum zeugt vieles von der ernsten Bändigung des scheinbar unbekümmerten

10 Aus der Finale-Durchführung

Treibens (Beispiel 10). Während das Menuett verhältnismäßig klar und durchsichtig gebaut ist, eignet dem an dritter Stelle stehenden Adagio eine Seelentiefe, die

11 (Aus dem Adagio)

sich vor allem melodisch (Seitenthema!) und in harmonischem Gleiten (Beispiel 11) kundtut.

Von seltsamem Reiz ist das A-dur-Quartett (Köchel 464). Das weich dahinziehende Thema des ersten Allegros wird mit seiner melodischen Gelöstheit maßgebend für die Melodik des ganzen Werkes. Daneben steht jedoch eine andere Triebkraft, nämlich das Streben nach musikalischer und geistiger Verdichtung. Von Satz zu Satz — wenn man vom Menuett absieht — wird dieses Verdichten offenkundiger: die liebliche Gelöstheit des Allegros ist durchwirkt von freien Veränderungen des Haupt- und des Seitenthemas, das Andante bildet einen ausgesprochenen Variationensatz von heiterer Grundstimmung, doch sich steigerndem thematischem Bau, und das Finale bietet eine Reihe besonderer kontrapunktischer Künste auf durch Nachahmungen des chromatisch anhebenden Themas, durch Cantus-firmus-Weiterspinnen eines aus dem Thema gewonnenen Chorals, durch strenge Beziehung der Stimmen aufeinander; diese Künste wirken umso nachdrücklicher, als

sie durch einen kurzen homophonen Einschub überraschend durchbrochen werden.

Wegen seiner auffallenden Einleitung hat man das
C - d u r - Q u a r t e t t (Köchel 465) als „ D i s s o n a n -
z e n - Q u a r t e t t" bezeichnet. Natürlich trifft man —
wie bei allen solchen Bezeichnungen — damit nicht das
Wesen des Werkes. Immerhin, die Stimmführungsrätsel
der 22 Takte langen Adagio-Einleitung haben noch im
19. Jahrhundert „Verbesserer" auf den Plan gerufen, und
streng genommen weiß auch heute noch kein Mensch,
weshalb Mozart überhaupt gerade diesem Quartett die
langsamen einleitenden Takte vorangestellt und warum
er sie mit so schneidenden Klängen ausgestattet hat.
Nacheinander setzen die Stimmen ein (vergl. Beispiel 12):

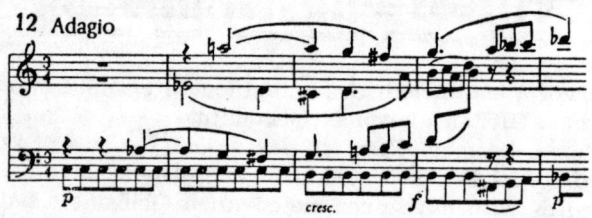

über dem dunklen Pochen des Cellos senkt sich ein kurzes chromatisches Motiv in der Bratsche, dann in der
zweiten und schließlich in der ersten Geige schmerzlich
herab. Der herbe Querstandeinsatz des a in der ersten
Geige nach dem as der Bratsche hat den Anlaß zu den
bereits erwähnten „Verbesserungen" gegeben. Aus

dem zunächst in der Bratsche anhebenden Aufwärts-Mo-
tiv (3. Takt) entwickelt sich nach dem lastenden Ringen
der Einleitung das Hauptthema des Allegros (Beispiel 13).

Beide Motive, das chromatisch sinkende und das an-
steigende, werden entscheidend für das ganze Quartett
und kehren bald offen und bald versteckt immer wieder.
Zur Bestreitung des musikalischen Geschehens im ersten
Satz wird im Grunde nur das Hauptthema herangezogen
und zwar im Sinne thematisch-motivischer Homophonie
wie polyphoner Verzahnung. Heiter und rührend, wenn
das diatonische Anfangsmotiv in Takt 22—25 des Allegros in ähnlicher Nachahmung die Instrumente durchläuft wie zu Beginn der Adagio-Einleitung, nun aber
nicht querständig, sondern wohlanständig, sauber Takt
für Takt und immer hübsch brav ohne alle Vorzeichen.
Das Seitenthema, trotz leichter Schärfung durch Triolen,
trotz Synkopen und gleitende Endchromatik, tritt lediglich in der Reprise wieder mehr hervor, sodaß der ganze
Satz — bei aller Feinarbeit im einzelnen — mehr durch
seine lichte Stimmung wirkt als durch strenge Folgerichtigkeit. Zauberhaft, wie er sich dabei immer mehr
mit verstohlener Romantik erfüllt, zu der er sich am
Schluß deutlich, wenn auch pianissimo bekennt. Vollendet in seiner musikalischen Ausgewogenheit ist das
Andante cantabile. Es wird von vier Gedanken getragen:
dem chromatischen Kurzmotiv der Adagio-Einleitung (12),
der aus dem Allegrothema (13) gewonnenen Gesangsme-
lodie (14a), einem Seufzermotiv (14b) und einem leise

14   Andante cantabile

klopfenden Motiv (14c). Kaum wird man der kunstvollen,
meist imitatorischen Verknüpfung gewahr, — so unmittelbar fühlt man sich angesprochen von der Seele des
Menschen, der solches schuf. Mit diesem Satz hat Mozart die leichte romantische Stimmung vom Schluß des
Allegros weitergeführt. Und auf sie greift er auch in den
nächsten beiden Sätzen mehrfach zurück: im c-moll-Trio

des sonst auf die kräftige Wirkung des Wechsels von
leise und laut gestellten, vielfach wieder nachahmend
gestalteten Menuetts und in manchen Einschüben der
B-Tonarten in dem sonst klar und heiter dahinrauschen-
den C-dur-Finale. (Hier noch einige Angaben darüber,
wie sich — nach Haydns Vorbild — auch bei Mozart
die Form geweitet hat: im Finale entfallen allein 135
Takte auf die Exposition, die ihrerseits neben den Zwischengruppen einen Hauptsatz, zwei Seitensätze und
eine Coda umspannt, 63 Takte auf die eigentliche Durchführung, 71 auf die Reprise und 49 auf die Coda).

*

In der Entstehung zeitlich benachbart den „Haydn-
Quartetten", wirkt doch das D-dur-Quartett
(Köchel 499) wesentlich gelockerter und unverbindlicher
als jene ein Jahr früher abgeschlossenen Werke. Das
liegt wohl vor allem an der heiteren, manchmal sogar aus-
gelassenen Grundstimmung dieses Quartetts. Und doch
geht die zuweilen anzutreffende Minderschätzung des
Werkes an seiner Bedeutung vorüber; denn der Humor
wird hier in äußerst kunstvoller Form dargeboten. Die
kanonischen Verschlingungen des ersten Allegrettos und
sein Reichtum an offenen und verborgenen Gedanken-
beziehungen, die feingestichelte Kontrapunktik von
Menuett und Trio, die weite Thematik und lächelnde
Kraft des Adagios, endlich das geistreiche Themen- und
Motivspiel des Finales bergen in unauffälliger Weise
ganze Schätze erlesener Kammerkunst. Dazu spielen von
Satz zu Satz heimliche Beziehungen (vergl. etwa Menuett-Trio und Finale), tauchen an überraschenden Stellen besondere Durchführungsteile auf, werden anfangs
überhörte Motive später unvermutet selbständig, sodaß
die stimmungsmäßige Heiterkeit sich bei genauerem
Hinhören als gedanklich tief unterbaut erweist. Das
Ganze somit fast eine Serenade mit einem Feuerwerk
von Geistesblitzen.

„Preußische Quartette"

Aus den Jahren 1789/90 stammen die drei P r e u ß i -
s c h e n Q u a r t e t t e, so benannt nach dem Auftrag-
geber, dem Preußenkönig Friedrich Wilhelm II. Da der
König Cello spielte, hat Mozart in diesen drei Quartetten
dem Cello eine besonders hervortretende Rolle zugewiesen. Über allen liegt der Schimmer menschlicher
Wärme und melodisch-singender Schönheit; dagegen
tritt die thematisch-motivische Denkarbeit zurück und
räumt dem kontrapunktischen Prunk manchen gewich-
tigen Platz ein.

Wie ein kennzeichnendes Siegel für die ganze Quar-
tettgruppe steht das Thema des D - d u r - Q u a r t e t t s
da (Köchel 575, Beispiel 15), königlich ausschwingend,

15 Allegretto

sotto voce

weich im Klang und doch kraftvoll zusammengezwungen
in seiner metrischen Beschaffenheit. Und so weit reicht
die Herrschaft dieses in sich gefestigten Themas, daß es
nicht nur den Seitengedanken dieses Satzes aus sich erzeugt, sondern sich noch das Thema des Finales machtvoll unterordnet. So erscheint es fast selbstverständlich,
wenn im ersten Satz die Durchführungspartien mehr angedeutet als ausgebaut sind, wenn das kurzgefaßte Andante den Schönheitsbogen des Allegrettos nur zu um-
ranken scheint, wenn das Menuett (ebenfalls kurz) lediglich als feinstilisierter Nachhall des Hauptgedankens
und als Überleitung zum Finale wirkt und wenn dieses
Finale selbst als polyphone Überhöhung des Grundthe-
mas auftritt: ein mächtig gefügtes Rondo, polyphon unterbaut, überströmend an immer neuen Einfällen, doch
stets untertan dem Kopfthema des ganzen Werkes.

Noch deutlicher (wenn auch weniger dicht in der Fassung) wirkt das Streben nach Steigerung im B-dur-Quartett (Köchel 589). Das Thema des ersten Satzes (Beispiel 16) erscheint gegenüber dem des

16 Allegro

D-dur-Quartetts gelockert, fast menuett-artig, behält gleichwohl unangefochten die Herrschaft über das von Gegengedanken freie Allegro und taucht spielerisch in Bereiche zweckfreien Musizierens. Solche Grundstimmung durchzieht auch den langsamen Satz, beherrscht ebenso das Menuett, bis in dem ausgedehnten Menuett-Trio die Spannungskurve steil nach oben führt in den polyphonen Verdichtungen und der leidenschaftlichen Steigerung über einem Orgelpunkt. Höhepunkt wiederum das Finale: abermals ein Rondo, mit einem scheinbar leicht gewogenen Thema, einfach zu erkennenden Einschnitten und harmonischen Absätzen, aber förmlich unterwühlt von kontrapunktischen Gängen in straffer gedanklicher Zucht und Formung.

Das F-dur-Quartett (Köchel 590) greift schon thematisch auf das erste Quartett der Gruppe zurück: der Dreiklangsbeginn und die bewegtere Weiterführung des Hauptthemas (Beispiel 17) haben sicher nicht nur

17 Allegro moderato

zufällig den gleichen äußeren Schnitt wie beim B-dur-Quartett. Dabei scheidet jedoch Mozart die beiden Themen durch ein ebenso einfaches wie wirkungsvolles Mittel: indem er hier das Dreiklangsmotiv piano, die Weiterführung aber forte bringt, entkleidet er das Thema des breiten, schwellenden Gesangszuges und legt allen Nachdruck auf die Sechzehntelbewegung; die Weiterführung ist also nicht Anhang, sondern Hauptsache. Der dadurch angeschlagene, launenhaft-kecke Grundton durchzieht denn auch nicht nur die bald thematische und bald polyphone Durchführung des Kopfsatzes, sondern kehrt wieder in der versteckten Spannung des knapp gefaßten, melodisch kaum bewegten Allegretto-Themas und in dem Menuett, das den Dreiklangsbeginn in ein unscheinbares Auftaktmotiv zurückdrängt, die ersten drei Volltakte innerlich noch in den Auftakt einbezieht und dann erst in der zweiten Themenhälfte (wie beim Hauptthema des Quartetts) zu wirklicher Bewegung heranwächst. Abermals bringt das Finale die Krönung; diesmal jedoch nicht in Rondo-, sondern in Sonatenform und zwar so nachdrücklich, daß bereits in den Thementeil durchführungsartige Stellen eingeschoben werden. Von eigentümlichem Reiz ist in diesem Satz das Nebeneinander gewollt einfacher Homophonie und festgefügter Polyphonie.

Klavier-Quartette

Die beiden Klavierquartette Mozarts stammen aus den Jahren 1785 und 1786. Sie stehen in den für Mozart so bezeichnenden Ergänzungstonarten g-moll und Es-dur (geschrieben für Klavier, Geige, Bratsche und Cello).

Im g - m o l l - K l a v i e r q u a r t e t t (Köchel 478) schlägt der Meister sogleich zu Beginn jene Stimmung an, die seine g-moll-Werke kennzeichnet: düster, lastend, dämonisch und leidenschaftlich zieht das Allegro dahin; das Hauptthema (Beispiel 18) mit seinem trotzigen Beginn und seinem entsagenden Nachsatz umschließt bereits den Inhalt des ganzen Satzes. Die beiden gegensätzlichen Motive stellen sich sogleich auch gedanklich

gegeneinander. Ein in Terzen singendes Seitenthema vermag keinen Ausgleich zu schaffen, zumal die pochende
Achtelbegleitung, der Wechsel von sf und p sowie eine

leichte Synkopierung dem Thema von vornherein eine
innere Unruhe mit auf den Weg geben. Die Durchführung bestätigt nur das trübe, schwankende Bild: sie
beginnt verhältnismäßig ruhig, steigert sich aber in immer heftigere Kämpfe, bis in der Coda ein Aufruhr der
Seele entsteht, der in dem letzten Unisono äußerlich
gebändigt, innerlich jedoch verschärft wirkt. Das Andante scheint fast fremd gegen diese Seelenstürme gesetzt: seine einfachen Linien werden lediglich durch rast-
los begleitende Zweiunddreißigstel-Motive überzittert.
In dem rondoartigen Finale bricht der Dämonenkampf
des ersten Satzes eigentlich nur noch ein Mal durch,
nämlich in dem mit e-moll anhebenden Mittelteil. Im
übrigen aber werden die Wogen mit fast höfischer Gewandtheit geglättet und beruhigt; besonders ergreifend
wirkt dieses Ausgleichen dort, wo die Stimmung ins
Unbelastet-Heitere hineingleitet.

Von besonderer Prägung ist das E s - d u r - K l a -
v i e r q u a r t e t t (Köchel 493). Seine Schwungkraft
treibt es vor in die Bereiche festlichen Konzertierens,
aber seine innere Haltung verweist auf den Erlebnis-
kreis edelster Hausmusik; der technischen Anforderungen wegen sollte es nur unter den Händen gut einge-
spielter Könner erklingen, doch scheuen seine Kostbar-
keiten den Lichtkegel öffentlicher Musikübung. Solche
Überkreuzung findet sich sogleich im thematischen
Stoff: dem schwungvollen Kopfthema des ersten Satzes
(Beispiel 19a) mit seiner romantisch anmutenden An-
fangswendung zur Unterdominante und dem theatra-

lischen Schluß gesellt sich ein sangbarer Gegengedanke. Und dieser — nicht das Kopfthema — wird zum eigentlichen Träger der Durchführung, indem seine Weichheit

und Kraft, seine Schwärmerei und Bestimmtheit immer neu beleuchtet werden. Der Einfluß dieses Seitengedankens (der ja im Grunde der Hauptgedanke ist) reicht bis in das folgende Larghetto: es ist schlicht gezeichnet in Thema und Umriß, aber durchwogt von seelischen Offenbarungen, die sich besonders kundtun in sprechenden Harmonien, einem Melodienstrom, über den das Klavier glitzernde Lichter ausstreut, und — vor allem zum Schluß — in zärtlich stilisiertem Rankenwerk. Das Finale aber ist wohl der nachdenklichste Satz; denn seine Thematik entstammt zwar den Gefilden des Tanzes (und das wird durch die Gegenüberstellung von Streichinstrumenten und Tasteninstrument noch unterstrichen), doch stehen solchem heiteren Spiel mancherlei Eigenheiten entgegen, die über Tanz und Tändeln weit hinaus gehen: eine verdeckte Kontrapunktik und ein immer wieder durchbrechendes Schweifen dichterischer Gedanken.

Quintette

Mozart hat zehn Quintette geschrieben: sieben für zwei Geigen, zwei Bratschen und Cello, eins für Klarinette und Streichquartett, eins für Horn, Geige, zwei Bratschen und Cello sowie eins für Klavier, Oboe, Kla-

rinette, Horn und Fagott. Wir beschäftigen uns hier nur
mit den wichtigsten; denn die anderen sind zumeist Di-
vertimento-Musiken, denen—bei aller Schönheit im einzelnen — keinerlei stilgeschichtliche Bedeutung zu-
kommt und die man auch nur gelegentlich im Konzertsaal aufführt.

An der Spitze stehen die beiden Streichquintette C-dur
und g-moll, zusammen mit dem Klarinettenquintett.
Stilistisch und geistig bilden diese Werke (vor allem
die Streichquintette) einen wichtigen Schnittpunkt der
Entwicklungslinien in Mozarts Meisterjahren. Sie
knüpfen einerseits an den Quartettstil an und erweitern
ihn andererseits zu einem neuen Großraum kammermusikalischen Schaffens (besonders nach Klang, Farbe,
Weiträumigkeit der Anlage und Verdichtung des Ausdrucks). So streng sie nun auch im Bereich des rein
Kammermusikalischen bleiben, so unverkennbar greifen
sie mit ihrer Haltung in das Gebiet der großen Sinfonien
aus Mozarts letzten Jahren. Und noch eine andere Verwandtschaft wird spürbar: die zu Mozarts großen musikalischen Dramen; nicht etwa in einer gebärdenhaften
Sprache, sondern in dem dramatischen Willen, alle
menschliche Vielfalt als innere Einheit zu begreifen.
Die Einheitlichkeit des thematischen Stoffes, der wir hier
begegnen, erscheint jetzt nicht als Nachklang der früheren Suite; sie offenbart vielmehr den dramatischen Ur-
keim in der Vielschichtigkeit des gegensatzreichen Lebens überhaupt.

Die ersten Quintette haben uns heute nicht mehr viel
zu sagen. Auch bei dem nächsten Werk (Köchel 406)
brauchen wir uns nicht aufzuhalten; denn dieses Quintett in c-moll ist eine nachträgliche Umarbeitung eines
Bläser-Oktetts und wirkt in der ersten Fassung wesentlich stärker als in der Quintettbearbeitung.

Dagegen ist das C-dur-Quintett (Köchel 515)
bereits ein in seiner Art vollendetes Meisterwerk (geschrieben 1787). Der erste Allegrosatz offenbart die zeit-

liche Nähe des „Figaro". Nicht allein durch bestimmte thematisch-melodische Übereinstimmungen, sondern mehr noch durch die dramatisch wohlgefügten Gegensatzpaare in Aufriß und Durchführung. Schon das Kopfthema (Beispiel 20) ist ein kleines Drama für sich: in knappen Achteln zuckt es aus der Tiefe (Cello) empor,

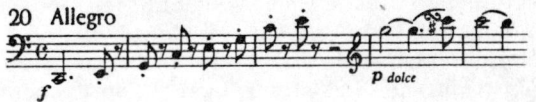

20 Allegro

über zwei Oktaven in regelmäßiger Dreiklangsgestalt; dann, nach einer halbtaktigen Pause, schlägt es in hoher Lage (Geige) eine durch Vorhalt und Doppelschlag unterstrichene weiche, weibliche Stimmung an. Damit ist der dramatische Grundton gegeben. Er wird aber noch verstärkt, indem Mozart die Seeleneinsamkeit des Themas dreimal wiederholt; dann ein Takt Generalpause, wie fragendes Schweigen. Aber es folgt keine Antwort; vielmehr tritt das Thema erneut auf, jetzt förmlich beklemmend in Moll und noch rätselhafter in dem Tausch der Stimmen (Beginn in der Geige, Anhang im Cello), sodaß aus dem weich-weiblichen Anhangsmotiv ein dunkles Drängen erwächst. Geige und Cello scheinen auf dem Untergrund der drei anderen Stimmen durch kanonartiges Spiel endlich klären zu wollen. Doch bevor es soweit kommt, lichtet sich das Dunkel auf eine ganz andere Art: ein Nebenmotiv, vom Hauptthema stilistisch durch Welten getrennt, führt melodisch und vor allem harmonisch eine geradezu träumerische Stimmung herauf, in der sich alle Gegensätzlichkeit und seelische Schwere wie von selbst aufzulösen scheinen. Hält man das Hauptthema und dieses scheinbare Nebenmotiv nebeneinander, so finden sich italienischer Spätbarock und österreichische Romantik unmittelbar vereint, nur daß freilich der innere Gehalt den stilistischen Gegensatz verschwinden macht. Und damit ist auch schon das Wesen des ganzen Satzes bestimmt: Umspannung der Gegensätze. Besonders deutlich wird das in der Reprise; hier macht Mozart durch kontrapunktische Verdichtung die in der Themenaufstellung ursprünglich so „vernachlässigten" Nebengedanken zu Beherrschern des musikalischen Verlaufs (etwa das rollende „Figaro-Thema"). — Das folgende Menuett lebt von ähnlichen Gegensatzstimmungen: im Hauptteil ein sich gleichbleibender, untergründiger, fast verdrossener Humor des gestrichelten Themas, während das stimmungsvoll ausgesponnene Trio vorwiegend im Harmonischen ruht. — Wohl am erregendsten ist die dramatische Doppelgesichtigkeit des Quintetts im Andante. Das in weiche Terzen und Sexten gebettete Thema singt wie eine tröstliche Weise; doch schon im fünften Takt löst sich aus dem einheitlichen Klang die Einzelstimme der ersten Bratsche, wächst nach zagem Beginn zu erschütternd beredter Klage. Und so wird auch dieses Andante zu dramatischem Mit- und Gegeneinander von gemeinschaftlichem Klang und einzelpersönlicher Aussprache. — Der Schlußsatz verrät die Doppelgesichtigkeit des Quintetts weniger durch gegensätzliche Thematik als durch die Vielschichtigkeit des formalen Baus. Glaubt man in der Themenaufstellung zunächst einen Sonatensatz vor sich zu haben, so springt die Entwicklung unvermutet zum Rondo über statt zu einer Durchführung; innerhalb des rondoartigen Wechsels finden sich dann knappe Durchführungsteile, die nun aber nicht thematisch-motivisch, sondern kontrapunktisch gehalten sind. Neben großen gliedernden Aufrissen stehen zierlich ausgeführte, lebendige Nebenpartien, sodaß man berechtigt ist, in diesem Finale den kraftvoll gestalteten Schlußakt eines kleinen Musikdramas zu erblicken: Stimmungen und Gegensätze, Hauptpersonen und Nebenrollen des Ganzen werden noch einmal vorgeführt, nicht im bloßen „Ausklang", vielmehr als Gipfelung und Krönung.

Auch das g-moll-Quintett (Köchel 516, geschrieben ebenfalls 1787) ist dramatisch gehalten; während aber das Werk in C-dur gewissermaßen die Welt in einem kleinen Musikdrama einfängt und dementsprechend mit starken Gegensätzlichkeiten arbeitet, wird das g-moll-Quintett infolge der einheitlichen, leidenschaftlich düsteren Grundstimmung zum Innendrama der einsamen Einzelpersönlichkeit. Die Einheit der Stimmung betont Mozart durch die besondere Art des thematisch-motivischen Stoffes, der die vier Sätze auffallend fest miteinander verklammert. So liegt dem Menuett, dem Trio, dem Adagio und dem Seitensatz (verschleiert auch dem ersten Thema) des Schlußsatzes das zweite Thema des ersten Satzes zugrunde; und dieses wiederum steht — entgegen allen Gepflogenheiten — in der gleichen Tonart wie das Hauptthema als erneute Bekundung unentrinnbaren, einheitlichen Zwanges. Das erste Hauptthema selbst ist eins der großen tragischen g-moll-Themen Mozarts (Beispiel 21): unauffällig in der

21 Allegro

äußeren Gestaltung (zunächst dreistimmig, piano, kein weitgezogener Bogen), doch geladen von aufs äußerste gespannten Kräften und Stimmungen. Wirkt schon der aufsteigende Moll-Dreiklang ermattet, so verdüstern die folgende Chromatik und das qualvolle Schwanken des dritten Volltaktes die Stimmung noch mehr; auch der verzweifelte Versuch, durch Umkehrung des Kopfmotivs, durch Erweiterung der chromatischen Enge zu verminderten Terzen und durch Hinaufpressen des schwankenden Motivs zu wachsender Höhe (siebenter Volltakt)

einen gewaltsamen Durchbruch zu erzwingen, führt nur
zu einem umso tieferen Sturz, der besonders durch die
Schlußoktave etwas geradezu Unabänderliches erhält.
Neue Wege werden gesucht, aber wieder ohne Erfolg.
Zunächst durch neue Gruppierung (auf die Gruppe der
Geigen und der ersten Bratsche folgt jetzt die der Bratschen und des Cello); dann durch stürmenden Auftrieb
von g-moll nach As-dur, später nach Es-dur, weiter durch
Einsatz aller Stimmen. Aber das lastende g-moll ist
nicht zu vertreiben; selbst das scheinbar so tröstliche
Seitenthema steht wieder in der Grundtonart, und der
Nonensprung nach dem wiegenden Beginn offenbart die
innere Zerrissenheit auch dieses Themas. Die Durchführung, verhältnismäßig knapp gefaßt, baut sich vorwiegend über dem Seitenthema auf; sie bestätigt nur,
was der Hauptteil bereits ausgesprochen hatte; aber
diese Bestätigung wirkt durch ihre Dichte noch verzwei-
felter. Der polyphon gehaltene Teil der Durchführung
türmt die Kräfte aufeinander, jedoch, es sind Kräfte der
Verzweiflung, nicht Mächte des starken Lebens; und
in den homophonen Partien verrinnt auch der letzte
Hoffnungsstrahl. Aber gab es je Hoffnung in diesem
Satz? Die Wiederkehr des Hauptthemas verneint die
Frage endgültig; denn das ist kein durch bloßes Moll
nur getrübtes Ansteigen mehr, sondern nur noch ein
verzichtender Atemzug. Fast unerträglich wird dann die
Coda; besonders dort, wo das aufsteigende Kopfmotiv
(21) kanonartig durch die verschiedenen Instrumente
aufgenommen, aber sogleich durch die Chromatik des
folgenden Motivs wieder durchkreuzt und müde aus-
gestrichen wird. — Das Menuett, das mit der Tanzform
des Menuetts nichts mehr gemein hat, dient dazu, die
Grundstimmung des ersten Satzes von einer anderen
Seite aus zu beleuchten; schon das fallende Thema
knüpft an diese Grundstimmung an, und der kleine
Schlußsatz entstammt unverkennbar dem Gegenthema
des Kopfsatzes. Die Umformung dieses Sätzchens nach

G-dur im Trio wirkt nicht lösend, verstärkt vielmehr die unheimliche Niedergeschlagenheit des Ganzen. — Das Adagio entweicht den Moll-Bereichen der übrigen Sätze; dafür spielen die fünf Instrumente nur mit Dämpfern, dämpfen also das Dur von jedem frei ausschwingenden Klang ab. Im Thema selbst treffen wir abermals die Mehrgesichtigkeit auf einheitlicher Grundlage: es beginnt in ruhigem Ernst, verliert dann seine Haltung in unruhvollen Wendungen und muß sich zum Schluß fast gewaltsam wieder zusammenreißen. In b-moll bahnt sich der Seitengedanke an in mehrfacher Aufeinanderfolge tonleiterartiger Ketten im Umfang einer Septime, mit zuckend betontem Anfang im sforzato und weich herabgleitender Weiterführung im piano. Wenn sich aus diesen Bogen das eigentliche Seitenthema in B-dur entfaltet, so wird die erwartete befreiende Wirkung erneut gemindert durch Auflösung der Tonfolge in teilweise punktierte Sechzehntel: ein fast gebärdenhaftes Flehen und Bitten, das durch die treibenden Begleitstimmen noch unterstützt wird. Der Lösung und Erlösung scheint die Entwicklung in der Wiederholung des Seitenthemas in Es-dur am nächsten zu sein; doch stets treten störende Ereignisse dazwischen (unvergleichlich seelenkünderisch ist hier besonders die polyphone Schreibweise in einen homophon gedachten Satz eingefügt). — Überraschungen bringt das Finale. Stilistisch-formal durch eine Adagio-Einleitung von spannender Dramatik: schweifender Einzelgesang der ersten Geige über einem hartnäckigen Baßmotiv mit reicher Stufung der Zwischenstimmen, ein erregendes Schweben zwischen Schicksalsmacht und einzelpersönlichem Wollen, sichtlich gebunden an den Zwischencharakter der b-moll-Kette des dritten Satzes. Die inhaltliche Überraschung bildet jedoch das schwingende $^6/_8$-Rondo mit seinem schlichten, Dreiklang und Tonleiter vereinigenden Thema, seiner federnden Kraft, lebendigen Gliederung und weiträumigen Anlage. Hat sich der einsame Grübler nun endlich zu sieghafter Lebensbejahung durchgerungen? Der Seitengedanke entspricht zu sehr demjenigen des ersten Satzes, als daß man die Frage ohne weiteres bejahen dürfte. Hier wird man mit jeder Deutung zurückhalten und sich vertrauend der seelischen Einheit hingeben müssen, die aus dem gesamten Werk spricht, sosehr dem Verstand dieser fast heitere Ausklang „mißfallen" möchte.

Aus den letzten beiden Lebensjahren Mozarts stammen noch zwei Streichquintette und das sogenannte Klarinettenquintett. In ihrer Haltung knüpfen sie vielfach an den heiteren Frohsinn früher Werke an, während die Fassung trotz aller Leichtigkeit im einzelnen dichter und fester erscheint.

Ungewöhnlich wirkt im D - d u r - Q u i n t e t t (Köchel 593) der erste Satz: das scharf rhythmisierte, merklich polyphon gedachte Allegro wird von einem ganz kurzen Larghetto dunkel gerahmt. Fast körperlich gestaltet erscheint das Adagio mit seiner Gegensätzlichkeit des ruhig anhebenden Haupt- und des erregt sprechenden Nebenthemas, besonders aber mit seiner emporwachsenden und dann wieder zurücksinkenden Durchführung. Im Menuett knüpft Mozart wieder an die geballte Rhythmik und Polyphonie des ersten Satzes an. Im Finale führt er dann die eigentümlich feste Thematik, die beinahe unmozartische Heftigkeit des melodischen Geschehens und die barock anmutende Polyphonie zu einem krönenden Abschluß.

Demgegenüber ist das E s - d u r - Q u i n t e t t (Köchel 614) überwiegend homophon gehalten und auf Klangwirkungen gestellt. Lebendig und frisch sogleich der Beginn des Allegro di molto: die ersten zwei Takte forte, in Sextenparallelen, das hüpfende Thema in der ersten Bratsche; die nächsten beiden Takte piano, der Themenanhang in der ersten Geige, vergnüglich nach unten schwirrend und den Schlußton mit heiterer Beharrlichkeit betonend, Wechsel von Terzen- und Sextenparallelen. Die gleiche Natürlichkeit herrscht in dem Andante, einem Rondo mit leichten Variationen. Im Trio des Menuetts blüht dann sogar ein alles in seinen Bann ziehendes Volksliedchen auf. Erst der Schlußsatz wartet mit einigen schwierigeren kontrapunktischen Künsten auf, die freilich mehr scherzhaft als ernst und gewichtig eingesetzt werden.

1789 schrieb Mozart für den ihm befreundeten Klarinettisten Stadler das sogenannte K l a r i n e t t e n - q u i n t e t t (Köchel 581). Fast konzertierend tritt hier die Klarinette einem Quartett von zwei Geigen, Bratsche und Cello gegenüber. Aber diese selbständige Führerrolle wird nicht betont, sondern bettet sich in den Gesamtklang ein. Klang und Wohllaut sind in diesem beschwingten Werk alles; demgegenüber spielt die thematische Arbeit keine große Rolle, und die Kontrapunktik fehlt so ziemlich ganz. Der Beginn des Allegros gibt

eine grundsätzliche Klärung des Werkstils (Beispiel 22). Sanft und gleichmäßig schwebt die Geigenmelodie dahin, das Liedhafte wird durch die parallellaufende Unterstimme noch verstärkt, alles ist in weichen Klang getaucht. Vom siebenten Takt an läßt die Klarinette wie träumend gebrochene Dreiklänge in die ruhenden Klänge hineinrieseln; scheinbar nur eine zusätzliche Farbenbrechung, in Wahrheit jedoch erste Vorwegnahme des

Seitenthemas. Dieses erscheint zunächst im E-dur der Geige (Beispiel 23), bereitet jedoch in seiner gleitenden

Beweglichkeit den Klarinetteneinsatz vor, der dann in e-moll dem Seitenthema seinen eigentümlichen, echt klarinettenmäßigen Reiz entfaltet. Die Durchführung beruht dann vorwiegend auf der gebrochenen Dreiklangsfigur der Klarinette, mehr flutend und strömend als bauend oder gestaltend. — Das Larghetto ist einer der wohllautend-klangvollsten Sätze Mozarts. Das Streichquartett bildet (mit Ausnahme der ersten Geige, der stellenweise eine gewisse Selbständigkeit gelassen ist) eigentlich nur einen klingenden Untergrund, über dem die stets führende Klarinette ihre weichen Weisen singt. — Auch im Menuett führt die Klarinette, indem sie sogleich beherrschend das (dem Hauptsatz verwandte) Thema anstimmt. Von den beiden Trios steht das erste in a-moll, die Stimmung verdunkelt sich etwas, ein Kanon von Geige und Bratsche bringt zum ersten Male „Arbeit" in den Satz, die Klarinette schweigt; im zweiten Trio stimmt die Klarinette einen recht vergnüglichen Ländler an (A-dur), der weiterhin leicht variiert wird. — Besonders fesselt der Schlußsatz. Er besteht aus kunstvollen Variationen über ein ganz schlichtes Thema. Bildet die Kunst der Variationen zu der fast kindlichen Themengestalt einen scharfen Gegensatz, so taucht die eigentliche, an sich bewundernswerte Arbeit sogleich wieder zurück in die klangliche Farbigkeit des Ganzen. Die Klarinette läßt nun auch andere Instrumente zu ihrem Recht kommen. Sie beansprucht zwar die erste Variation für sich, überläßt die zweite aber vorwiegend der ersten Geige, tritt in der dritten (a-moll) zugunsten der brummelnden Bratsche zurück, beschränkt sich in der vierten auf (allerdings hervortretende) Figuration und fügt sich in der folgenden Adagio-Variation dem Gesamtklang dienend ein. Ein thematisch recht freier Schluß gibt den lächelnden Ausklang.

*

Aus der kaum zu übersehenden Reihe von Mozarts Kammermusik erwähnen wir abschließend das Q u i n - t e t t f ü r K l a v i e r u n d B l ä s e r (Oboe, Klarinette, Horn, Fagott) in Es-dur (Köchel 452). Wohl um die Besetzungsschwierigkeiten zu umgehen und das Werk leichter spielen zu können, hat man eine Reihe von Bearbeitungen versucht, läßt auch das Quintett einfach von Klavier und Streichquartett aufführen. Doch wird durch solche gutgemeinten Versuche der eigentümliche Klangzauber des Werkes zerstört. Denn Mozart hat hier bei feinster motivischer Arbeit die klanglichen Besonderheiten der vier Bläser sorgfältig berücksichtigt und dem gesamten Bläserklang das Klavier fast konzertierend gegenübergestellt, wobei die gelöst-konzertierende Art des Klavieres zuweilen auch auf die Bläser ansteckend wirkt (Kadenz sämtlicher Instrumente im Rondofinale). Hervorgehoben sei die umfangreiche Largo-Einleitung des ersten Satzes mit ihren engen Motivverzahnungen, die innere Geschlossenheit des Thementeils im Allegro, die Verzweigtheit des Larghettos und das überraschende Konzertspiel des Finales.

JOHANN AUGUST SIXT

Geboren am 3. Januar 1757 in Gräfenhausen (Württemberg), Organist in Heilbronn und Straßburg, Klavierlehrer in Lyon, seit 1784 als fürstlicher Kammermusikus und Kapellmeister in Donaueschingen, wo er am 30. Januar 1797 gestorben ist. Schrieb u. a. Lieder, Sonaten, Klaviertrios.

Johann A. Sixt war lange Zeit völlig unbekannt. Anscheinend konnte sich zu seinen Lebzeiten niemand recht an seinen Stil gewöhnen. Das mag daran liegen, daß sein Werk wohl nur in seiner engeren Heimat überhaupt gespielt wurde; denn der Stil von Sixts Zeitgenossen — etwa von Haydn und Mozart — hat sich in der „großen Welt" schnell durchgesetzt, während auch solche Männer vielleicht zu kämpfen gehabt hätten, wären ihnen nicht die großen Mittelpunkte der damaligen Musikpflege zugänglich gewesen.

Erst 1934 sind drei K l a v i e r t r i o s erschienen, durch die der Bearbeiter Erich Fischer nachdrücklich auf diesen Vergessenen aufmerksam gemacht hat. Fischer sagt, in diesen Trios offenbare sich „ein Genius, der an Mozart und manchmal noch eindringlicher an Beethoven gemahnt oder auch an Schubert". Auch wer die liebevolle Entdeckerfreude des Bearbeiters nicht teilt und die Verwandtschaft mit Mozart und Beethoven lediglich auf gewisse Eigentümlichkeiten beschränken möchte, die in der Vorwegnahme künftiger Ausdrucksmittel liegen, wird die Entdeckung von Sixt als die eines ebenso geistvollen wie empfindungsreichen Musikers begrüßen; und zwar selbst dann, wenn die Erfindung wie die Verarbeitung des musikalischen Stoffes trotz schöner Einzelzüge zuweilen etwas künstlich anmutet. Der lebendige Fluß der Darstellung hat nicht jedes Teilstück der drei Trios in Bewegung zu setzen vermocht.

Neben der — nach damaligen Begriffen — sehr fesselnden Harmonik fällt die Bevorzugung des Klaviers auf (es ist nicht unmöglich, daß Sixt in dieser Hinsicht von Johann Schobert anregende Eindrücke empfangen hat); Geige und Cello nehmen indes am thematisch-motivischen Geschehen reichlichen Anteil.

Der Beginn des D - d u r - T r i o s gibt eine gute Vorstellung von Sixtens Art (Beispiel 1), in der sich Vorklassik, Klassik und Romantik spiegeln, wobei bald

1 Allegro

diese und bald eine andere Seite bestimmend hervortritt. In das erste Allegro hat Sixt ein regelrechtes Minore als Teil der sehr klaren Durchführung eingebaut. Das Adagio (G-dur) wird wiederum durch das Klavier eingeleitet und zwar mit einer leicht mozartisch gefärbten, mit kleinen Durchgangstönen und Vorhalten behutsam ausgezierten Melodie. Wenn Geige und Cello im Zwie- oder im Wechselgesang auftreten (oft nachahmende Stimmführung), beschränkt sich das Klavier meist auf gelöste Akkordbegleitung, während es die gehaltenen Töne der Streichinstrumente umgekehrt mit lebhafter, teilweise motivischer Bewegung umrankt; nur gelegentlich nehmen alle drei Instrumente an der motivischen Arbeit gleichzeitig teil. Die gleiche Gruppierung — beide Streicher gegen das Klavier — zeigt auch das Schlußallegro, ein zierliches Rondo, dessen Hauptthema durch die hübschen Vorschläge etwas Frisches und Keckes erhält.

In großen Zügen ähnelt das Klaviertrio G - d u r dem vorangehenden: drei Sätze mit dem langsamen Teil in der Mitte, die Themen jedes Satzes zunächst vom Klavier vorgetragen, vielseitige Harmonik, instrumentale Gruppenbildung usw. Die motivisch-thematische Verzahnung ist allerdings enger. Fesselnd die Mischung vorklassischen Melodieempfindens und barocker Stimmführungseinzelheiten. So wird das Hauptthema des Allegros mit akkordisch betontem Beginn ähnlich gebracht wie im ersten Trio, das zweite Thema dagegen

erscheint in polyphoner Bindung (Beispiel 2). Motivisches und polyphones Denken verbinden sich im Schlußallegro reizvoll zu Beginn des „Minore" (Beispiel 3);

doch sind das stets besonders aufgesetzte Lichter; der freiere Stil und die instrumentale Gruppierung überwiegen.

Nicht so geschlossen und gerundet das E s - d u r - Trio. Am Anfang diesmal ein Andante von etwa siebzig Takten, zu wiederholen, doch sichtlich nur als Einleitung für das Allegro gedacht. Dieses besticht durch den stolzen Schnitt des im Unisono aller Instrumente (wieder akkordisch betonter Volltaktbeginn!) einsetzenden Hauptthemas mit seiner schnellen Ausweichung zur Unterdominante, durch das stark gegensätzliche Seitenthema, durch feinsinnige Zwischenglieder und durch die großzügige Durchführung. Die Andante-Einleitung hat gewissermaßen einen langsamen Satz überflüssig gemacht; als Abschluß erscheint daher ein leichtgeschwungenes Allegretto-Menuett. Mangelnde Geschlossenheit des Ganzen erblicken wir vor allem darin, daß die Teile nicht recht gegeneinander abgewogen sind; auch hat das Menuett keinerlei schlußbildende Kraft.

LUIGI CHERUBINI

Geboren am 14. September 1760 in Florenz als zehntes Kind eines Musikers. Mit 13 Jahren erregte er Aufsehen als schaffender und ausübender Musiker. 1778 Schüler von Sarti. Bald wurde er bekannt durch seine Opern. 1784 bis 1786 Dirigent der Philharmonischen Konzerte in London. Auf der Heimreise nach Italien wurde er durch Viotti veranlaßt, sich in Paris niederzulassen. Dort blieb er — abgesehen von einer vorübergehenden Tätigkeit in Wien — in angesehenen Stellungen bis zu seinem Tode (15. März 1842). Hauptwerke: Opern, Kirchenmusik, Kammermusik.

Cherubinis sechs Streichquartette einer bestimmten Stilrichtung zuordnen zu wollen, ist vergebliches Bemühen, weil sich der Tonmeister von keiner der zu seiner Zeit maßgebenden Richtungen hat entscheidend beeinflussen lassen. In Italien geboren und unterrichtet, in seiner Wahlheimat Frankreich heimisch geworden, durch längere Tätigkeit in London und Wien angeregt, hat er sich doch für keinen der Nationalstile entschieden. Zudem erlebte er bewußt die großen Stilwandlungen vom Rokoko zur Klassik und zur Romantik, empfing unmittelbare Eindrücke von Gluck, Haydn, Mozart, Beethoven, von manchen Frühromantikern, ja, von jener ihm verhaßten Richtung, die Berlioz mit heraufführen half. Man kann nicht sagen, daß Cherubini allem Neuen ablehnend gegenübergestanden hätte; doch machte er sich stets nur das zu eigen, was sich bereits bewährt hatte. Er trug eben seinen Maßstab in sich selbst. Ausgangspunkt seines Schaffens ist dabei das polyphone Handwerk des Barocks, Zielpunkt dagegen die dramatische Ausgewogenheit der Klassik. Kammermusik steht nicht an entscheidender Stelle seines Gesamtwerkes (das erste Streichquartett schrieb er mit vierundfünfzig Jahren, die übrigen als Greis). Sie ist deshalb auch oft erdacht, nicht erlebt, wirkt mehr durch das Können des Meisters als durch innere Größe.

Am ursprünglichsten wirkt noch das 1. Q u a r t e t t E s - d u r von 1814 (also geschrieben nach dem Aufenthalt in Wien). Eine Adagio-Einleitung von 24 Takten legt die Grundkräfte des Werkes fest: zunächst Dreiklangsmotive, dann gleitende melodische Passagen, knappe vorschlagartige Sechzehntelfiguren und endlich betonte Vorhaltmotive. Der thematische Stoff des Allegros übernimmt diese Grundgedanken mit strenger Genauigkeit, schärft die Dreiklangssprünge und spitzt die melodischen Gänge (Beispiel 1). Ein der Themawiederholung sich anschließendes Motiv ballt die Kräfte auf engstem Raum (Beispiel 2). Demgegenüber wirkt das eigentliche

Seitenthema in seiner fließenden Linie nicht bauend, sondern füllend und schmückend. In ähnlicher Weise verläuft der ganze Satz: kraftvoll in der Fassung, vielfältig und schmuckreich im einzelnen, wobei das (in späteren Quartetten so überladene) Passagenwerk sich teilweise recht aufdringlich vorwagt. — Das Larghetto bezieht den rhythmischen Schnitt seines Themas aus dem Kopfmotiv der erwähnten Adagio-Einleitung und formt es variationenartig aus; wieder sind die Gegensätze sehr betont: „dolce" wechselt ständig mit „très marqué", chromatisches Einfärben steht neben kanonartigen Stimmeinsätzen, und der rhythmisch spitze, dynamisch vielgestaltige Hauptteil umschließt einen im gleichförmigen Pianissimo verschwebenden Mittelteil von völliger rhythmischer Ruhe. — Im tändelnden Thema des g-moll-Scherzos kehrt die Grundhaltung des Hauptthemas (1) wieder: Dreiklangsbeginn, verwischende Fortführung. Sehr fein die Gruppierung im G-dur-Trio: abwechselnd geben zwei Stimmen in parallelen Sechzehntelläufen den farbigen Untergrund, während die jeweiligen anderen zwei Stimmen sich ein heiter-heimlich klopfendes Motiv zuwerfen. — Im Finale tritt das Hauptthema (1) in etwas veränderter Gestalt als treibende Kraft erneut auf den Plan, indem es mit Fortissimo-Stößen dem sanft auf und ab steigenden ersten Thema Haltung gibt. Auf der anderen Seite wirkt das Seitenthema nicht als Baustoff, sondern als stimmungshafter Gegensatz zu den Fortissimostößen: dieser geheimnisvolle, auf verschleiernden Harmonien ruhende Gedanke taucht überhaupt nur zweimal auf, wie ein Hauch des Überirdischen, der sich mit dem lebendigen Treiben des Irdischen nicht mischt; beide Male wird er schnell wieder beiseite geschoben, — erst durch die Fortissimo-Fanfare, dann durch das nunmehr forte in neuer Harmonisierung trotzig andrängende erste Thema.

Aus einer für London bestimmten, nicht eben erfolgreichen Sinfonie hat Cherubini sein 2. Q u a r t e t t C - d u r umgearbeitet. Abermals gibt eine „Lento"-Einleitung die Grundrichtung des Werkes an (Beispiel 3). Entscheidend wird dabei das Anhangsmotiv des

vierten Volltaktes. Es kehrt wieder als Hauptgedanke des ersten Allegros, durchschwebt den langsamen Satz, bestimmt das Scherzo und vor allem den Schlußsatz. Der ursprünglich sinfonische Charakter des Werkes ver-

leugnet sich nirgends: im Allegro tritt das Hauptthema
im Unisono der Geigen und Bratsche fortissimo hervor,
das Seitenthema setzt sich fast überbetont davon ab, und
die Satztechnik hat bei aller Sorgfalt etwas Derb-Flächi-
ges an sich; das Lento umspannt ebenfalls starke Klang-
und Bewegungsunterschiede mit seinem langsam sich
entwickelnden Beginn, dem heftig bewegten zweiten
Teil und der etwas äußerlich dramatischen Fortführung;
im Scherzo wirken die ständigen Unisono-Gänge ziemlich aufdringlich und treiben ihr Wesen sogar in dem
auf leise Kleinmotivik der ersten Geige gestellten Trio;
das Finale vollends ist eher eine orchestrale Themen-
Treibjagd denn eine kammermusikalische Feinzeichnung.

Am ehesten kann sich das 3. Q u a r t e t t d - m o l l
mit dem 1. Quartett messen, nach Stil und nach Lebendigkeit. Das aus einer kurz präludierenden Einleitung

4 Allegro comodo

hervorgehende Thema (Beispiel 4) ist ein echter d-moll-
Gedanke jener Zeit. Diesem „klassischen" tritt unvermittelt ein „romantischer" Gedanke zur Seite: dem
scharfen Linienschnitt gesellt sich pianissimo eine
gleitende Harmonienfolge. Damit sind die entscheidenden Grundkräfte bereits aufgewiesen; das F-dur-
Seitenthema über eigenwillig-klirrenden Begleitrhythmen ist nur eine Ergänzung, kein Kräftezuwachs.
Die Durchführung gewinnt ihr Gesicht mehr aus
der Gegenüberstellung von Flächen als durch dra-
matisches Gegen- oder Ineinander. — Das Larghetto
wirkt durch Rhythmus und Farbe; denn hier entscheidet nicht das ausdrucksvoll sanfte Thema, sondern die rhythmische Entwicklung der anfänglich
wiegenden, dann sich immer mehr in Bewegung

steigernden Begleitstimmen, ferner das auf einer Saite auszuführende kraftvolle Staccato-Passagenwerk, endlich die genaue Abtönung der Lautstärke. — Bedeutend ist das ausgedehnte Scherzo. Das d-moll-Thema ist aus dem Hauptgedanken (4) entwickelt und offenbart sogleich beim ersten Aufsteigen von Cello zu Bratsche und den beiden Geigen seine polyphone Natur. Seinem synkopischen Stoßen setzen sich rhythmisch eindeutige Kontrapunkte entgegen. Leichter und luftiger als dieser überwiegend polyphon gefügte Hauptsatz gibt sich ein Mittelsatz in D-dur mit seiner meist der ersten Geige anvertrauten Kurzmotivik. — Im Finale erprobt Cherubini anscheinend ein paar Takte lang, ob er sich für Dur oder Moll entscheiden soll (Oktavsprünge und Quinten). Umso nachdrücklicher verweilt dann das Thema auf der großen, den Dur-Charakter feststellenden Terz.

Das 4. Q u a r t e t t E - d u r setzt meist mächtige Klangflächen gegeneinander und nimmt den Stoff zu seinen großen Steigerungen im allgemeinen ebenfalls mehr aus dem Klanglichen als aus dem Zeichnerischen, so peinlich genau in mancher Einzelheit die Linienführung auch überwacht wird. Der Beginn entscheidet über den ganzen ersten Satz (Beispiel 5): die erste Geige bleibt neun Takte lang

5 Allegro maestoso

an die g-Saite gebunden, die anderen Instrumente verweilen in tiefer Lage, das Thema gibt weniger Linie als Fläche, und wenn es sich im Verlauf linienhaft auflöst, betonen andere Stimmen das Flächige und Klangliche. Das Larghetto ist nur scheinbar gelöster; denn hier tritt an die Stelle des Klanglichen zu Beginn eine geballte

Harmonik, und die (dem Kopfmotiv 5 verwandte) Linie
der ersten Geige dient lediglich zur schmückenden Aufteilung der harmonischen Flächen. Daran ändert auch
der kurze Kanon nichts, und in der Folge wird denn
auch das Flächige wieder deutlich hervorgekehrt, sei es
in den lebhaften Passagen, sei es in der akkordischen
Begleitung. Den gleichen Grundzug zeigt das Scherzo.
Es ist ein von einigen Fortissimo-Takten (abermals verwandt dem Kopfmotiv) eingeleitetes Andantino, das
sich zunächst in gleichmäßigen, bei allen Stimmen
gleichlaufenden Vierteln bewegt (mit Dämpfern, e-moll),
dann der ersten Geige ein rhythmisch geschärftes Al-
leinthema zugesteht (ohne Dämpfer, E-dur), weiterhin
einen fein motivisch gearbeiteten Teil einschiebt
(a-moll), der schließlich in ein riesig gesteigertes Unisono aller Stimmen einmündet. Ähnlichen Gegensätzen,
nur auf kleinerem Raum, unterliegt das E-dur-Trio. Das
Finale greift auf die Grundhaltung des ersten Satzes
zurück, lockert sie jedoch motivisch, rhythmisch und im
Zeitmaß beträchtlich auf.

Wesentlich anderer Art ist das 5. Quartett
F - d u r. Hier ist alles auf zeichnerische Konturen gestellt. Schon die langsame Einleitung, die von ruhigem
Gleiten in immer mehr sich steigernde Bewegung hinein-
wächst, gibt dafür einen Vorgeschmack. Das Allegro
selbst verläuft in rein motivischem, oft sogar polyphonem Spiel, von dem sich die wenigen akkordisch unter-
bauten Takte scharf abheben. Nicht anders das durch-
gezeichnete Adagio, obwohl es so farbig auf ruhenden
Akkorden anhebt. Nur das Scherzo bringt mit seinem
heftigen a-moll-Unisono zielstrebige Kraft in das Werk,
die freilich in dem A-dur-Trio bereits wieder in zierliches Linienspiel aufgelöst wird. Von dem feingestichelten Bewegungscharakter des Quartetts, seiner in sich
abgeschlossenen, kaum je auf Ausdruck oder Willens-
ziele gerichteten Beweglichkeit gibt Beispiel 6 eine zureichende Vorstellung: nicht umsonst schreibt Cheru-

bini vor „sempre sciolto", also „immer gelöst, unge-
zwungen".

6 Allegro vivace

Einigermaßen gezwungen wirkt dagegen das
6. Quartett a - moll. Hat Cherubini hier versucht,
die nachlassende Spannkraft durch eigenwillige Thematik zu ersetzen? Das Thema des Allegro moderato
ist zwar weit gespannt, doch ohne innere Gespanntheit, sodaß sich der ganze Satz, zumal das E-dur-
Seitenthema ähnlich gehalten ist, trotz seiner Ausdehnung nicht recht entfaltet. Eine gewisse äußere Wirkung ist weder dem Andantino grazioso mit seinen
rhythmischen Zuspitzungen noch dem Scherzo mit seiner engstufigen Thematik abzusprechen; aber zu wirklicher Größe erhebt sich keiner der Sätze. Im Finale
wird eine Art Entwicklung von a-moll nach A-dur vollzogen, die offenbar für das ganze Quartett gelten soll;
denn Cherubini stellt mitten in dem Satz die Hauptthemen der ersten drei Sätze noch einmal fein säuber-
lich nebeneinander. Und doch wird gerade bei dieser
thematischen Heerschau besonders offenbar, daß es dem
Quartett nicht an trefflicher Arbeit mangelt, wohl aber
an lebendiger Haltung.

LUDWIG VAN BEETHOVEN

*Geboren am 16. Dezember 1770 in Bonn als Sohn eines
Sängers; der Vater nutzte das begabte Kind frühzeitig aus.
Unterricht bei Neefe. Mit 22 Jahren ging Beethoven nach
Wien; dort u. a. Schüler von Haydn. Er war bald geschätzt
als Klavierspieler und als Tondichter. Ein bis zu völliger Er-
taubung fortschreitendes Gehörleiden vermochte sein Schaf-
fen nicht zu beeinträchtigen. Gestorben am 26. März 1827
in Wien. Hauptwerke: Sonaten, Kammermusik, Sinfonien,
Konzerte, Variationen, Ouvertüren, Schauspielmusiken, die
Oper „Fidelio", die „Missa solemnis", Lieder.*

Was in der Kammermusik aller Art an Hochgeistigem
und Tiefsinnigem überhaupt ausgesprochen werden
kann, ermißt man erst dann, wenn man vor Beethovens
kammermusikalisches Werk tritt. Damit soll keineswegs gesagt sein, Ph. Emanuel Bach, Haydn, Mozart —
um nur die wichtigsten seiner Vorbilder zu nennen —
seien lediglich Vorläufer eines Größeren gewesen. Wohl
schufen sie das technische Rüstzeug, dessen sich Beethoven einst so überlegen bedienen sollte; aber was er
in den übernommenen und kühn weitergebildeten Formen anderer Meister ausgesprochen hat, war weniger
eine Vollendung früheren Beginnens als etwas grundsätzlich Neues. Überblickt man die Entwicklung der sogenannten „klassischen" Sonate und des „klassischen"
Streichquartetts nach streng musikalisch-technischen
Gesichtspunkten, so lassen sich die entsprechenden
Werke Beethovens freilich ohne weiteres in diese Entwicklung eingliedern; besonders in den Frühwerken
trifft man ständig auf Haydns Kunst der Motiv-Auf-
schließung, auf Clementis machtvoll gehobene Thematik, auf Ph. E. Bachs Ausdruckswillen und dergleichen
mehr. Aber schon einige Takte aus der mittleren Schaf-

fenszeit (etwa aus der Appassionata oder den Rasumowsky-Quartetten) genügen, um den neuen Geist und
die ganz andere Artung erkennen zu lassen, die in Beethovens Kammermusik lebendig geworden sind. Diese
Musik ist mehr als bloßer Ausdruck einer Zeit, einer
Gesellschaftsschicht oder einer Persönlichkeit. Sie ist
nicht nur da, sondern sie w i l l etwas, sie wendet sich
an den Willen des Hörers, beschwört ihn, verlangt von
ihm den Einsatz seines ganzen Menschen für ein ganz
bestimmtes Ziel. Und dieses Ziel heißt: Bekenntnis zum
Kämpferischen schlechthin, Bejahung des Schicksals.
In der gespannten, einheitlichen Thematik, in der ihr
gleichgestellten wuchtigen Rhythmik und geballten
Harmonie legt der Tondichter ein Bekenntnis seiner
Weltanschauung ab; zugleich aber beschwört er den
Hörer, dieses Bekenntnis als auch für sich verbindlich
anzuerkennen. Die Gefahren einer „Weltanschauungs-
musik" zeichnen sich jetzt zum ersten Male in der Musikgeschichte ab; doch Beethoven ist als Künstler zu
groß, als daß er ihnen erliegen könnte: seine Musik
bleibt in der Sonate wie im Streichquartett „reine Musik", trägt also trotz allem „Weltanschaulichem" ihre
Formgesetze in sich selbst. Wie das möglich ist, wird
der Verstand allein niemals zu beweisen vermögen;
d a ß dem so ist, hört man aber an jedem Werk.
Niemand hat früher die Sonatenform so scheinbar willkürlich gehandhabt wie Beethoven (innerhalb der einzelnen Sätze wie in der Anordnung der Sätze selbst);
und doch wird man auch bei den kühnsten, ja regel-
widrigsten Satzumstellungen stets das Gefühl unbeding-
ter sonatenhafter Folgerichtigkeit haben. Das geistige
Wollen siegt auch hier über den nur-musikalischen
Stoff und gibt ihm auf einer höheren Ebene auch höhere
Gesetze.

Allerdings darf man über dem bekennenden und vom
Hörer Bekenntnis fordernden Beethoven nicht den anderen Beethoven vergessen, jenen Meister, der sich in

manchem Werk auch dem reinen Spiel der Töne hingibt—der rein geistigen Anschauung klingenden Seins.
Insbesondere sind die Streichquartette vielfach Zeugnisse streng geistigen Betrachtens und Auseinander-
setzens.

Sonaten für Geige und Klavier

In den zehn Sonaten für Geige und Klavier hat sich
Beethoven nicht so bekennerhaft ausgesprochen wie in
den Klaviersonaten; in ihnen überwiegt vielmehr die
Freude an rein musikalischen Aufgaben und spieltechnischen Sonderheiten. Hier spricht nicht so sehr der
„Dichter in Tönen", wie Beethoven sich gern nannte,
als der Nur-Musiker. Daß dieses Nur-Musikalische nicht
in inhaltlose Formenspielerei ausartete, ist bei einer
Persönlichkeit wie Beethoven selbstverständlich. Aber
wir sehen nun einmal in dem Meister vorwiegend den
großen Bekenner, Künder und Kämpfer; und alle Versuche, auch dem reinen Musiker Beethoven zu seinem
Recht zu verhelfen, sind bisher gescheitert (und werden
auch wohl immer wieder scheitern). Daher kommt es,
daß die Sonaten für Geige und Klavier nur einen geringen Raum beanspruchen im musikalischen Bewußtsein des Hörers. Wenn wirklich einmal eine dieser Sonaten genannt wird, so ist es mit unfehlbarer Sicherheit
die „Kreutzer-Sonate" oder allenfalls die „Frühlings-
Sonate". Dabei verdankt jene ihre Namensbekannt-
schaft leider mehr dem gleichnamigen Ehebuch des Grafen Tolstoi als dem Anhören oder gar Spielen der Sonate selbst. Wir müssen uns jedenfalls — entsprechend
unserem Grundsatz, vor allem die häufiger aufgeführ-
ten Werke zu betrachten—auf einige knappe Hinweise
beschränken.

Die drei G e i g e n s o n a t e n d e r W e r k z a h l 1 2
wurden 1798 veröffentlicht; das meiste von ihnen ist
aber schon wesentlich früher geschrieben. Sie sind über-

lieferungsgebunden, spielfreudig, offen auf glanzvolle
Wirkung gestellt, zugleich aber durchädert von der
kraftvollen Haltung des werdenden Meisters. So beginnt die D - d u r - S o n a t e mit einem Allegro con
brio, dessen weitgespanntes Thema sich aus rhythmisch
gleichen Dreiklangsmotiven zusammensetzt. Und die
eigenwillige Kraft dieses Themas wirkt weiter in den
Variationen des nächsten Satzes, ja, sie überstrahlt auch
noch den Schlußsatz. Wesentlich gegensatzreicher ist die
A - d u r - S o n a t e , wenn auch noch weit entfernt von
der Dramatik der mittleren Klaviersonaten oder Streichquartette. Die beiden Ecksätze sind unpersönliches, glatt
geformtes Bewegungsspiel (vor allem im ersten Thema,
das sich aus zweitonigen Vorhaltmotiven zusammensetzt) von oft zierlichem Ablauf. Dafür ist das Andante des Mittelsatzes wuchtiger und schwerer, erfüllt
von inneren Spannungen, großartig angelegt und sicher
gebaut; es wurde sichtlich später geschrieben als die
Ecksätze. Dagegen gehört die E s - d u r - S o n a t e in
die zeitliche Nähe der ersten Sonate und der Ecksätze
des A-dur-Werkes. Sie unterscheidet sich von ihnen
allenfalls durch die besondere Freude an klanglichen
Wirkungen; diese äußert sich im ersten wie im Mittelsatz durch gelöstes Linienspiel, im Schlußrondo durch
akkordische Wucht und straffen Rhythmus.

Der Weg zu diesen Frühsonaten bis zu der nächsten
Gruppe dieser Gattung durchmißt nicht den gleichen
inneren Raum wie der von Beethovens Klaviersonaten.
Die Geigensonate bleibt für den Meister eben mehr in
den Außenbezirken des Schaffens, und zwar in einem
doppelten Sinne: einmal beschäftigt er sich verhältnismäßig wenig mit dieser Kompositionsart und läßt sich
meist durch äußere Anlässe bestimmen, Geigensonaten
zu schreiben; zum anderen vertraut er ihnen nicht sein
innerstes Wesen an, sondern erprobt an ihnen mehr sein
musikalisch-technisches Können. Das allerdings ist beträchtlich.

Erstaunlich gleich die Anlage der a - m o l l - S o n a t e Werk 23. Sie unterliegt dem Gedanken des Abklingens, d. h., sie beginnt (erster Satz) mit einem schwungvollen Presto, verweilt (zweiter Satz) auf den glatten Gefilden ruhiger Behaglichkeit und klingt (dritter Satz) willensmäßig immer mehr ab. Es ist nun überaus reizvoll, zu verfolgen, wie sich dieses Verklingen und Fallen im einzelnen kundgibt: in der Bauart der drei Sätze mit ihrem Preisgeben der straffen Form nicht minder als in dem Grundmotiv der Sonate, einem einfachen fünftonigen Fallen und Herabsinken.

Dabei greift der Grundgedanke des Werkes noch über die Sonate hinaus und wird bestimmend auch für die gleichzeitig (1801/1802) geschriebene F - d u r - S o n a t e Werk 24, die „F r ü h l i n g s - S o n a t e". Beethoven hat die beiden Werke nicht nur zur gleichen Zeit geschaffen, sondern sie auch als Einheit gedacht: dem herbdüsteren Abstieg der a-moll-Sonate soll ein strahlender Aufstieg in der F-dur-Sonate folgen. Musikalische Klammer bildet in beiden Sonaten das fallende Grundmotiv; in der F-dur-Sonate rieselt es gleich zu Beginn durch das Hauptthema des ersten Satzes (gestichelte Sechzehntelfiguren zwischen festigenden halben Noten), tritt in ähnlich schmückender, nicht mehr bedrückender Art im Thema des Adagios auf, gibt dem knappen, gemeißelten Scherzo den wesentlichen Antrieb und bestimmt auch den bewegten Ablauf des Schlußsatzes. Nur ist dieses fallende Motiv in dieser Sonate seiner lastenden Schwere enthoben und wandelt sich — um im Bilde des Frühlings zu bleiben — in einen Blütenregen, der dieser farbigen, heiter-lichten Klanglandschaft eine besondere Note verleiht. Die Viersätzigkeit wählte Beethoven wahrscheinlich, um statt dramatischen Gegeneinanders ein wechselvolles Nebeneinander zu geben. Solcher Buntheit und Lichte verdankt denn auch die Sonate ihre Beliebtheit.

Wie Werk 23 und 24 durchaus zusammengehören, so schließen sich die drei Sonaten der Werkzahl 30 zu höherer Einheit zusammen. Sie wirken wie ausgedehnte Einzelsätze einer riesigen Gesamtsonate. Die A - d u r - Sonate (gewissermaßen der „erste Satz" des Gesamtwerkes) ist ganz einheitlich in ihrer schwingenden, spielerischen Haltung: mit dem sicher emporsteigenden, durch eine Sechzehntelfigur festlich aufschwingenden Thema des Allegros, mit der ruhigen Gleichförmigkeit des Adagios und mit dem schlichten Thema der Allegretto-Variationen. Die folgende c - m o l l - Sonate (der „zweite Großsatz") hat das größte künstlerische Gewicht. Das wird unterstrichen durch mancherlei polyphone Arbeit, die sonst in Beethovens Geigensonaten nicht häufig auftritt. Das Hauptthema enthält wiederum eine schwungverleihende Sechzehntelfigur, die zusammen mit dem marschartigen Seitenthema der Durchführung etwas Männlich-Bestimmtes verleiht, ohne daß es freilich zu jenen überströmend-leidenschaftlichen Bekenntnissen käme, die Beethovens c-moll-Werken sonst eigen sind. Prachtvoll abgetönt die beiden Mittelsätze: der langsame Satz mit seinem vom Klavier angestimmten, ganz in Melodik getauchten As-dur-Thema und dem in Akkordbrechungen dunkel raunenden as-moll-Teil, das Scherzo mit seinem heiter-derben Thema, das im Trio in Bewegungslinien aufgelöst wird. Im Presto-Finale entladen sich endlich die Kräfte; aber auch hier bleibt der Beginn zunächst noch gebändigt, fast gefesselt, ehe sich die Gedanken wuchtig verkünden können. Die G - d u r - Sonate schließlich („dritter Satz" des Gesamtwerkes) faßt die beiden vorangehenden in gewisser Weise zusammen: das Hauptthema gibt durch die nunmehr am Anfang stehende, verdoppelte Sechzehntelfigur den äußeren Hinweis. Von der A-dur-Sonate übernimmt dieses Werk die Klarheit des äußeren Erscheinungsbildes (besonders im ersten Satz), von der c-moll-Sonate den persönlichen Ausdruck. Daß es nicht z u persönlich zugehe, dafür sorgt vor allem das Finale, in dem die festlich-freudige, konzertmäßig-virtuose

Haltung der drei Sonaten noch einmal wirkungsvoll herausgestellt wird.

Solche virtuose Konzertmäßigkeit ist auch die Grundhaltung der berühmten, von allen Geigenkünstlern hochgeschätzten „K r e u t z e r - S o n a t e" (A-dur, Werk 47). Gerade die Eigenschaften, die Tolstoi in seinem erwähnten Buch ihr zuschreibt und die ihr auch von bildenden Künstlern zuweilen zugeschrieben worden sind, enthält diese Sonate gewiß nicht. Es handelt sich vielmehr um ein ausgesprochenes Virtuosenwerk. Beethoven hat sie dem französischen Geiger Rodolphe Kreutzer gewidmet; die ersten beiden Sätze hatte er geschrieben für den mulattischen Geiger George Bridgetower, dessen leidenschaftlich-virtuoses Spiel ihn begeisterte. Übrigens war das Finale ursprünglich für die A-dur-Sonate der Werkzahl 30 bestimmt. Aus diesen wenigen Angaben über die Entstehung des Werkes mag man ersehen, daß die ihm innewohnende Einheit wirklich nur die virtuose, auf Glanz berechnete ist. Freilich, wäre alle Virtuosität von dieser Art, so würde das Wort nie den etwas abfälligen Unterton erhalten haben, der ihm heute anhaftet. — Mit hinreißender, gebieterischstrahlender Gebärde beginnt die Geige in akkordischen Griffen das einleitende Adagio sostenuto, und das Klavier wiederholt diese Ansprache, dieses „Aufgemerkt!". Der Vorhang öffnet sich vor einer zahlreichen Hörerschaft im Konzertsaal. Mit diesen einleitenden Takten ist die Haltung und Artung des Ganzen bereits festgelegt: konzertmäßige Wirkung, Bestimmtheit des musikalischen Stoffes, virtuoser Wechsel der beiden Instrumente, Verzicht auf verdichtete Innerlichkeit. Schon das erste Thema (Beispiel 1) spiegelt in seiner Fassung das Ziel des dreiunddreißigjährigen Komponisten: der Sturmlauf des a-moll-Prestos führt nicht zu Höhen, sondern zu festlicher Breite. Ähnlich geht es mit den übrigen Themen: sie glänzen durch sich selbst, nicht durch ihre Fähigkeit zu gedanklicher Weiterarbeit. Nicht

anders die Variationen des langsamen Satzes: das
Hauptthema (F-dur) erscheint so gerundet und in sich

geschlossen, daß für die sonst so bedeutende Verände-
rungskunst Beethovens kein Raum mehr bleibt; vielmehr umspielen es die beiden, abermals in lückenlosem
Wechsel ineinandergreifenden Instrumente in geschmeidigen, wohllautenden Wendungen. Erst der Schlußsatz
schlägt wirklich A-dur an (nach dem a-moll des ersten
und dem F-dur des zweiten Satzes); aber auch nicht als
erreichtes Ziel, sondern mehr zufällig: wir sagten schon,
daß der Satz ursprünglich für ein anderes Werk bestimmt war. Er bildet im ganzen nur den rauschenden,
durch die beiden Instrumente wechselweise angestrahl-
ten Gipfel.

Wesentlich Neues oder Anderes bringt auch die
zehnte und letzte Geigensonate Beethovens nicht. Es sei
denn, daß man ein gewisses Abwenden dieser G - d u r -
Sonate (Werk 70) vom Virtuosen und ein Hinwenden zu
liedhafter Einfachheit in der Thematik als das Neue ansehen will. Der erste Satz ist ein einziges Spiel von Bewegungen ohne innere Antriebskräfte, ein Ausschütten
aus der Fülle, kein sich zur Fülle Verdichten. Das
Adagio wächst wenigstens zu Beginn einer ruhigen Festigkeit entgegen, die sich aber wieder entspannt, bis
dann im Scherzo die Bewegung straffer gegliedert und
im Trio liedhaft gefestigt wird. Einheitliche Steigerung
gibt der Schlußsatz, besonders im Zeitmaß, das sich vom
Allegretto über ein Allegro zum Presto beschleunigt.

Sonaten für Cello und Klavier

Den Sonaten für Cello und Klavier begegnet man im Konzertsaal nur selten, sodaß wir uns hier auf einige Bemerkungen beschränken müssen. Es handelt sich um die Werkzahlen 5 (F-dur und g-moll), 69 (A-dur) und 102 (a-moll und D-dur). Bei jeder der fünf Sonaten, sosehr sie sich im einzelnen unterscheiden mögen, hat man — im Gegensatz zu den Geigensonaten — den Eindruck, daß sie nicht für den Konzertgebrauch geschrieben worden sind. Eher möchte man sie für Studienwerke halten, und zwar für den Tondichter wie für den Spieler; Studienwerke der Haus-, also der wahren Kammermusik. Bei den Sonaten der Werkzahl 5 deutet schon die Widmung an den cellospielenden preußischen König Friedrich Wilhelm II. auf den Bestimmungszweck der Werke hin.

Spieltechnisch sind sie durchweg nicht ohne weiteres zu bewältigen, und das hat seinen besonderen Grund. Als Beethoven die ersten dieser Sonaten schrieb (1796), war das Generalbaßzeitalter keineswegs überall vergessen. Für die Ausführung der Generalbaßwerke hatte nun das Klavier (Cembalo) meist als Grundlage gedient, und das Cello war dabei überwiegend ein die Baßstimme betonendes Instrument gewesen. Beethoven hat nun in den Cellosonaten weder das Klavier noch das Cello als rein begleitendes, stützendes Instrument behandelt, sondern beide zu gleichberechtigten Partnern erhoben und ihnen zugleich beträchtliche Aufgaben stilistischer Art zugewiesen. Darüber hinaus schreibt er nicht etwa Werke nach Art der Geigensonaten, sondern versucht, dem Wesen des dunkel-männlichen, herberen und spröderen Cellos in Aufbau und Haltung der Cellosonaten gerecht zu werden.

Bei den Sonaten der Werkzahl 5 äußert sich das vor allem in der Gruppierung: der schnelle Hauptsatz steht in der Mitte; ihn bereitet ein langsamer Satz vor, und im geschwinden Schlußsatz klingt die Spannung wieder ab. In der Sonate A-dur Werk 69 gruppiert Beethoven abermals um: der Hauptsatz steht an der Spitze, es folgt ein ausgedehntes, scherzo-artiges Allegro molto; das nun anhebende Adagio hat nur mehr eine Übergangsbedeutung, indem es unmittelbar in einen Schlußsatz mündet, der den Bogen zurückspannt zum Beginn.

Das Erproben neuer Formmöglichkeiten setzt in den beiden Spätsonaten nicht aus; im Gegenteil. Allerdings entscheidet in den beiden Sonaten Werk 102 nicht so sehr die Gruppierung als die innere Ausgestaltung der einzelnen Sätze. Von dramatischer Entwicklung wird man hier wenig entdecken, weil die Durchführungen eher verströmenden Klang als ballende Kraft bieten. Man möchte beinahe sagen, daß hier Beethoven seinen sonst so persönlichkeitsgebundenen Stil aufzulösen strebt. Diese „Entpersönlichung" spricht sich am deutlichsten aus im Allegro vivace der a-moll-Sonate, das ein festgezackter Rhythmus gleichmäßig zusammenhält, und im Schlußsatz der D-dur-Sonate, dessen Fugenthema der überpersönlichen Welt der Altklassik zu entstammen scheint. Dabei ist das Werk 1815 entstanden, also nach der 7. und 8. Sinfonie und unmittelbar vor der Missa solemnis!

Streichtrios

Die Streichtrios von Beethoven stehen im Schatten seiner Streichquartette. Nun ist es gewiß richtig: wenn man sich an die Quartette halten kann, bedarf man der Trios kaum noch; denn sie wirken vielfach als Vorstufen zu den Quartetten, stammen auch sämtlich aus der Frühzeit des Tondichters und geben nur gelegentlich einen Begriff von jenem Beethoven, dessen inneres Bild den meisten vorschwebt. Wohl aber sollte sich ein gepflegtes Hausmusizieren dieser Trios annehmen, da weder die Besetzung (Geige, Bratsche, Cello) noch die technische

Bewältigung unüberwindliche Schwierigkeiten macht. Es wird heute manches Werk wieder ausgegraben und der allgemeinen Beachtung empfohlen, das sich mit den Trios von Beethoven nicht messen kann.

Da ist das hübsche Es-dur-Trio Werk 3, sechs knappe Sätze, sinnfällig, schmiegsam, doch zuweilen auch sorglich gefügt, wenn sie auch alle zur Unterhaltungsmusik des 18. Jahrhunderts gehören. Also eine Art Suite.

Ähnlich das Serenaden-Trio D-dur Werk 8, abermals eine Suite von sechs Sätzen, gerahmt von einem kleinen Marsch mit einem mutwillig zwischen punktiertem und Triolen-Rhythmus wechselnden Thema; dazu der Wechsel von langsamem Satz und Menuett (oder Scherzo), ein Allegretto alla Polacca und ein Variationen-Sätzchen.

Gewichtiger dagegen die drei Trios der Werkzahl 9. In ihnen spürt man ohne weiteres, wie stark sie auf den reinen Streicherklang und die dadurch bedingte Satzart der Quartette zuwachsen. Alles, was an Divertimento oder Serenade erinnert, ist abgestreift. Jetzt treten Themen auf, die zu ihrer Entfaltung der Weiträumigkeit bedürfen.

So das erste Thema im G-dur-Trio. Nach einer in großen Strichen gezeichneten Adagio-Einleitung beginnt der Hauptsatz mit einem Gedanken von bezwingender Größe und weiter Spannung (Beispiel 2). Dazu ein

2 Allegro con brio

Seitenthema von durchaus gegensätzlicher Haltung: nach dem großen Bogen und den ausholenden Sprüngen des ersten Themas in Dur nun ein zusammengezogener, klanggebetteter Gedanke in Moll. Aus solcher Dramatik der Gedankenpole entsteht auch eine groß gesehene Durchführung. Hält auch die hohe Gespanntheit nicht das ganze Trio hindurch an, so überzeugen die drei anderen Sätze doch von der klaren Zielrichtung: der langsame Satz mit seiner feinen Gleichmäßigkeit des $^9/_8$-Themas, das Scherzo mit seiner lichten Gedankenklarheit, das Schluß-Presto mit jenem festen, bestimmten B-dur-Gedanken, dessen Bogen (auf-ab) denjenigen des Allegro-con-brio-Gedankens (ab-auf) gewissermaßen spiegelt.

Von solcher Dramatik ist das D - d u r - T r i o der gleichen Werkzahl weit entfernt. Es trägt ausgesprochen idyllischen Charakter in der ruhigen, schlichten Linienführung seiner Themen und der in sich versponnenen Haltung der einzelnen Sätze. Man vergleiche das erste Thema dieses Trios (Beispiel 3) mit dem des G-dur-Trios,

und der weite Abstand wird offenbar: dort Allegro con brio — hier Allegretto, dort ein Vorwärtsdrängen ungestümer Kräfte — hier ein stilles Gleiten durch anmutige Landschaft, dort zum Schluß ein Aufreißen des Raumes — hier ein Sichbescheiden auf enge Schritte. Auch die Sätze sind nicht gegeneinander, sondern nebeneinander gestellt: dem Zeitmaß des ersten (Allegretto) folgt ein ganz ähnliches (Andante quasi allegretto) im zweiten, der zurückgehaltene Rhythmus des Andante quasi allegretto wiederholt sich im Menuett, dessen Thema zudem noch das Gleiten des Hauptthemas wieder aufnimmt, und erst der Schlußsatz zeigt einen gewissen Aufschwung.

Dramatischen, zuweilen sinfonischen Geist atmet dagegen das c - m o l l - T r i o. Hier ist alles gespannt, gela-

den mit inneren Kräften, die jede Gelegenheit wahrneh-
men, nach außen vorzustoßen. Schon das viertonige
Kopfmotiv des ersten Satzes (Beispiel 4) ist so angelegt,

4 Allegro con spirito

daß es zu Entladungen geradezu herausfordert. Sie
lassen denn auch nicht lange auf sich warten: wachsen
dem Thema schon zu Beginn in den anderen Stimmen
mit unerbittlicher Folgerichtigkeit neue Kräfte zu, so
öffnen die ersten Takte der Durchführung mit heftigen
Schlägen die eigentlichen Gewalten des Kopfmotivs, die
sich im Verlauf zu riesenhaften Ausbrüchen steigern, im
pianissimo sich wieder unheimlich ducken, um dann erneut
hervorzubrechen. Ähnlich schreitet die Entwicklung im
Adagio con espressione: abermals der Kräftezuwachs
des Kopfmotivs durch die anderen Stimmen, später ein
Sich-weiten der Spannung; nur daß diese sich jetzt nicht
in dynamischen Entladungen äußert, sondern in rhythmischer Straffung. Das Scherzo faßt die beiden Ausdrucksmittel der vorangehenden Sätze (dynamisch
eigenwillige Betonung und rhythmische Verstraffung)
zusammen, und im Schlußsatz werden sämtliche Antriebskräfte einheitlich gebunden: Bewegung, Dynamik
und Rhythmus treiben durch die Formen des Rondos
einem fast schmerzlich wirkenden C-dur entgegen.

Klaviertrios

Immer wieder hat sich Beethoven mit dem Klaviertrio
beschäftigt. Es hat nichts von der Fülle und Massigkeit
des Klavierquartetts an sich und hält sich andrerseits
von der Gedanklichkeit des Streichquartetts zurück, so-

daß sich dem Trio für Geige, Cello und Klavier Werte
anvertrauen lassen, deren musikalische Ausdeutung ihm
besonders gemäß ist. Es kommt hinzu, daß der Tondichter sich wohl in einer zeitgemäßen Erneuerung der alten
Triosonate versuchen wollte. Die Neuerungen — und
damit zugleich die Eigenart der Beethovenschen Klaviertrios überhaupt—liegen vor allem darin, daß sich in ihr
die drei Instrumente zu völlig gleichberechtigtem Musizieren, zu selbständiger Gedankenarbeit zusammenfinden. Keine Stimme ist bloße Begleitung, jede tritt bald
führend auf und zieht sich bald in die Begleitung zurück,
ja, oft genug laufen die drei Instrumente mit gleich bedeutsamen Gedanken- und Klangäußerungen nebeneinander her.

Selbst in den drei K l a v i e r t r i o s d e r W e r k -
z a h l 1 ist die vielsträhnige Gemeinschaftsarbeit der
drei Instrumente bereits festgelegt (übrigens handelt es
sich nicht um Beethovens erste Werke überhaupt, sondern nur um die erstmalige Anwendung der Bezeichnung „opus"). Der Gehalt dieser Trios kann sich zwar
nicht mit späteren Werken messen, doch ist die technische Satzweise erstaunlich entwickelt und in manchen
Sätzen auch an würdigen Inhalten erprobt. Da sich Beethoven hier in der thematischen Erfindung meist an überlieferte Werte hält, wirken die Ausnahmen umso stärker.

Mit einer solchen „Ausnahme" beginnt sogleich das
E s - d u r - T r i o (Beispiel 5): der Anfang ist Überlieferung, das Ausweichen in die kleine Septime dagegen

5 Allegro

— zumal in den ersten Takten des Werkes — überrascht. Allerdings hält der Satz nicht, was dieser Beginn
zu versprechen schien. Schon der Seitengedanke lenkt

in andere Bahnen. Was diesen Satz in Wirklichkeit auszeichnet, sind Mehrfältigkeit des thematischen Stoffes und seine folgerichtige Verarbeitung. Das gilt in erhöhtem Maß von dem langsamen Satz mit seiner gedanklichen Fülle und erlesenen thematisch-motivischen Zeichnung. Scherzo und Schlußsatz geben diese kammermusikalische Feinarbeit zum guten Teil wieder preis und arbeiten mehr mit wirkungsvollem Klang und großer Gebärde.

Dem G - d u r - T r i o ist eine Adagio-Einleitung vorangestellt, in der zunächst — ähnlich wie bei dem vorigen Trio — die Tonart durch einen ruhenden, sich dann in Brechungen auflösenden Akkord festgelegt wird, bis schließlich das Hauptthema des ersten Allegro vivace anklingt. Dieses erscheint zunächst in der Dominante, ehe es sich in der Tonika endgültig festigt (Beispiel 6).

Der Satz ist zwar ziemlich ausgedehnt, doch verhältnismäßig gewichtslos. In denkbar stärkstem Gegensatz dazu schlägt das Largo con espressione bereits in dem vom Klavier vorgetragenen Hauptgedanken schwermütiginnige Töne an, die sich in dem ganzen E-dur-Satz zu dichtgewobenem, teilweise polyphonem Ausdruck steigern und am Schluß ergreifend verklingen. Scherzo und mehr noch der Presto-Schlußsatz führen in die leichten Bahnen des Allegros zurück; besonders die Tonzerlegungen des Prestos mit ihren im Verlauf sich so wichtig und geheimnisvoll gebärdenden dynamischen Abschattungen entfernen sich weit von dem dunklen Ernst des Largos.

Seine eigentliche Berühmtheit verdankt das Werk 1 dem dritten, dem c - m o l l - T r i o, vor allem dessen erstem Satz. In ihm faßt der Tondichter zusammen, was vor ihm war, und gibt zugleich die neue Richtung mit aller Bestimmtheit an. Dieses Allegro con brio ändert in seinen Formumrissen nicht viel am Überkommenen, desto mehr an dem musikalischen Gehalt und der geistigen Haltung. Zum ersten Male (das Trio ist 1795 erschienen) rollt sich vor des werdenden Meisters innerem Auge jene c-moll-Ebene auf, die für ihn zum Schauplatz so schicksalhafter Kämpfe und leidenschaftlicher Bekenntnisse werden sollte. Der ganze Satz ist ein einziger Ansturm und Aufruhr menschlich-dämonischer Gewalten, nicht im Sinne stärkster Klangentfaltung, sondern ungewöhnlicher Verdichtung aller künstlerischen Mittel. Das Hauptthema setzt sogar piano ein und versinkt im vierten Takt in ein Pianissimo (Beispiel 7).

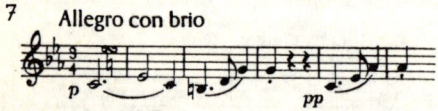

7 Allegro con brio

Hier liegen bereits die ersten Spannungen; denn dieses Pianissimo tritt auf in einem Augenblick, wo die Motivendung sich einen Halbton akkordisch hinaufschraubt. Mit der alten Echowirkung, die äußerlich noch vorzuliegen scheint, hat diese Wiederholung also nichts zu schaffen; aus ihr wird vielmehr heimliches Drohen, ein Sich-spannen zum Ansprung. Und wenn der nächste Gedanke, ein fünftaktiges, sich ständig wiederholendes Bewegungsmotiv einsetzt, dann sind Ansatzpunkte gegeben, die über das mächtige Andrängen seelischer Mächte keinen Zweifel mehr lassen. Und die Durchführung bringt nur noch die Bestätigung für das, was man erwarten mußte. Auf engem Raum drängen sich die Äußerungen: der thematische Stoff wird durch die läuternden Feuer ruckweisen Harmoniewechsels umgeschmolzen, durch akkordische Schläge gehämmert, erstrahlt durch Änderungen der Lautstärke in immer neuem Licht, wird durch verschiedene Bewegungsantriebe vorwärtsgepeitscht und wieder zurückgehalten. Gegenüber diesem „echten Beethoven" wirken die übrigen Sätze wie ein bloßer Nachhall: das geruhige Variationen-Andante, das leicht treibende Menuett, der prestissimo dahinhuschende Schlußsatz.

Mit einigem Recht wird das B - d u r - T r i o Werk 11 heute vernachlässigt. Schon seine zwiespältige Besetzung (ursprünglich für Klavier, Cello und Klarinette, dann statt Klarinette mit Geige bestimmt) gibt den Hinweis, daß wir es mit einem Zwischenwerk zu tun haben. Der erste Satz (Allegro con brio) ist locker gefügt, die Thematik unverbindlich, die Stimmführung oft unselbständig. Der Schlußsatz enthält Variationen über ein damals viel geträllertes Singspielliedchen von bemerkenswerter Plattheit; es mag Beethoven gefesselt haben, selbst solcher Melodienseichtheit musikalische Gedanken abzugewinnen, und es gelingt ihm tatsächlich, in den Variationen beinahe das Gegenteil von dem auszusagen, was das Liedlein pfeift. Doch bleibt diese Art mehr hübsche Spielerei als gehaltvolles Spiel. Auch fehlt dem Mittelbau des Trios die innere Beziehung zu den rahmenden Sätzen.

Aus den Jahren 1807/1808 stammen zwei Klaviertrios, die Beethoven wieder einmal von der unpathetischen Seite zeigen. In beiden Trios herrscht nicht Leidenschaft und nicht Bekennertum, sie sind nicht getragen von tiefsinnigem Grübeln und nicht erfüllt von türmendem Bauwillen; vielmehr huldigen sie dem Klang und der ruhigen Freude am Spiel.

Umso verwunderlicher bleibt es, daß man dem ersten T r i o i n D - d u r die Bezeichnung „G e i s t e r - T r i o" angehängt hat. Die ausholende, spielfreudige Gebärde des Beginns (Beispiel 8) gibt jedenfalls dem Werk keinerlei geisterhafte Vorzeichen mit auf den Weg. Diese Takte stellen nicht das eigentliche Hauptthema dar (die-

ses folgt vielmehr in ruhiger, fast gesanglicher Klang-
lagerung), dafür wird es bestimmend für weite Teile

8 Allegro vivace con brio

des ganzen Werkes; und das Seitenthema, dessen Straffung auf die Einleitungstakte zurückgreift, unterstreicht
noch die spielerischen Antriebskräfte des Satzes. Seitenthema und Einleitungsgebärde sind auch die entscheidenden Träger der Durchführung, denen das Hauptthema
mehr schmückend als bauend wieder gesellt wird.
Der Mittelsatz, ein Largo assai espressivo in d-moll, ruht
ausschließlich auf Klang und Farbe, die großflächig ausgebreitet werden. Zwei Motive — der tiefe Atemzug
des getragenen Motivs d / A / f und eine auf den ersten
Takt von Beispiel 8 zurückgreifende rhythmische Kurz-
figur — durchädern die Klangflächen mit Feinmustern.
Auf diesen Flächen gibt es keine Steigerungen, sondern
nur den Wechsel von Aufleuchten und Verdämmern.
Im Schlußpresto wandelt Beethoven das gesangliche
erste Thema des Allegros in ein Bewegungsthema, dessen Ablauf lediglich durch den fremdharmonischen
Schluß (Fis-dur nach D-dur) gehemmt wird, das im übrigen aber dem ganzen Finale die Richtung weist zu einem
sich selbst genügenden freien Kräftespiel.
  Nicht minder leidenschaftslos und gegenständlich
wirkt das Es-dur-Trio. Schon die Satzfolge gibt
einen wichtigen Aufschluß: Allegro ma non troppo /
Allegretto / Allegretto ma non troppo / Allegro; es
fehlen also die dramatischen Gegensätze der Zeitmaße. Kein langsamer Satz, kein Scherzo, das erste
Allegro durch „ma non troppo" gemäßigt, das Finale
ein einfaches Allegro. Auch die harmonischen Satz-
ebenen (Es-dur / C-dur und c-moll / As-dur / Es-dur)

geben keine Gelegenheit zu inneren Spannungen. Selbst die Poco-sostenuto-Einleitung vermeidet durch polyphonen Beginn und ornamentale Auflösung jeden „subjektiven" Anschein. Im Kopfthema des ersten Satzes (Beispiel 9) spiegelt sich eher Frühklassik als Hochklassik, und wenn es auch im Verlauf zu Besonderheiten

9 Allegro ma non troppo

Beethovenscher Art kommt, so sind es eher Eigentümlichkeiten der persönlichen Handschrift als grundsätzliche Stilunterschiede gegenüber den frühklassischen Meistern. Die Mittelsätze sind miteinander verwandt, weil sie unter dem Gesichtspunkt gleichmäßigen Abwandelns geschrieben sind. Thematisch sind sie auf den Hauptsatz bezogen durch Wiederaufnahme des Trillermotivs. Reines Figurenspiel durchzieht das Allegro-Finale mit seinem viermaligen Sechzehntel-Anlauf, seinem symmetrischen Kopfthema, seinem anfangs von Akkordschlägen und mit Triolen durchsetzten, dann aber immer freier, ungehemmter ablaufenden Bewegungswillen.

Vollgriffig und trotz der Bezeichnung „dolce" bestimmt und fest erklingt dagegen das Hauptthema des 1811 erschienenen B - d u r - T r i o s Werk 97 (Beispiel 10). Und wie die Thematik nichts mehr gemein hat mit

10 Allegro moderato

den spielerisch fließenden Linien der beiden vorangehenden Klaviertrios, so werden nun auch die ganzen

Sätze des Werkes wieder in formende Zucht genommen. Selbst das Seitenthema gleitet nicht in Sangbarkeit ab, sondern bildet zusammen mit dem Hauptthema die gleiche Einheit — wie Aufriß und Grundriß eines aus einem einzigen Gedanken- und Anschauungskern entwickelten Bauwerkes. Dementsprechend stößt die Durchführung ins Räumliche vor, wobei weder polyphones Maßwerk noch harmonische und klangliche Farbigkeit fehlen. Bindung zu den weiteren Sätzen ist selbstverständlich. So greift das Scherzothema die Form des ersten und die rhythmische Artung des zweiten Themas aus dem Kopfsatz wieder auf, und das Andante cantabile verlagert die gleichen Grundkräfte ebenfalls in eine neue ausdrucksvolle Gestalt, um ihre innere Festigkeit sogleich zu erproben an Veränderungen von ungewöhnlicher Freiheit. Das Finale aber wird zum Schlußstein im Gewölbe, indem es alle Baukräfte noch einmal auf sich wirken läßt, den Mittelbau des Andantes und Scherzos gewissermaßen überhöht und die Lagerung des Hauptsatzes in einem stürmischen Presto bestätigt.

Sehr beliebt ist das letzte Klaviertrio Beethovens, die „Kakadu-Variationen" Werk 121a. Es handelt sich um Variationen in C-dur über das Lied „Ich bin der Schneider Kakadu" aus Wenzel Müllers Singspiel „Die Schwestern von Prag". Beethoven schrieb das Trio im Jahre 1823, auf der Späthöhe seiner Meisterschaft. Da mag es verwunderlich scheinen, daß er sich einen solchen Schlager als Thema wählte; aber die Sicherheit des Gestaltens läßt solche Erwägungen schnell vergessen. Ist das Werk auch nicht tief gegründet, so ist es doch hohe Kunst. Eine weit ausgesponnene Einleitung (Adagio assai, g-moll), in der Teile des Themas heimlich anklingen, scheint zu versinnbildlichen, daß der Tondichter lange gesonnen hat, ob er dieses plappernde Thema überhaupt wählen solle. Am Vortrag des Themas (Beispiel 11 gibt den Beginn) sind alle drei Instrumente beteiligt. Die Variationen stellen dann gewissermaßen

zunächst die Instrumente vor, wie sie sich am einfachsten und ihrer besonderen Art entsprechend mit dem
Thema abfinden. Das Klavier beginnt allein mit einer

11 Allegretto

Variation in fließenden, gleichmäßigen Sechzehnteln;
es folgt die Geige mit beweglichen Sechzehnteltriolen
und eingestreuten Trillern, begleitet vom Klavier; in
der dritten Variation hebt das Cello in ruhigem Fluß an,
abermals vom Klavier begleitet. Nunmehr finden sich
alle drei Instrumente zum Variationenspiel zusammen,
wobei der Stoff ähnlich verteilt wird wie beim ersten
Vortrag des Themas; Kurzmotive der Streicher lockern
das Klangbild, Staccato-Triolen des Klaviers treiben
vorwärts. Imitatorische Linienführung meldet sich in
der fünften Variation, während die sechste beherrscht ist
von Oktavenbrechungen des Klaviers in Zweiund-
dreißigsteln, in die Cello und Geige vogelrufartige Vor-
schlagsmotive hineinzwitschern. Nach dieser kleinen
Klangszene kommt die strengere Polyphonie zu ihrem
Recht mit einer zierlichen zweistimmigen Invention von
Geige und Cello (ohne Klavier). Die achte Variation
setzt die beiden Klanggruppen scharf gegeneinander ab
(Wechsel von Klavier und Streichern), zugleich bringt
die Synkopierung des Themas einen neuen rhythmischen Reiz hervor. Waren bisher Tonart und Zeitmaß
beibehalten worden, so ruft die neunte Variation durch
Zeitmaß (Adagio espressivo) und Tonart (g-moll) gänzlich anders geartete Stimmungen hervor, behält aber
die Synkopierung des vorangehenden Sätzchens teilweise bei. Die nächste Variation ist ein $^6/_8$-Presto im
Scherzo-Charakter, zunächst in G-dur, dann — die Grenzen des Themas an Ausdehnung stark erweiternd — in
g-moll. Ein abschließendes Allegretto will das Thema

scheinbar in seiner Grundgestalt wieder aufnehmen, verliert sich dann jedoch in ganz selbständige Neugestaltung und steigert sich zu einem glanzvoll virtuosen Aufschwung aller Instrumente.

Streichquartette

Das Streichquartett ist für Beethoven eines der wesentlichen Ausdrucksmittel seines Wollens, und nach ihm greift er jedesmal dann, wenn er als Mensch und Künstler an entscheidenden Halte- oder Wendepunkten seines Schaffens anlangt: Werk 18 zeigt den jungen Meister als Beherrscher der Haydnschen und Mozartischen Sprache und als selbständig weiterdenkenden Kopf, Werk 59 steht in der Nähe der großen Klaviersonaten (Waldstein, Appassionata), das Harfenquartett ist der Sonate „Les adieux" benachbart, Werk 95 der „Egmont"-Musik, und die späten Streichquartette, geschrieben nach der 9. Sinfonie, stellen Beethovens letzte Tondichtungen überhaupt dar.

Ist Beethoven in seinen Klaviersonaten der leidenschaftliche Bekenner und in den Sinfonien der gewaltige Rufer zum Kampf, so tritt er uns in den Streichquartetten als denkender Künstler entgegen. Er hat dem Streichquartett die letzten Reste fürstlicher Gebrauchs- und Unterhaltungsmusik abgestreift und ihm endgültig — Haydn und Mozart waren die großen Wegbereiter — den Charakter geistiger Auseinandersetzung eingeprägt. Nicht in jedem einzelnen Werk und nicht von Anbeginn, aber Schritt für Schritt und unverlierbar. Wo man später dem Streichquartett andere Inhalte gegeben hat als die rein geistiger Auseinandersetzung, da wird der Spieler oder Hörer den Schöpfern solcher Werke weder seine Bewunderung versagen noch ihnen das Recht zu solcher Gestaltung absprechen; immer aber wird er unwillkürlich die Abweichungen gegenüber der geistigen Sprache

Beethovenscher Meisterquartette verspüren. Aber auch nach rückwärts muß man solche Abgrenzungen vornehmen. Beethoven setzt zwar auf jener vor allem durch Haydn und Mozart gewonnenen Höhenlage ein, auf der das Streichquartett eine „Unterhaltung von vier gescheiten Leuten" war, doch besonders in seinen späten Quartetten treten die „gescheiten Leute" immer mehr zurück, und die vier Instrumente geben nur mehr die Auseinandersetzung einer Idee mit sich selbst. Und es ist ein Kennzeichen des echten Denkers, daß sich (etwa in den letzten fünf Quartetten) zwar das Denkverfahren immer weiter verfeinert, daß aber die Ideen ständig klarer und einfacher werden. Es erscheint angebracht, sich bei der Betrachtung der Quartette an das Künstlerisch-Geistige zu halten und die mancherlei Deutungen zu übergehen, auch wenn deren Anlässe zuweilen in Äußerungen Beethovens selbst liegen.

Sechs Streichquartette Werk 18

Erschienen sind diese Quartette im Jahre 1801, während Beethoven mit der Arbeit an ihnen etwa 1798 begonnen hat. Nicht unwesentlich erscheint der Hinweis, daß die Entstehungsreihenfolge nicht mit der laufenden Numerierung übereinstimmt. Jedenfalls ist das Quartett Nr. 3 als erstes vollendet worden. Mit den Quartetten der Werkzahl 18 stellt sich Beethoven bereits als Gleichberechtigter neben Haydn und Mozart, deren Mittel er hier meistert; zugleich bilden einige der Quartette entscheidende Ausgangspunkte für die künftige Entwicklung.

Dem F - d u r - Q u a r t e t t (Werk 18 Nr. 1) hat man die Bezeichnung A m e n d a - Q u a r t e t t beigelegt, weil Beethoven die erste Fassung seinem Freunde Karl Ferdinand Amenda gewidmet hat; er ermahnte ihn später jedoch dringend, die Fassung nicht aus der Hand zu geben, weil sie ihm gegenüber der endgültigen Gestalt schwach erschien. Und dem Quartett in seiner überarbeiteten Fassung sieht man wirklich an, daß es keine Erstlingsarbeit ist. Das Thema des Kopfsatzes (Beispiel 12) ist mehr als ein Einfall; es ist sorgfältig angelegt auf die kompositorischen Möglichkeiten, deren

12 Allegro con brio

sich der Tondichter bedient hat. Besonders das Anfangsmotiv wird gründlich ausgenutzt, und zwar nicht erst in der Durchführung, sondern unmittelbar im Anschluß an das Thema. Es folgt dann ein weiterer Gedanke mit einem Auftakttriller, abermals setzt das Spiel mit dem Kopfmotiv ein, bis ein Fortissimo-Lauf aller Instrumente im Einklang auf das Seitenthema zustürzt. Dieses tritt überraschend piano auf (absteigender gebrochener Nonenakkord mit diatonischem Wiederansteigen). Der Schluß des Thementeils wird von den drei Gedanken bestritten. In der verhältnismäßig knappen Durchführung spielt das Kopfmotiv die Hauptrolle, doch werden auch die beiden anderen Gedanken und ihre Zwischenglieder zu einem kunstvollen lebendigen Drama verwoben. Das Adagio affettuoso ed appassionato hat Beethoven selbst als Abschied Romeos von Julia gedeutet. Wichtiger für den Hörer ist es, die Besonderheit des ersten Themas zu erkennen: es wächst aus einer harmonisch das d-moll festlegenden Einleitung hervor, verharrt zunächst lange auf dem Anfangston, ehe es in strömend leidenschaftlichem, doch pianissimo anhebendem Gesang emporsteigt. Ergreifend wirkt dann der Einsatz des zweiten Themas (zweite Geige). Im Verlauf entsteht in diesem langsamen Satz ein Innendrama, das dem Bewegungsdrama des Allegros entspricht und jenes noch vertieft. Das Scherzo biegt sich

zurück zu den Antriebskräften des ersten Satzes; nicht
nur motivisch (das findet sich bei Beethoven immer wieder), vielmehr auch in der Gesamtanlage. Auffallend besonders dadurch, daß dem Trio keine eigentliche Selbständigkeit zugewiesen wird: es bildet im Grunde eine
Art Durchführung der Scherzo-Gedanken. Auch das
Schlußallegro greift auf den ersten Satz zurück, indem
es dessen Bewegungscharakter wieder aufnimmt (ihn
freilich mit den Sechzehntel-Triolen des ersten Themas
stark ins Spielerische verschiebt) und zuweilen span-
nungsstarke Gegenläufigkeiten einführt. Im wesentlichen hat der Satz Rondoform, die allerdings der Sonatenform angenähert ist.

Ganz anders das G-dur-Quartett (Werk 18
Nr. 2). Es genügt ein Blick auf das Thema des ersten
Satzes (Beispiel 13), um die Haltung des ganzen Werkes

13 Allegro

zu erkennen. Da ist alles weit entfernt von einem
inneren oder äußeren Drama, es herrscht die feinsinnige,
ein wenig unpersönliche Anmut des ausklingenden Rokokos. Man hat dem Quartett den Namen „Komplimentier-Quartett" gegeben, und in dem ersten
Thema allein könnte man alle Einzelheiten höfischen
Komplimentierens geradezu körperlich auffinden. Von
den drei Motiven des Themas werden nur die ersten
beiden später stärker durchgearbeitet. Das Seitenthema, vorbereitet durch einen ähnlichen klingenden
Gedanken, tritt überhaupt zurück. Zu folgerichtiger
thematisch-motivischer Arbeit kommt es in der Durchführung nicht; alles tändelt schwingend dahin, und
ein kleines Fugato macht den Satz auch nicht gewich-

tiger. Die weiteren Sätze geben ebenso wenige Fragen auf; sie behalten das Nebeneinandersetzen kurzer Gedanken bei. Darin geht der langsame Satz besonders weit: ein Adagio cantabile umschließt ein Allegro-Sätzchen. Im Scherzo bezaubert zunächst das motivische Wechselspiel der Geigen (später aller Instrumente); dem Trio wird ein Motiv des Scherzos unterlegt. Heitere Stimmung bei kunstvoll zierlicher Arbeit bringt der Schlußsatz, dessen Hauptthema sich auf dem vorbereitenden Gedanken des Seitenthemas aus dem ersten Satz aufbaut, sodaß dem im Allegro vernachlässigten Seitenthema hier im Allegro molto quasi presto doch noch Gerechtigkeit widerfährt.

Es wird angenommen, das D-dur-Quartett (Werk 18 Nr. 3) sei Beethovens erste Quartettschöpfung. Das wäre eine außerordentliche Leistung, weil es — trotz verhältnismäßig geringem Umfang — als handwerkliche Arbeit ohne weiteres neben vielen Quartetten Haydns und Mozarts zu bestehen vermag. Wir messen nur die Frühwerke Beethovens immer an seinen späten Tondichtungen und verlieren so zuweilen den Maßstab. Schon die Art, in der Beethoven das langsam ausholende, dann in engen Kreisen schnell schwingende Thema (Beispiel 14) gleich zu Beginn polyphon

14 Allegro

durch die Instrumente führt, ist bewundernswert. Für die Durchführung wird ein triolendurchsetzter Überleitungsgedanke zusammen mit dem Hauptthema wichtiger als das nur kurz wiederauftauchende Seitenthema. Sehr fein gezeichnet hat Beethoven das schlichte Andante con moto: stets setzt das (dem kreisenden Motiv aus Beispiel 14 innerlich verwandte) Hauptthema in ruhiger Stimmführung ein, das gespitzte Seitenthema erscheint dagegen fast immer in durchbrochenem Satz, und dazwischen treiben Zweiunddreißigstel-Motive das Geschehen vorwärts. Der dritte Satz stellt sich dar als ein Allegro mit einem „Minore" als Zwischenteil; das Ganze ein scherzoartiges Menuett. Im Schlußpresto verleitet das wirbelnde $^6/_8$-Zeitmaß leicht dazu, die zuweilen mit dem Ohr allein kaum noch wahrzunehmende Feinarbeit zu verkennen. Allerdings ist die Freude am spielerischen Gestalten hier auch stärker als die künstlerische Lage des Satzes.

Seitdem Hugo Riemann das c - m o l l - Q u a r t e t t (Werk 18 Nr. 4) absprechend beurteilt hat, ist von verschiedenen Seiten eine Ehrenrettung des Werkes versucht worden; ob mit wirklichem Erfolg, darf dahingestellt bleiben. Auf jeden Fall ist das Quartett ungleichwertig. Der erste Satz hat ein alles beherrschendes Thema (Beispiel 15 gibt das Kopfmotiv), dessen Spannungen im einzelnen und dessen weiter Atem bewundernswert erscheinen; aber der Satz im ganzen ermangelt doch wohl sehr der kammermusikalischen Arbeit,

15   Allegro ma non tanto

d. h. der Stimmenselbständigkeit, sodaß man angesichts der häufigen Gegenüberstellung einer Melodiestimme und dreier, vielfach akkordisch gedachter Begleitstimmen Riemanns Urteil beipflichten darf. Weitaus bedeutender ist das nun folgende Andante scherzoso quasi allegretto. Beethoven kehrt in diesem von ihm als „Scherzo" bezeichneten Satz die Verhältnisse des Kopfsatzes um; denn jetzt erscheint das Thema als schlichte Linie, während die Verarbeitung die vier Stimmen nicht nur selbständig, sondern oft polyphon einsetzt. Das Menuett ist mit den beiden vorangehenden Sätzen verbunden. Einmal motivisch, und zwar durch den Quar-

tenbeginn der Kopfthemen aller drei Sätze und durch
das Triolenmotiv der ersten Geige im Trio, das die Verbindung mit dem Thema des Andante scherzoso betont,
zum andern durch die Satzart, die im Menuett dem
Allegro und im Trio dem Andante nahesteht. Auch das
Schlußallegro nimmt in seine Rondoform homophone und
polyphone Satzbestandteile wieder auf; im ersten Trio
tritt das genannte Quartenmotiv führend hervor, dem
zweiten liegt eine rhythmisch geschärfte Figur zugrunde.
Ausklang bildet ein keck dahinstürmendes Prestissimo.

Im A - d u r - Q u a r t e t t (Werk 18 Nr. 5) legt schon
der Beginn die Haltung des Ganzen fest. Mit einer gewissen Heftigkeit werfen sich Cello und Geige den
Rhythmus des Hauptthemas zu, bis dann die erste Geige

das eigentliche Thema bringt (Beispiel 16). Diese Bestimmtheit beherrscht das gesamte Allegro. Eine Sechzehntelfigur und Achtelsprünge der ersten Geige führen
bald zu dem dunklen Seitenthema in e-moll. Damit ist
der wesentliche Stoff für die Durchführung gegeben, die
ihn nun formgerecht, aber sehr gelöst verarbeitet. Die
Durchsichtigkeit hält an in dem Menuett, dessen Thema
mit einer Umkehrung der erwähnten Sechzehntelfigur
des ersten Satzes durchwoben ist. Von eindringlicher
Schlichtheit das Thema des Trios. Immer durchsichtiger
und dabei kunstvoller wird die Sprache dann in dem
Andante cantabile, einem Satz von Thema mit fünf
Variationen und einem thematischen Anhang. Die Variationen durchlaufen nacheinander die verschiedenartigsten Satzmöglichkeiten: Imitation, Virtuosenspiel der
ersten Geige, Tönung des Themas durch flirrende enge
Bewegungsfiguren der Geigen, Abschatten des Themas
durch Gegenlinien in fremder Harmonik, rhythmisches

Zuspitzen parallellaufender Mittelstimmen zwischen dem Trillern der ersten Geige und der rumpelnden Begleitung des Cellos, bis endlich im Nachsatz eine allmähliche Rückleitung zum Thema erfolgt. Das Schlußallegro mit dem Spiel viertoniger Motive beschwört das Bild der 5. Sinfonie herauf.

Dem ersten Satz des B - d u r - Q u a r t e t t s (Werk 18 Nr. 6) eignet ein ganz gelockertes Spiel mit Motiven. Motiven, nicht Themen; denn aus der ersten Figur dieses Allegro con brio (Beispiel 17) läßt sich zwar durch Aneinanderreihen eine Kette bilden (Wechselspiel von

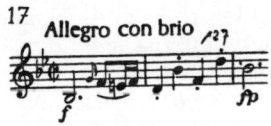

17 Allegro con brio

Geige und Cello), aber bei dieser Kette bleibt die Grundform der Einzelglieder stets augenfälliger als der Zusammenhang. Und selbst diese kleine Anfangsfigur spaltet Beethoven noch in zwei Untermotive: in das Doppelschlags- und das Dreiklangsmotiv. Nicht anders verfährt er mit dem Seitenthema, das im Gegensatz zum ersten „Thema" nicht akkordisch gebrochen ist, sondern fast nur auf einem Ton ruht: auch hier wieder Motiv-, nicht Themenbildung. Für das Spiel (nicht den Kampf) der Durchführung wird noch von Bedeutung der Übergangsgedanke vom ersten zum zweiten Thema, ein Staccato-Lauf in Achteln mit klopfenden Vierteln als Schluß. Im Adagio ändert sich zwar die Stimmung, nicht aber der musikalische Grundstoff: Dreiklang und Doppelschlag beherrschen abermals den ersten Gedanken, und das es-moll-Seitenthema geht unverkennbar auf die Überleitungsfigur des Allegros zurück. Auch hier keine Entwicklung, sondern eher ein rondoartiges Kreisen. Dreiklangsthematik dann im Trio des Scherzos; das Scherzo selbst ein rhythmisch nicht einfach zu hörendes oder zu spielendes Stück, da die Synkopierung aus dem $^3/_4$- einen $^6/_8$-Takt zu machen scheint. „L a M a l i n c o - n i a" („Die Schwermut") überschreibt Beethoven ein nun folgendes Adagio von nur vierundvierzig Takten. Die in den vorangehenden Sätzen gebrochene Dreiklangsthematik wird hier akkordisch zusammengefaßt: zunächst die drei Ober- und dann die drei Unterstimmen tragen einen viertaktigen Gedanken vor, am Schluß abermals der Doppelschlag. Kurzthema und Doppelschlag werden durch fremdeste Harmonien geheimnisvoll weitergerückt, eine Zwischenlinie webt sich hinein, über dem ständig wiederholten Doppelschlag des Cellos kämpft sich mühsam die erste Geige mit abgerissenen Einsätzen den verminderten Septimenakkord hinauf, sich steigernd vom Pianissimo zum Fortissimo, bis alles akkordisch in zwei Schlußtakten pianissimo verhaucht. Unmittelbar daran schließt sich ein Allegretto quasi Allegro: $^3/_8$-Takt, mutwilliges Thema, mutwillige Betonung des zweiten Achtels, heiter quirlendes Spiel der Instrumente, unvermutet eine Unterbrechung (10 Takte) durch das Adagio-Thema der Malinconia, nach vier Allegretto-Takten wiederum eine Unterbrechung (jetzt aber nur zwei Takte), dann ein befreites Losjubeln des Allegrettos, bis es sich am Schluß selbst in ein ausgelassenes Prestissimo hineinhetzt.

Drei Streichquartette Werk 59
Rasumowsky-Quartette

Man mag die sogenannten Rasumowsky-Quartette auswendig kennen, — dennoch entdeckt man bei jeder Beschäftigung mit ihnen immer wieder neue Werte. Erst mit den Rasumowsky-Quartetten sind jene Haltung und Sprache des Streichquartetts endgültig geschaffen, die uns Nachgeborenen mit dieser musikalischen Gattung untrennbar verbunden zu sein scheinen. Daher kann

man es immer wieder erleben, daß Musikfreunde, denen
das Quartettschaffen des 19. Jahrhunderts etwas bedeutet, zu dem Quartettstil früherer Zeiten schwer Zugang
finden, weil er sie — selbst bei Haydn und Mozart! —
gegenüber dem beethovenschen und nachbeethoven-
schen Ausdruck „primitiv" anmutet.

Nun steht das Werk 59 selbst im Schaffen Beethovens
an einer besonderen Stelle. Geschrieben ist es auf Anregung des Grafen Rasumowsky, der einige Quartette
mit russischen Nationalweisen wünschte. So äußerlich
der Anlaß, so verinnerlicht das Werk. Als die Quartette 1806 vollendet wurden, waren seit dem Erscheinen
der Streichquartette Werk 18 erst vier Jahre verstrichen;
aber welch ein künstlerischer und geistiger Abstand!
Die Rasumowsky-Quartette bedeuten nämlich keineswegs eine Fortsetzung der früher eingeschlagenen
Wege. Auch wenn man das übrige vorher entstandene
kammermusikalische Werk Beethovens überprüft, wird
man außer Hinweisen und Andeutungen wenig finden,
worin sich die Besonderheit der drei Quartette Werk 59
sichtbar ankündigt. Erst dann tun sich Zusammenhänge
auf, wenn man s ä m t l i c h e früheren Werke (also vor
allem auch die ersten drei Sinfonien, Klavierkonzerte,
„Fidelio") heranzieht. Andrerseits ist vieles dieser Quartette Vorschau auf das künftige Schaffen, sodaß in ihnen
Früheres und Späteres wie im Brennspiegel einer Linse
verdichtet erscheint.

Die Rasumowsky-Quartette umspannen den ganzen
Beethoven: den Bekenner, den Kämpfer und den Den-
ker. Das verleiht ihnen ein so großes menschliches Gewicht. Dem entsprechen die eingesetzten künstlerischen
Mittel. Harmonie, Rhythmus und Thematik wahren
überall ihr eigenes Gesicht, sie sind aber zugleich zusam-
mengewachsen zu einer höheren, unlöslichen Einheit.
Die Thematik ist bezogen auf bestimmte Ur-Motive, die
Harmonik auf wenige Grundharmonien, die Rhythmik
geht von festen Verhältnissen aus; und doch entfernen

199

sich Themen, Harmonien und Rhythmen weit von
solchen Grundverhältnissen, ohne sich aber je ganz von
ihnen abzulösen. Etwas kommt noch hinzu, was sich
kaum in Worte fassen läßt: die Tönung aller Ausdrucksmittel. Die melodischen Linien werden farbig, die ursprünglichen harmonischen Flächen gewinnen körper-
liche Gestalt, und die Rhythmen sprengen den Raum.
Alles das vollzieht sich jedoch nicht objektiv-mathema-
tisch, sondern wächst zu einem Lebensbereich zusammen, der dem einmaligen Menschen Beethoven zuge-
hört. Um das zu erfassen, geht man am besten vom
Liniengeäder dieser Quartette aus. Hier zeigt sich nämlich besonders schön, wie durchbrochene Arbeit (Motivaufschließung) und lineare Selbständigkeit (Polyphonie)
zuweilen kaum noch voneinander zu unterscheiden sind,
— so stark wird der einheitliche persönliche Ausdruck.
Der Beginn des F-dur-Quartetts Werk 59
schlägt sogleich den neuen Ausdruckston an. Wir geben
einige der wichtigsten musikalischen Gedanken wieder.
Im Cello steigt ein Thema ruhig empor in Vierteln und
entspannt sich im Rücklauf der Achtelnoten (Beispiel 18);

18 Allegro
mf dolce

die Linienführung wird dann von der ersten Geige übernommen: der Gedanke schwingt nicht nur nach oben,
er wächst zugleich in eine mächtige Klangschwellung
hinein, während die Begleit-Harmonien scheinbar
schwerfällig hinter dem harmonischen Schnitt des thematischen Gedankens zurückbleiben. Wir haben also bereits eine mehrfache Spannung: die im Thema selbst
(aufwärts in Vierteln, herab in Achteln), die zwischen
thematischer und begleitender Harmonie, die zwischen
treibendem Crescendo und hemmender Harmonie, endlich diejenige zwischen der in höhere Lagen fortschrei-

tenden Thematik und der beharrend gleichförmigen Begleitung. Ein neuer Gedanke schiebt sich ein (Beispiel 19), zerbricht den ruhigen Atem des ersten melodischen Geschehens, biegt die Harmonien auf, zerbröckelt den gleitenden Rhythmus. Ein Nachsatz weitet

19 Allegro

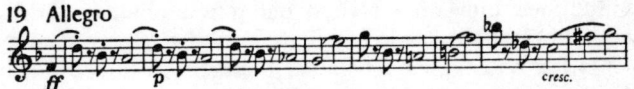

die gleichmäßige Bewegung der Achtel und zieht die Viertelbewegung des ersten Gedankens wieder heran. Und schon erscheint abermals ein gegensätzliches Thema (Beispiel 20), zwar in ähnlichem Auf und Ab des (diesmal unbegleiteten) Cellos wie zu Beginn, doch in der

20 Allegro

rhythmischen Fassung durchaus neu. Dieses Thema wird von den übrigen Instrumenten vorerst nicht beachtet; vielmehr taucht nun, nach einigen gebrochenen, harmonisch freien Akkordgedanken abermals eine andere Linie in der ersten Geige auf (Beispiel 21). Neu

21 Allegro

in der äußeren Form, doch spürbar aus dem Kopfmotiv (18) herausgewachsen. Das Triolenmotiv des sechsten Taktes macht sich zu einer Art kleiner Durchführung selbständig, bis dann endlich — nach sechs akkordischen, die Bewegung stauenden Takten die

Durchführung mit dem Kopfthema einsetzt. — Es ist
notwendig, den thematischen Stoff dieses Satzes etwas
ausführlicher zu behandeln, damit der Leser erkenne,
wie wenig sich Beethoven in diesen Quartetten dem
überkommenen Sonatenschema verpflichtet fühlt, und
damit zugleich die Durchführung verständlich werde.
Sind doch hier die „Neben"gedanken ebenso wichtig
wie die Hauptthemen. Was zuvor unscheinbar war, wird
plötzlich wichtig, und was im Thementeil hervorgetreten ist, kommt in der Durchführung nicht zur Geltung
(so entsteht etwa aus dem kleinen Achtelmotiv des
Nachsatzes ein regelrechtes Fugato). Für die Durchführung wie für den Thementeil gilt, obwohl die Sonatenform nicht gerade gesprengt wird, das Gesetz des
Wachsens, nicht das des strengen Bauens. — Wir
müssen uns bei den anderen Sätzen kürzer fassen; das
aber wird bei dem an zweiter Stelle stehenden Scherzo
besonders schwer, weil in ihm eine überwältigende
Fülle künstlerischer Kleinarbeit niedergelegt ist. Wenigstens drei Motive aber müssen hier stehen, weil auf
ihnen der Satz entweder unmittelbar oder mittelbar
aufgebaut ist: der kurzgestoßene Rhythmus des Beispiels 22a, die zierliche Figur des Beispiels 22b und das
sanfte Schweben, doch in der Betonung „Russische" des
Beispiels 22c. Auch anderes, aus diesem Grundstoff ent-
wickeltes Gedankengut tritt in diesem ausgedehnten

22 Allegretto vivace e sempre scherzando

Allegretto scherzando auf. Das Adagio molto hat
Beethoven als Klage um den Tod des Bruders geschrieben, und man wird gut tun, diesen Satz durchweg mit
dem Gefühl aufzunehmen. Welche Kunst in ihm steckt,
offenbaren schon die ersten Takte: das Thema selbst

ist so stark in sich geschlossen, sagt über das Adagio
als Ganzes so Endgültiges aus, daß alles Folgende nur
als Bestätigung oder als andere Beleuchtung wirkt;
wesentlich dabei, wie das ernste Thema durch unruhige
Einsätze der drei tieferen Stimmen geradezu wankend
geleitet wird. Das sich unmittelbar anschließende Final-
Allegro bringt als Hauptthema eine russische Weise. Und
sie erhellt nun nachträglich das Entstehen und Werden
früherer thematischer Gedanken, besonders des ersten
Satzes. Dieses Finale umschließt — anders als die
übrigen Sätze — wenige Gedanken; erst die Durchführung bringt jene Fülle, die uns bisher in den ersten
drei Sätzen überwältigt hatte. Damit wird das russische
Thema doch noch zum Mittelpunkt: strahlte es zunächst
seine Kräfte vorwiegend in die thematische Erfindung,
so beherrscht es hier die ausführende „Arbeit".

Im e - m o l l - Q u a r t e t t (Werk 59 Nr. 2) bestimmt
das „russische Thema" abermals die Art der wichtigsten
Themen und zwar sowohl mit seinem Dreiklangsbeginn
wie mit seinem engstufigen Nachsatz. Das erste Allegro
stellt das Akkordische sogar durch zwei einleitende
Schläge als eine Art Überschrift vor das Hauptthema.
Wenn dieses dann selbst auftritt (Beispiel 23), so wirkt

23 Allegro

es seiner klaren Umrißzeichnung zum Trotz doch geheimnisvoll. Und zwar nicht nur des vorgezeichneten
Pianissimos wegen; vielmehr machen die harmonischen
Rückungen (Wiederholung von 23 nach e-moll sogleich
in F-dur usw.) und Ausweichungen, dann aber auch die
rhythmischen Verlagerungen die besondere Stimmung
des Themas aus. Alsbald auftretende Nebengedanken
werden für den Verlauf bedeutungsvoll, kehren im langsamen Satz wieder, ehe sie ihre Herkunft endgültig ent-

schleiern. Das Gärende, Geheimnisvolle des Satzes hält
an und geht so weit, daß man oft ausgezeichnete
Quartettvereinigungen hören kann, denen merklich
nicht klar geworden ist, was sie als Seitenthema vortragen sollen. Und das ist gut so: der echte Musiker läßt
sich in diesem Satz ganz richtig mehr von der allgemeinen Gestimmtheit des Ganzen leiten als von analytischen Erwägungen. Und die Durchführung bestätigt die
Richtigkeit seines Gefühls. Sie führt nicht zur Klärung,
sondern stellt die Vielfalt und den Zwiespalt des gedanklichen Stoffes noch besonders heraus: getupfte
Akkorde neben geschwinde Sechzehntelbewegungen,
nachdrückliche Taktbetonung neben schwebende Synkopen, gelöstes Motivspiel gegen Oktavenparallelen.
Ruhige Gefühlsklarheit bringt erst das Molto Adagio,
das mit nacheinander einsetzenden Stimmen anhebt.
Sein (aus einem Nebengedanken des Hauptsatzes gewonnenes) Thema strömt in breitem Ausdruck dahin und wird
durch einen im achten Takt von der ersten Geige angestimmten, rhythmisch gleichmäßigen Kontrapunkt womöglich noch beredter. Abermals acht Takte weiter
wandelt sich das Gegenspiel der ersten Geige in punktierte Akkordbrechungen (entsprechend dem dreitoni-
gen Kopfmotiv von Beispiel 23) und bildet so einen
weiteren Kontrapunkt zu dem melodischen Espressivo
der drei übrigen, taktweise nacheinander einsetzenden
Stimmen. Jede dieser Entwicklungen führt von piano
zu forte. Auch die nun folgende, — nur mit der neuen
Steigerung, daß sich gesangliches Ausströmen und
rhythmische Bestimmtheit zu höherer Einheit binden
(„zweites Thema"). Der nun folgende, etwa gleich lange
Teil deutet das zu erwartende Durchführungsartige nur
an. Prachtvoll die dann wiederholte Thematik, die in die
Unterstimme versetzten Kontrapunkte, das Verschwe-
ben des Ganzen in lockeren, doch bestimmt gefügten
Triolen. Den nächsten Satz nennt Beethoven lediglich
„Allegretto"; es handelt sich um ein knappes Scherzo

nach Rondo-Art. Das Thema gemahnt mit seinen Drei-klängen an das Kopfthema des Quartetts, erhält jedoch durch Pausen auf dem guten Taktteil etwas „Russisches"

24 (Allegretto)

Freilich, das eigentliche „russische Thema" tritt erst im Zwischenteil („Maggiore") auf, birgt sich also als ent-scheidender Gedankenträger des Werkes an recht ver-stecktem Ort (Beispiel 24). Ihm gesellt sich von Anbe-ginn ein Kontrapunkt in Triolen. Beide Gedanken wan-dern polyphon durch die Stimmen (überwiegend drei-stimmig). Ein neuer Kontrapunkt in Staccato-Achteln eint sich mit dem Thema zweistimmig; dann werden die Stimmen paarweise gegeneinandergesetzt, bis im vier-stimmigen Satz ein mächtiges Fortissimo aufsteigt. Das leicht zu überschauende Presto-Finale steht in e-moll, trägt jedoch sein Hauptthema in C-dur vor, sodaß nun-mehr auf harmonischer Grundlage eine ebensolche Spannung entsteht, wie sie z. B. das Allegretto-Thema durch seine Pausen auf dem guten Taktteil hervorgeru-fen hatte. Eine Reihe (auf das Grundthema bezogener) Zwischenmotive leiten zum Seitenthema in h-moll. Ist damit schon viel musikalischer Stoff für den Verlauf ge-wonnen, so mehrt er sich noch durch weitere kontra-punktische Gedanken. Die Verarbeitung selbst ge-schieht nach Rondo-Art, jedoch so dicht, daß dieser Satz leicht als Krönung des ganzen Quartetts aufgefaßt wer-den kann.

Im dritten der Rasumowsky-Quartette, dem C - d u r - Q u a r t e t t Werk 59 Nr. 3 (oft auch als a-moll-Quar-tett bezeichnet), wächst die gesamte Entwicklung auf den Schlußsatz zu. Dessen Thema (Beispiel 26) mit sei-ner kreisenden Engstufigkeit hält auch die Themen der übrigen Sätze in seinem Bann. So zeigt das (von einer

langsamen, akkordisch-harmonischen Einleitung sich lösende) Kopfthema des ersten Satzes (Beispiel 25) einen

25 Allegro vivace

ganz ähnlichen Schnitt wie das Fugenthema (26),
und die Ähnlichkeit wird noch unterstrichen durch den
einstimmigen Vortrag. Die Beziehungen gehen aber zugleich über den Rahmen dieses einen Quartetts hinaus:
ein Blick auf das Presto-Thema des vorangehenden
Quartetts erweist die Verwandtschaft auch dieser beiden Themen. Und nun begreift man auch nachträglich,
warum Beethoven dort in einem e-moll-Satz das Hauptthema in C-dur gebracht hat: es ist ein Vorausdeuten
auf das Schluß-Quartett der Reihe. Fast noch deutlicher
wird die Übereinstimmung dort, wo sich das Thema in
gleichmäßigerer Gestalt aufbaut (zusammengesetzt aus
rhythmisch gleichen Kurzmotiven von zwei Auftakt-
Sechzehnteln und drei Achteln). Eine Reihe scharf ge-
schnittener Nebenmotive binden das Hauptthema mit
dem Seitenthema, das wiederum Fugenschnitt aufweist
und auch in einem kleinen Fugato eingeführt wird. Bei
solcher Einheit des Stoffes wird die Durchführung leicht
verständlich. Im Andante con moto quasi allegretto begegnet man einem Stück reizvoller Kleinkunst, besonders dort, wo das Cello zu dem sanft gleitenden
$^6/_8$-Thema eine harmonisch anspruchslose Begleitung
zupft. Von ähnlich zierlicher Haltung das nun folgende
Menuett. Freilich läßt das Trio und mehr noch die Coda
ahnen, daß es sich hier um mehr als ein Menuett im
üblichen Sinne handelt: es dient gewissermaßen als heiteres Vorspiel zu spielendem Ernst, indem aus der Coda
unmittelbar die große Fuge des letzten Satzes herauswächst. Das Fugenthema (Beispiel 26 gibt den Beginn)
beherrscht das Allegro molto, obwohl sich eine Anzahl

Seitengedanken, Kontrapunkte und Zwischenspiele nachdrücklich bemerkbar machen. Seltsam, daß gerade

dieses dritte der Rasumowsky-Quartette mit der strengen (wenn auch hier ziemlich frei behandelten) Kunstform der Fuge schließt, obschon das C-dur-Quartett im übrigen das eingängigste der Reihe ist.

Streichquartett Es-dur Werk 74 (Harfenquartett)

Dem Es-dur-Quartett (geschrieben 1809) hat man die Bezeichnung „Harfen-Quartett" gegeben, weil einige Pizzicato-Stellen einen harfenartigen Klang hervorrufen; die Namengebung gründet sich also auf etwas Äußerliches, mindestens Nebensächliches. Eine Adagio-Einleitung von vierundzwanzig Takten enthält motivische Vorahnungen; in dem chromatischen Nach-oben-schreiten der letzten Takte dagegen knüpft sie an die ebenfalls chromatisch durchsetzte Einleitung des 3. Rasumowsky-Quartetts an. Die ersten Takte des Allegros decken eine Seite der neuen Schreibweise Beethovens auf (Beispiel 27), nämlich die Vereinigung polyphoner und homophoner Gedanken, von denen jeder stark genug ist, dem anderen nicht die Vorherrschaft überlassen zu müssen. Und die Durchführung ist ähnlich angelegt: es wechseln Akkordisches, motivische Arbeit und polyphone Schreibweise miteinander ab, vielmehr, sie finden sich zu gemeinsamem Werken zusammen. Auch der zweite Satz, ein Adagio ma non troppo, steht unter diesem neuen Gesetz: ruhig strömendes Gesangsthema der ersten, selbständiger Gegeneinsatz der zweiten Geige,

davon unmerklich sich ablösend die Motivik der Bratsche, im Cello das ruhende As als Harmonieträger, — diese Anfangstakte kennzeichnen einen ähnlichen Ausgangspunkt, wie ihn das Allegro aufzeigte. Die Satzweise ist damit abermals vorgezeichnet. Aber nun tritt auch eine weitere Seite zum ersten Male hervor: dieses Rondo-Adagio unterliegt, wenn auch noch etwas versteckt, dem Variations-Gedanken, der dann das Finale endgültig beherrscht. Der dritte Satz, ein zufolge seines durchlaufenden Klopfmotivs und seiner lebendigen Haltung leicht eingängiges Presto-Scherzo, treibt neue Grundkräfte in das umfängliche Spiel des Es-dur-Quartetts: Rhythmus und Bewegung, im Mittelstück („quasi prestissimo") streng gruppiert durch das wechselnde Miteinander liegender und laufender Stimmen. Mit dem Allegretto con variazioni des Schlußsatzes schließt sich der Kreis der aufgebotenen Mittel: das Quartett umfaßt wie in einer Heerschau alle Ausdrucksmöglichkeiten, deren die vierstimmige kammermusikalische Welt fähig ist. So vollendet diese Satzkunst ist, — ihren Sinn aufzuschließen, bleibt den späteren Quartetten Beethovens vorbehalten.

f-moll-Quartett Werk 95

Mit diesem Quartett schreitet Beethoven auf dem im „Harfenquartett" eingeschlagenen Wege weiter. Was er dort teilweise noch ausgebreitet hatte, wird in dem ein Jahr später (1810) geschriebenen Werk stärker zusammengerafft und verdichtet. Gern wird darauf hingewiesen, Beethoven habe den ersten Satz niedergeschrieben in ärgerlichem Zorn über die Abweisung seines Heiratsantrages (Therese Malfatti). Wenn dem so ist, so bewundern wir den Künstler, der sich trotz inneren Aufruhrs so überlegen-ruhig seinem Schaffen hinzugeben vermag. In diesem Quartett ist nämlich von einem Niederschlag des Erlebnisses nichts zu merken; im Gegenteil, hier lebt die reine Musik. Es toben keine Seelenstürme, keine Klage klingt auf. Es herrscht nur ein Gedanke: der Inbegriff oder das Inbild des Streichquartettes an sich. Und in diesem Sinne mag das „serioso" zu verstehen sein, das Beethoven seinem Werk mit auf den Weg gab. Von höchster Verdichtung spricht bereits der Beginn des Allegro con brio (Beispiel 28), vorgetragen in Paralleloktaven aller Instrumente. Das ist kurz,

28 Allegro con brio

bündig, unverrückbar, daran kann man sich halten, daran h a t man sich zu halten. Die Nebengedanken des Themas, die Zwischensätze, die Seitengruppe, — alles ist nur Hintergrund und Mittelgrund für diese beherrschende Figur. Das Kopfmotiv und die übrigen thematisch-motivischen Bildungen verhalten sich zueinander wie Kraft zu Klang. Und die Durchführung weist auf, wie entscheidend das eine für das andere sein kann. Wie verschieden sich thematische Verdichtung darzustellen vermag, lehrt das Allegretto ma non troppo. Dem

klargegliederten Satz (dreiteilige Liedform) unterlegt
Beethoven drei Hauptgedanken: das zu Beginn im Cello
absteigende, zur Dominante A-dur (D-dur ist Haupttonart) gehende Motiv dient der Umrißgliederung, das erste
Thema ist liedhafter Gesang (Beispiel 29), ein weiteres

Thema leitet ein Fugato, das Mittelstück des Satzes, ein
(Beispiel 30). Weit ab voneinander stehen diese Gebilde; das erste nur Gebärde, das zweite gesungenes

Lied, das dritte gepreßte Stauung, — jedes aber letzte
musikalisch-gedankliche Verdichtung. Im Scherzo (Allegro assai vivace ma serioso) löst Beethoven eine andere Kraft des Kopfsatzes. Das Scherzo wird nämlich
in seinem Hauptteil beherrscht von einer punktierten
rhythmischen Figur, die im Nachsatz des Themas aus
dem Allegro con brio nicht sonderlich aufgefallen war
(und das ist nur e i n e der Rückbeziehungen!). Im Trio
tritt in den Unterstimmen, Note gegen Note gesetzt, ein
Choral hervor, den die erste Geige mit akkordischen
Achtelbrechungen umspielt. Einige Larghetto-Takte mit
dem punktierten Rhythmus stehen an der Spitze des
Schlußsatzes. Wer eine Deutung dieses Finales braucht,
mag sich an die Vorstellung einer Jagd halten (Hugo
Riemann). Doch verliert man gerade hier den inneren
Zusammenhang des Gesamtquartetts. Wahrscheinlich
ist das Finale tatsächlich ein Nachfahre der einst so beliebten Jagdstücke; nur entkleidet Beethoven diesen

Schlußsatz jedes „charakterisierenden" Beiwerks. Er übernimmt vielmehr den Stoff und befreit aus ihm die reine Bewegung, — auch so das verdichtende Grundwesen des f-moll-Quartetts herausstellend.

Die späten Streichquartette

Die letzten Streichquartette Beethovens fallen in die Jahre 1824/1826. Rund anderthalb Jahrzehnt hatte also der Meister das Quartettschaffen ruhen lassen. In diesem Zeitraum wurden u. a. die letzten fünf Klaviersonaten, die Diabelli-Variationen, die 7., 8. und 9. Sinfonie und die Missa solemnis geschrieben. Es ist daher selbstverständlich, wenn die späten Quartette — Beethovens letzte Werke überhaupt — nach Gehalt und Gestalt nicht einfach eine „Fortsetzung" der zuvor geschaffenen Streichquartette darstellen. Auf den ersten Blick möchte man sogar glauben, Beethoven habe gegenüber den mächtig erfüllten Rasumowsky-Quartetten und dem unerhört verdichteten f-moll-Quartett (Werk 95) einen Abstand erreicht, der jede Verbindung mit diesen Quartetten unkenntlich macht. Aber wir haben es bereits angedeutet: die letzten großen Quartette sind nicht die Schlußkette von Beethovens kammermusikalischen Werken, sondern krönen sein G e s a m t schaffen, führen es zu den scheinbar weglosen Gipfeln der Einsamkeit, streuen jedoch zugleich den überwältigenden Gedanken- und Stimmungsreichtum freigebig über die Welt.

Kein Wunder, wenn an diesen Werken herumgedeutet wurde wie an nur wenigen anderen musikalischen Offenbarungen. Der eine beklagte die Formzertrümmerung, während dem anderen gerade die schöpferische Freiheit im Umgang mit der Form bewundernswürdig erschien. Dem einen mißfiel die Mischung einfachster musikalischer Gebilde mit höchst verwickelten Gestalten, und der andere schwelgte darin als einem Abbild echten Lebens. Bald sah man in diesen Quartetten das Herumprobieren eines alternden Meisters an allen formalen Möglichkeiten, dann wieder war man beglückt von der philosophischen Tiefe der Quartette. Und von hier aus war es nicht mehr weit, alle möglichen bildlichen, sinnbildhaften, denkerischen oder charakterlichen Besonderheiten in die Quartette hineinzudeuten. Sie hatten alle miteinander recht: die Verneiner und die Bewunderer, die gelassenen Betrachter und die schwärmerischen Deuter. Was man an diesen Quartetten auszusetzen fand, enthalten sie ebenso wie das, was man aus ihnen herauslas. Und sie hatten unrecht, weil jeder nur die eine Seite hervorkehrte und die anderen Seiten übersah oder nicht sehen wollte.

Wir haben es heute leichter. Uns ist bewußt, daß Beethovens Spätquartette ein Jahrhundert lang das musikalische Gewissen der Besten bestimmt haben und noch bestimmen. Wir sehen heute, daß bedeutende Tondichter bei dem letzten Beethoven angeknüpft und ihn — jeder auf seine Weise — erneuert haben. Wenn aber ihre, im übrigen so überaus verschiedenartigen Werke auf einen gemeinsamen Ursprung zurückgehen, wie reich und vielseitig, wie hoch und wie tief muß der Urquell dann sein! Damit kommen wir bei unserer früheren Bemerkung wieder an: die Spätquartette Beethovens erscheinen uns nicht als letzte Vollendung seines kammermusikalischen Schaffens, sondern als zusammenfassender Ausdruck seines tondichterischen Wirkens überhaupt. Und so umschließen sie das Bekenntnishafte ebenso wie das Kämpferische, das Philosophisch-Denkerische wie das Rein-Musikalische, das Formen-Sprengende wie Form-Schaffende.

Wer Kammermusik als menschlich-musikalische Verdichtung schätzt, wird die Rasumowsky-Quartette oder das f-moll-Quartett den späten Quartetten Beethovens vorziehen. Wer aber eintreten will in die Werkstatt eines dem Irdisch-Stofflichen fast entwachsenen Meisters, eines Mannes, dem das Nichtgreifbare und Nichtbegreifbare hinter den Erscheinungen neue, lebendigere Wahrheit geworden ist, der muß sich auseinandersetzen mit den letzten Streichquartetten Beethovens. Solches Auseinandersetzen aber bedeutet Arbeit über die Jahre. Zu groß ist die Fülle der Gedanken und Gesichte, zu vielseitig und weitgespannt der musikalische Ausdruck, als daß sich alles mit einem Blick überschauen ließe. Wir können daher bei der Besprechung nur Wegweiser aufrichten. Weg und Landschaft muß sich jeder immer wieder und immer selbst erobern.

Die neue Haltung und Sprache treten im E s - d u r - Q u a r t e t t Werk 127 verhältnismäßig am wenigsten hervor. Aber wenn sie auch nicht hervortreten, so sind sie doch vorhanden, obwohl das erste Allegro-Thema (Beispiel 31) und eine gewisse Anmut des Satzes zu

31 Allegro
sempre p e dolce

einer Unterschätzung der musikalischen Arbeit und der geistigen Gedrängtheit verleiten können; auch das Seitenthema mit seinem bestimmteren Beginn, jedoch wieder zur Art des Hauptthemas zurückführenden Fortsetzung wirkt in dieser Richtung. Daher ist es nötig, die Aufmerksamkeit auf die zahlreichen Nebenmotive zu richten sowie auf die dreimal an entscheidender Stelle wiederkehrenden Maestoso-Takte. Das Wesen der Durchführung ist hier nicht, wie früher oft, Gegenspiel der Kräfte, sondern stimmliche Auflichtung. Ganz überraschend (selbst bei Beethoven überraschend) ist die Gedankenverwandtschaft des folgenden Adagios mit dem ersten Satz, sodaß man diesen nachträglich ansehen möchte als eine freie Phantasie über die Gedanken des Adagios. Dazu würde stimmen, daß es sich bei dem

Ludwig van Beethoven

Adagio um einen Variationensatz handelt. Die still auf und ab schwebende thematische Linie webt den melodischen Stoff durch die Instrumente, die zweite Variation (Andante con moto) legt die Harmonie meist akkordisch in die Unterstimmen, während die beiden Geigen durch geschärften Rhythmus und größere Schritte die Thematik festigen. In der dritten Variation (Adagio molto espressivo) erscheint das Thema in ganz neuen vereinfachten Umrissen ($^4/_4$-Takt alla breve), wendet sich jedoch in der vierten Variation ($^{12}/_8$-Takt) mit dem singenden Cello zu seiner ersten Linienführung zurück; die fünfte Variation (sotto voce) bringt wieder gelöstes Motivspiel. Gleichfalls als Variationen (mit Gedankengut aus dem ersten Satz) hat man das Scherzo anzusehen. Auffallend ist dabei die starre Gleichförmigkeit des Rhythmus: im eigentlichen Scherzando vivace unablässig punktiert, im Presto-Trio gleichmäßige Viertelbewegung. Das Finale knüpft ebenfalls an den musikalischen Stoff des ersten Satzes an, und zwar mit dem einleitenden Unisono-Motiv wie mit dem eigentlichen, von der ersten Geige im fünften Takt angestimmten Hauptthema wie endlich mit dem zum $^6/_8$-Takt hinüberwechselnden Allegro commodo, in dem das Thema nur rhythmisch umgestaltet erscheint. Im ganzen bietet der Satz dem Verständnis keinerlei Schwierigkeiten.

Der Entstehung und der Zusammengehörigkeit wegen seien die letzten Quartette Beethovens hier nicht der Werkzahl entsprechend aneinandergereiht.

Das B - d u r - Q u a r t e t t Werk 130 hatte als Schlußsatz ursprünglich eine Fuge, nämlich das später unter der Bezeichnung G r o ß e F u g e Werk 133 veröffentlichte Quartett. Der Verleger hatte Sorge um die riesenhafte Ausdehnung des Gesamtquartetts und wußte Beethoven zu veranlassen, die Schlußfuge von dem Quartett zu trennen und einen neuen Schlußsatz zu schreiben (dieser Schlußsatz ist Beethovens letzte Komposition überhaupt). Dieses Auseinanderreißen war früher nicht Beethovens Art und zerbricht auch durch die Beschaffenheit des neuen Schlußsatzes die Einheit des Quartetts. In der gleichen Richtung liegt der vierte Satz „Alla danza tedesca", der zunächst für das a-moll-Quartett Werk 132 bestimmt war, dann aber von Beethoven in das B-dur-Werk übernommen wurde, wobei er den Satz von A-dur nach G-dur transponierte. Rechnet man hinzu, daß dieses Quartett sechs (statt wie üblich vier) Sätze aneinanderreiht, so ist man versucht, anzunehmen, Beethoven habe seinen Grundsatz der Werkeinheit fallen lassen. In Wahrheit hat er ihn jedoch verstärkt und zwar in einem größeren Rahmen. Wie die drei Rasumowsky-Quartette durch motivisch-thematische Bindungen zu einem größeren Kreis zusammengeschlossen sind, so lassen sich die drei Spätquartette a-moll Werk 132, B-dur Werk 130 (mit der Großen Fuge Werk 133) und cis-moll Werk 131 (in dieser Reihenfolge entstanden) als ein gewaltiges Gesamtwerk erkennen. Und zwar nicht nur ihrer Haltung nach, sondern zugleich durch ihre gemeinsame Bindung an ein bestimmtes musikalisches Motiv. Wir geben die wichtigsten Stellen aus den drei Quartetten bzw. der Fuge (Beispiel 32). Die Gleichartigkeit liegt auf der Hand.

32 A op. 132   B op. 130   C op. 133   D op. 131 Adagio
Assai sostenuto   Adagio   Allegro

Die angedeutete äußere Vielfalt des B-dur-Quartetts tritt sogleich zutage im ersten Satz, dessen Tonarten, Zeitmaße und Taktformen zuweilen auf engstem Raume wechseln (allein das Zeitmaß wechselt sechzehnmal!). Der Satz hebt an mit einem Adagio, dessen erster Gedanke (Beispiel 32B) unisono vorgetragen wird, sogleich Gegenbewegung auslöst und in Motivsplittern stecken-zubleiben scheint. Das Cello bringt den Ausweg durch

ein auf Polyphonie zugeschnittenes Thema, das die
übrigen Stimmen kurz aufnehmen, bis dann ein Allegro
von fünf Takten dem Satz seine endgültige Zielrichtung
zuweist (Beispiel 33), von der es auch nicht durch Unter-
brechungen abgebracht werden kann. Daß diese Zielrichtung Polyphonie heißt, kann nicht zweifelhaft sein.

33 Allegro

Aber sie ist doppelgesichtig, indem sie gewissermaßen
auf vorwärtsdrängender Bewegung und gliedernden
Haltepunkten aufgebaut wird. Das folgende knappe
Presto bedarf keiner Erläuterung. Im Hauptteil baut es
sich auf einem engstufigen Kurzmotiv auf, das Trio wird
von einem Dreiklangsthema getragen. Es ist nicht recht
verständlich, warum Beethoven den dritten Satz, ein Andante con moto, „un poco scherzando" spielen lassen
will. Dieses Andante hat wenig „Scherzhaftes"; eher
wirkt es — im höchsten Sinne — spielerisch und erzeugt
so in dem Zusammenwirken des (z. T. von früher her
bekannten) motivischen Stoffes, der erlesenen Fein- und
Kleinarbeit, der weiten Spannung und des verhaltenen
Zeitmaßes ganz merkwürdige Wirkungen, die weit jenseits der Grenzen des „leidenschaftlich-bekennerischen"
Beethovens liegen. Umso stärker der Gegensatz, den
das nächste Allegro assai auslöst: „Alla danza tedesca",
ein Geschwindwalzer, dessen in Motiven spielende
Schlußtakte dem vorangehenden Tanz noch einmal vergnügt nachzutändeln scheinen. Daß der Satz ursprünglich in A-dur (jetzt G-dur) stand und dem a-moll-Quartett zugedacht war, wurde bereits erwähnt. Abermals
ein kaum zu überbietender Gegensatz: dem Geschwindwalzer folgt eine Cavatine von unsagbar inniger Empfindung. Hier ist jede Wendung, ja jeder Ton gesättigt

mit tiefem Erleben und edlem künstlerischen Ausdruck.
Die ersten Takte sagen alles aus (Beispiel 34). Jede

34 Adagio molto espressivo

Stimme verläuft selbständig und hat Anspruch auf volle
Beachtung (jeder einzelnen gibt Beethoven das „sotto
voce" auf den Weg), und doch bringt erst das Gesamt-
gewirk jene gedämpft leuchtende Tönung hervor, die
das Wesen dieses ergreifenden Satzes ausmacht. Seltsam unwirklich hebt sich davon die kurze Pianissimo-
Stelle ab, die mit „Sehr beklemmt" überschrieben ist. Das
Schlußallegro ist ein großes Tanzrondo mit polyphonen
Einschüben, breit gelagert, dicht erfüllt, innerlich jedoch
nur verknüpft mit dem „Alla danza tedesca" des vierten
Satzes. Es wurde — wie bereits angedeutet — nachträglich dem Quartett angefügt und ist Beethovens letzte
Komposition.

Wirkliches Endstück des Quartetts bildet die G r o ß e
F u g e B-d u r, die Beethoven merkwürdig wider-
spruchslos auf Wunsch des Verlegers durch das Tanz-
finale ersetzt und dann als Werk 133 gesondert hat erscheinen lassen. Gewiß, es ist ein Riesenwerk, das zum
Nachgestalten wie Hören erheblicher Denkarbeit bedarf,
wozu man nach fünf vorangehenden Sätzen nicht immer
ohne weiteres imstande sein würde. Und wir kennen
ähnliche Fälle, in denen man nur den Kernsatz aufführt,
ohne der anderen zu gedenken. So bei der Chaconne
von Bach, die ja auch der Schlußsatz einer Suite ist; so
bei dem Andante favori von Beethoven, das ursprünglich zur Waldsteinsonate gehörte. Aber das ändert doch

nichts an den Erwägungen, die wir bereits bei Bachs Chaconne anstellen mußten: Zusammengehöriges soll man nicht trennen, zumal, wenn das eine das andere krönt. Wem möchte es beikommen, bei einer Betrachtung des doch gewiß auch innerlich erfüllten, schwer zu übersehenden Straßburger Münsters den Turm „wegzulassen" mit der Begründung, der Betrachter sei durch das übrige bereits erschöpft. Die Spätquartette Beethovens wenden sich, wie der Verfasser an anderer Stelle ausgeführt hat, „in ihrer schwierigen Ausdrucksweise kaum noch an die Allgemeinheit, so ganzheitlich und urdeutsch ihr Gehalt auch ist". Wer sich also mit ihnen beschäftigen kann, muß unter allen Umständen die Kraft aufbringen, sie sich als Ganzes anzueignen. Will man schon die Fuge von dem dazugehörigen Quartett lösen, so wird man erst recht nicht den Atem aufbringen, die Einheit der Werkzahlen 130, 133, 131 und 132 innerlich zu bewältigen.

Die B-dur-Fuge zu „analysieren", ist hier nicht der Ort. Einige Umrisse müssen als erste Anregung zu eigener Weiterarbeit genügen. An der Spitze („Overtura") stehen einige Takte, deren genaue Kenntnis es ermöglicht, den Formenablauf des Ganzen schon jetzt zu überschauen. Das Kopfmotiv tritt nämlich in viererlei Gestalt auf: 1. als volltaktige Noten im $^6/_8$-Takt, G-dur, sforzato, unisono (Beispiel 32 C); 2. als schwingende Figur im Wechsel von Achtel- und Viertelnoten, wieder $^6/_8$-Takt, jedoch nach C-dur auslaufend, forte, unisono (Beispiel 35b); 3. als ruhiges Gleiten in Vierteln im $^2/_4$-Takt, F-dur, piano, nur noch eine Stimme (Beispiel 35c), während sich weiterhin ein Kontrapunkt in Sechzehnteln von der Bratsche ablöst; 4. als leise klopfende Achtel auf den schlechten Taktteilen, $^4/_4$-Takt, B-dur, pianissimo (Beispiel 35d). Diese Abstufungen, jeweils getrennt durch Generalpausen, werden entscheidend für den Fugenverlauf. Der erste Teil beginnt als Doppelfuge: in der Bratsche das klopfende Thema 35d, dazu in der ersten Geige der zuckende Rhythmus des Gegenthemas. Im zweiten Teil (Meno mosso e moderato, Ges-dur) herrscht die Themengestalt 35c, der sich

als Kontrapunkt die fließende Sechzehntelbewegung gesellt, die sich bereits in der „Overtura" in der Bratsche angekündigt hatte. Nach dem Pianissimo-Schluß setzt der dritte Teil Allegro con brio fortissimo ein, baut sich über 35b in heftigem Ansturm auf, von einem trillerdurchsetzten Kontrapunkt vorwärtsgetrieben, steigert sich (As-dur) empor mit dem großartig im Cello aufklingenden Kernthema 35a, dazu 35b in der Umkehrung sowie der Triller-Kontrapunkt. Jetzt kehrt das Meno mosso wieder, allerdings etwas umgeformt und forte, wird abgelöst von dem Allegro con brio zu neuer Steigerung. Wenn sie allmählich abklingt, tauchen noch einmal Umrisse früheren Geschehens empor, führen zur Kerngestalt des Kopfmotives, scheinen in Trillern zu verrinnen, bis ein großes akkordisches Fortissimo den Bau krönt. — Ist so die Übersicht recht einfach, so liegt im Inneren des Werkes eine Kunst der Arbeit verborgen, die sich nur langsam erschließt; und zwar vor allem, weil die Kontrapunktierungen und Umkehrungen und Zwischenspiele außerordentlich dicht gesetzt sind, ohne daß sich Beethoven sklavisch an die überkommenen Regeln der Fuge bindet.

Das a - m o l l - Q u a r t e t t Werk 132, 1825 vor dem B-dur-Quartett entstanden, erweist seine Verwandtschaft mit diesem und mit dem cis-moll-Quartett bereits

durch das in der langsamen Einleitung von Stimme zu
Stimme imitierend einsetzende Grundmotiv (Beispiel 32A). Aus den nebelhaft düsteren Harmonien der
Einleitungstakte rieselt unvermittelt eine Sechzehntelfigur der ersten Geige. Sie mündet in das langgehaltene
e, aus dem dann das eigentliche Hauptthema herauswächst. Ein Dutzend Takte, — aber wie beredt, wie ge-
bärdenhaft in dem Sichlösen aus Bedrängnis zu befreiter
Bewegung. Verstärkt wird der Ausdruck noch dadurch,
daß es das Cello kaum erwarten kann: in das gehaltene
e der ersten Geige, das ja noch nicht Thema ist, sondern
nur erst einatmender Anhub, wirft es ungeduldig das
Kernmotiv des Satzes, und zwar, obwohl das Cello
eigentlich Baßstimme ist, eine Oktave höher, als es die
Geige dann zwei Takte später bringt (Beispiel 36). Mit

dieser ausdrucksvollen Sprache nimmt der erste Satz
vieles von dem voraus, was sich im dritten, dem „Dankgesang eines Genesenden", ausspricht. Die Entwicklung
vollzieht sich nun durchaus unter der lebendigen Kraft
des Kernmotivs (36), wobei das quälend-sehnsüchtige
Motiv der Einleitung wie durch Rückerinnern den Ver-
wandlungsweg gliedert. Dabei sind die Nebengedanken
an sich wohl recht bedeutend; im Verlauf des Satzes
stehen sie jedoch zurück. Ist der erste Satz Entspannung
auf einem Kerngedanken, so treten im nächsten (Allegro
ma non tanto) gegensätzliche Gedanken nebeneinander;
sie sind im Thema selbst enthalten: das erste Motiv
sacht ansteigend, in gleichmäßigen Vierteln, das zweite
fallend, in gelöstem Rhythmus. Beide Motive ergänzen
sich weiterhin kontrapunktisch, sodaß über diesem
scherzo-artigen Satz ein seltsamer Schleier liegt. Er
lichtet sich auch nicht im Trio, weil dessen in der Höhe

ansetzende Thema durch eine Gegenstimme rhythmisch abgedunkelt wird. Dieses trotz aller Bewegung merklich verhaltene Bild wird nachträglich „erklärt" durch das kurz angedeutete quälende Eingangsmotiv des Quartetts (32A). Empfindungsmäßiger Kernsatz des Quartetts ist der dritte, der „Heilige Dankgesang eines Genesenden an die Gottheit". Der Dankgesang selbst wird molto adagio vorgetragen; er steht — Beethoven schreibt das selbst über das Adagio — in der lydischen Tonart (F-dur mit h statt b). Eine breit gelagerte Choralweise in halben Noten. Dreimal tritt der Choral auf, die imitierend einsetzenden Zwischenspiele jedesmal in der Bewegung gesteigert. Je zwei Choralstrophen rahmen ein stark ausgeziertes Andante, das Beethoven anfangs überschreibt: „Neue Kraft fühlend". Ein Stück innerer Programm-Musik von ergreifender Innigkeit. Ein regelrechtes kleines Marschsätzchen bildet den nächsten Teil. Auch wer bei Beethoven keine Programm-Musik sucht, kann sich des Eindrucks kaum erwehren, hier ein vergnügliches Wandern nach langen Krankheitstagen zu hören. Eine rezitativische Überleitung führt unmittelbar zum Schlußsatz, einem Allegro appassionato. Dieses Appassionato wird man als leidenschaftliche Freude ansehen dürfen, als einen Ausdruck innerer Bewegtheit, wie der Marsch ein Bild äußerer Bewegung darstellte. So knüpft dieses Finale merklich an die Gedanken und Empfindungen des ersten Satzes an.

Hatte schon das B-dur-Quartett mit seinen sechs Sätzen die hergebrachte Viersätzigkeit verlassen, so geht das c i s - m o l l - Q u a r t e t t Werk 131 noch ein ganzes Stück weiter. Beethoven bezeichnet mit Zahlen ausdrücklich sieben Sätze. Da von ihnen einige sehr lang sind und ihrerseits merklich Unterteilungen aufweisen, wirkt das Quartett beim ersten Hören noch vielteiliger. Es kommt hinzu, daß die Sätze nicht für sich bestehen, sondern sich unmittelbar aneinanderschließen. Man ist versucht, an die mehrsätzigen Suiten zu denken;

dagegen spricht freilich die Buntheit der Tonarten (nur
die Ecksätze in cis-moll, sonst D-dur, h-moll, A-dur,
E-dur, gis-moll). Und gegen eine Deutung des Quartetts
als eine Art Phantasie stellt sich die kunstvolle Strenge
des Satzes. Wem es darauf ankommt, die herkömmliche
viersätzige Form des Streichquartetts auch in diesem
Werk wiederzufinden, dem hat es Beethoven leicht gemacht: die Sätze 3 (Allegro moderato und Adagio) und 6
(Adagio quasi un poco andante) bestehen aus jeweils
nur wenigen Takten, lassen sich also als reine Zwischenglieder auffassen. Nimmt man schließlich das erste
Adagio nur als — freilich mächtig gedehnte —. Einleitung zum Allegro, so ergibt sich die einleuchtende viersätzige Form: 1. Einleitungs-Adagio und Allegro-Haupt-
satz / Moderato-Überleitung /, 2. Andante /, 3. Presto /
Adagio-Überleitung /, 4. Allegro-Finale. Der thematische
Stoff tut ein übriges, das Werk zusammenzuschließen.
Gleich das Kernmotiv (32D), mit dem das Adagio anhebt,
stellt darüber hinaus noch die innere Verwandtschaft
zum a-moll-Quartett und zum B-dur-Quartett (einschließ-
lich der Großen Fuge) nachdrücklich fest. Das einleitende
Adagio ist eine Fuge über ein Thema, das mit dem Kernmotiv der ganzen Reihe beginnt (Beispiel 37). An die

ruhig verlaufende, gedanklich einheitliche Fuge schließt
sich das Allegro molto vivace; auch dieses einheitlich,
leicht überschaubar, einem einzigen Thema verpflichtet
($^6/_8$, D-dur). Ohne weiteres als Überleitung kenntlich ist
das „dritte" Stück des Quartetts: fünfeinhalb Takte Allegro moderato mit einem zerstückt durch die Stimmen
laufenden Motiv, fünfeinhalb Adagio-Takte um eine figurative Bewegung der ersten Geige ($^4/_4$, h-moll) leiten zum

„vierten" (eigentlich zweiten) Satz, einem Variationen-Andante von einer Fülle und Kraft, wie wir sie selbst bei Beethoven nicht oft antreffen. Das Thema besteht aus einem nur vier Töne spannenden Motiv, das durch Reihung zum Großgedanken wird ($^2/_4$, A-dur). Bleibt es in der ersten Variation, lediglich durch eine Gegenstimme umspielt, noch kaum verändert, so löst es sich schon in der zweiten (più mosso) in Achtelbewegung auf, bildet in der dritten (Andante moderato) einen Kanon und zwar mit der gleichen Motivbildung wie der erste Satz des a-moll-Quartetts (Beispiel 36, Cellostimme), löst sich in der vierten (Adagio) zu fließender Bewegung mit kurzen Pizzicato-Einwürfen, durchläuft kaum erkennbar in der fünften (Allegretto) synkopisch die Stimmen und taucht in der sechsten Variation (Adagio) in halbdämmrige Farben, Note gegen Note gesetzt, vom 9. Takt an von einem knappen Cellomotiv durchmurmelt. Nun zersetzt sich das Thema immer mehr, beginnend mit den rezitativischen Einzelgängen der vier Instrumente. Wechsel im Zeitmaß und in den Tonarten, flirrende Triller hemmen alle Ansätze zu neuem Gestaltwerden. In dieses Zerflattern mischt sich unwirsch das Cello mit einer heftigen Gebärde, als wolle es zur Besinnung aufrufen: der fünfte („dritte") Satz beginnt, das Presto (E-dur). Nach der kraftvollen Cellogebärde herrscht einen Takt lang erschrockenes Schweigen, dann beginnen die Instrumente gehorsam ein „ordentliches" Spielen. Das Thema dieses Scherzos (Beispiel 38) ist zart

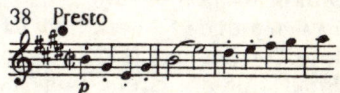

38 Presto

in der Gestalt, aber kräftig genug gegliedert, um die rhythmisch nicht einfache, durch Adagio-Takte häufig unterbrochene Entwicklung tragen zu können. Ob sich freilich die zahllosen Feinheiten dieses treibenden Scher-

zos mit dem Ohr allein erfassen lassen, darf bezweifelt
werden. Das von Beethoven mit Nr. 6 bezeichnete Adagio quasi un poco andante mit seinen Motivbeziehungen
hat abermals die Bedeutung eines verbindenden Zwi-
schenstücks: es führt zum Schluß-Allegro. Dieses Finale
mit seiner Fülle thematisch-motivischer Beziehungen hat
mit dem alten „Ausklang"- oder „Kehraus"-Finale nichts
mehr gemein. Zog sich schon durch die übrigen Sätze
des Quartetts die Linie untergründiger Gemeinschafts-
thematik mit allerlei Bezogenheiten auf das a-moll- und
das B-dur-Quartett, d. h. auf das Kernmotiv der drei
Werke, so entwickelt dieser Schlußsatz nochmals neue
Bildungen aus dem gemeinschaftlichen Kernmotiv und
vor allem aus dem Fugenthema des ersten Satzes. Offen
zu Tage liegen die Bindungen allerdings erst am Ende
des Satzes, wo vierzig Takte vor dem Schluß („Ritmo di
due battute") mit cis-gis-a-gis das Kernmotiv einsetzt
und in anderen Lagen mehrfach wiederholt wird. Was
vorangeht, ist unauffällige, dafür umso kunstvollere
Ausdeutung des Fugenthemas in immer neuer Gestalt,
— in der Dichte der „Arbeit" und in dem Reichtum des
Einfalls nur vergleichbar mit Bachs Kunst der Fuge. Erst
seitdem man sich in Jahrzehnten die Kenntnis dieses
offenen und verborgenen motivisch-thematischen Spiels
angeeignet hatte, gelangte man zu dem Wissen, daß die
Spätquartette Beethovens und insbesondere das cis-
moll-Quartett nicht unverständlich wirken, weil sie
formlos seien, sondern weil die Form vollgepreßt ist mit
strengster gedanklicher Folgerichtigkeit.

Das F - d u r - Q u a r t e t t Werk 135 ist Beethovens
letzte ausgeführte Tondichtung (1826), wenn man absieht
von dem als Ersatz für die Große Fuge geschriebenen
Finale des B-dur-Quartetts. Innere oder äußere Beziehungen zu den übrigen Spätquartetten bestehen nicht.
Beethoven nannte es einmal „schofel", vielleicht, weil
er an dieses Werk nicht den Maßstab der drei großen
Quartette anlegen konnte. Läßt man jedoch diesen Maß-

stab beiseite, so erscheint das F-dur-Quartett als ein knappes, sehr fein gezeichnetes, oft mit außerordentlicher motivischer Kunst gearbeitetes Werk von meist entspannter Haltung. Das Kopfstück (Beispiel 39) des einfach zu überschauenden ersten Satzes (Allegretto!)

39 Allegretto

legt von Gehalt und Gestalt des Quartetts wesentliches Zeugnis ab. Daß die Bewegung des Cellos das Kernmotiv der Quartette B-dur, a-moll und cis-moll enthält (des-c-b-a), ist wohl nur Nachklang; denn das Motiv erlangt keine größere Bedeutung für dieses Werk. Sehr einheitlich wirkt das folgende Vivace, ein Scherzo, dessen Hauptteil und Trio aus dem gleichen thematischen Stoff bestehen: einem Tonleiterthema. Der Reiz des Satzes liegt in der Tönung (Stärkegrade, Harmonie, Wechsel von Staccato und gebundenem Spiel) und dem humorvollen Hinundherwerfen der Motive. Im A-dur-Teil geht es sogar einigermaßen handfest zu, wenn die erste Geige über dem rumpelnden Unisono der anderen Instrumente ihre Sprünge machen muß. Sehr knapp gefaßt ist der dritte Satz, ein „Lento assai, cantante e tranquillo", in dem das halblaut gesungene Thema unmerklich variiert wird. Ganz überraschend die äußere Gestaltung des Schlußsatzes. Er besteht aus einem Allegro, das durch ein Grave eingeleitet und später auch einmal unterbrochen wird. Über das Ganze schreibt Beethoven: „Der schwer gefaßte Entschluß". Darunter stehen drei Noten im Grave-Zeitmaß mit den Worten: „Muß es sein?" und ein

zweimal wiederholtes „Es muß sein!" im Allegro-Zeit-
maß. Die Noten geben jeweils das Kernmotiv des Grave
und des Allegros. Man ist natürlich geneigt, diese Überschriften bei Beethoven als schicksalschwer anzusehen.
Jedoch ist bekannt, daß der Meister sie aufgeschrieben
hat, als er sich wieder einmal heiter-zornig mit Geldfragen auseinandersetzen mußte. Und man tut gut, diesem
Satz nicht allzuviel Schicksalhaftes zu unterlegen, sondern sich an den Anlaß zu seiner Entstehung zu erinnern. Freilich auch eben nur an den Anlaß; denn der
Schlußsatz ist kein Finale über Geldfragen, sondern ein
feingefaßtes Stück reiner Musik. Dafür spricht schon die
Gestalt des Themas (Beispiel 40; zu Beginn das „Es muß
sein"), das zu kunstvollen Verschlingungen geradezu

40   Allegro

auffordert. Und doch: ergreifender als diese Verschlingungen wirkt die schlichte Klarheit der letzten 28 Takte.

Kammermusik mit Bläsern

Die Kammermusik mit Blasinstrumenten steht nur am
Rande des Beethovenschen Schaffenskreises. Es handelt
sich um Frühwerke, die gewiß ihre Bedeutung besitzen,
aber auch nicht überschätzt werden können. Beethoven
wird gewußt haben, warum er die Kammermusik für
Bläser nicht weiter gepflegt hat. Wir brauchen, um eine
Vorstellung von dieser Werkgruppe zu erhalten, nur
einige solcher Kompositionen zu streifen.

Das Es-dur-Quintett für Oboe, Klarinette,
Horn, Fagott und Klavier (Werk 16) mag Beethoven geschrieben haben, um sich als tüchtigen Kammermusik-

Klavierspieler vorzustellen (er hat es 1797 auch selbst aus der Taufe gehoben). Darauf deutet einmal der alles beherrschende Klaviersatz, zum andern wird jeder der drei Hauptsätze durch ein Klaviersolo eingeleitet. Diesen Sätzen ist ein Grave vorangestellt, dessen punktierter Rhythmus und Unisonobeginn etwas Äußerlich-Festliches zur Schau trägt. Das Äußerliche schwindet in den drei Hauptsätzen, doch das Festliche, Aufmerksamkeit-Erheischende, Konzertmäßige bleibt. Wie das Klavier das erste Thema des Allegros (Beispiel 41) solistisch vorträgt, so bleibt dieses Instrument in dem übersichtlichen Spiel der Motive den ganzen Satz hindurch maßgebend.

41 Allegro ma non troppo

Im Andante cantabile fesselt die Gegensätzlichkeit des schon ganz Beethovenschen Hauptthemas mit Mozartisch anmutenden Nebengedanken. Ungemein frisch und lebendig das Schlußrondo, dessen zunächst weich gebettetes Thema die doppelschlagartigen Auszierungen aus den früheren Sätzen aufnimmt. (Das Werk ist auch für Klavier und Streichtrio bearbeitet; diese Fassung ist leichter zu verwirklichen, klingt auch „kammermusikalischer", verwischt aber den konzertmäßigen Reiz des Quintetts).

Unter den Sextetten nennen wir das Es - d u r - S e x - t e t t für 2 Klarinetten, 2 Hörner und 2 Fagotte (Werkzahl 71, geschrieben 1796). Neigt das Es-dur-Quintett zum Konzertmäßigen, so ist das Sextett mehr Freiluft-Divertimento als Kammermusik. Darauf deuten die Marschrhythmen des einleitenden Adagios und das Marsch-Rondo des Schlußsatzes nicht minder als die offene Haltung des Menuetts mit seinem Signal-Trio. Dieses Signal-Artige tritt bereits als Kopfmotiv des ersten Satzes auf (Beispiel 42); zarter Anruf ist auch das ebenfalls im Dreiklang anhebende Fagott-Thema des Adagios. Außer der langsamen Einleitung hat das Werk

42 Allegro

also vier Sätze; doch ist es so offen, daß man es sich unschwer auch fünf- oder sechssätzig vorstellen könnte.

In dem seit je geschätzten und wirklich schätzenswerten Es-dur-Septett (Werkzahl 20, erste Aufführung 1800) mischt sich der Bläserklang mit dem der Streicher: Klarinette, Fagott und Horn treten zusammen mit Geige, Bratsche, Cello und Kontrabaß, — also fast eine kleine Orchesterbesetzung, und etwas leicht Orchesterhaftes liegt denn auch über dem Werk. Nichts Sinfonisches zwar, aber hier scheint ältere Divertimento-Musik in eine gewisse Nähe zur Sinfonik gerückt. Die Stärke dieses Septetts liegt weniger in einer sorgfältigen Tönung der verschiedenen Klangmöglichkeiten als in dem kraftvollen, klaren Spiel mit einer scharfgeschnittenen, eindeutigen Thematik. Das Ganze verleugnet nicht die Bindung an das 18. Jahrhundert, doch die Thematik verrät eine anders zupackende Hand, und die Durcharbeitung weist bereits ins 19. Jahrhundert. Beethovenschen „Trotz" wird man hier vergeblich suchen; dafür findet sich eine Musizierfreude von besonderer Art. Dieser — und der einfachen formalen Gestaltung — dankt das Werk seine Beliebtheit. Das einleitende Adagio gibt zugleich in den ersten Takten die Grundhaltung des Septetts wieder: die helle Gegensätzlichkeit geradezu körperlicher Motiv- und Themengebilde. Hier sind es akkordische Schläge und flutende Bewegung. Im Allegro stehen sich die beiden Hauptgedanken ebenfalls wie ergänzende Gegensätze gegenüber (Beispiel 43a und b). Das Adagio cantabile bezieht seine Eigentümlichkeit aus dem Nebeneinander singender Melodik (Klarinette) und

gliedernder Harmoniefolge. Im nächsten Satz entscheidet wieder die kurzgliedrige Thematik des Menuetts

43 a Allegro   b

und seines Trios, während in den Variationen über ein
liedhaftes Thema die Einzelkräfte ganz von innen her
wachsen. Besonders eingängig ist die ergänzende Gegensätzlichkeit nun dort, wo im Scherzo das Horn —
das „Cello" unter den Bläsern — und im Trio das Cello
— das „Horn" unter den Streichern — als Hauptträger
hervortreten. Über ein kleines Andante alla marcia
geht es zum Schlußsatz, der die Haltung des ersten Allegros wieder aufnimmt.

Das Bläser-Oktett (je 2 Oboen, Klarinetten,
Fagotte und Hörner) ist trotz seiner hohen Werkzahl
103 ein Frühwerk, — Beethoven war noch nicht fünfundzwanzig Jahre alt, als er es schrieb. Alles in dem Oktett
ist noch ungelöst, Erprobung des Könnens am Herge-
brachten. Mozart war gerade gestorben, als das Oktett
entstand; doch sein Einfluß ist kaum spürbar. Nur wenig
ist gelockert, das meiste haftet noch in unpersönlicher,
stoffgebundener Massigkeit. So wenn im Allegro das

44   Allegro

Kopfmotiv (Beispiel 44) und nicht minder die thematische Weiterführung in ständigen Wiederholungsfolgen
steckenbleiben. Ähnlich das Andante. Erst das Menuett
mit der Themenaufteilung auf verschiedene Instrumente
und mehr noch das Trio, in dem Beethoven ebenfalls
(nur im Klang zarter) den Themenkopf und den Themen-

anhang ständig von verschiedenen Instrumenten bringen läßt, sprechen unmittelbar an. Der Schlußsatz faßt die beiden Ausdrucksarten zusammen: im Hauptteil herrscht das Massige; das Mittelstück, mit der chromatisch steigenden Klarinettenmelodie „dolce" anhebend, verweist auf die Haltung des Trios.

LUDWIG SPOHR

Geboren am 1. April 1784 in Braunschweig als Sohn eines Arztes. Der musikalische Vater ließ dem Sohn frühzeitig Geigenunterricht zuteil werden. 1799 Kammermusiker des Herzogs von Braunschweig. Verschiedene Kunstreisen. Später Geiger in Gotha, Kapellmeister in Wien (1812), dann in Frankfurt (1817). Seit 1822 Hofkapellmeister in Kassel. 1857 zwangspensioniert. Gestorben 22. Oktober 1859 in Kassel. Hauptwerke: Opern, Oratorien, Chöre, Sinfonien, Geigenkonzerte, Kammermusik.

Die allgemeine Unterschätzung Spohrs hat dahin geführt, daß seine Kammermusik vielfach vergessen wurde. In neuzeitlichen Ausgaben liegt nur verhältnismäßig wenig vor, sodaß die Schwierigkeit, zeitgerechtes Notenmaterial leicht zu beschaffen, weiter dazu beiträgt, dieses Vergessensein zu etwas scheinbar ganz Natürlichem zu machen. Nun bergen die Trios, einige Dutzend Streichquartette, die Klavierquintette und andere kammermusikalische Werke manches, was der Wiedererweckung wert wäre. Zwar sind die Spielfolgen kammermusikalischer Veranstaltungen in den letzten Jahrzehnten etwas aufgelockert und sicher auch bereichert worden, aber an Spohr scheint man sich nicht zu erinnern.

Dabei sollte eine Auswahl nicht schwerfallen. Unter den Streichquartetten dürfen alle diejenigen ausgeschaltet bleiben, die zu den „brillanten" gehören, also virtuos behandelt sind. Aus den verbleibenden verdienten wenigstens zwei oder drei ans Tageslicht gehoben zu werden. Das gilt in erhöhtem Maße von den Klavierquintetten (und hier besonders von Werk 130) und vor allem von den Doppelquartetten für vier Geigen, zwei Bratschen und zwei Celli.

Gerade die vier D o p p e l q u a r t e t t e der Werkzahlen 65, 77, 87 und 136 vermöchten die Kammermusik-Konzerte wesentlich zu beleben. Man sagt ihnen gern nach, sie entbehrten jener Feinheit des Satzes, die das eigentliche Kennzeichen kammermusikalischer Tondichtung ist. Bei Werken berühmterer Meister, für die ähnliches gilt, wagt man das nicht auszusprechen, — Spohr aber muß es sich gefallen lassen. Abgesehen davon, daß ein solcher „Vorwurf" nur zum Teil berechtigt ist, will uns das nicht einmal so übel erscheinen. Spohr strebt in den Doppelquartetten (eine Gattung, die übrigens schon vor ihm gelegentlich aufgetaucht ist) nicht kammermusikalische Achtstimmigkeit an, sondern ein gepflegtes Klanggruppenspiel von Quartett zu Quartett, wobei er die thematisch-motivische Feinarbeit den Einzelquartetten zuweist. Solcher Wechsel und solches Ineinander der Klangaufteilung haben besonders dann viel für sich, wenn es sich um konzertmäßige Aufführungen handelt. Wir haben uns daran gewöhnt, Kammermusik im Konzertsaal entgegenzunehmen, müssen jedoch immer wieder unser musikalisches Gewissen beschwichtigen, wenn es sich gegen den darin liegenden stilistischen Widerspruch auflehnen will. Spohrs Doppelquartette gehören nun sowohl der echten Kammer- als auch der öffentlich aufzuführenden Konzert-Musik an: jener wegen der motivischen Feinarbeit, dieser ob ihres großflächigen Klanges.

In zweien dieser Doppelquartette treten auch solche Eigentümlichkeiten von Spohrs Tonsprache zurück, um derentwillen man ihn sonst in Bausch und Bogen abtut: eine gewisse Weichlichkeit des Ausdrucks und die Vorliebe für — zuweilen endlose — Triller-Schnörkel. Umgekehrt: Spohrs Fähigkeit, aus einem Grundthema ein locker scheinendes, jedoch scharf durchdachtes Figurenspiel zu entwickeln und aus ihm einen ganzen Satz wirklich aufzubauen, äußert sich in diesen beiden Werken besonders überzeugend. Es handelt sich um die Doppelquartette der Werkzahlen 77 und 136. Der Schnitt des Kopfthemas von Werk 77 (Beispiel 1) kommt der schwärmerischen Virtuosität entgegen, die Spohr

auszeichnet und die hier das leicht Konzertmäßige des Satzes edel bereichert. Auch das ebenso geistvolle wie warm empfundene Larghetto des gleichen Werkes zählt zu den schönsten Blüten Spohrscher Kunst.

Mehr Kleinarbeit enthält das gleichwohl sehr einheitliche Werk 136. Entscheidet das Kopfthema des zuvorgenannten Werkes über die Zügigkeit des ganzen Doppelquartetts, so legt Spohr das Kopfthema des anderen Werkes abermals als vorausdeutendes Kennzeichen der ganzen Tondichtung an (Beispiel 2): hier herrscht, das

wird aus dem zweitonigen Anfangsmotiv und seinem Wandern durch die Instrumente sogleich klar, die Freude am Kleingliedrigen, Feingezahnten, Gestichelten, ohne daß dabei die Lust am Klanglich-Malerischen unterdrückt würde. Der Vergleich mit manchem Bild von Moritz von Schwind drängt sich beim Anhören dieses Doppelquartetts ganz unwillkürlich auf.

In seinen Opern ist Spohr Romantiker; in der Kammermusik dagegen steht er als „Klassizist" auf jener feinen Grenzlinie zwischen Mozart und Schubert, die behutsam nachzutasten sein Werk gestattet wie nur wenige sonst.

CARL MARIA VON WEBER

*Geboren am 18. Dezember 1786 zu Eutin als Sohn eines
Stadtmusikus und reisenden Theaterdirektors. 1803 in Wien
als Schüler von Abt Vogler, 1804 Kapellmeister in Breslau.
Dann in Stuttgart, Karlsruhe, Mannheim, Darmstadt (hier
abermals Schüler Voglers). 1813—1816 Kapellmeister in Prag.
1817 bis zu seinem Tode (5. Juni 1826 in London) Leiter
der Deutschen Oper in Dresden. Hauptwerke sind seine
Opern; daneben auch Klavier- und Kammermusik.*

Weber war kein versonnener, träumerischer Romantiker, sondern ein scharf denkender Kopf. Und wenn er
auch einer der führenden Männer der musikalischen
Frühromantik gewesen ist, so muß man daran denken,
daß die romantische Mischung „Verstand und Gemüt"
gerade bei ihm viel vom klug erwägenden Verstand
enthält. Weber scheint sehr genau gewußt zu haben,
daß die Zeit echten Kammer-Musizierens sich erfüllt
hatte und daß der Zukunft das Konzert-Musizieren gehören würde. Für ihn ist daher das Streichquartett nur
denkbar im „geselligen, häuslich ernsten Kreise", wie
er selbst gesagt hat, also nicht im öffentlichen Konzert.
Daher hat denn Weber auch nicht ein einziges Streichquartett geschrieben, sondern den Streichern stets ein
Instrument gesellt, das einen konzertmäßigen Klang
in die zeichnende Streichervierstimmigkeit bringt.

So in dem Q u i n t e t t f ü r K l a r i n e t t e und
v i e r S t r e i c h e r Werk 34, wo die Streicher eigentlich nur den Untergrund bilden, auf dem sich die Klarinette in freiem Konzertieren erheben kann.

Noch deutlicher wird das Streben nach großflächiger
Wirkung in den Kammermusikwerken mit Klavier.
Etwa in dem K l a v i e r q u a r t e t t B - d u r Werk 8;
hier gibt das Klavier nicht nur den Ton an, sondern

ergeht sich ungehindert in konzertierender Art, läßt sogar sein Auftreten durch die Streicher geradezu vorbereiten. Aber die Einheit der Stimmung gibt dem Werk Haltung und Wert.

Die für die Kammermusik als unerläßlich geforderte Selbständigkeit der Stimmen ist am ehesten verwirklicht in dem g - m o l l - T r i o f ü r K l a v i e r , F l ö t e u n d C e l l o Werk 63. Hier ist das Übergewicht des Klaviers nicht mehr so erdrückend. Sehr fein der erste Satz, in dem die leidenschaftlichen Höhepunkte aus der träumerischen Zärtlichkeit des Ganzen natürlich herauswachsen. Das Scherzo möchte man immer wieder als sinfonische Skizze auffassen, weil hier derber Rhythmus und gleitendes Wiegen der Flötenmelodie eine ganze Landschaft starker Gegensätze heraufzaubern wollen (auch der Wechsel von fortissimo und pianissimo deutet in diese Richtung). Ganz romantisch schwärmerisch dagegen das Andante, eine Art Variationensatz über das Thema „Schäfers Klage". Erst der zupackende Schlußsatz greift die konzerthafte Gebärde wieder auf.

FRANZ SCHUBERT

Geboren am 31. Januar 1797 in Lichtenthal bei Wien als Sohn eines Lehrers. Geigenunterricht beim Vater, dann als Wiener Konviktschüler bei Salieri. Drei Jahre lang unterrichtete er zusammen mit seinem Vater die Volksschüler in Lichtenthal, schrieb jedoch zugleich zahlreiche Lieder, Opern und kirchliche Werke. Ein Freund ermöglichte es ihm, seit 1817 als freier Tondichter zu leben. Da er seine Erfolge nicht auszunutzen verstand, geriet er bald in Not. Nach zehnjährigem sorgenreichem Künstlerleben starb er am 19. November 1828 in Wien. Werke: über sechshundert Lieder, siebzehn Opern und Singspiele (z. T. nicht beendet), zahllose Klavierwerke, Kammermusik, Chöre, acht Sinfonien.

Schubert ist mit echter Kammermusik großgeworden, weil er fast immer im Kreise von Menschen gelebt hat, denen künstlerische Hausmusik etwas Selbstverständliches war. Man spielte geschwind ein Duo, ein Trio oder ein Quartett, man spielte den Freunden ein noch tintennasses Klavierstück, man erprobte mit ihnen ein eben fertig gewordenes Quartett. Das „Handwerkliche" der Kammermusik ist Schubert auf solche Weise einfach zugewachsen. Anders als den Musikern des 18. Jahrhunderts, die sich so oft die schwierigsten Aufgaben stellten; anders auch als dem großen Zeitgenossen Beethoven, dem Kammermusik in jedem Augenblick eine Probe höchster künstlerischer Bewährung bedeutete. So wurde denn auch Schuberts Kammermusik nicht zu einer geistigen Auseinandersetzung vor aller Welt und mit aller Welt, sondern zu einem gemüthaften Verströmen für die Freunde. Beethovens Kammermusik zwingt den Blick in geistige Höhen und überzeitliche Fernen, sie stellt Ansprüche, fordert; Schuberts Kammermusik quillt aus dem Gemüt und verdichtet die Ewigkeit zum

Augenblick, verschenkt sich, gewährt. Immer wieder — selbst im Grübeln und Aufbegehren — richtet sie sich nach innen, bleibt still auch im Fortissimo. Die kammermusikalischen Schöpfungen Schuberts sind farbiger, harmonisch satter, klangfülliger als alles vor ihnen und gleichzeitig mit ihnen Geschriebene, und doch bleiben sie bescheiden, unaufdringlich, wollen nicht „wirken" und wirken doch auf eigene Weise. Es sind Liederdichtungen in Tönen und Klängen, und sie verleugnen das Lyrische auch nicht im heftigen Ausbruch oder im leidenschaftlichen Aufbegehren. Das eigentliche Geheimnis liegt aber darin, daß sie in jedem Takt die unverkennbare Handschrift ihres Schöpfers zeigen, ohne die Person des Schöpfers in den Vordergrund zu drängen.

Werke für Geige und Klavier

Bei den Werken Schuberts für Geige und Klavier scheint man sich nicht einig zu sein, ob es sich um öffentlich aufführbare Kammermusik oder um Hausmusik handelt, und so übergeht man sie zumeist mit Stillschweigen. Solche stilistische Unbestimmtheit dünkt uns jedoch ein besonderer Vorzug. Die Hand des großen Künstlers weist nämlich auf diese Art darauf hin, daß zwischen Kammermusik und Hausmusik kein Unterschied zu bestehen braucht, ja, daß im Grunde zwischen ihnen kein Unterschied bestehen dürfte. Wie denn überhaupt Schubert den überzeugenden, eben schöpferischen Beweis dafür darstellt, daß formale Strenge und stilistische Klarheit nicht die alleinseligmachenden Wesenszüge der Tonkunst bilden.

Selbst dort, wo Schubert auf kleinem Raum eine einfache Thematik aufstellt und sie klar weiterführt, wird jeder wirklich Musikalische mehr hören als nur die Töne, mehr sehen als nur die von ihnen gebildeten Kurven. Es umgibt sie noch ein seelischer Umkreis, sie tönen nicht nur, sie reden.

Wir wählen als Beispiel die jedem Geigenschüler bekannten drei Sonaten der Werkzahl 137. (Leider spielt
man sie meist nur noch im Unterricht). Die erste Sonate
der Reihe steht in D - d u r. Drei Sätze. In der Mitte des
mittleren (langsamen) Satzes ein ausdrucksvoller Gei-
gengesang über verhaltenen Klavierharmonien, Mittelpunkt im inneren und äußeren Sinne. Noch die Themen
der Ecksätze, durchaus selbständige Gebilde, lassen die
heimliche, nicht so sehr musikalische als seelische Verwandtschaft aufklingen. Das erste Thema (Beispiel 1),

so einfach es erscheint, wagt man schon nicht mehr mit
dem analytischen Stift nachzuzeichnen oder zu zergliedern, weil man dann nur noch Unwichtiges zurückbehielte.
Womöglich noch eindringlicher wirkt das Thema des

Schlußsatzes (Beispiel 2). An sich ein locker dahineilen-
der Einfall und doch mehr: Ausdruck einer Seelenverfassung voll lächelnder Träumerei. Nicht anders der
Aufbau. Er wird in dieser Sonate verhältnismäßig formgerecht durchgeführt, drängt sich aber nirgends in den
Vordergrund. — Freier angelegt ist die a - m o l l - Sonate, während das g - m o l l - Werk sich trotz mancher
Freiheit wieder der ersten Sonate nähert. In diesen
beiden Werken herrscht Viersätzigkeit, eigentlicher
Kern bleibt jedoch wiederum der langsame Satz, liedhaft singend in der a-moll-Sonate, rankenhaft aufgelöst und zugleich harmonisch gebunden im g-moll-Werk.

Die Grundhaltung bleibt bei allen Werken dieser Gattung unverändert. Immer steht das Lied, mindestens aber das Liedhafte, im Mittelpunkt. Am deutlichsten bei den V a r i a t i o n e n über „Ihr Blümlein alle" (aus den „Müllerliedern") Werk 160. Dieses Duo ist ursprünglich für Flöte und Klavier geschrieben; fast schöner als die Variationen ist die herrliche Einleitung. Auch die mächtige C - d u r - F a n t a s i e Werk 159 umschreibt in weitem Bogen einen Liedgedanken. Und Kernstück des A - d u r - D u o s Werk 162 ist abermals der langsame Satz, ein in Wohllaut getauchtes Andantino, während die anderen drei Sätze das Klangbild in lockerer Reihung ins Spielerische auflösen.

Klaviertrios

Unter den Trios von Schubert ragen die der Werkzahlen 99 und 100 hervor (geschrieben 1827, für Geige, Cello und Klavier).

Das K l a v i e r t r i o B - d u r Werk 99 beginnt mit einem Thema (Beispiel 3), das von Geige und Cello

in Oktavparallelen vorgetragen wird. Diese „Horntriolen" unterbaut das Klavier mit akkordisch festem Grund: gleichmäßige vollgriffige Achtelakkorde in der rechten, rhythmische Punktierung in der linken Hand. Erst zum Schluß versucht die erste Geige, mit leichten Sechzehnteln solchem Zwang zu entgehen — und das Cello folgt dem Beispiel. Aber vergeblich. Wirkliche Entspannung bringt nach dem thematischen Auseinanderspielen der drei Stimmen erst das Seitenthema mit seinen weichen Sexten. Doch bleibt das Hauptthema in der Durchführung tonangebend. Umso feiner wirkt der Gegensatz des Andantes: sanft wiegender $^6/_8$-Takt, alles Singende den Streichern anvertraut, das Klavier meist nur begleitend; im Mittelteil Rankenwerk und thematisch-motivisches Liniengewebe, nicht als echte Polyphonie, sondern als Ausstrahlung des Klanges. Im Scherzo dann geschwinde Bewegung, aus der im Trio ein schwebender Walzer hervorblüht. Als Ausklang ein Rondo, dessen faßliches Hauptthema sich in allerlei heiter-gefährliche Spielereien mit gar seltsam daherkommenden Zwischenthemen einläßt, sodaß dem übermütigen Spiel ein kurzes klärendes Presto nachgesetzt werden muß.

Nicht so „romantisch" wie das erste Thema des B-dur-Trios mutet dasjenige des K l a v i e r t r i o s E s - d u r Werk 100 an. Man möchte bei dieser Art von Zeichnung an frühe Klassik denken (Beispiel 4), an klar umrissenes

Ziel und klar gegliederte Wegführung. Wenn auch dieses Thema den ersten Satz beherrscht, so wird es doch nicht bauend genutzt, bleibt vielmehr nur Führer im Spiel der verschiedenen Nebenweisen, die ihm zuwachsen (wichtigstes das tanzende Seitenthema). Wie eine

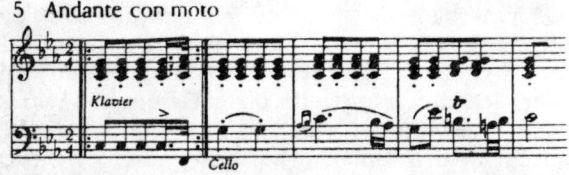

nordische Ballade erklingt das Andante. Die ersten Takte (Beispiel 5) sagen Entscheidendes aus in der die

Stimmung anschlagenden Begleitung des Klaviers und in der die Handlung tragenden sprechenden Weise des Cellos. Überwältigend dann das Zusammentreten der Stimmen, die allmähliche Erweiterung des „Schauplatzes" und das Zurückgleiten in den Erzählerton des Beginns. Das Scherzo mit seinem kanon-artigen Hauptteil und rhythmisch gespannten Mittelsatz leitet wieder in musikalisch-musikantische Bereiche zurück. Das Rondofinale liegt in der gleichen Richtung, überbietet jedoch ersten Satz und Scherzo an Festigkeit des Gefüges wie an Fülle der Gedanken.

Streichquartette

Das Kammermusizieren im Konzertsaal, in seinen Spielfolgen sonst häufig durch überkommene Gewöhnung erstarrt, hat bei Schuberts Streichquartetten seit Jahrzehnten eine Auswahl getroffen, die man als verbindlich ansprechen darf. Die Quartette a-moll Werk 29, G-dur Werk 161 und d-moll Nachgelassenes Werk, alle in Schuberts letzten Lebensjahren entstanden, überragen das Dutzend anderer Quartette so sehr, daß wir mit gutem Grund diese drei Werke in den Mittelpunkt stellen dürfen und die übrigen nur zu streifen brauchen. Schon als Fünfzehnjähriger hat Schubert Streichquartette geschrieben. Das war jedoch nicht mehr als ein tastendes Auseinandersetzen mit der klassischen Ausdruckswelt deutscher und italienischer Prägung. Auch die Streichquartette der nächsten Jahre haben lediglich die Sicherheit des Satzes gefestigt. Gelegentlich spürt man freilich schon etwas Neues, Andersgeartetes. Schubert beginnt nämlich, sich in Klangwelten vorzutasten, die sich sonst nirgends im gleichzeitigen Quartettschaffen finden. Und zwar handelt es sich dabei nicht so sehr um den gelegentlich ganz orchestralen Klang — so auffallend das auch sein mag in den Jahren zwischen

1812 und 1817 — als vielmehr um das Aufspüren klanglicher Möglichkeiten, die im Thema selbst schlummern.
Die Farbenmischung wiederum gewinnt er vorwiegend
durch eigentümliche Harmonisierung. Allerdings for-
dern seine Themen schon in dieser Frühzeit zu harmonischem Farbenspiel heraus; denn sie verlieren immer
mehr den Charakter des Zeichnerischen und werden gewissermaßen mit dem Farbenpinsel gezogen, heben sich
nicht umrißhaft ab, sondern verschmelzen fast unmerklich mit ihrer Umgebung. Mit anderen Worten: die
musikalischen Gebilde Schuberts sind nicht mehr für
sich bestehende, abgegrenzte Themen, sondern eingeglie-
derte, eingebettete Melodien. Dieses Aneignen überkommenen Gutes und Heranwachsen eigener Ausdrucksmittel ist im wesentlichen abgeschlossen mit den
Streichquartetten Es-dur und E-dur der Werkzahl 125.
Schubert schrieb sie 1817, also im Alter von zwanzig
Jahren. Der sonst so unermüdlich und fruchtbar Schaf-
fende hat in den nächsten Jahren die Gattung Streichquartett vernachlässigt. Unbewußt mag er gespürt haben,
daß er sich das technisch Wesentliche erarbeitet hatte
und daß er das Erworbene reifen lassen mußte. Denn
als er drei Jahre später abermals ein Streichquartett zu
schreiben begann, gab er den Versuch wieder auf. Immerhin zeigt der vollendete c-moll-Satz, wie stark der
jugendliche Meister innerlich gewachsen war.

Bleibt das bisher Geschaffene trotz ergreifender Einzel-
schönheiten noch Vorbereitung und Verheißung, so bedeuten die drei großen Spätquartette Erfüllung im höchsten Sinne des Wortes. Sie treten, obwohl sie so ganz
anders geartet sind, würdig in jenen kammermusikalischen Bereich ein, der besonders durch Beethovens
Quartettkunst geheiligt ist. Jetzt ist endgültig und unverlierbar erreicht, was Schubert bis dahin vorgeschwebt
haben mag: die Vereinigung mannigfacher Stilbestand-
teile zu einem neuen, romantischen Gesamtstil. Homophonie und Polyphonie, liedhafte Innigkeit und motivisch-

thematische Arbeit, harmonische Einfärbung und gedank-
liches Bauen, reines Musizieren und persönlicher Ge-
fühlsausdruck verschmelzen zu höherer, unlöslicher Einheit. Hinzu kommt, daß trotz aller Verschiedenheit der
drei Quartette eine kaum zu übersehende Linie der Steigerung und abermals neuen Werdens vom a-moll-Quartett über das d-moll-Werk zum G-dur-Quartett verläuft.
Hier bricht sie plötzlich ab, wie auf einer Höhe unvermutet ein Abgrund sich auftut, wo man an weiterem
Aufstieg dachte.

Überwiegend lyrisch gibt sich das a - m o l l - Q u a r -
t e t t (1824, Werk 29). Gleich der Beginn entscheidet
über Wesen und Haltung des ganzen Werkes. Fein-
verästelt hebt der erste Satz an: Cello und Bratsche
pochen leise ihren gleichmäßigen Rhythmus, die zweite
Geige schlingt eine Achtelbewegung in gebrochenen Akkorden hinein, und die erste Geige setzt nach zwei Takten pianissimo das Thema hinzu (Beispiel 6). Und dieses

6 Allegro ma non troppo

Thema ist ebenfalls verästelt, vielgesichtig schon beim
ersten Auftreten. Nicht allein in der Linie (ruhiges Absinken zu Beginn, bewegter Nachsatz), sondern auch in
der ihm zugrunde liegenden Harmonie: eines jener Schubertischen Mollthemen, die danach verlangen, nach Dur
hinüberzugleiten (was auch hier bald geschieht), und die
durch solche harmonischen Änderungen eine völlig neue
Stimmung ausdrücken. Das Seitenthema (in Dur) bildet
keinen Gegensatz, sondern eine Ergänzung. Die Überleitung zwischen den beiden Themen enthält einge-
streute Triolen und Triller, die in der Durchführung eine
Rolle spielen. In dieser kommt es nur gelegentlich zu
Straffungen; im allgemeinen verläuft sie wie ein freundliches Naturspiel. Im Andante das gleiche Bild, nur ver-

haltener im Zeitmaß, singender im Ausdruck. Allbekannt das Thema (Beispiel 7), unverkennbarer Schubert

7 Andante

mit der Motivfolge „Ein Viertel / zwei Achtel", unmerklich verändert in den Klavierstücken wiederkehrend, schwingender Mittelpunkt der „Rosamunden"-Musik. Wieder pianissimo, wieder Achtelbegleitung der zweiten Geige, wieder ruhende Grundtöne in den tiefen Instrumenten. Auch dieses Thema wird nicht eigentlich gestaltet im weiteren Verlauf als vielmehr immer neu angestrahlt. Was an verborgen Tänzerischem im Andante-Thema anklingt, entfaltet sich im Menuett zu freiem Tanzspiel und klingt im Menuett-Trio als halbverhüllter Ländler auf. Hüllenlos aber wagt sich der Tanz hervor im Schlußsatz mit seinem etwas ungarischen Gebaren. Der Zauber dieses Tanzfinales liegt weniger in seinen faßlichen Hauptgedanken; daß sie recht zur Geltung kommen, beruht auf scheinbaren Nebendingen, vor allem auf der Stimmführung mit ihren Zusammenziehungen und Weitungen.

Ein ganz anderes Gesicht zeigt das d - m o l l - Q u a r t e t t Nachgelassenes Werk („Der Tod und das Mädchen"). Herrschte im a-moll-Quartett und seinen feinen Verästelungen die schwebende Heiterkeit des Tanzes, so steigt in den Ballungen des d-moll-Quartetts die ernste, grüblerische Welt des späten Beethoven auf. Wuchtig beginnt das Allegro: Oktav-Unisono der Instrumente, fortissimo, trotziger Rhythmus mit Triolenschlag; Zurücksinken des Triolenmotivs ins Pianissimo, ein paar lastende Takte, auf ganzen Noten verklingend. Dann erst das Hauptthema (Beispiel 8), zum Bersten erfüllt von dynamischen Akzenten, dem drängenden Triolenmotiv, dem wuchtenden Thema der ersten Geige,

der selbständigen Willensspannung aller Stimmen. In
riesenhafter Steigerung und ruhigem Wiederabklingen

geht dieses Gedankengebilde durch mehr als vierzig
Takte. Dann setzt das Seitenthema ein: pianissimo, in
parallelen Terzen und Sexten der Geigen zu doppel-
punktiertem Baßrhythmus des Cellos, während die
Bratsche das Triolenmotiv als Begleitfigur beibehält.
Einzigartig ist nun, wie dieses Seitenthema von den
Begleittriolen der Bratsche aus ganz allmählich dem
Grundgedanken des Hauptthemas wieder entgegen-
strebt und endlich, nach mancherlei Umschmelzungen
polyphoner (aber auch nur umrißhafter) Art mit ihm
eine höhere Einheit auf höherer Ebene erreicht. — Die
dunklen „Tod"-Harmoniefolgen aus Schuberts Lied „Der
Tod und das Mädchen" bilden das Thema des Andantes
(Beispiel 9). Der Satz selbst besteht aus Variationen

über diese Klangfolgen. Einer Erläuterung können diese
Variationen entraten; es gilt nur festzuhalten, daß hier
eben nicht ein zeichnerisches, linienhaftes Thema verändert wird, sondern eine geballte Folge von harmonischen Klängen. Schubert löst sie in den Variationen zu
Bewegung, Melodien und Gegenstimmen auf. Und man
wird bald bemerken, daß alle anfänglichen Gedanken-

verbindungen zu dem gleichnamigen Lied von der See-
lenstärke dieser reinen Musik sanft beiseite geschoben
und schließlich verdrängt werden. — In Scherzo und Trio
wiederholt sich (freilich auf ganz anderer Ebene) der
Vorgang des ersten Satzes: das punktierte Motiv des mit
Synkopenauftakt beginnenden Scherzothemas (auffallend dem Schmiedemotiv Mimes aus Wagners „Siegfried" verwandt) klingt als Begleitfigur im leise singenden, tanzenden Trio weiter. — Ganz verdichtet das
Presto des Schlußsatzes: drängender $^6/_8$-Takt, hüpfendes
Grundmotiv, breitgelagerter Zwischengedanke, mächtig
aufsteilende Akkordballungen verschmelzen zu einheit-
lichem Guß.

Kammermusikalischer Feinheit und Durchzeichnung
begegnet man in Schuberts G-dur-Quartett
Werk 161 nur wenig. Nach innerem Gehalt und äußerer
Gestaltung möchte man das Quartett eher der Orchestermusik zuordnen (zu der es freilich im Grunde nicht
gehört). Thematik, Harmonie, Rhythmus, Klang, selbst
die Satzart (etwa die zahlreichen Tremoli und oft dop-
pelgriffigen Tonwiederholungen) tragen eine gespannte
Fülle der Gesichte, wie man es sonst wohl nur in
orchestralen Schöpfungen wiederfindet. Sie wachsen so
aneinander empor und schmelzen sich gegenseitig so ein,
daß sie vieles von dem vorwegnehmen, was das 19. Jahrhundert nach Schubert geschaffen hat. Die Anfangsgebärde des Quartetts — von „Thema" mag man kaum
sprechen, so gleichberechtigt und ergänzend stehen die
anderen Ausdrucksmittel neben der thematischen Zeichnung —, die Anfangsgebärde mag für Geist und Anlage
des Ganzen zeugen (Beispiel 10). Der leise einsetzende
G-dur-Akkord schwillt in rascher Steigerung zum Fortissimo und treibt mit stürmischer Gewalt zum g-moll
des Themabeginns; der breitgelagerte Anfangsakkord
schleudert das mächtig gezackte Motiv förmlich aus sich
heraus; aus anfänglicher Dreitonigkeit wird ein elf-
toniger Akkord, aus kammermusikalischem Pastell wird

orchestraler Farbenglanz. Auf anderer harmonischer
Stufe wird diese ausladende Gebärde wiederholt, dann
senkt sich ein geheimnisvolles Tremolo herab, über dem

die erste Geige das eigentliche, mit dem punktierten
Motiv beginnende Thema bringt. In der Weiterführung
wächst die Spannung ins Dämonische. Das Seitenthema
mit seiner Synkopierung wirkt nicht als Gegenkraft, sondern als Bekräftigung des bisher Entfesselten. Und die
Durchführung erscheint ebenfalls weniger als Ringen
von Gegensätzen denn als bestätigende Überhöhung. —
Im Andante („ein wenig bewegt"!) herrschen der gleiche
Gedanke und das gleiche Bild; nur wird alles in ruhi-
gerem Zeitmaß ausgesprochen. Aber die leidenschaftliche Kraft ist womöglich noch stärker in den Tremolo-
Akkorden mit ihrem drängenden Schwellen und ihren
anstürmenden Fremdharmonien, in den heftig auffahren-
den Zweiunddreißigstel-Figuren, die umso erregender
wirken, als sie nur sparsam eingesetzt werden. Dabei ist
das äußere Bild oft scheinbar glatt und ruhig; nur der
punktierte Rhythmus (dem Motiv des ersten Satzes entstammend) ist nicht zu überhören. Er vor allem trägt
denn auch die innere Brücke zwischen den beiden Sätzen.
— Ganz aus dem Rhythmus geboren ist das Scherzo:
atemberaubend in dem geschwind pochenden Motiv des
Hauptteils (Allegro vivace, h-moll), ausruhend auf ge-
mächlicher Walzerweise des Trios (Allegretto, G-dur). —
Bewegungsantriebe beherrschen auch den Schlußsatz.
Der punktierte Rhythmus der ersten beiden Sätze wird

hier wiederaufgenommen; jetzt aber im schnellen $^6/_8$-Takt. Auch der Wechsel von Moll und Dur, hart aneinandergesetzt und doch die Einheit nicht sprengend, knüpft an den ersten Satz an, während die pochenden Achtel auf das Scherzo zurückweisen. Dieses Allegro assai wirkt so großartig, weil der beklemmende Bewegungssturm gepaart ist mit einer durchgefeilten Stimmführung.

Quintette

Heute vermögen wir es kaum zu fassen, daß ein Werk wie das C-dur-Streichquintett Werk 163 mehr als zwanzig Jahre vergessen, ja verloren war, ehe es wieder ans Licht tauchte. Als kammermusikalisches Höhenwerk Schuberts steht es unmittelbar neben dem zuletzt besprochenen G-dur-Streichquartett. Auch hier die Fülle innerer Erscheinungen, das Zusammenrücken aller Ausdrucksmittel zu einem fast orchestralen Klang, das überlegene Meistern der Stimmenverflechtung, das Einbetten des Thematischen in Harmonie und Rhythmus. Nirgends bloße „Füllung", eine Gefahr, die dem quartettmäßigen, also vierstimmigen Denken jener Zeit leicht hätte drohen können, wenn zum Streichquartett noch ein zweites Cello hinzugenommen wird. Vielmehr alles wirklich fünfstimmig erlebt und durchgeführt; freilich wiederum nicht so sehr im kammermusikalisch-zeichnerischen Sinne als im Geiste eines innerlich belebten, gespannten Klanges. Ausgleich und Gleichgewicht erzielt Schubert durch gruppenweise Anordnung der Instrumente, wofür der langsame Satz ein besonders schönes Beispiel bietet. — Ganz auffallend, wie die Anfangsgebärde des G-dur-Quartetts sich im Streichquintett wiederholt (Beispiel 11). Hier wie dort die klangliche Weitung des ruhenden Anfangsakkords, das gleichzeitige Hinüberwechseln des Grundakkords zu anderer harmonischer Einstufung, dann das Herauswachsen der Themabewegung aus gelagertem Klang. Abermals wirkt das Seitenthema nicht als Gegensatz, sondern als Bestätigung; hier sehr nachdrücklich infolge des Herausstrebens

11 Allegro ma non troppo

12 (Allegro ma non troppo)

aus ruhenden Anfangstönen (Beispiel 12): also die gleiche Gebärde wie beim ersten Thema. Jetzt sogar noch treibkräftiger, körperlicher, weil eine Gegenstimme hinzutritt. Kein Wunder, wenn der Satz nun auf weite Strecken von diesem „Seitenthema" beherrscht wird. — Das Adagio wölbt sich über das Allegro wie eine feierliche Kuppel über einem Grundbau, dem sie gedanklich und stilistisch entwächst. Wiederum das Aufblühen des musikalischen Stoffes aus akkordischer Lagerung. Jetzt aber breit und innerlich verhalten im tiefen Auf und Ab des $^{12}/_8$-Taktes. Emporsteigend zu vielfach gebrochenem Maßwerk, getragen von den beiden Hauptthemen, deren Gewicht und Gesicht bestimmt werden durch gruppenweise Instrumentalaufteilung. Die sich in großartiger Ruhe weitende Raumhaftigkeit des Satzes erhält ihre stärkste Gliederung durch die Tonartenverschiedenheit (zunächst E-dur, im Mittelbau f-moll), ohne daß sich diese Gliederung zu dramatischer Gegensätzlichkeit erhebt. — Umso auffallender die Gegensätze des Scherzos: lebhafte, heftige Geschäftigkeit im Presto-Hauptteil, unvermutet auftretender Seelenausdruck im Andante (!) des Trios. — Überraschend wirkt auch der Schlußsatz; denn das herrliche Spiel der Motivverschränkungen mit sei-

249

ner' leicht ungarischen Tönung scheint zunächst wenig
mit den früheren Sätzen gemein zu haben. Bis dann endlich — abgesehen von aller thematischen Rückbindung
— das strömend Spielerische dieses Satzes sich nur als
andere Belichtung des unveränderten Gegenstandes
offenbart.

Nicht so gewichtig, aber in seiner köstlichen Frische
und Spielfreudigkeit ganz geschlossen, wirkt das Klavierquintett A-dur Werk 114, das sogenannte
„Forellenquintett". Es ist geschrieben für Geige,
Bratsche, Cello, Kontrabaß und Klavier, also eine sonst
nicht eben gebräuchliche Besetzung. Aus welchem Grunde
Schubert hier von der üblichen Satzzahl abgewichen ist
und zwischen Scherzo und Finale noch einen fünften
Satz eingeschoben hat, ist nicht erkennbar. Offensichtlich kam es ihm in diesem Quintett lediglich darauf an,
ein Werk der guten Laune zu schreiben; stilistisch-for-
male Folgerichtigkeit lag ihm fern. So ist denn das Quintett zu einem der beliebtesten kammermusikalischen
Stücke geworden. Das Ganze und die Einzelheiten sind
leicht zu überschauen. Mit den ersten Takten des Kopfsatzes (Beispiel 13) ist im Grunde schon alles über den

ganzen Satz ausgesagt: anrollende Akkordik, die von
gerundeter Melodik aufgefangen wird und sich später
mit ihr verschmilzt. Was sich im Verlauf an musikalischen Gedanken ergibt, läßt sich immer auf diese Anfangstakte zurückführen. Die erste Solostelle des Klaviers (Beispiel 14) bringt die beiden Bestandteile des
Hauptthemas (gebrochene Akkorde und leicht umgebil-
dete Melodie) auf einen Nenner. Auch in der Durch-

führung herrschen wieder freundliche Weisen und figu-
renreiches Spielwerk; keine Auseinandersetzung trübt

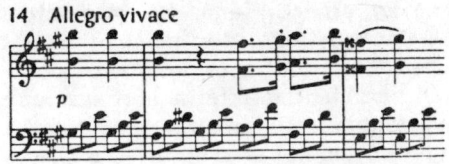

14 Allegro vivace

das frohe Bild. — Im Andante abermals kleine Melo-
dienbilder, gerahmt von Akkordbrechungen der Begleitstimmen, ohne daß diese akkordisch-gebrochenen Wel-
len zu nur füllender Rolle herabsinken. Sehr fein die
harmonische Abgrenzung der einzelnen Klangräume:
F-dur / fis-moll / D-dur / G-dur / As-dur / a-moll / F-dur.
— Das rhythmisch straffe Scherzo erinnert an manche
Klavierwalzer von Schubert, im Trio geht es sogar weich-
wienerisch zu. — An vierter Stelle steht jener Satz, nach
dem das Quintett seinen Namen trägt. Es ist ein Andantino, bestehend aus Variationen über das Thema des
Schubertischen Liedes „Die Forelle". Das Thema (Beispiel 15) wird zunächst pianissimo von den Streichern

15 Andantino

vorgetragen. In der ersten Variation übernimmt es das
Klavier in Oktaven, während es von den Streichern zu
Pizzicato-Bässen mit gebrochenen Akkorden umrankt
wird. In der zweiten Variation gruppiert es sich in motiv-
weisem Wechsel um Klavier und tiefe Streicher, und die
erste Geige bringt eine leicht virtuose, lebhafte Auszierung. Eine ähnliche Auszierung übernimmt in der
dritten Variation das Klavier (Parallel-Oktaven), die
oberen Streicher setzen rhythmisch bestimmte Akkorde

Franz Schubert

dagegen, das Thema steigt in den Baß hinab. Die Moll-
variation (4) überträgt die gespannte Akkordik der dritten Variation auf das Thema und gibt dem Baß das
Figurenspiel, lockert sich dann aber vorübergehend in
motivisches Treiben. Akkordik und Motivik lösen sich
in der fünften Variation in reichem Harmoniewechsel.
Dem eigentlichen Liedcharakter nähert sich am meisten
die Schlußvariation, weil nun auch das aus dem Lied bekannte Begleitungsmotiv erscheint.—Die über dem Variationensatz liegende spielerische Virtuosität erfaßt im
Finale (Allegro giusto) auch die Thematik, eine Art böhmischen Tanzes. Neue Tanzgedanken teilweise gegensätzlicher, teilweise ergänzender Art finden sich ein, und
nur die Harmonik macht immer einmal mit gebührender
Klarheit darauf aufmerksam, daß es sich hier nicht etwa
nur um eine reizende Kette fröhlicher Tänzchen handelt.

Oktett F-dur Werk 166

Forellenquintett und Oktett sind Geschwister. Obwohl das Oktett mehrere Jahre später entstanden ist,
atmet es den gleichen Geist wie das Klavierquintett.
Spielfreude und Klang heißen die Schutzgeister des Werkes. Stellte Schubert im Quintett den Streichern das Klavier gegenüber, um in Farbe und Klang schwelgen zu
können, so wählt er dieses Mal Bläser: den zwei Geigen,
der Bratsche, dem Cello und Kontrabaß gesellt er Klarinette, Horn und Fagott, also die „weichen" Instrumente unter den Bläsern. Mag diese Wahl, mag das
ganze Werk durch Beethovens schon damals berühmtes
Septett angeregt sein,—das Oktett Schuberts steht selbständig, ja gewichtiger neben dem berühmten Vorbild.
Denn Spielfreudigkeit und klangliches Schwelgen bedeuten hier nicht lockeres, gelöstes Spiel zur Unterhaltung; Schubert legt es vielmehr deutlich darauf ab, dem
erweiterten Klangkörper entsprechende Inhalte anzu-

252

vertrauen. Daß es dabei nicht zu „Problemstellungen"
kommt, erklärt sich leicht aus des Meisters Art. Auf der
andern Seite nähert sich das Oktett der Suite: es besteht
aus sechs Sätzen, von denen der erste und der letzte
durch das Gewicht ihrer langsamen Einleitungen fast in
die Nähe sinfonischen Musizierens gerückt werden. Die
Adagio-Einleitung des Kopfsatzes ist zwar nur kurz,
doch motivisch verklammert mit dem Allegro; wesentliche Bedeutung erlangt das aus wiederholten Sexten
sich lösende Seitenthema der Klarinette. Sehr fein, wie
der beherrschende punktierte Rhythmus durch Klangmischungen von jeder Einförmigkeit ferngehalten wird.
— Die Klarinette wird dann auch im Andante ausge-
zeichnet, weil sie vor allen anderen Instrumenten dazu
ausersehen ist, die weich gerundete Melodik des Satzes
zu tragen. — Umso eifriger beteiligen sich alle Instrumente an der Ausgestaltung des Scherzos, das sich des
punktierten Rhythmus aus dem Kopfsatz bemächtigt;
wirkungsvoll dazu der Gegensatz der einfachen Trio-
Melodik. — Auch das nun folgende Thema mit Variationen zieht sämtliche Instrumente heran; allerdings nicht
so sehr in Klangmischungen (so feinfarbig manches auch
wirkt) als in der Betonung der jeweiligen instrumentalen Eigenart. — Schubert begnügt sich in diesem Werk
nicht mit Scherzo und Trio, sondern fügt vor dem Schlußsatz noch ein Menuett ein. Diese Doppelung des tänzerischen Satzes innerhalb eines Werkes weist scheinbar
auf die Suite zurück, ist jedoch in Wirklichkeit als Zeichen eines neuen Gleichgewichtsgefühls zu werten: der
nicht zu verkennende sinfonische Gehalt des Oktetts
soll nicht zu Überfracht werden. — Der Schlußsatz selbst
bringt die sinfonische Gebärde am deutlichsten zutage.
Eine langsame, ahnungsvolle Einleitung, deren Gedankengut später wiederkehrt, bereitet den Eintritt des Themas vor. Dieses hat nun ganz sinfonischen Schnitt (Beispiel 16). Gemeinsam mit dem Seitenthema schafft es
die weiten Räume, deren sinfonisches Gestalten bedarf.

Besonders die Schlußsteigerung hat etwas Orchestrales an sich. Die Feinarbeiten im Inneren des Satzes hält

aber das Oktett mit festen Fäden im Bereich des Kammermusikalischen.

FELIX MENDELSSOHN-BARTHOLDY

Geboren am 3. Februar 1809 in Hamburg als Sohn des Bankiers Abraham M. und Enkel des Philosophen Moses M. Unterricht im väterlichen Hause. Mit neun Jahren erstes öffentliches Auftreten. Seit 1820 hat Mendelssohn regelmäßig komponiert. Seine Ausbildung wurde sorgfältig beobachtet und gefördert (u. a. von Zelter). Zahlreiche Reisen (Italien, Paris, London, Schottland). 1833 städtischer Musikdirektor in Düsseldorf, 1835 Gewandhauskapellmeister in Leipzig. Angebote des preußischen Königs (M. wurde auch preußischer Generalmusikdirektor) vermochten ihn nur vorübergehend von Leipzig abzuziehen. 1843 gründete er mit anderen Komponisten, Musikgelehrten und Verlegern das Leipziger Konservatorium. Gestorben am 4. November 1847 in Leipzig. Schrieb u. a. Sinfonien, Konzerte, eine Oper, Schauspielmusiken, Ouvertüren, Oratorien, Kantaten, Chöre, Lieder, Kammermusik, Klavierwerke.

Mendelssohn steht mit seinem musikalischen Schaffen zwischen der Klassik und der Romantik, oder, wenn man so will, in der Klassik und Romantik zugleich. Eine stärkere Persönlichkeit würde von hier aus vielleicht in der Lage gewesen sein, das geistige Erbe der großen Klassiker in die heraufgekommene Romantik so einzubauen, daß die romantische Gefühlsmusik — vor allem bei ihren zweit- und drittrangigen Vertretern — auf die Dauer nicht so zerflossen wäre. Doch für eine solche Aufgabe (eine Riesenaufgabe, wie man zugeben muß) war Mendelssohn zu schwach, zu wenig entschieden. Körperlich zart, dem Herkommen nach jeder Sorge enthoben, erstaunlich begabt, in seinem Entwicklungsgang wohlbehütet, niemals vor wesentliche Entscheidungen gestellt, innerlich wohl auch gespalten, — woher sollten ihm die Tatkräfte zugewachsen sein, die nur in geistigem Ringen oder in harten Auseinandersetzungen mit dem Leben zu wirklicher Reife gedeihen.

Dem jungen Meister, der die durch Haydn, Mozart und Beethoven vollendete klassische Form mit leichter Hand übernahm, ohne sich selbständig mit ihr auseinanderzusetzen, machte man bald zum Vorwurf, er sei zu formenglatt, zu ebenmäßig, zu gewandt, — ein Vorwurf, den die andrängende Hochromantik von ihrem Standpunkt aus mit Recht erheben durfte. Hundert Jahre später sah man nicht nur dieses allzu formalistische Nachzeichnen der für Mendelssohn im Grunde leer gewordenen klassischen Ausdrucksweise, sondern untersuchte nun auch den Romantiker Mendelssohn. Und auch da mußte er schlecht abschneiden. Denn ihm fehlte die Gefühlstiefe der großen romantischen Meister, ihr Schwung, selbst ihre Ironie. Und nur die erstaunliche Begabung Mendelssohns, sein Einfallsreichtum und seine zeichnerische Sicherheit haben es vermocht, Werke zu schaffen, die ihre letzten Ausstrahlungen noch bis in unsere Tage senden. Freilich, auch diese verblassen immer mehr. Mendelssohns Schaffen hat zu keiner Zeit Frucht getragen; es war eine Fülle von Blüten, die den Vorübergehenden bezauberten, jedoch bald welkten und nicht viel mehr zurückließen als einen wehen Duft. Nur ganz wenig ist lebendig geblieben. Einiges davon in der Kammermusik.

Nach dem Gesagten ist es wohl selbstverständlich, daß man an Mendelssohns Kammermusik nicht mit Maßstäben herangehen kann, die aus dem kammermusikalischen Werk eines Beethoven oder Brahms entnommen sind. Eher ließe sie sich — dem Gewicht, nicht dem Stil nach — etwa den frühesten Divertimento-Quartetten Haydns zur Seite stellen. Denn auch in ihr fließt alles leicht und locker, sie unterhält in einem feingeistigen Sinne, bleibt gepflegtes Spiel, anmutig bewegte Oberfläche — und versagt nur dort, wo sie die prächtig gemeisterte Form mit Inhalten erfüllen will, die weder dieser Form noch dem Komponisten selbst entsprechen. Wer jedoch noch in der Lage ist, Anmut um der Anmut

willen, Form um der Form willen zu genießen, der wird
bei Mendelssohns Kammermusik nicht vergeblich an-
klopfen.

Die frühe V i o l i n s o n a t e (Werk 4) ist längst vergessen; auch die C e l l o s o n a t e n (Werk 45 und 58)
werden im Konzertsaal garnicht und im häuslichen
Kreise nur wenig gespielt, obwohl ihnen äußerer Glanz
und eine gewisse Leidenschaftlichkeit nicht abzusprechen
sind. Vergessen sind auch die K o n z e r t a n t e n V a -
r i a t i o n e n für Cello und Klavier (Werk 17).

Bedeutender sind die beiden K l a v i e r t r i o s. Insbesondere das d - m o l l - T r i o (Werk 49) zählt zu Mendelssohns schönsten Werken. In ihm kommt es nicht zu
eigentlich thematischer Arbeit, da wird nicht gebaut und
gestaltet, aber es wird aus einem neuen Zeitgefühl heraus musiziert. Gelockerter Klavierklang als untere
Schicht, darüber Geige und Cello als zusammengehörige
Gegengruppe. Da die Themen und Motive nicht erschlossen werden, kommt alles darauf an, daß die Einfälle
nicht aufhören, sich vielmehr in beständigem Fluß über
das ganze Werk hinziehen. Und das ist hier der Fall.
Sogleich das erste Thema (Beispiel 1), angestimmt vom

1 Molto allegro ed agitato

Cello und überhöht von der Geige, hat solch zügigen
Charakter (während es sich für eine thematisch-motivische Arbeit nicht eignet). Der Andante-Satz zieht in
ruhigem Singen vorüber, das rhythmisch drängende
Scherzo zählt zu den gelöstesten Sätzen Mendelssohnscher
Kammermusik, der Schlußsatz spricht durch die klare
und lebendige Art der musikalischen Einfälle für sich
selbst.—Das c - m o l l - T r i o (Werk 66) ist dem d-moll-
Werk in vielem verwandt; nur wird das Melodische,
man möchte sagen: das Singende des ersten Trios nun-

mehr stärker ins Bewegungsmäßige umgebogen. Den Beginn des c-moll-Trios (Beispiel 2) braucht man nur

mit dem des früheren Werkes zu vergleichen und man hat den ganzen Unterschied in wenigen Takten beieinander.

Bei den Quartetten dürfen wir die Klavierquartette übergehen; sie sind von einem zwölfjährigen Knaben geschrieben und können nur aus diesem Grunde als beachtenswert bezeichnet werden. Zwar sind die Streichquartette der Werkzahlen 12 und 13 (Es-dur und a-moll) etwas gehaltvoller als die Klavierquartette, doch ist auch ihre Sprache versunken. Zu flächenhaftem Spiel im unbeschwerten Kreis musikalischer Hausgenossen laden die drei Streichquartette der Werkzahl 44 ein. Kammer-, das heißt hier: Hausmusik soll ja nicht immer Kräfteanstrengung und geistige Auseinandersetzung sein. Wir geben als Kostprobe den Beginn der Kopfsätze

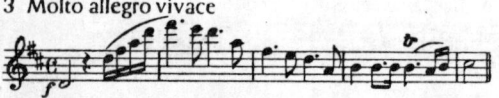

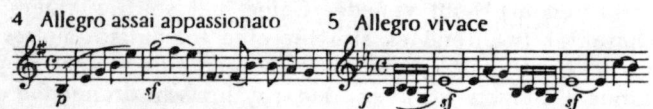

(Beispiel 3 aus Werk 44,1, Beispiel 4 aus Werk 44,2 und Beispiel 5 aus Werk 44,3).

Wichtigste Quartettschöpfung aber ist das f-moll-Streichquartett (Werk 80). Freilich sind die vier Sätze sehr ungleichwertig. Vor allem scheint es, als habe

Mendelssohn mit der Themenfassung des Kopfsatzes alles Wesentliche bereits ausgesagt und finde nun keine Möglichkeit mehr zu weiterem Gestalten. Die Themen tragen lediglich den ersten Satz; echte Beziehungen zu ihm und untereinander sind in den nächsten Sätzen nicht zu entdecken. Und wenn wir sagten, die Themen „tragen" den ersten Satz, so soll damit bereits ausgesprochen sein, daß sie eben n u r tragen, nicht aber ausbau- oder umbaufähig sind. Dafür sind die Themen in ihrem Schnitt so vollendet, daß schon aus diesem Grunde das f-moll-Quartett der Beachtung wert ist. Besonders das Kopfthema ist so meisterhaft geformt, daß es geradezu nach einer vorbereitenden Einleitung verlangt. Diese in Tonwiederholungen zitternde Einleitung (Beispiel 6 gibt den Beginn) bildet mit ihrer engstufigen Auf- und Abbewegung einen bewußten Gegensatz zum Hauptthema (Beispiel 7), dessen Spannung sich über zwei und eine halbe

Oktave erstreckt, das in mächtigen Schritten dahinzieht, in sforzato-Betonungen sich selbst behauptet, seine große Gebärde in den Achtelnoten unterstreicht, sich auf dem Leitton (e) festrammt. Das ist etwas ganz Neues in der Kammermusik, doch zugleich auch etwas Einmaliges, Abschließendes, nicht Entwicklungsfähiges. Natürlich ist ein solches Thema nicht auf einmal „da"; ein Blick auf unsere Beispiele 3, 4 und 5 zeigt, wie es sich bei Mendelssohn vorbereitet hat. Aber in solcher klaren Zügigkeit findet sich kein anderes Thema im gesamten Werk dieses Komponisten.

In der Werkzahl 81 sind ein E-dur-Andante und ein a-moll-Scherzo vereinigt, die man zuweilen mit dem e-moll-Capriccio und einer Es-dur-Fuge als Streichquartett zusammenstellt. So bunt und ungefügt solche Zusammenstellung auch erscheinen mag, — sie ist durchaus denkbar, weil auch die meisten vollständigen Streichquartette Mendelssohns nicht einem strengen inneren Baugesetz folgen.

Die beiden S t r e i c h q u i n t e t t e A-dur Werk 18 und B-dur Werk 87 verlagern das eigentlich kammermusikalische Geschehen ganz auf das klangliche Sein. Wir erinnern uns noch recht gut, welchen Eindruck diese Quintette auf uns in unserer Jugend gemacht haben; aber gerade solche Fülle und Schönheit des Klangs will uns heute unverbindlicher erscheinen als je. Wohllaut um des Wohllautes willen sagt auch demjenigen nichts mehr, der sonst so ärgerlich sein Ohr dem Mißlaut mancher Werke der Neuen Musik verschließt.

Das S t r e i c h e r - O k t e t t Es-dur Werk 20 ist im Grunde der Kammermusik nicht mehr zuzurechnen, gehört aber auch noch nicht zur Orchestermusik. Man wird des Werkes nicht recht froh: die Oktavenbrechungen zu Beginn scheinen klaviermäßig erfunden, die Besetzung (vier Geigen, zwei Bratschen, zwei Celli) wirkt in ihrer Anwendung entweder massig-füllig (also nicht kammermusikalisch) oder überstark, wenn es um feinere Zeichnung geht; insbesondere im Scherzo fragt man sich, ob mit reiner Quartettbesetzung nicht Gleiches zu erreichen gewesen wäre.

ROBERT SCHUMANN

Geboren am 8. Juni 1810 in Zwickau als Sohn eines Buchhändlers. Nach dem Tode des musikliebenden Vaters begann er auf Wunsch der Mutter rechtswissenschaftliche Studien, ging aber nach einem Jahr zur Musik über. Schüler von Friedrich Wieck in Leipzig; dessen Tochter Clara wurde später Schumanns Frau. 1834 begründete er die „Neue Zeitschrift für Musik" in Leipzig und trat in ihr als Vorkämpfer für die musikalische Jugend auf (berühmt geworden sind die Aufsätze über Brahms und Chopin). Vorübergehend in Wien; dann wieder in Leipzig, wo er Lehrer am Konservatorium wurde. Mit seiner Frau machte er eine Konzertreise nach Rußland. 1844 übersiedelte er nach Dresden. 1850 städtischer Musikdirektor in Düsseldorf. Infolge eines Gehirnleidens mußte er 1853 diese Stellung niederlegen. Die letzten beiden Lebensjahre verbrachte er in der Irrenanstalt Endenich; dort ist er am 29. Juli 1856 gestorben. Hauptschöpfungen: Klavierwerke, Lieder, Kammermusik, Sinfonien, eine Oper, Chöre mit und ohne Begleitung.

Schumanns musikalisches Denken und Erleben ist zwar im allgemeinen durchaus vom Klaviermäßigen her bestimmt. Eine gemeinsame g e i s t i g e Grundlage haben jedoch alle seine Werke: die Idee des Dichterischen. Schumann ist in jedem Augenblick ein Dichter in Tönen. Es geht ihm niemals um rein musikalische oder gar spielerisch-musikantische Aufgaben, auch nicht um Programm-Musik, wie man auf Grund der zahlreichen Überschriften und Zwischenüberschriften annehmen könnte. Ihm schwebt — nach echt romantischer Art — die Einheit aller Künste vor, der Urgedanke, das Urerlebnis, das allen Künsten zugrunde liege. Dieses will er zum Klingen bringen, zu beseeltem Tönen erwecken. Seine Kunst wäre literarisch, wenn er versuchen würde, einen Stoff, der sich nur durch die Mittel der Dichtung darstellen läßt,

musikalisch zu gestalten. Dieser großen Gefahr — viele
Komponisten sind ihr später erlegen — geht er mit der
Sicherheit des Genies aus dem Wege. Ja, sie kommt ihm
nicht einmal nahe; denn er gestaltet nicht den Stoff, sondern das hinter allem Stofflichen Liegende, das Geistige.

Die zu solcher Gestaltung angewendete Sprache muß
notwendigerweise vielfältig sein; das verlangt schon die
Ausdruckswelt der Hochromantik, als deren eigentliches
Haupt wir Schumann anzusehen haben. Und die musikalische Ausdrucksweise Schumanns ist in der Tat überaus reich vor allem an Zwischenfarben aller Art, wie sie
die Darstellung geistiger Werte verlangt. Wie sie sich
im einzelnen äußert, soll bei der Besprechung über die
verschiedenen kammermusikalischen Werke angedeutet
werden.

Klaviertrios

Die Sprache der Trios für Geige, Cello und Klavier ist
in ihrer Tönung stark durch das Klavier bestimmt; sie
ruht förmlich auf dem Klavierklang. Aber in diesen sind
die beiden anderen Instrumente so fein eingefügt, daß
eine ganz neuartige, innige Klangmischung entsteht.

Klang und Farbe beherrschen vor allem das d - m o l l -
T r i o Werk 63. Es gehört — wie die Trios überhaupt —
zu den späten kammermusikalischen Äußerungen des
Tondichters (geschrieben 1847). Bemerkenswert die besondere Art, den Bau des viersätzigen Werkes aufzuführen: zwei großflächige Außensätze von zupackender
Wirkungskraft umschließen wehrhaft den zart verhaltenen Mittelbau des Scherzos und des langsamen Satzes,
und die Außensätze — vor allem der erste — sind in
Anfang und Schluß thematisch gepanzert, im Kern jedoch
verströmen sie höchstpersönliche Empfindungen. Drei
Gedanken geben dem ersten Satz Halt und Kraft: das zu
tiefen Baßschritten und leidenschaftlichen Sechzehntel-

triolen des Klaviers einsetzende Hauptthema der Geige
(Beispiel 1), eine rhythmisch punktierte, straff betonte

1 Mit Energie und Leidenschaft

Akkordfolge und das leicht chromatisch getönte Seitenthema. Zu einer thematischen Durchführung im klassischen Sinne kommt es nicht; dem thematischen Gut werden vielmehr neue Stimmungen abgewonnen. Überraschend vor allem an jener Stelle, wo ganz leise das
Klavier (mit Dämpfer) seine feinen hellen Glöckchen-
Akkorde in hoher Lage und in gleichmäßigen Triolen
ansetzt und nacheinander Cello und Geige (beide „Am
Steg zu spielen") einen behutsam schwingenden Melo-
diebogen darunterlegen. Es währt eine gute Weile, bevor die ursprüngliche Thematik wieder in ihr Recht eingesetzt wird. — Das Scherzo (lebhaft, doch nicht zu rasch)
haftet an einer durch den Bereich einer Sexte emporsteigenden, rhythmisch punktierten Linie, die durch ge-
glättete Zwischenmotive in gleichmäßigen Achteln noch
beharrlicher wirkt. Im Trio verdichtet sich diese Stimmung dadurch, daß der Sextenumfang beibehalten, die
Linie nun aber durch gleichmäßige Viertel dargestellt
wird, wieder nach unten absteigt und sich gleichzeitig
zu einem Kanon der drei Instrumente fügt. — Sehr
knapp gefaßt ist der langsame Satz. Der Bewegungsablauf des Ganzen scheint hier völlig stillzustehen, sich
„mit inniger Empfindung" zu verdichten in ergriffenem
Atmen der Seele. Harmonische Vorhalte und rhythmische
Verschiebungen machen den Hauptteil zum Träger des
seelischen Erlebens, und der etwas bewegtere Mittelteil
wird von diesen rhythmischen und harmonischen Ausstrahlungen überglänzt. — Unmittelbar daran schließt
sich der Schlußsatz. Er nimmt „mit Feuer" die große Gebärde des ersten Satzes wieder auf und läßt besonders

in dem großen Bogen des Hauptthemas frei den Atem ausströmen, der im langsamen Satz nur leise die Brust hob und senkte. Auch in diesem Satz fehlt es nicht an Einzelstimmungen; sie werden jedoch gegen Schluß ("Nach und nach schneller") kraftvoll zusammengezogen und überhöht.

Dem gleichen Jahre (1847) entstammt auch das F - d u r - T r i o Werk 80. Innerlich geht es jedoch ganz andere Wege, gibt sich freundlicher, einfacher, wirkt weniger großzügig. Nur das Einkapseln der lyrischen Innenteile in drängende Außenkräfte wiederholt sich. Die ersten Takte des Kopfsatzes bilden einen einzigen Ansturm ("Sehr lebhaft"), der auch in Zwischengruppen und im Seitenthema immer erneut durchbricht. Kern des Satzes jedoch ist eine melodische Weise von holder Innigkeit (Beispiel 2), die fast unvermittelt auftritt und hohe Stimmungswerte entfaltet. Ihren Sinn offenbart sie dadurch,

2 Sehr lebhaft

daß sie sich unverhüllt als Zwillingsschwester von Schumanns Lied „Ihr Bildnis wunderselig" (aus Werk 39) darstellt. — Diese Stimmung wirkt weiter im langsamen Satz: in leichter Umbildung tritt der Liedgedanke „mit innigem Ausdruck" wieder auf, jetzt sogar mit ähnlich schwebender Akkordik begleitet wie in dem Lied selbst. Ein lebhafter Zwischenteil sprengt wohl die Form, nicht aber den dichterischen Sinn dieses „langsamen Satzes"; denn er greift zurück auf den drängenden Beginn des Kopfsatzes wie auf Melodik und Motivik des Hauptteils. — Der dritte Satz, eine Art Scherzo, bezieht seine Kräfte weniger aus dem Melodischen als aus dem Rhythmus. Auch hier bleibt jedoch die innere Verwandtschaft zum Vorangehenden erhalten; denn dieser eigentümlich schlagende Rhythmus ist ohne Zweifel gewonnen aus einer rhythmisch verschobenen, von einer Gegenstimme durchsetzten Begleitfigur des Liedthemas aus dem Kopfsatz. — Im Schlußsatz („Nicht zu rasch") gelingt es nur teilweise, die beiden Grundkräfte der liedhaften Klarheit und der rhythmischen Verwicklung einheitlich zu binden. Es scheint, als habe sich Schumann nicht recht entscheiden können, ob er der häufig imitierenden Stimmführung oder dem rhythmisch durchpulsten Klang das Übergewicht verleihen sollte. So löst sich der Satz in seltsam durchzeichnete Klangtönungen auf. Umso heller leuchtet in diesem wie im d-moll-Trio der stimmungsdichte Bau der Innensätze auf.

Das g - m o l l - T r i o Werk 110 (geschrieben 1851) bleibt hinter den beiden anderen Trios wesentlich zurück. Erfindung und Durcharbeitung halten sich nur teilweise auf beachtlicher Höhe; im übrigen fehlt die innere Spannung der früheren Trios. Gleich das Hauptthema des Kopfsatzes (Beispiel 3), an sich kühn geschnitten,

3 Bewegt, doch nicht zu rasch

4 Kräftig, mit Humor

erweist sich im Verlauf als reine Gebärde, weit ausholend, doch ohne gestaltbildende Kraft und in dieser Form kaum keimkräftig für Triobesetzung. Merklich blaß ist die melodische Erfindung des harmonisch unruhigen langsamen Satzes. Im Scherzo („Rasch") gewinnt das Hauptthema des Kopfsatzes (3) Gesicht und Haltung durch einfache rhythmische Umformung; aber auch hier wirkt es nicht in die Weite. Schumann scheint das Unbefriedigende der ersten drei Sätze selbst gespürt zu haben; denn den Schlußsatz („Kräftig, mit Humor") stattet er nun mit einem Thema aus, das Erinnerungen an seine beste Zeit auslöst (Beispiel 4). Nur: hier ist ziemlich bewußt (die Storzati auf leichtem Taktteil, die hastig betonten Achtel-Akkorde im zweiten Takt), was einst freudiger Ausbruch überschäumenden Kraftgefühls war.

Quartette

An Schumanns Streichquartette, sosehr sie durch Beethoven beeinflußt sind, darf man nicht den Maßstab des klassischen Streichquartetts anlegen. Man hat ihnen zuweilen nachgesagt, sie seien am Klavier erfunden und daher stilistisch uneinheitlich. Dieser Vorwurf ist nicht aufrechtzuerhalten, weil er Nebensächliches in den Vordergrund rückt und das Entscheidende übersieht. Nicht im klaviermäßigen Satz sind die Streichquartette den Klavierwerken verwandt, sondern im dichterisch-geistigen Gehalt. Wenn Schumann das Poetische an sich musikalisch darstellen will, so kann er sich zur Verwirklichung seiner Absicht jedes Instrumentes bedienen, das ihm geeignet erscheint, und braucht sich nicht auf das Klavier zu beschränken. Man kann es schon verstehen, wenn Clara Schumann daran zweifelte, ob Robert wirklich den Streichquartettstil meistern werde, als sie vom Beginn der Komposition hörte (1839); sie hielt seine Klaviersprache neben die Quartettwelt eines Beethoven. Schumann aber durfte kraft seines schöpferischen Geistes weitergehen: Streichquartettstil war ihm nur eine Frage der technischen Arbeit, nicht des darzustellenden Gehalts. Seine Technik schulte er an Beethoven (drei Jahre hat er zur Vollendung der drei Quartette gebraucht), doch das Dargestellte war seine eigene Art: innerlich Erlebtes zu gestalten. Und was er erlebte, war nicht Kampf der thematisch-motivischen Kräftegruppen, sondern abermals das Dichterische an sich. Wie beim Klavier. Nur in anderem, den Bedingungen der vier

Streichinstrumente angepaßtem Ausdruck. Wenn gelegentlich etwas „Klavieristisches" auftaucht (etwa nachschlagende Mittelstimmen), so ist das gegenüber dem Ganzen wirklich belanglos. Zumal es sich fragt, ob diese Besonderheiten wirklich „klavieristisch" oder nur Eigentümlichkeiten von Schumanns musikalischem Ausdruck überhaupt sind.

Höchst merkwürdig ist die Kräftelagerung im a-m o l l - Q u a r t e t t (Werk 41 Nr. 1). Zwei Gruppen stehen sich im ersten Satz gegenüber: leichte Schwermut (schon im a-moll des Andante espressivo der Einleitung) und heitere Lebensbejahung (das erste Allegrothema des a-moll-Quartetts steht in F-dur, Beispiel 5). Aber diese

5 Allegro

Gruppenlagerung hat zunächst noch nichts greifbar Gegensätzliches an sich, wird nicht durch scharf umrissene Themenzeichnung festgelegt; vielmehr ergibt sich die eigentliche Entzweiung erst im Verlauf des Satzes. Diese wird auch nicht kämpferisch entschieden, sondern mehr stimmunghaft herbeigeführt. Solcher Eigenart ist das ganze Quartett unterworfen; im ersten Satz wirkt sie besonders auffallend, weil die Stimmführung diese Stimmungswerte zu durchkreuzen scheint. Sie reicht nämlich vom schwebenden Klang bis zu polyphoner Verdichtung. Zu wirklicher Konfliktslösung kann es so nicht kommen. Ähnlich das Scherzo: im geistvoll bewegten Presto-Hauptteil herrscht Gespanntheit, im „Intermezzo" (Trio) idyllische Ruhe. Das ist Ausgewogenheit, nicht aber Entspannung. Sieht man auf tönende Schönheit, so wird man dem Adagio des dritten Satzes mit seiner edel strömenden Melodik den Vorzug vor allen anderen Sätzen geben. Auch innerlich bildet dieses „Lied" den Kern des Quartetts, das ja nicht dramatisch kämpft, sondern nach

lyrischer Art einen ruhenden Ausgleich sucht. Der Schlußsatz (Presto) knüpft thematisch bei dem beschwingten
Scherzo, satztechnisch bei der vielfach polyphonen
Durchführung des ersten Satzes an. So entsteht das fesselnde Bild eines viersätzigen Quartetts, dessen einer
langsamer Satz mit seiner lyrischen Grundhaltung das
gleiche Gewicht hat wie die drei übrigen Sätze mit ihren
Bewegungs- und Verdichtungskräften zusammen.

Anders gruppiert ist das F-dur-Quartett
(Werk 41 Nr. 2). Hier sind die ersten beiden Sätze lied-
haft, lyrisch gehalten, während die beiden Nachsätze ins
Bewegungsmäßig-Dramatische wachsen. Das geschwinde
Zeitmaß des ersten Satzes verhüllt nur wenig die lied-
mäßige Erfindung des Hauptthemas (Beispiel 6). Nicht

6 Allegro vivace

als Gegenkraft, sondern lediglich als Zwischenspiel wirkt
das ohne Nachwirkung vorüberziehende Seitenthema;
dem wiegenden Hauptthema gehört auch die Durchführung. Im „Andante quasi variazioni" wird diese lyrische
Art weitergesponnen, zu klingenden melodischen Mu-
stern verwoben, im Ausdruck erweitert und vertieft.
Von diesem doppelten, ruhenden Unterbau löst sich nun
das Bewegungsspiel der beiden anderen Sätze. Bereits
im Scherzo spürt man die wachsende Unruhe, (besonders
in der doppelgesichtigen Thematik und den Synkopen-
bildungen des Presto-Hauptteils), die durch das gemüt-
volle Cello-Thema kaum besänftigt wird. Und es ist
mehr als eine nur äußere Steigerung, wenn der Schlußsatz sich als „Allegro molto vivace" gegenüber dem
„Allegro vivace" des ersten Satzes gibt. Eine steigende
Erregung bemächtigt sich dieses Satzes, die Einzelstim-
men werden eigenwilliger und verstärken auf höchst
eigentümliche Art die grüblerische Spannung.

Ganz knapp gefaßt ist das A-dur-Quartett (Werk 41 Nr. 3); aber auf engem Raum tut sich die weite Welt Schumannscher Romantik auf. Mannigfach sind die heimlichen Überkreuzungen zwischen den einzelnen Sätzen, etwa die thematische Verwandtschaft des ersten mit dem dritten und des zweiten mit dem vierten Satz, die feinen klanglichen Anknüpfungen des dritten Satzes an den ersten, die gelöste Stimmungskunst des Kopfsatzes gegenüber mancher „gearbeiteten" Fügung der übrigen Sätze. Eine langsame Einleitung schlägt mit wenigen Takten den romantischen Grundton an: die Umrisse aufgelöst, die Farben ineinanderfließend, ein Ruhen in schwebendem Klang (Beispiel 7). Die fallende Quinte

7 Andante espressivo

des Beginns kehrt am Schluß der Einleitung noch einmal wieder in der ersten Geige, ohne Begleit- oder Gegenstimme, verhauchend im Pianissimo. Von dieser Quinte aus setzt sich das Hauptthema des Allegros an, zart, ohne Gestaltungsanspruch dahingleitend (Beispiel 8). Der Seitengedanke bleibt ebenfalls in diesem Zustand stil-

8 Allegro molto moderato

sempre teneramente

len Kreisens, sodaß die innere Lage der Durchführung schon jetzt bestimmt ist: sie läßt sich von den musikalischen Gedanken tragen, ohne den Versuch zu machen, sie zu klären oder gar gegeneinander zu setzen. Dem

269

Scherzo (Assai agitato) gibt ein punktiertes Kurzmotiv mit kleinen Schwellern in den Begleitklängen den äußeren Rahmen ($^3/_8$, fis-moll). Polyphone Einschübe straffen das Geschehen (besonders im $^2/_4$-Takt mit seinen imitierenden Quinteneinsätzen). In halb so schnellem Zeitmaß kehrt das punktierte Kurzmotiv wieder, nun aber (Un poco adagio) schwermütig, bis im „Tempo risoluto" echte Scherzostimmung das Übergewicht erlangt, — fünf verschiedene Kleinbilder in einem kurzen Satz! Das ausdrucksvolle, singende Adagio molto gewinnt sein Hauptthema aus dem tonleiterartigen Anstieg des ersten Allegrothemas (8), doch ist das Dahingleiten nunmehr zu innig strömender Melodik verdichtet. Zugleich erweist sich der punktierte Scherzo-Rhythmus im Verlauf des langsamen Satzes als lebendiger Baustoff. Im Schlußsatz faßt Schumann die vorangehenden Gedanken erstmalig als Kräfte zusammen. Gleich zu Beginn des Allegro molto vivace (A-dur) wird der punktierte Rhythmus des Scherzos (und mittleren Adagios) zur Triebkraft des Hauptthemas. Vom 16. Takt an taucht auch die Tonleiterfigur des ersten und des dritten Satzes wieder auf. Der Mittelteil (Quasi Trio, E-dur) mit seinen Bach-Anklängen setzt auch die fallende Quinte vorübergehend wieder in ihr Recht, und zwar jetzt forte, als Kraft im polyphonen Bau. Prachtvoll der in triolenmäßiger Tonwiederholung über drei Oktaven emporstrebende Schluß.

Das 1842 erschienene K l a v i e r q u a r t e t t E s - d u r Werk 47 (Klavier, Geige, Bratsche, Cello) erfreut sich zwar nicht der Beliebtheit des — noch zu besprechenden — Klavierquintetts, ist diesem jedoch an Gedrängtheit des Ausdrucks und Dichte des Satzes überlegen. Herrlich ausgewogen das Verhältnis von Streichern und Klavier, im Klang glanzvoll und doch stets „kammermusikalisch", einzelne Sätze motivisch stark miteinander verknüpft. Besonders schön die bindende Kraft des Grundmotivs im ersten Satz. Eine langsame

Einleitung stellt wie träumend den Grundgedanken auf (Beispiel 9 gibt die entscheidenden Takte), drei Streichinstrumente zur Vierstimmigkeit erweitert. Dann stößt

9 Sostènuto assai

sich das Allegrothema mit ein paar Klavierakkorden von dieser Einleitung ab, stürmt in Achtelläufen davon (Beispiel 10), kehrt dann in singenden Vierteln der

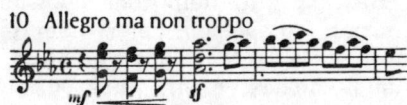

10 Allegro ma non troppo

Streicher zur motivischen Urgestalt zurück. Das tonleiter-artige Seitenthema muß sich der Vielgesichtigkeit des ersten Themas gegenüber auf andere Weise durchsetzen: es erscheint in g-moll, später in B-dur, wächst in kanon-artiger Stimmversetzung heran, behauptet sich durch kraftvolle Betonung. Noch einmal kehrt die langsame Einleitung wieder, ehe die Durchführung sich der thematischen Grundkräfte (harmonisch überaus fesselnd) bemächtigt. Gegen Ende will die träumerische Einleitung abermals ihre Schwärmerei ausbreiten, doch wird ihr das Wort heftig abgeschnitten. — Im Hauptteil des Scherzos drängen sich die Bewegungsantriebe des ersten Allegrothemas wieder stark in den Vordergrund

11 Presto

(Beispiel 11 läßt die Verwandtschaft mit den Achtelläufen des Themas 10 klar erkennen). Dem atemraubenden

Dahinhuschen dieses Teils setzt Schumann zwei Trios entgegen: das erste melodisch, fast gesanglich, das zweite der ruhenden Klangwelt der langsamen Einleitung entstammend, doch in seinen Synkopen durchhuscht von den Bewegungsfiguren des Hauptteils. — Wieder greift Schumann auf den inneren Sinn der langsamen Einleitung zurück: in dem innigen, ja frommen Gesang des Andante cantabile. Löste sich von dem Sostenuto der Einleitung im ersten und zweiten Satz mehr das Thematische und Bewegungsmäßige, so singt hier nur die dichterische Empfindung. Jedes der drei Streichinstrumente trägt den Liedgedanken versunken und hingegeben vor; im Mittelteil aber (Ges-dur) einen sich die Stimmen zu gemeinsamer Lobpreisung. — Gegen Schluß des Andantes blüht verhalten der Vorklang des Finalethemas empor. Sind so die beiden Sätze locker miteinander verbunden, so greift das Finalethema selbst auf den ersten Satz zurück. Die Anfangsgebärde ist hier wie dort aus gleichem Geist geboren, nur wird sie jetzt ungestüm zu Ende geführt. Das Seitenthema, anfangs von ähnlicher Haltung, gewinnt im Verlauf sieghafte Festigkeit. Ein neuer Gedanke bringt vorübergehend eine weiche Stimmung hervor, kann sich jedoch nicht behaupten. Die Durchführung ist etwas lang geraten. Sehr stark der erste Teil mit seinem trotzigen Aufbäumen, nach dessen Kraftentfaltung der müde As-dur-Teil schmerzlich, fast schmerzverzerrt wirkt. Umso mächtiger entfesselt der fugierte Schluß die Kräfte der Bejahung.

Klavierquintett Es-dur

Am 8. Januar 1843 spielte Clara Schumann zum ersten Male den Klavierpart in dem K l a v i e r q u i n t e t t E s - d u r Werk 44. Seit diesem Tage ist das Werk ungezählte Male aufgeführt worden, ohne an Glanz und

Bedeutung eingebüßt zu haben. Mit dem Begriff der musikalischen Hochromantik ist es verbunden wie nicht viele Werke neben ihm. Schwung, Leuchtkraft und Gemütstiefe verleihen ihm unvergängliche Bedeutung. Vor allem ist es die eigentümliche Stellung des Klaviers zum Streichquartett (zwei Geigen, Bratsche, Cello), die immer erneut zur Bewunderung herausfordert: einerseits tritt das Klavier konzertmäßig hervor und zwingt auch die Streichinstrumente oft zu klaviermäßigem Gebaren, andrerseits entsteht ein Gesamtklang von durchaus kammermusikalischer Eigenart. Das Hauptthema (Beispiel 12) mit seinem ritterlich-kühnen Aufschwung

12 Allegro brillante

sprengt das Tor zur kraftvoll-männlichen Romantik; das Seitenthema (Beispiel 13) dagegen bildet eine unübertreffliche Ergänzung nach der sehnsüchtig-weiblichen

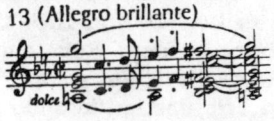

13 (Allegro brillante)

Seite. Dem Themen-Paar entspricht die Durchführung: Glanz und Innigkeit des musikalischen Stoffes werden wechselweise ans Licht gehoben und zwar mit so vollendeter Schönheit, daß man die oft strenge motivische „Arbeit" darüber vergißt — und auch vergessen soll. Denn wesentlicher als diese ist das innere Widerspiel von Kraft und Sehnsucht; es kommt dabei zu mancher wehen Spannung, die sich erst im Feuer des Schlusses löst. Daß diese Lösung keine endgültige ist, zeigt der langsame Satz. „In modo d'una marcia", nach Art eines Marsches und zwar eines Trauermarsches hebt er an. Drei seelische Ebenen tun sich auf: die der beklommenen Trauer im c-moll-Thema (Beispiel 14) mit den leise

14 In modo d'una marcia. Un poco largamente

molto *P . ma marcato*

tropfenden Begleitrhythmen, die des seligen Entschwebens (C-dur-Thema der ersten Geige, das von den Streichern in wiegenden Achteln und vom Klavier in verhüllenden Vierteltriolen-Akkorden begleitet wird) und die des ausbrechenden Schmerzes (Agitato, f-moll). Ergreifend der Schluß: im ruhig-leisen Klang der Streicher verdämmert das Marschthema der verhaltenen Klavierbässe. Nach diesem fast sichtbaren Ton- und Klanggemälde ist man geneigt, auch das Scherzo molto vivace bildmäßig zu deuten. Schumann wird sich wahrscheinlich bei der Niederschrift dieses Scherzos auch nicht freigemacht haben von entsprechenden Vorstellungen. Und um dieses Sichtbaren, Gebärdenhaften willen gehören der zweite und dritte Satz innerlich zusammen. Abermals drei Ausdrucksebenen. Raketengleich steigen im Hauptteil die Tonleiterläufe empor, beruhigend dagegen im ersten Trio das imitierende melodische Spiel der Streicher mit den fallenden Quinten zur gleichmäßig weiterlaufenden Bewegung der Paralleloktaven des Klaviers, und im zweiten Trio ein wildes Rasen durch verschiedene Tonartenbereiche. Der Schlußsatz (Allegro ma non troppo) übernimmt aus den Mittelsätzen die Greifbarkeit der Anlage und aus dem ersten Satz die ritterliche Kraft des Hauptthemas. Der Satz beginnt mit einem kräftig markierten, von c-moll nach g-moll

hinüberwechselnden Klavierthema. Die Stimmung lok-
kert sich in dem anschließenden G-dur-Teil, wird weicher, gelöster, verliert sich dann (E-dur) in zarte Träumerei (Wechsel leise rollender Baßläufe des Klaviers
und ruhender Streicherklänge), rafft sich aber bald wieder und mündet in die Ebene des Satzbeginns. Ausklang
bildet eine gewaltige Steigerung nach Art einer Doppelfuge, in der das erste Thema des Finales (leicht umgebildet) mit dem verbreiterten Hauptthema des ersten
Satzes (12) kontrapunktiert wird.

GIUSEPPE VERDI

Geboren am 10. Oktober 1813 zu Le Roncole bei Busseto (Parma) als Sohn eines kleinen bäuerlichen Schankwirts. Der Konservatoriumsdirektor in Mailand lehnte ihn als Schüler ab. Hauptunterricht bei dem „maestro al cembalo" des Scala-Orchesters, sodaß der junge Verdi schon durch den Unterricht auf das Gebiet der Oper verwiesen wurde. Nach einem ersten Mißerfolg gewannen Verdis weitere Opern so schnell die Bühnen, daß er bald — zumeist auf seinem Mustergut Sant' Agatha — ganz seinem Schaffen leben konnte. Vorübergehend gehörte Verdi dem italienischen Einheitsparlament an. Mehrere Jahre lebte er in Paris. Gestorben am 27. Januar 1901 in Mailand. Hauptwerke: Opern, kirchliche Schöpfungen, Romanzen, ein Streichquartett.

Das musikalische Italien des 19. Jahrhunderts hat nur ein einziges wirklich bedeutendes Kammermusik-Werk hervorgebracht, das sich in der ganzen Welt durchzusetzen vermochte: Verdis e - m o l l - S t r e i c h q u a r - t e t t. Die Aufgabe Italiens lag eben in diesem Zeitraum auf einem anderen Gebiet: dem der Oper. Unter den Opernkomponisten ragt wiederum Verdi besonders hervor. Was Wunder, wenn man seinem Streichquartett allerlei Opernhaftes nachsagt und es am liebsten aus dem Bereich der „reinen Kammermusik" verweisen möchte. Dabei kann man sich scheinbar auch auf Verdi selbst berufen; denn ursprünglich hatte er das Quartett überhaupt nicht öffentlich spielen lassen wollen; dann trug er sich mit dem Gedanken, es als Orchesterquartett aufzuführen. Außerdem war Verdi bekannt dafür, daß er im Streichquartett überhaupt eine Kompositionsgattung sah, die dem italienischen Wesen nicht entspreche. Immerhin, das Werk hat sich jetzt mehr als achtzig Jahre behauptet und bezaubert auch den kritischsten Menschen immer wieder durch edle Haltung und hinreißenden Wohllaut.

Ist es wirklich opernmäßig? Der sinnenhafte Klang verleitet dazu, die Frage ohne weiteres zu bejahen. Doch das entscheidet nicht; wir haben auch in der deutschen Kammermusik „Sinnenhaftes", und dem Italiener ist stimmliche Süße und sinnlicher Wohlklang (besonders im 19. Jahrhundert) wesentliches Merkmal a l l e r Musik, also auch der Kammermusik. Wir dürfen aber solche volklichen Eigentümlichkeiten nicht ausschließlich nach u n s e r e r Wesensart beurteilen. Bliebe die Thematik. Ist sie opernhaft? Es genügt da ein Blick auf das Hauptthema des ersten Satzes (Beispiel). Die zweite

Geige trägt es vor, dolce, dann sotto voce, auf der tiefsten Saite. Das ist „Aida"-Gebärde. Kein Wunder; denn als Verdi 1872 das Quartett niederschrieb, war er innerlich immer noch mit dieser Oper beschäftigt. Aber das Quartett-Thema ist dennoch nicht eigentliche Operngebärde. Es ist vielmehr Zeichnung des Menschen, wie sie Verdi in der Oper „Aida" zum ersten Male so vollendet gelungen war. Zeichnung des Menschen und des Menschlichen schlechthin, des menschlichen Gefühls, der Leidenschaft. Denn: diese Linie ist nicht „gesanglich", sondern instrumental. Wie jenes Aida-Thema der Ouvertüre: dieses wird im Verlauf der Oper zwar auch gesungen, behält aber stets den instrumentalen Beiklang. Im Quartett wölbt sich das Thema sehr bald polyphoner Gestaltung entgegen, tritt aber doch zunächst zurück vor einem neuen Gedanken in G-dur, der sehr weich und in fast körperlicher Gegensätzlichkeit einsetzt. So stehen zwei Charaktere wie zwei Persönlichkeiten neben- und gegeneinander. In der Durchführung bleibt diese Greifbarkeit, die knappe Bildhaftigkeit erhalten, jedoch merklich in das Linienspiel, also in instrumentale Bedingtheiten, hineingezogen. Wirkungen werden angestrebt, doch mit einfachsten Mitteln: etwa in der leuchtenden E-dur-Stelle, in den treibenden Rhythmen. Ähnliche Ebenen finden sich im Andantino: die leichte a-moll-Wehmut, die bejahende Lebenskraft des Ges-dur, die heftige und doch gezügelte Bewegungskraft des Mittelteils. Im Scherzo gruppiert Verdi die Kräfte um: prestissimo, ganz auf Bewegung gestellt der Hauptteil, singend das Trio. Der Schlußsatz mit seiner Fuge ist nicht polyphon im Sinne der deutschen Fugenmeister. Verdi hört eben anders als wir; er will auch in der Fuge den warmen, sinnenhaften Klang. Dementsprechend erfindet er Thema und Kontrapunkt, schaltet — eben um des schönen Klanges willen — herrlich tönende Zwischenstücke ein und unterstreicht so durch schöpferische Leistung seinen oft geäußerten Grundsatz, der Italiener solle „vokal" (das heißt hier: melodisch farbig) schreiben und dem Deutschen das Instrumentale (also hier: das Zeichnerische) überlassen.

ROBERT VOLKMANN

Geboren am 6. April 1815 zu Lommatzsch (Sachsen) als Sohn eines Kantors. Erster Unterricht beim Vater. Ursprünglich sollte er Lehrer werden, ging aber bald zur Musik über. Wurde musikalisch besonders angeregt durch die Freundschaft mit Robert Schumann, mit dem er viele Wesenszüge gemein hat. 1839 Musiklehrer in Prag, 1840 in Ungarn. 1854—1858 in Wien. Dann in Budapest als Professor der Musik-Akademie. Gestorben am 29. Oktober 1883 in Budapest. Er schrieb: Kammermusik, Orchesterwerke, Klavier- und Geigenkompositionen, Lieder, Chöre usw.

Volkmanns musikgeschichtliche Bedeutung besteht vor allem darin, daß er in den Zeiten der alles überflutenden Programm-Musik mit ruhiger Selbstverständlichkeit der absoluten Musik schöpferische Dienste geleistet hat. Da er in seiner Sprache zugleich den Neudeutschen nahestand und diese doch als Bannerträger der Programm-Musik angesehen wurden, konnte er sich mit seinen Werken nie so durchsetzen, wie er es verdient hätte: den „Neudeutschen" entsprach wohl sein Ausdrucksstil, nicht aber der absolut-musikalische Gehalt der meisten Instrumentalwerke Volkmanns; die Anhänger der absoluten Musik wiederum fühlten sich verpflichtet, seine Ausdrucksweise als verdächtig zu empfinden, obwohl der Werkgehalt zu ihnen hätte sprechen müssen. Erst in den letzten Jahrzehnten hat man versucht, Volkmann von diesen einseitigen Wertungen freizuhalten. Dabei ist man jedoch darauf verfallen, sein „Pathos" als überlebt zu bezeichnen. Diese Hochgestimmtheit Volkmanns ist jedoch echt, und da an seiner Satzkunst niemand zweifelt, wäre es an der Zeit, das Werk eines solchen Mannes eifriger zu pflegen. Ablehnen kann man nur h o h l e s Pathos.

Das kammermusikalische Werk Volkmanns besteht vor allem aus zwei Klaviertrios und sechs Streichquartetten. Sie offenbaren eine fein ausgewogene Kunst der Stimmführung; zugleich sind sie freilich klangsatt und klangschön, und das gilt zuweilen als Fehler in der Kammermusik. Wer aber wünscht, der Kammermusik eine möglichst große Spieler- und Hörergemeinde zuzuführen, sieht in einigen dieser Werke Volkmanns eine prächtige Vorhalle zu den ragenden Bauten unserer Größten. Da der romantisch-neudeutsche Meister aber nur wenig aufgeführt wird, können wir hier nur einige Andeutungen geben.

Das etwas bekanntere b - m o l l - T r i o für Klavier, Geige und Cello (geschrieben 1850) hat Volkmann bei seinem Erscheinen (1852 als Werk 5) Franz Liszt gewidmet, und Liszt hat das Werk manchesmal mit hervorragenden Partnern im Freundeskreise gespielt. Auch heute noch gilt es als Volkmanns bestes kammermusikalisches Werk. Der Satz ist außerordentlich fein und doch klangvoll, ja üppig. Von der üblichen Viersätzigkeit weicht Volkmann vollkommen ab; die wenigen Einschnitte (nur eine größere Pause zwischen den Hauptabschnitten) lassen sich nur gewaltsam deuten als Reste der überkommenen Formbestandteile. Eher läßt sich das Werk betrachten als Trio nach Art der sinfonischen Dichtung. Über dem stark persönlichen Ausdruck des Ganzen liegt ein tragischer Grundton. Als ersten Satz schreibt Volkmann ein gramverdüstertes Largo von edler Haltung. Die Einleitungstakte (Beispiel 1) bilden

inhaltlich und stilistisch den Keim des Werkes. In einem etwas bewegteren Mittelteil lichtet sich die Stimmung

ein wenig (B-dur), wird tröstlicher und späterhin sogar
fester (Quarten- und Quintenthema), sinkt dann aber
(b-moll) in die Anfangsklänge zurück. Eine kurze
Wechselrede zwischen Cello und Geige läßt diese Stimmung zu Beginn des zweiten Teils (Andante) nach-
klingen, bis ein Allegro auf freundliche Gedanken hin-
zulenken versucht: in b-moll mit einem eigentümlich
wiegenden Thema, in cis-moll mit einem gestraffteren
Gedanken. Unmittelbar daran schließt sich ein durch wü-
tende Klavierakkorde eingeleitetes Allegro con brio
voll drängender Leidenschaftlichkeit, aufgebaut auf
einem echt romantischen Thema (Beispiel 2), durchsetzt

2 Allegro con brio

mit Brahmsischen Klangentfaltungen. Das Seitenthema
des Allegros will beruhigen (Un poco più lento, pianissimo), doch das leidenschaftliche Aufbäumen des
Allegro con brio kehrt wieder, noch schneidender die
einsetzenden Klavierakkorde. Auch das erste Allegro-
Thema wird vergeblich eingesetzt gegen diesen Ansturm. Endlich kehrt das Largo zurück, umdüsterter noch,
ergeben verhallend im Pianissimo. Mit zwei Pizzicato-
tupfen scheint der Herzschlag des leidenschaftlichen
Gemütes auszusetzen.

Gegenüber diesem Meisterwerk tritt das zweite
K l a v i e r t r i o F - d u r (Werk 3) aus den gleichen
Jahren an Bedeutung erheblich zurück; in der Haus-
musik wäre es immerhin liebevoller Pflege wert.

Ähnlich steht es mit den Streichquartetten. Nur ein Teil
von ihnen hat Anspruch auf Lebensrecht im Konzertsaal,
nämlich die letzten (e-moll, f-moll, Es-dur). Erwähnt sei

noch das G-dur-Quartett Werk 34 (erschienen 1859) wegen seines Kopfthemas; es beginnt nämlich genau wie Silchers bekannte „Lorelei"-Melodie. Ausdrucksreicher ist das im gleichen Jahre erschienene e-moll-Quartett Werk 35. Besonders überzeugt die feine Übereinstimmung der schlichten Thematik

3 Allegro comodo

(Beispiel 3 gibt das erste Allegrothema) mit der Ausgewogenheit von Stimmführung und Satzknappheit. Anspruchvoller und sichtlich auf Konzertwirkung gestellt das f-moll-Quartett Werk 37 (Erscheinungsjahr wiederum 1859). Abermals stellt sich das erste Thema

4 Allegro

(Beispiel 4) vor als Leitspruch für das ganze Werk: es ist gedrängt wie die einzelnen Sätze, verdichtet wie der stilistische Ausdruck des Ganzen, trotzig und sinnfällig zugleich.

Die Krone aber gebührt dem letzten Quartettwerk, dem Es-dur-Quartett Werk 43 (erschienen 1862). Die einzelnen Sätze sind kurz, im Ausdruck nicht überladen, doch festlich und sprühend. Wir geben die Hauptgedanken der vier Sätze: die Doppelgesichtigkeit des

5 Allegro con brio

Kopfsatzes (Beispiel 5) mit dem Dreiklangsansturm und der unbestimmt schwebenden Fortführung, das

singende Larghetto (Beispiel 6), das ungarisch getönte Scherzo im $^5/_4$-Takt und das von einem kurzen Andantino eingeleitete Finale mit seiner stürmenden Staccato-Bewegung (Beispiel 7). In allen Sätzen erzielt Volkmanns durchsichtige Satzkunst (vergl. die imitierenden

6 Larghetto

7 Molto vivace

Stellen) Wirkungen, die das lauschende Ohr erfreuen und den beobachtenden Geist fesseln.

CÉSAR FRANCK

Geboren am 10. Dezember 1822 in Lüttich. Studierte vor allem in Paris, wo er dann von 1843 an seinen ständigen Wohnsitz nahm als Organist und Orgelprofessor am Konservatorium. Gestorben am 9. November 1890 in Paris. Hauptwerke: Sinfonien, Konzerte, Opern, Chorwerke, Orgelwerke, Kammermusik, Klavierwerke.

Franck ist der eigentliche Begründer des neueren französischen Instrumentalstils. Sein Ausdruck mischt sich aus strengem Satz und farbigem Klang, rhythmisch bestimmter Thematik und weichen Endungen. Was er darstellt, schwingt zwischen zarter Versonnenheit und rauschhafter Verzückung. Manches erinnert an Schumann und Brahms, an Wagner und Liszt; aber das betrifft nur das Gewand, nicht den Menschen, der still, doch unbeirrbar seinen eigenen Weg gegangen ist.

Bekanntestes kammermusikalisches Werk ist die großartige S o n a t e   f ü r   G e i g e   u n d   K l a v i e r A-dur (geschrieben 1886). Sie kennzeichnet den Meister, der den Satz so überlegen handhabt, daß man ihn über den klaren Gedanken und der farbigen Sprache fast vergißt. Satzstrenge und formale Freiheit stehen dicht nebeneinander; denn mit der klassischen Sonatenform hat das Werk nur mehr äußere Züge gemeinsam. So beginnt das Stück mit einem melodisch gleitenden Allegretto, fast wie ein Präludium zu dem eigentlichen Kernsatz. Dieser ist leidenschaftlich hochgestimmt, mit einem aus zwei gleichen Kurzmotiven zusammengesetzten Thema, das sich in seiner rhythmischen Betontheit nachdrücklich abhebt von der wogenden Klavierbegleitung. Diese leidenschaftlich-rezitativische Art eignet auch der Durchführung. Als nächster Satz folgt ein Fan-

tasiestück, sehr melodiös, fast übermelodiös. Besonders
kennzeichnend das Finale. Das Thema (Beispiel 1)

scheint nur melodisch-harmonisch erfunden, wird aber
sogleich in kanonische Bahnen gefügt, und das so unaufdringlich, wie es nur ein wirklicher Meister vermag.

Das drei Jahre später (1889) geschriebene S t r e i c h -
q u a r t e t t vertieft die Sprache der Geigensonate. Wiederum steht vor dem eigentlichen Allegro eine langsame Einleitung. Ihr entwächst im Verlauf ein motivisch-
thematisch-polyphones Spiel voll Einheit in der Vielfalt. (Beispiel 2 und 3 geben eine Vorstellung von der

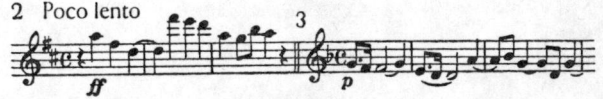

Verschiedenheit des musikalischen Gedankengutes, zu
dem sich im Allegrosatz noch ein zeichnerisches Seitenthema gesellt). Denkbar stärkste Gegensätze finden sich
auch im Mittelbau: das Scherzo überwiegend farbig und
rhythmisch, der langsame Satz gesanglich und stimmig-
klanglich. Solche Anlage führt zwangsläufig zu einer
besonderen Ausgestaltung des Schlußsatzes, der nun als
Gegengewicht gegen alles Vorhergehende auftreten und
demgemäß mächtig aufgebaut sein muß. So ist es auch zu
begreifen, wenn mancher thematischer Gedanke der
ersten Sätze in das krönende Schlußgefüge wiedereinge-
baut wird.

Die Neigung, das ganze Werk durch einen mächtigen
Schlußsatz zu überkuppeln, findet sich auch in dem

Klavierquintett (1880). In dieser leicht zu überschauenden Schöpfung zeigt sich besonders schön, wie
Franck Anfang und Ende innerlich bindet und alles Da-
zwischenliegende als inneres Wachsen und Werden
empfindet. Das Quintett beginnt nämlich sehr „dramatisch" (Beispiel 4); doch führt es diese dramatische

4   Molto moderato quasi lento

Spannung nicht weiter, sondern läßt sie nur innerlich
bestehen, gewissermaßen als ungelöste Frage. Und die
Lösung bringt eben erst der Schlußsatz, ohne etwa auf
das Anfangsmotiv zurückzugreifen, vielmehr ganz selbständig, von innen her.

FRIEDRICH SMÉTANA

Geboren am 2. März 1824 in Leitomischl. Schüler von Proksch, später von Liszt. 1856—1860 Dirigent in Gotenburg (Schweden). Seit 1866 Kapellmeister am Nationaltheater in Prag. 1874 mußte er die Stellung wegen Ertaubung aufgeben. Gestorben am 12. Mai 1884 in der Landesirrenanstalt zu Prag. Hauptwerke: Opern, sinfonische Schöpfungen, Klavierkompositionen, Kammermusik.

Die Tschechen verdanken Smétana, daß er ihre Volksmusik durch seine Schöpfungen in das Licht der europäischen Kunstmusik gehoben hat. Dabei ist Smétana stets in unmittelbarer Verbindung mit der tschechischen Volksmusik geblieben. Das gibt seinem ganzen Werk eine eigentümliche Verbindung von künstlerisch reifem Ausdruck und unmittelbarer, volkhafter Eingänglichkeit. Um sich zu schulen, hielt sich Smétana zunächst an die deutsche Klassik, dann aber mehr und mehr an die Neudeutschen um Franz Liszt. Schließlich konnte er sich Musik ohne „Programm" kaum mehr vorstellen: „Die absolute Musik ist für mich in jedem Genre bereits unmöglich", sagte er einmal von sich. Solche Haltung sollte ihn — wenn die strengen Stilkritiker der Kammermusik recht hätten — eigentlich aus dem Kreis des kammermusikalischen Schaffens ausschließen. Dennoch gehören mindestens zwei seiner Kammermusikwerke zum Zündendsten, was die Kammermusik in den letzten Jahrzehnten des 19. Jahrhunderts aufzuweisen hat.

Man muß sich ein Gebilde wie das Kopfthema des Klavier-Trios g-moll ansehen, um die mitreißende Kraft von Smétanas Thematik zu begreifen (Beispiel 1). Hier binden sich volkhafte Musikausstrahlung, persönliche Haltung und gestalterische Kraft zu etwas Neuem, Unverkennbarem. Das gleiche gilt von der Weiterführung:

man spürt in jedem Takt, daß Smétana aus diesem Thema
etwas hätte „machen" können; doch ist er äußerst sparsam mit Satzkünsten, wandelt statt dessen den Gedanken immer um, gewinnt ihm überraschende Wirkungen

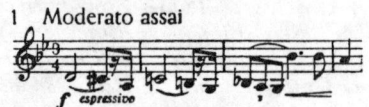

ab, prägt ihn glühend in das Bewußtsein des Hörers. Als
Mittelbau des Werkes tritt ein leicht überschaubares
Scherzo mit zwei Trios auf, einfach im Ausdruck, etwas
willkürlich im Grundriß, aber in jedem Augenblick nah,
unmittelbar wie persönliche Anrede. Auch im Schlußsatz (das Werk hat nur drei Sätze) dieses Anredende,
Erzählerische. Wenn die beiden Grundkräfte des Satzes,
die rhythmische Bestimmtheit und der melodische Ausdruck, sich entfalten oder aneinanderstoßen, so kommt
es niemals zu echt thematisch-motivischen Auseinandersetzungen oder zu einer Verbindung auf neugewonnener
Ebene; vielmehr ist alles aufgesplittert in zahlreiche
Einzeläußerungen, umgeformte Wiederholungen, ein-
dringliche Einzelanreden. So entsteht eine Form, die von
der überkommenen wesentlich abweicht, ihr Lebensrecht
jedoch in sich trägt.

Ganz programmatisch gehalten ist das berühmte
e-moll-Quartett „Aus meinem Leben".
Schon die Tatsache, daß Smétana dieses Quartett mit
einer Überschrift versieht und den Verlauf des Werkes
mit näheren Erläuterungen begleitet, offenbart die nachdrückliche Absicht, das „absolut Musikalische" zu meiden. Darüber hinaus ist es „subjektives" Erleben, ausgebreitet in einem Werk der angeblich „objektiven"
Gattung Streichquartett. Daß dennoch ein Werk von
weithin verbindlicher Haltung entstanden ist, beweist
erneut, daß der wirkliche Meister über allen Regeln steht

(freilich: nur der Meister!). Geschrieben wurde es 1874, nach Smétanas Ertaubung. — „Ungestilltes Sehnen der Jugendzeit" ist nach Smétanas Worten der Inhalt des ersten Satzes. Leidenschaftlich zuckt das Kopfmotiv des

Allegros in der Bratsche auf (Beispiel 2), scharf gezeichnete Tonverkörperung jugendlichen Ungestüms. Neben diesem ungeduldigen Selbstbewußtsein steht das Seitenthema (Beispiel 3) als Träger des fast noch Kindlichen,

Spielerischen. Die Entwicklung der beiden Hauptgedanken im Verlauf zu verfolgen, macht keine Mühe. Inhaltlich gehören die beiden folgenden Sätze zum Hauptsatz: das tänzerische Scherzo mit seiner Polka und die „Seligkeit der ersten Liebe" in dem langsamen Satz mit seiner blühenden Melodik und immer drängender werdenden Führung der Begleitstimmen. Diesen Jugendbildern stellt sich der Schlußsatz gegenüber als gewichtiger Block. Er bringt in drei Hauptteilen das äußere und innere Erleben des reifen Mannes: „Die Erkenntnis der nationalen Musik", dann, unvermittelt nach fortissimo dahinstürmenden nationalen Klängen, das „verhängnisvolle Erklingen im Ohr des Komponisten vor der Ertaubung" (Beispiel 4 gibt einen Ausschnitt), endlich die „Ergebung in ein unabwendbares Schicksal". Diese Programmatik mag im ersten Augenblick als allzu persönlich erscheinen. Sie ist es aber nicht, sondern an dem Beispiel seines eigenen Lebens und Erlebens zeigt Smétana mit ungewöhnlicher seherischer Kraft ent-

scheidende Abschnitte des Wesens und des Werdens
tschechischen Volkstums überhaupt. Wenn gegen Schluß

des vierten Satzes die musikalischen Gedanken der
früheren Sätze noch einmal emportauchen, so kann der
musikalisch u n d politisch erlebende Mensch nur mit
Erschütterung die Sehergabe des tschechischen Meisters
bewundern.

ANTON BRUCKNER

*Geboren am 4. September 1824 in Ansfelden (Oberöster-
reich) als Sohn eines Dorfschullehrers. Erster Unterricht beim
Vater. Nach dessen Tode Sängerknabe im Stift St. Florian.
Bruckner wurde zuerst Lehrer; daneben bildete er sich selbst
in Orgelspiel und Kontrapunkt aus. 1855 Domorganist in
Linz. Bis zum vierzigsten Jahre Kontrapunktstudium (in
Wien bei Sechter und Kitzler). Seit 1867 Hofkapellorganist
und Professor für Orgel, Kontrapunkt und Komposition am
Wiener Konservatorium. 1891 Ehrendoktor der Wiener
Universität. Gestorben am 11. Oktober 1896 in Wien.
Hauptwerke: Sinfonien, Ouvertüre, kleinere Orchester-
stücke, weltliche und kirchliche Chorschöpfungen, ein Streich-
quintett.*

Der Sinfoniker Bruckner verleugnet sich auch in der
Kammermusik nicht. Das einzige Werk dieser Gattung
ist ein S t r e i c h q u i n t e t t F - d u r, vollendet 1879,
also auf der Höhe des Schaffens. Klare Formabgrenzung
und durchsichtiger Satz, Selbständigkeit der Stimmen
und sorgfältige Zeichnung weisen dem Quintett einen
Platz in der Kammermusik an. Aber wieder einmal zeigt
sich, daß nicht technische Anlage, sondern geistige Haltung das Wesentliche eines Werkes ausmachen. Und
die Haltung ist ohne Zweifel sinfonisch. Dieses Denken
in zusammenhängenden Gruppen, diese Weite der inneren Anschauung, dieses mächtige Bauen im Großen bei
gleichzeitig sorgsamster Fügung im Kleinen ist Kennzeichen des Sinfonikers. Es sei übrigens angemerkt,
daß auch das Streichquintett — wie die Sinfonien —
von Bearbeitern geändert worden ist. Bezeichnend, daß
z. B. im ersten Satz das C-dur-Gesangsthema gestrichen
wurde. Offensichtlich hielt man die übriggebliebenen
Themengruppen immer noch für gedanklich ausreichend,
den Satz zu tragen.

In der Tat quillt der erste Satz von Gedanken über. Außer dem (von Bearbeitern gestrichenen) Gesangsthema finden sich drei Hauptgebilde, die für die Gestaltung des Satzes bedeutsam werden (Beispiel 1 a—c):

alle scharf geprägt, durchaus gegensätzlich nach Richtung, Rhythmus, Klangstärke. Dazu treten eine ganze Anzahl weiterer Linien, sodaß schon bei der Themenaufstellung zahlreiche Verästelungen dem Gesamtbild Leben und innere Bewegung verleihen. Dem entspricht die großräumige Durchführung: auch hier klare Verteilung der Hauptgewichte, bis zur Polyphonie gesteigerte Verzweigung, niemals aber nur stimmige Strenge, sondern kraftvoll atmendes Heben und Senken, mächtiges Fließen und Verströmen. Sehr einheitlich das Scherzo: der schnelle Hauptteil hebt geradezu zweithematig an (synkopiert in der ersten, gleichmäßig fließend in der zweiten Geige), und das langsamere Trio wiederholt diese Gruppierung (nur liegt jetzt der ruhige Fluß in der ersten Geige, die—abermals mit Vorschlägen durchsetzte — rhythmisch gelenkige Gegenstimme in der zweiten Geige). Am Rande sei bemerkt, daß an Stelle dieses Scherzos früher ein d-moll-Intermezzo gestanden hat. Wunderwerk das Adagio in Ges-dur (ursprünglich als Andante quasi allegretto bezeichnet). Der Hauptgedanke (Beispiel 2 gibt nur den Beginn) birgt zugleich die Keime für zwei weitere thematische Kräfte: einen rhythmisch bestimmten Teil und das Seitenthema, das eigentlich nur die Umkehrung des Kopfthemas darstellt.

Die beiden Bratschen mit ihren lebendig geführten Mittelstimmen werden für den Klangkörper des mächtig

2 Adagio

ansteigenden und mählich wieder absinkenden Satzes besonders wichtig. Der Schlußsatz („Lebhaft bewegt") beginnt bezeichnenderweise mit den Mittelstimmen; erste Geige und Cello treten erst später hinzu: das bei Bruckner so oft zu beobachtende Verfahren, die Themen nicht fertig hinzusetzen; sondern das W e r d e n des musikalischen Stoffes darzustellen, ist hier unvergleichlich schön auf die Kammermusik übertragen. Wie polyphoner Satz, sinfonisches Wollen und kammermusikalischer Stil einheitlich gebunden sind und zu vielgekuppelten Bauten werden, das zeigt besonders eindringlich die Entwicklung von Takt 71 an mit dem Oktaven-Dezimen-Motiv des Cellos in breitgestrichenen Vierteln, denen die zweite Geige ein Triolenkurzmotiv entgegensetzt, bis dann in imitierendem Stil beide Motive von allen Stimmen aufgenommen und mächtig emporgetragen werden. Vielleicht noch ergreifender, wenn die kunstvolle Polyphonie sich gegen Schluß wieder auflöst in schwingende Dreiklangsbewegung, sich endlich festrammt im mächtig tönenden Grundakkord F-dur.

JOHANNES BRAHMS

Geboren am 7. Mai 1833 in Hamburg als Sohn eines einfachen Mannes, der sich durch Strebsamkeit vom Wirtshausmusiker zum tüchtigen Kontrabassisten des städtischen Orchesters emporgearbeitet hatte. Zunächt Unterricht beim Vater, dann bei Marxsen. 1853 wies Robert Schumann in einem berühmt gewordenen Aufsatz auf den zwanzigjährigen Brahms hin, sodaß dieser trotz einiger äußerer Mißerfolge verhältnismäßig früh Verleger fand. Mehrere Jahre war er Dirigent in Detmold. Dann lebte er einige Zeit in Hamburg, wo er seine musikalische Bildung vertiefte. 1862 ging er nach Wien. Die Donaustadt wurde seine Wahlheimat, zu der er immer wieder zurückkehrte. 1871—1874 Leiter der Konzerte, die von der Gesellschaft der Musikfreunde veranstaltet wurden. Bis zu seinem Tode (3. April 1897 in Wien) lebte er als Freischaffender. 1879 wurde Brahms Ehrendoktor von Breslau; 1886 erhielt er den preußischen Pour le mérite. Hauptwerke: Sinfonien, Serenaden, Orchestervariationen, sinfonische Ouvertüren, Klavier-, Geigen- und Doppelkonzerte, Gesangswerke mit Orchester, Chöre, Lieder, Klavierwerke, Kammermusik.

Brahms ist — wenn man den scheinbaren Widerspruch richig aufzulösen versteht — Klassiker im Zeitalter der Romantik. Die rein aus dem Musikalischen gewordene Form leitet ihn in seinem gesamten Schaffen; aber was er in solcher denkerischen Zucht ausspricht, sind tiefe gemüthafte Empfindungen. Seine — oft der Volksmusik nahestehende — Melodik ist harmonisch und zugleich polyphon gebunden und rhythmisch überaus fesselnd. Hinzu tritt die Vorliebe für einen satten, doch nicht überladenen Klang. Alles aber wird so einheitlich eingeschmolzen, daß eines ohne das andere nicht zu denken ist.

Wie Schumann geht Brahms vom Klavier aus. Immer wieder hat er dem Klavier Wesentliches anvertraut.

Und verhältnismäßig schnell konnte der sonst so langsam Reifende (Sinfonien, Streichquartette) mit seinen
Klavierwerken vor aller Welt bestehen. In der zweiten
Hälfte des 19. Jahrhunderts lebte kein Tondichter, den
man Brahms als Klavierkomponisten zur Seite stellen
könnte. Es kennzeichnet seine Größe, daß er dennoch
in seiner Kammermusik mit Klavier das Tasteninstrument nicht beherrschend hervortreten läßt, sondern es
dem Gesamtgeschehen eingliedert und so einen neuen
Klangraum schafft.

Duo-Sonaten

Erst in den achtziger Jahren veröffentlichte Brahms
drei Sonaten für G e i g e u n d K l a v i e r. Der Ju-
gendsturm hatte sich längst ausgetobt; still, innig leuchtend stehen diese Werke vor uns, reife Schöpfungen
des gereiften Mannes. Für den Konzertsaal sind sie (bis
auf das d-moll-Werk) auch heute kaum gewonnen. Sie
sind und bleiben Hausmusik auf höchster künstlerischer
Ebene. Billroth sagte beim Erscheinen einer der Sonaten,
daß „ihre Empfindungen zu fein, zu wahr und zu warm
seien, ihre Innerlichkeit zu herzlich für die Öffentlichkeit". Dieses Urteil gilt — mindestens für zwei der Sonaten — auch heute noch.

Das Innerliche, Herzenswarme, Feinfühlige ist Haupt-
kennzeichen der G - d u r - S o n a t e Werk 78. Man hat
sie zuweilen als „R e g e n - S o n a t e" bezeichnet, weil
die drei Satzthemen an das Brahms-Lied „Walle Regen,

1 Vivace

p mezza voce

walle nieder" erinnern. Mit dem Thema des Hauptsatzes (Beispiel 1) ist der Grundton des Werkes angeschlagen und gleichzeitig der Motivkern aller Sätze

festgelegt. Auch das Seitenthema steht unter dem Bann des Kernmotivs, schwingt jedoch noch gesanglicher aus. Die Verarbeitung der Gedanken ist so übersichtlich, zugleich aber in jedem Takt so beziehungsreich, daß dieser Satz als Prüfstein für kammermusikalisches Musizieren überhaupt dienen kann. Schlichter, aber womöglich noch stärker im Ausdruck, wirkt das Adagio mit seinem offenaugigen Thema, der ausgewogenen Stimmführung (die Geige zuweilen zweistimmig) und der Landschaftsstimmung gegen Ende; besonders ergreifend das in diese melodische Pastellzeichnung eingebettete Più andante mit dem rhythmisch zum Trauermarsch umgebildeten Kernmotiv. Der Schlußsatz faßt zusammen und erweitert; thematisch und stimmungsmäßig. Schon das g-moll-Thema der Geige (Beispiel 2)

2 Allegro molto moderato

ist Zusammenfassung des Kernmotivs und des Stimmungsgehalts zugleich. Dazu die gleichmäßige Gelöstheit des Klaviers in Sechzehntelfiguren, Wehmut des Herzens, Anmut des Ausdrucks. Der Schluß scheint sich ganz aufzulösen wie die Umrisse einer Landschaft in weichem Abenddämmerlicht.

Trägt die G-dur-Sonate ob des sie durchziehenden „Regen-Liedes" ihre Bezeichnung mit einigem Recht, so muß die Benennung der A - d u r - S o n a t e Werk 100 als „M e i s t e r s i n g e r - S o n a t e" nachdrücklich abgelehnt werden. Die Übereinstimmung einiger Töne des

3 Allegro amabile

Hauptthemas (Beispiel 3) mit Walthers Preislied ist weder innerlich noch äußerlich groß genug, um eine

296

solche Bezeichnung zu rechtfertigen. Geschrieben wurde die Sonate 1886 in den glücklichen Monaten am Thuner See, und Landschaft wie Seelenverfassung jener Zeit spiegeln sich in dem Werk wider. Ausgeglichen in der thematischen Arbeit wie im warmen Klang der erste Satz. Der Mittelsatz dagegen besteht aus zwei verschiedenen Grundstimmungen: dem ruhigen Gesang des Andantes und einem wiederholt eingeschobenen d-moll-Vivace voll lebhafter Bewegtheit. Im Schlußsatz herrschen nicht Bewegungskräfte, sondern Brahms bindet hier die Klangwärme des ersten Satzes mit der melodischen Eindringlichkeit des Andantes. Der ruhig dahinströmende Gesang der Geige beherrscht alle anderen Kräfte dieses Andante grazioso quasi allegretto. „Meine Liebe ist grün wie der Fliederbusch" — dieses Lied ist unmerklich in den strömenden Gesang verwoben.

Von diesen beiden Werken hebt sich die G e i g e n - s o n a t e d - m o l l Werk 108 deutlich ab. Sie hat nicht mehr nur drei, sondern vier Sätze, wirkt konzertmäßig, fast virtuos, entbehrt vielfach der stillen Ruhe der Schwestersonaten, setzt zuckende Lichter, wo sonst die beiden anderen Sonaten still leuchten. Die Sonate ist dem geistvollen Nervenmenschen Hans von Bülow gewidmet und wirkt wie ein klingendes Abbild dieses Pultvirtuosen. Das Alla-breve-Allegro scheint darauf berechnet, den Konzertsaal bis in die letzten Winkel erklingen und das Können der Spieler hervortreten zu lassen. Unmittelbarer im Ausdruck das Adagio mit dem schwellenden Gesang der Geige auf der tiefsten Saite. Das merkwürdige fis-moll-Scherzo erbebt dann wieder von rhythmischem Flackern und verhaltener Unruhe. Zwar greift der Schlußsatz (Presto agitato) manchen früheren Gedanken wieder auf, will auch wohl die Spannungen lösen, bohrt sich aber mit heftigen Stürmen mehr in satztechnische und musikantische Schwierigkeiten als in endgültige Klärung des Gedankengutes.

*

Die beiden C e l l o - S o n a t e n sind entstehungs-
mäßig durch etwa zwei Jahrzehnte getrennt. An der
dreisätzigen e - m o l l - S o n a t e Werk 38 (Mitte der
sechziger Jahre geschrieben), fesselt besonders die
eigentümliche Anlage. In der Mitte ein Allegretto quasi
menuetto, zurückhaltend gestaltet und doch dem Tanz
nahestehend, das Trio thematisch dem Hauptteil verbunden. Kraftvoll, ja leidenschaftlich dagegen die Ecksätze. Im Kopfsatz wächst das Leidenschaftliche erst allmählich heran; denn das erste Cello-Thema ist noch
ganz ruhig, dem Instrument entsprechend sogar breit
singend gehalten, das Seitenthema wird schon unruh-
voller, bis schließlich die Durchführung Cello und Klavier zu feurigen Äußerungen zusammenführt. An diese
Durchführung knüpft der Schlußsatz an: drei Themen
treten auf, kraftgeladen, eigenwillig. Sie werden nach
Fugenart gebunden, und diese strenge Bindung ist
nötig, damit die Leidenschaft des Erlebens nicht die
Grenzen des musikalischen Ausdrucks überschäume.

Auch in der zwanzig Jahre später geschriebenen
C e l l o - S o n a t e F - d u r Werk 99 rauscht diese leidenschaftliche Männlichkeit wieder auf. Überzeugend
aber wohl nur in dem herrlichen Adagio affettuoso mit
der ausdrucksvollen Klavierbewegung (die „romantische", von F-dur weit abliegende fis-moll-Tonart tut
das ihrige, den Satz von den übrigen abzuheben). Der
erste Satz wirkt dagegen scheinbar gestaltlos in seinen
mächtigen Klangrasereien; freilich i s t er nicht gestaltlos, wie jeder Takt erweist. Nur erscheint diese
Unbändigkeit mehr als Ergebnis klanglicher Überle-
gungen denn als unmittelbares Erleben, wie es in den
früheren Klaviersonaten aufbraust. Ganz ähnlich das
Allegro passionato des dritten Satzes, das aus einer
Überfülle kurzer, zuweilen beängstigender Gebärden
besteht und jeder größeren Gestaltwerdung heftig aus
dem Wege geht. Der Schlußsatz sucht die melodisch-
harmonische Kraft des Adagios mit den unruhvollen
Bewegungsantrieben des ersten und dritten Satzes zu

verschmelzen, meidet aber bewußt den letzten Ausgleich.

*

Die beiden S o n a t e n f ü r K l a r i n e t t e u n d
K l a v i e r der Werkzahl 120 sind verhältnismäßig
unbekannt, weil wir des Klarinettenklangs in der Kammermusik lange entwöhnt waren. Der Versuch, die
Klarinette durch die Bratsche zu ersetzen und so die
Werke „ansprechender" zu machen, ist nicht gutzu-
heißen; denn der besondere Reiz der Sonaten besteht
gerade in der glücklichen Ausnutzung des Klarinetten-
klanges. Wie sehr Brahms diese Werke geschätzt hat,
geht daraus hervor, daß er 1895 bei der ersten öffentlichen Aufführung den Klavierpart selbst übernahm.

Es handelt sich um ein durchaus gegensätzliches Paar.
Die f - m o l l - S o n a t e beginnt mit einem Allegro
appassionato, das die ruhige Bahn des Hauptthemas
bald verläßt und sich in ebenso geistvolle Arbeit wie
schwungvolle Haltung hineinwühlt. In sanfter Wehmut
zieht das As-dur-Andante dahin, sehr schön die innerlich
beseelte Figurenzeichnung der Klarinette. Volle Ursprünglichkeit und Naturnähe leben in dem Allegretto
grazioso des dritten Satzes. Ganz Spiel und Bewegung
ist dagegen der Schlußsatz, der so vergnüglich mit den
ersten drei Noten seines Hauptthemas umzugehen weiß.

Die E s - d u r - S o n a t e ist weit mehr als das f-moll-
Werk eine heimliche Zwiesprache des Meisters mit sich
selbst und gehört dieser Haltung wegen zu den köstlichsten Duos der gesamten Hausmusik (im großen
Konzertsaal wirkt sie leicht etwas verloren). Innig,
weich, jeder feinen Regung hingegeben das erste Allegro, nicht zu überhören die geheime Leidenschaftlichkeit des Ausdrucks. Im es-moll-Satz scheint die Leidenschaft dann ausbrechen zu wollen, doch wird sie bald
wieder eingefangen: zunächst in dem langsamen Dur-
Teil, später in den ruhigen Variationen, die dem eigentlichen Schlußsatz vorangehen, bis schließlich das Finale

mit wirkungsvollem Stegreifspiel den heimlichen Bekenntnissen ein Ende setzt.

Trios

Vor den Trios von Brahms müssen alle Bedenken
schweigen, die man sonst so gern äußert, wenn es
sich um kammermusikalische Werke handelt, die nicht
ausschließlich für Streicher geschrieben sind. Diese
Trios sind so einheitlich gestaltet, daß von „Fremd-
heit" im Zusammenklang der verschiedenen Instru-
mentengruppen, von der „lauten Härte" des Klavier-
klangs gegenüber dem Streicherklang, von „virtuos-
konzertmäßigem Hervortreten" einzelner Instrumente
(und wie die Dinge alle heißen) niemand zu sprechen
wagt. Mehr noch: die Klaviertrios von Brahms bringen nicht nur alle Bedenken zum Schweigen, sondern
lassen es als fraglich erscheinen, ob das Wesen der
Kammermusik wirklich ausschließlich oder mindestens
in erster Linie darin zu suchen sei, daß sie sich aus
Zeichnungen mit gleichgearteten Zeichenstiften zusam-
mensetze. Es kommt doch wohl weniger auf die Stifte
als auf den Meister an, der sie handhabt. Und Brahms,
der die Grenzen und Bedingungen der Kammermusik
wahrlich genau gekannt hat, erfand stets ganzheitlich;
d. h., seine Gedanken und Einfälle verbanden sich
sogleich mit denjenigen klanglichen Vorstellungen,
die aus den Gedanken erst Leben werden lassen.
Das K l a v i e r t r i o H-d u r Werk 8 ist 1854 geschrieben, doch 1891 umgearbeitet worden. Man möchte
der ersten Fassung ob ihres Einfallsreichtums und jugendlichen Schwunges den Vorzug geben, doch hat sich
die Spätfassung heute allgemein durchgesetzt. Vier
Sätze. Der erste und dritte in H-dur, der zweite und
vierte überwiegend in h-moll. Das gibt dem Ganzen
etwas Unwirkliches, Schwebendes, Doppelgesichtiges.
Im Allegro herrscht das erste, singend dem Klavier-

klang entsteigende Thema (Beispiel 4). Es bestimmt das Aussehen der übrigen musikalischen Gedanken,

4 Allegro con moto

p espressivo legato

es klammert die verschiedenen, deutlich getrennten Satzteile zusammen; und es vermag diese Herrscherrolle auszufüllen, weil es nicht starr bleibt, sondern sich selbst entwickelt zu mächtigen, zuweilen stürmischen Äußerungen, deren Wesen besonders offenbar wird durch den farbig wechselnden Klavierklang. Den eigentlichen Brahms-Ton, von nun an unverlierbar bis zu den letzten Werken, bringt das h-moll-Scherzo mit seinem H-dur-Trio. Das Scherzothema (Beispiel 5), vom

5 Allegro molto

Cello angestimmt und vom Klavier imitierend aufgenommen, ist Brahms-Humor, während die weichen Sexten des Trios (Beispiel 6) den sinnenfrohen Brahms

6 (Scherzo-Trio)

aufklingen lassen. Der langsame Satz greift nicht nur in der Tonart auf den ersten zurück, sondern ist wie dieser stark klang- und melodiegebunden (Aufteilung des thematischen Gedankens zwischen Klavierfülle und Geigenzeichnung). Der Schlußsatz steht zunächst wieder in h-moll (wie das Scherzo). Unruhvoll der Themenbeginn mit seinem Umkreisen des fis durch g und eis, bis dann das Thema endlich im auf- und absteigenden Dreiklang weiterschwingt. Dieses Werden aus stockendem Beginn ist zugleich Kennzeichen des ganzen Satzes (abgesehen von den in diesem Zusammenhang etwas fremden, überklaren Gängen des später eingeschobenen Seitenthemas).

Echte C-dur-Stimmung beherrscht den ersten Satz des K l a v i e r t r i o s C - d u r Werk 87. Es ist 1880, also fast drei Jahrzehnte später geschrieben als das H-dur-Trio, hat daher eine künstlerisch straffere Haltung und ist doch noch frisch und unmittelbar in der Erfindung. Schon das Hauptthema (Beispiel 7) zeigt die

7 Allegro

Hand des Meisters. Wenn sich im vierten Volltakt in das Geigenthema das Klavier einmischt, spürt man sogleich, wohin der Weg geht: er wird in all seinen Einzelabschnitten festgelegt und entscheidend unterbaut durch den breitgelagerten, kraftvollen Klavierklang, während Geige und Cello die eigentlichen Bewegungsantriebe in das Geschehen bringen. Gipfelung ist die Coda (animato) mit ihrer sieghaften Steigerung. In den Variationen des Andante con moto verläuft die Entwicklung in umgekehrter Richtung; denn der den einfachen Gedanken zunächst beherrschende Rhythmus weicht von Variation zu Variation einer in sich ruhenden Melodik. Mit dem Presto-Scherzo wird das Melodische wieder völlig verdeckt, und an seiner Stelle steigt ein kaum faßbares, dämmeriges rhythmisches Treiben auf, ein Schattentanz von beklemmender c-moll-Unwirklichkeit. Umso klarer und heller das C-dur-Trio mit der einfachen Thematik der beiden Streichinstrumente. Der Schlußsatz ist „Allegro giocoso" überschrieben; doch wirkt er weder spielerisch noch lustig, eher trotzig, weil seine rhythmischen Gebärden die innere Stimmung mehr verdecken als offenbaren. Nur das Thema selbst erscheint als unmittelbarer Ausdruck des Frohsinns. Nicht umsonst herrscht in diesem Satz das verschleiernde Dur-Moll.

Mit der Arbeit am c - m o l l - K l a v i e r t r i o Werk 101 hat Brahms ebenfalls im Jahre 1880 begonnen, doch ist es erst 1887 (also vier Jahre nach dem C-dur-Trio) erschienen. Den zeitlichen Unterschied spürt man häufig an noch machtvolleren Verdichtungen, noch sichererem Zupacken und noch festerer Gestaltung als im C-dur-Trio. Schon das Hauptthema (Beispiel 8) sagt

8 Allegro energico

Entscheidendes aus. Alles ist gebändigte Fülle, zuchtvolle Leidenschaft, rhythmische Straffheit und satte Harmonie. Bedeutend auch die Überleitungsgedanken, denen dann in machtvoll strömendem Gesang das Seitenthema (Es-dur, Unisono der Streichinstrumente) folgt. Und doch, trotz aller Farbigkeit und Mächtigkeit ist alles geradezu einfach im Schnitt (vergl. die Kurzmotivik des ersten Themas) und in der Gestaltung (klar zu überschauende Entwicklungen). Das Scherzo (Presto non assai) ist ganz auf kurzgliedrige Motive gestellt und huscht in seinem Hauptteil fast gespenstisch daher; im Mittelteil verliert sich zwar das Dahinhuschende, nicht aber die Stimmung, die hier nur mehr auf Einzel- und Nahsicht beruht (Streicherpizzicato zu verhaltenen Klavierakkorden). Herrlichster Brahms das Andante grazioso; scheinbar die Welt schlichter Volksweisen, in Wahrheit ungewöhnlich kunstvoll in den Eigenheiten des Taktes (Wechsel von $^3/_4$ und $^2/_4$ im Hauptsatz und von $^9/_8$ und $^6/_8$ im Seitensatz) und der Stimmführung (etwa die fast klaviermäßige Zweistimmigkeit von Geige und Cello). Der Mittelteil ist sichtlich durch thematische Verwandtschaft an den Hauptteil gebunden. Im Schlußsatz (Allegro molto) faßt Brahms zunächst zusammen: Farbigkeit des ersten, Scherzohaltung des zweiten, durchbrochene Arbeit des dritten Satzes kehren auf einer gemeinsamen Ebene wieder. Neues, Entscheidendes aber bringt erst die breitangelegte C-dur-Coda.

Recht wenig begegnet man dem sogenannten „Horn-Trio" Es-dur Werk 40 (für Klavier, Geige und Waldhorn, geschrieben 1865). Dieses klangschöne, inhaltlich so schlichte Werk sollte wirklich nicht ganz vergessen werden, nur weil das Horn als Kammermusik-Instrument neben dem Klavier wenig gebräuchlich ist. Der Versuch, dieses Trio dadurch zu retten, daß man anstelle des Horns eine Bratsche spielen läßt, ist allerdings abzulehnen. Das Horn war für Brahms nicht irgendein Instrument, sondern er hat seinen Klang ganz besonders geliebt und es daher in allen seinen Werken mit besonderer Absicht eingesetzt. So auch hier. Die Hornstimme dieses Trios ist nicht nur „hornmäßig" geschrieben, sondern trägt auch Inhalte, die für die Bratsche weitab liegen. Eigentümlich der erste Satz. Es handelt sich um ein Andante, das mit einem „poco più animato" mehrfach wechselt, ohne in eine richtige Durchführung einzutreten. Die innere Spannung besteht vorwiegend in den verschiedenen Ausdrucksbereichen der beiden Hauptthemen: das erste still kreisend, einfach im Bau (fast durchweg eine Folge einer Viertelnote und zweier Achtel); das zweite weh und schmerzlich (bewegter, rhythmisch unruhiger). Die Beispiele 9a und 9b sagen über diesen Satz Zureichendes aus. Das folgende Allegro mit seinen festen Vierteln trägt nur scheinbar einen leichten Scherzo-Charakter; ganz verhalten klingt es unter der Oberfläche nach Kräften, die der Entfesselung harren. Auch das as-moll-Trio (molto meno allegro) ist mehr als nur strömender Gesang: Scherzo- und Trio-Thematik erfüllen sich erst im Schlußsatz. Ein Adagio mesto offenbart die Grundhaltung des ganzen Werkes; lastend,

9a Andante

p dolce

9b poco piu animato

10 Adagio mesto

P una corda
Linke Hand eine Oktave tiefer

entsagungsvoll, doch nicht verzweifelt hebt es an (Beispiel 10), das Klavier bereitet das klangliche Bett für den Einsatz von Geige und Horn. Aus solcher Grundstimmung steigen nachdenkliche polyphone Stellen herauf, das Klavier fügt klangliche Erregungen hinzu, aber alles bleibt gedämpft, versonnen, grüblerisch. Etwas von dieser Verhaltenheit liegt auch über dem Schlußsatz (Allegro con brio). Wie man ihn einst als „lustiges Jagdstück" bezeichnen konnte, bleibt unerfindlich. Die thematische Verwandtschaft mit dem Scherzo weist darauf hin, daß diese beiden Sätze den Rahmen für das Adagio bilden, ihm also innerlich zugeordnet sein müssen. Will man unbedingt eine bildhafte Deutung, so ließe sich eher sagen, Scherzo und Finale verkörpern männliche Waffenspiele um den Gefallenen, den das Adagio beklagte und besang. Aber auch ohne solche Deutung bezwingt der Schlußsatz durch seine von geheimnisvollen Andeutungen durchzogene kraftvolle Lebendigkeit.

Ein Spätwerk ist das K l a r i n e t t e n t r i o a - m o l l Werk 114 (für Klavier, Klarinette und Cello, geschrieben 1891). Man spricht ihm zuweilen letzte Freiheit der Erfindung ab, ohne zu beachten, daß es dem Meister hier überhaupt nicht auf „Erfindung" ankommt, sondern auf ein feinsinniges Spiel: auf Leichtigkeit der Erscheinung bei gleichzeitiger (lächelnd verhüllter) Dichte des Ausdrucks. Am deutlichsten wird diese Art dort, wo Brahms mit dem Klarinettenklang „spielt"; etwa im langsamen Satz mit seinem Zwiegesang von Cello und Klarinette, wobei die tiefen Lagen des Blasinstruments so überaus beredt und stimmungzeugend wirken, oder im Schlußsatz mit seinen leidenschaftlichen, erregten Ausbrüchen der Klarinette in hohen Lagen. Fast versteckt aber ist das musikalische Spiel gleich zu Beginn. Der erste Satz hat eigentlich drei Grundthemen, und sie alle sind aufgebaut auf gebrochenen Molldreiklängen. Noch ganz schlicht gibt sich das Kopfthema (Beispiel 11), das etwas wehmütig vom

Cello angestimmt wird. Eine Überleitungsgruppe enthält dann schon mancherlei Vorgriffe auf das zweite Thema. Dieses liegt ebenfalls im Cello; aber nun setzt das unterirdische Spiel bereits ein: zum Vortrag des Cellos gibt das Klavier eine Begleitung, die das verkürzte Thema enthält, und wenn die Klarinette das Thema aufnimmt, erscheint es zugleich als Umkehrung im Cello. Im Adagio steht als Hauptgedanke ein Thema, das verströmend singt und doch durch sein kurzgliedriges Untermotiv sehr straff gefaßt ist. Des Zwiegesangs von Cello und Klarinette (Mittelsatz) und der dämmrigen Klangfärbung wurde bereits gedacht. Wie ein farbiger Stich aus verklungenen Tagen wirkt das Andante grazioso, ein zierlich gesticheltes Menuett mit Rokoko-Ornamenten in den duftigen Achtelfiguren des Trios. Auch der Schlußsatz (Allegro) erscheint leicht stilisiert, doch nimmt er zugleich Bestandteile der anderen Sätze in sich auf. Seine Leidenschaftlichkeit zielt oft nach außen, bleibt im ganzen jedoch verhalten und durch thematische wie rhythmische Kleinarbeit gebunden. Wie im ersten Satz werden die Themen vom Cello vorgetragen, wie dort spinnen sich sogleich Gegenfäden in das Gewirk (beim ersten Thema die figurative Zerlegung in der Klarinette, beim zweiten durch sofortige Umkehrung). In solchem Spiel (das durch wechselnden Takt noch gespitzt und geschärft wird) liegt das Wesen dieses Satzes, nicht aber in großliniger Durchführung.

Quartette

Brahms hat einige zwanzig Streichquartette angefangen — und wieder vernichtet, bevor er ein Werk dieser Gattung veröffentlichte. Dagegen ist er verhältnismäßig früh mit Klavierquartetten hervorgetreten. Vielleicht machte ihn das Klavier, von dem er ja ausgegangen ist, sicherer.

1856 wurde das K l a v i e r q u a r t e t t g - m o l l Werk 25 geschrieben. Noch hatte sich der jugendliche Tondichter nicht in die Zucht Beethovens begeben; alles ist rein romantisch: Erfindung, Entwicklung, Gestaltung. Immer wieder bezaubern die Unmittelbarkeit und Frische des Werkes. Ganz Romantik ist sogleich das Kopfthema (Beispiel 12) des Klaviers: eindeutiger

Gefühlsgehalt, doch ohne bestimmten Zielpunkt. Was aber der thematischen Zeichnung an Bestimmtheit abgeht, ergänzt Brahms sogleich durch mächtige rhythmische Antriebe des Klaviers und verengte Stimmführung. Herrlich das romantisch singende Seitenthema, das zunächst in Moll anklingt und dann erst seine Dur-Gestalt offenbart. Eigentümlich die Weiterführung. Da die innere Verwandtschaft der beiden Themen eine echte Durchführung unmöglich macht, steigert Brahms die vielfach verwandelten Einzelmotive immer mehr in einen Klangrausch, bricht aber unvermutet ab und schließt mit rätseldunklem Träumen. Auch das nun folgende Intermezzo (Allegro ma non troppo) verweilt in solchem romantischen Zwielicht: das erste Thema weich, doch harmonisch vielfältig beleuchtet, das zweite in leichter Unruhe verweilend, dazu die Unbestimmtheit des Moll-Dur, die auch im Trio anhält. Im wörtlichsten Sinne romantisch, nämlich in der Rückerinnerung an verklungene Zeiten, das Andante con moto: ruhig schreitende Weise im Hauptteil, zum ritterlichen, bewegten Marsch verdeutlicht im Mittelsatz. Und das abschließende Presto ist schließlich auch Romantik: es bringt als „Rondo alla Zingarese" ein mit außerordentlicher Kraft hingestelltes Tanzbild in jener Art, wie man sich im späten 19. Jahrhundert „Zigeunermusik" vorstellte (und auch heute noch zuweilen vorstellt).

Aus dem gleichen Jahre (1856, erschienen 1863) stammt das K l a v i e r q u a r t e t t A - d u r Werk 26. Es erreicht nicht den fast orchestralen Glanz des g-moll-Werkes, steht ihm aber an innerer Bildhaftigkeit nicht nach, ja, übertrifft es zuweilen an ausdrucksvoller Feinzeichnung. Edle Leidenschaft und holdes Schwär-

13 Allegro non troppo

men steigen im ersten Satz empor. Das Kopfthema (Beispiel 13) ist echter jugendlicher Brahms, feurig und doch innerlich gebunden, rhythmisch eindeutig und zugleich ganz in Klang gebettet. Sanft und schwärmerisch das Seitenthema, das bis zur Durchführung, immer reiner und lichter, das Geschehen überglänzt. Die Durchführung selbst ist zwar thematisch gehalten, aber nicht die „Arbeit" überwiegt, sondern der feurige Schwung. Gedämpfter Nachtgesang das Poco adagio: die Streichinstrumente mit Dämpfern, das Klavier spielt mit weichgebrochenen Akkorden klangvoll vor sich hin. Schon der Eintritt des E-dur-Themas (Beispiel 14) im Klavier mit den Achtelumspielungen der

14 Poco adagio

Streicher zaubert romantische Nachtstimmung herauf. Und im Mittelsatz wird die nächtliche Natur selber lebendig im Aufrauschen des geharften verminderten Septakkords e / g / ais / cis und des geisterhaft sich herabsenkenden Quartsextakkords g-moll. Vergnügte Anmut herrscht im Scherzo (vor allem in dem beschwingten Seitengedanken), während es im Trio handfester zugeht, das ein mächtiger Kanon zwischen Klavier und Streichern leidenschaftlich steigert. Der Schlußsatz (Allegro) ähnelt ein wenig demjenigen des g-moll-Klavierquartetts: auch hier gibt sich Brahms „ungarisch". Aber so unmittelbar die Thematik wirkt, so wenig überzeugt die verhältnismäßige Länge des Satzes.

Ein recht schwieriges Werk ist das c-moll-Klavierquartett Werk 60. Brahms hat sehr lange an ihm gearbeitet: erst fünfzehn Jahre nach dem Kompositionsbeginn hat er es abgeschlossen und veröffentlicht. Vom ersten Satz sagte er: „Stellen Sie sich einen Menschen vor, der sich eben totschießen will und dem garnichts anderes übrigbleibt". Und später machte er ähnliche Bemerkungen über das ganze Werk. Wir

309

müssen also annehmen, daß in dem Quartett irgend-
welche Bekenntnisse enthalten sind. Es genügt, zu
wissen, daß sie mit dem Tode Robert Schumanns und
der verhaltenen Liebe zu Clara Schumann zusammenhängen. Dieser persönlichen Note zum Trotz ist das
sorgfältig gearbeitete Werk nicht sehr eingängig. Der
ganze erste Satz (Allegro non troppo) ist ein einziges
Ringen und Quälen der gepeinigten Seele (vergl. den
lastenden Beginn, Beispiel 15). Dem herrlichen Seitenthema in Es-dur eignet zwar viel Tröstliches, doch

15 Allegro non troppo

drückt es mehr die Sehnsucht nach Trost aus, als es
wirklich tröstet. Wenn dann der Satz immer leuch-
tender und klangvoller wird, so dankt er es nicht so
sehr dem freundlichen, gewissermaßen „außerpersön-
lichen" Einfluß des Seitenthemas als vielmehr der
männlich überwindenden Eigenkraft des (variierten)
Klavierthemas. Im Scherzo (Allegro) kehren die
schmerzlichen Erinnerungen noch einmal wieder, jetzt
aber als wilde Träume, — ein Nachtstück von unheim-
licher, zupackender Wucht. Bemerkenswert, daß
Brahms den Kern des Satzes einer früheren Arbeit
entnommen hat. Was sich im Seitenthema des ersten
Satzes nur als Sehnsucht ankündigte, wird im Thema
des Andantes (Beispiel 16) erlebte Wirklichkeit. Dieser

16 Andante

Satz mit seinem weitgesponnenen, doch immer erfüllten Gesang gehört zu den ergreifendsten Herzensbe-
kenntnissen des Meisters. Den männlich-ruhigen Ge-

sang vertraut er dem Cello an; aber viel Ungesun-
genes, Unausgesprochenes schwingt in der Klangwelt
der übrigen Instrumente — nicht zum wenigsten dort,
wo die Leidenschaft an die Oberfläche drängt. Eigentliche Lösung des Leides bringt jedoch erst der Schlußsatz. Und diese Lösung heißt nicht überirdischer Trost,
sondern — echt Brahms — Zucht an sich selbst. Zucht
aber heißt hier: strenge Arbeit, Kontrapunktik als
innere Fessel, als heilsamer Zwang zur Arbeit. Daher
auch der eigenartige Mittelsatz: nicht der schein-tröst-
liche Choral überwindet, sondern festes männliches

17 Allegro comodo

Arbeiten am Werk, wie es der Hauptteil (Beispiel 17
gibt einen Ausschnitt) durchgehend verkörpert.

*

Zwanzig begonnene Streichquartette hatte Brahms
verworfen, ehe er 1873 seine beiden Quartette der
Werkzahl 51 veröffentlichte. Und an ihnen hatte er
seit 1865 gearbeitet! Die beiden Quartette sind so verschieden in Art und Haltung, daß man sie kaum als
Geschwister betrachten möchte.

Streng in der Arbeit, herb im Ausdruck, verschlossen im Seelischen das S t r e i c h q u a r t e t t c - m o l l
(Werk 51 Nr. 1). Von Bedeutung ist nur die dichte,
jedes Motiv verklammernde Arbeit; von Bekenntnis

18 Allegro

oder Verströmen ist kaum etwas zu spüren. Mit dem
Kopfthema (Beispiel 18), das aus leisem Beginn in

wachsende Lautstärke emporsteigt und dann hartnäckig
wiederholt zurückgerissen wird, legt Brahms die Haltung des ganzen Quartetts fest. Sogar das Seitenthema
wird beim ersten Auftreten in den Zwang des Kopfthemas gebunden; es geleitet den sanft-ausdrucksvol-
len, in Triolen ausschwingenden Gedanken kontrapunktisch und nimmt ihm dadurch jeden Eigenwillen.
So wird jeder neu auftauchende Gedanke immer wieder auf das Kopfthema oder seine Untermotive bezogen und damit eingeengt. Dementsprechend gibt die
Durchführung dichtes motivisches Geschehen. Der erste
Satz überschattet auch das mit „Romanze" überschrie-
bene Poco Adagio: immer wieder setzt sich das Kopfthema (18) rhythmisch und motivisch durch, immer
wieder muß sich das Singende unter die harte Motivik
beugen. Ein wenig freundlicher der dritte Satz (Allegro
molto moderato e comodo); nicht so sehr in dem motivisch verzahnten Hauptteil als im Trio (poco più animato) mit seinem leicht schleifenden Ländler. Das Schlußallegro stellt nachdrücklich die Gebärde des Quartett-
beginns an den Anfang (Beispiel 19) und betont so die

19 Allegro

unlösbare Verklammerung des Ganzen. Der Achtel-
Nachsatz scheint eine gelockerte Bewegung auszulösen, ruft aber im Verlauf nur eine noch gedrängtere
motivische Arbeit hervor.

Kaum minder dicht, aber von ganz anderer Art das
S t r e i c h q u a r t e t t a - m o l l (Werk 51 Nr. 2). Was
sich im c-moll-Werk verschlossen, streng und herb
gibt, das ist hier offen, zart und mild, — wenn auch
alles auf dem Grunde eines tiefen Lebensernstes er-
blüht. Besonders schön offenbart sich das Wesen dieses
Quartetts bereits in der Themenaufstellung des ersten

Satzes. Der Ernst des Themas wird gemildert durch
die ruhenden Noten der zweiten Geige und des Cellos, weich umspielt von den Triolen der Bratsche

(Beispiel 20). Und das Seitenthema mit den klang-
schwelgenden Terzen der beiden Geigen wird unterbaut von leisen Pizzikato-Vierteln des Cellos und von

der Triolenfigur der Bratsche (Beispiel 21). Die Triolen gewinnen weiterhin an Bedeutung, sodaß bis zur
Durchführung ein weicher Mehrrhythmus herrscht. Die
Durchführung selbst beginnt mit kleinmotivischer Arbeit, dehnt sich zu breiteren Flächen, läßt aber das Gesicht der Themenaufstellung im wesentlichen unverändert. Dunkel träumt die Geige im Andante ihren
engstufigen Gesang, begleitet von ausdrucksvoll dahin-
gleitenden, farbig gewirkten Achtellinien. Nur vorübergehend wird die fast feierliche Ruhe dieses Ge-
sangs von ausgreifenden Bewegungen durchsetzt, ja,
beunruhigend durchsprengt. Erhöhten Herzschlag hat
auch der dritte Satz: im Hauptteil (Quasi Minuetto,
moderato) verhaltenes Gleiten der Sextakkorde in ge-
mächlichen Vierteln, im Mittelsatz (Allegretto vivace)
geschäftig dahinfahrende, fast spitzige Sechzehntel.
Seltsamen Reiz hat der Schlußsatz (Allegro non assai).
Seine beiden Hauptthemen sind aus tänzerischem Geist
geboren: das erste, an ein Untermotiv von Beispiel 20

anknüpfend, gibt sich als ungarischer Tanz, forte, straff, beinahe trotzig; das zweite ist eine weiche Ländlerweise, piano, schmiegsam, innig. Dabei wird das Tänzerische immer wieder verhüllt, ja gegen Schluß der Durchführung ins Unwirkliche gerückt. So in dem kleinen leisen Kanon von erster Geige und Cello (poco tranquillo) über das punktierte Motiv des Hauptthemas, so auch 27 Takte später in der pianissimo verhauchenden Verbreiterung des gleichen Motivs. Erst die abschließenden Takte des Più vivace reißen das Geschehen wieder in helles Licht.

Dem S t r e i c h q u a r t e t t B - d u r Werk 67 (geschrieben 1875/76) eignet in seiner Haltung etwas „Klassisches". Da gibt es — wenn man einmal von der Einfärbung absieht — vieles, was bei Haydn, Mozart und Beethoven stehen könnte. Das Kopfthema (Beispiel 22) des ersten Satzes mit seiner Fanfarenart

scheint auf den ersten Blick einem der früher so beliebten „Jagdstücke" entnommen zu sein. Und es bedarf erst der rhythmischen Gewichtsverschiebung der nächsten Takte (Beispiel 23), ehe man erkennt, daß wir nicht ein klassisches Quartett vor uns haben. Auch die dann folgenden bewegteren Sechzehntel und Zweiunddreißigstel entfernen sich von klassischem Ausdruck, doch bleibt das Fanfarenthema bestimmend. Kurz bevor der kleinmotivige Seitengedanke ($^2/_4$-Takt) einsetzt, läuft pianissimo ein Achtelmotiv des gebrochenen f-moll-Akkordes durch die Stimmen, der später beziehungsvoll wieder auftaucht. Die Durchführung nimmt den gesamten Stoff der Themenaufstellung (nicht der unscheinbarste Kleingedanke wird vergessen) zum Anlaß eines feinmaschigen Spiels, ohne zu wirklichen

Auseinandersetzungen heranzuwachsen. Spiel bleibt auch das Andante mit seinem über synkopierter Begleitung singend aufsteigenden Hauptthema und mit dem duftigen Rankenwerk kleinster Motive im Mittelteil. Merkwürdig gedämpft der dritte Satz. Ein „Agitato" (Allegretto non troppo) mit Dämpfern, aber un poco forte und rhythmisch überaus gespannt zu Beginn, die Bratsche als Trägerin des Melodischen, haftend in d-moll; das Trio (a-moll) trotz des aufstrebenden Auftaktmotivs ebenfalls leicht verschleiert. Reines Spiel dann wieder der Schlußsatz mit seinen Variationen über ein Allegretto-Thema. Dieses Thema ist innerlich gebrochen (oder, wenn man lieber will: doppelgesichtig) mit seinem schlichten Beginn und der fremdartigen Weiterführung. Die recht freien Variationen leiten immer mehr auf den ersten Satz zurück und verwischen schließlich die Herkunft des Themas so sehr, daß man nicht ohne weiteres entscheiden kann, ob die Variationen innerlich ausgehen vom Allegretto-Thema oder von den thematischen Gedanken des Kopfsatzes oder ob allem ein gemeinsamer Kern zugrunde liegt. Nachdrücklich wird diese gemeinsame Beziehung vor allem dort festgestellt, wo das kurzgliedrige $^2/_4$-Motiv des ersten Satzes wieder aufgenommen ist; noch deutlicher im $^6/_8$-Takt des Doppio movimento, wo nach den Auf- und Zwischentakt-Motiven der aus dem ersten Satz bekannten Sechzehntelläufe das Fanfarenthema (22) lustig erschallt; und nicht minder deutlich in der b-moll-Variation, die sich auf dem oben erwähnten Achtelmotiv (gebrochene Akkorde) am Ende des Thementeils aufbaut.

Quintette

Unter den vier Quintetten von Brahms nimmt das Klavierquintett f-moll Werk 34a einen besonderen Platz ein. Ursprünglich hatte der Tondichter

das in dem Werk beschlossene Gedanken- und Emp-
findungsgut für ein Streichquintett bestimmt. Zwei
Jahre später arbeitete er es um zu einer Sonate für
zwei Klaviere, und erst ein weiteres Jahr später lag
es als Quintett für Klavier, zwei Geigen, Bratsche und
Cello vor. Diese Arbeiten ziehen sich über die Jahre
1861 bis 1865. Und wie in dieser Zeit Eigenentwicklung
und Schicksal den etwa Dreißigjährigen geschüttelt
haben, so lodert und glüht es in diesem Werk, das
mächtige Leidenschaften, finsteren Trotz und weiche
Sehnsucht umschließt wie ein Gebirgsblock düstere
Schroffen und verschwiegene Täler. Daher auch die
Vielfalt der Themen im ersten Satz; man kann leicht
drei (vielleicht sogar vier) Themengruppen in diesem
Allegro non troppo unterscheiden. Das erste Thema
(Beispiel 24) heftig kreisend, aber noch umklammert,

24 Allegro non troppo

sodaß es die ihm innewohnenden Kräfte wie in ver-
bissenem Trotz speichern muß. Umso ungebärdiger
brechen die Kräfte sogleich danach los, alles überschäumend, sodaß es äußerster Zucht bedarf, sie wieder zu bändigen. Nun aber das zweite Thema; auch
glühend, aber in der Erscheinungsart verhalten, schwermütig, flehend. Ein drittes Thema in cis-moll, mit fallender Oktave im Auftakt und kurzem (durch Terzpa-
rallelen erfüllten) Hauptmotiv. Endlich ein vierter Gedanke in Des-dur, wiederum mit fallender Oktave beginnend, dann auf- und niedersteigend wie im Zweifel
über den Weg. Das ist eine Überfülle von Gedanken;
sie wird auch noch dadurch belastet, daß nicht nur
musikalisch, sondern vor allem seelisch starke Gegensätze auftreten. Neben wilden Ausbrüchen stehen
weiche Gefühlsregungen, neben maßloser Kraft ver-

strömende Hingebung. Und die Durchführung entscheidet sich nicht für das eine oder das andere, sondern läßt jeder Regung ihr Recht, türmt satztechnische Verwicklungen selbst dort, wo die milderen Empfindungen erwartungsgemäß die Wogen glätten sollten, und läßt auch (abgesehen von dem aufrauschenden Schluß) die Kraftentladungen häufig müde verrieseln. — Ganz ins Schwärmerisch-Weiche gleitet das Andante un poco adagio mit seinem terzen- und sextengesättigten Wiegen und Schaukeln zu Beginn; erst wenn die Streicher das Klavier als Träger des Geschehens ablösen, strafft sich ein wenig die melodische Linie. — Äußerst reich das Allegro-Scherzo: dem zuckend abrollenden ersten, rein rhythmischen Gedanken stellt sich der zweite mit seiner akkordischen Lagerung entgegen, und das Trio entfaltet eine herrlich singende, fast volksliedhafte Melodik. — Im Schlußsatz (Presto non troppo) faßt Brahms die zuvor oft ungebärdigen oder eigenwilligen Kräfte zusammen. Schon die langsame Einleitung schlägt einen anderen Ton an: dramatische Tragik scheint sich hier zusammenzubrauen in dem geheimnisvollen Wechselspiel von tiefen und hohen Stimmen und in der strengen Stimmfügung. Wenn auch dieses auf der Dominante endigende Poco sostenuto eine andere Weiterführung im Hauptteil erwarten ließ, so hat sie durch ihre Nachdenklichkeit doch erreicht, daß der nun beginnende rondoartige Satz sich nur noch gelegentlich in Nebenwege verliert und die einmal angeschlagene, fast heitere Grundstimmung zunächst unbeirrt durchhält. Immer deutlicher freilich wandelt sich heiteres Spiel in heftige Bewegung, eine Bewegung scheinbar ohne Ziel, sodaß der Schlußteil mit seinem cis-moll-Presto wie ein gewaltsames Zusammenreißen anmutet und in den letzten Takten auch unzweideutig verrät, daß die anfängliche Heiterkeit nicht lösend gewirkt hat. Gerade in diesen kraftvoll bewegten, straff gefaßten letzten Satz ist sicherlich eine innere Verfassung des Tondichters gebannt, der man nicht nach-

zuspüren wagt, die aber auch ohne Deutung mehr er-
schüttert als mancher klagende langsame Satz.

1881 hat Brahms sein S t r e i c h q u i n t e t t F - d u r
Werk 88 geschrieben. Form und Gehalt machen es zu
einem zeitlosen, auch den Nichtmusiker immer wieder
beglückenden Werk. Schon das schlicht und unvermittelt einsetzende Kopfthema (Beispiel 25) öffnet eine

25 Allegro non troppo, ma con brio

liebliche Aussicht auf die weite, anmutige Landschaft
des ersten Satzes. Wie ein Lied klingt es auf. Und das
Seitenthema ist wiederum ein Sang; ein wenig heimlicher und verschwiegener, fast verborgen im Gesang
der Bratsche, leicht überdeckt durch das Motivspiel der
Geigen, weich unterbaut durch die Gegenweise des
Cellos. Aber dieses Singen ist nicht weichlich, das erweist die trotz aller Klarheit innerlich gespannte Durchführung. — Das leichte Überdecken, wie es beim Seitenthema des ersten Satzes festzustellen war, wiederholt sich auf neuer Ebene im nächsten Satz: in ihm
sind nämlich langsamer Satz und Scherzo zu einem
einzigen Bau zusammengezogen. Kernstück ist das

26 Grave ed appassionato

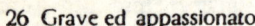

Grave ed appassionato mit seinem von leichter Wehmut überschatteten Liedgedanken (Beispiel 26). Zwischen die langsamen Teile schalten sich zwei lebhaf-
tere Abschnitte ein: zunächst ein wiegendes Siciliano

(Allegretto vivace), dann ein flüchtiges Presto. Es fällt nicht schwer, Allegretto und Presto als heraufbeschworene Jugendträume zu erkennen, die das Grave in schwermütiger Entsagung sanft zurückdrängt. (Brahms hat das Werk zur Verlobung eines befreundeten Musikers geschrieben). — Wie so oft, rafft sich der Tondichter aus Träumereien nun zu besonders strafferer Besinnung auf: der Schlußsatz (Allegro energico) greift zu strengem fugiertem Spiel, schreitet in sieghafter Kraft dahin. Aber dieses Mal streicht Brahms nicht alles Frühere unwirsch wieder aus; vielmehr läßt er dem Einst sein Recht, verklärt es in dem klingenden Seitenthema, läßt sich aber auch von diesem nicht überwältigen. Herrlich der innerlich gefestigte, beruhigte Schluß.

Vor dem 1890 geschriebenen G - d u r - Q u i n t e t t Werk 111, seiner lebendigen Frische und strömenden Erfindung beugen sich auch diejenigen Brahms-Betrachter, die sonst gern auf nachlassende Ursprünglichkeit bei dem älter werdenden Tondichter verweisen. Dem Geiste nach ist es ein fröhliches Landschaftsquintett, wobei es jedem überlassen bleibt, ob er das Landschaftliche des Werkes mehr allgemein auffassen oder mit bestimmten Einzelbildern (Wiener Prater, Ungarn) verbinden will. Besonders schön, wie die Frohstimmung des Ganzen durch instrumentale Besonderheiten wenn auch nicht gedämpft, so doch dunkel-reif abgetönt wird (Hervortreten der Bratsche). Prachtvoll — wenn auch klanglich nicht einfach zu verwirklichen — der Beginn mit dem rauschenden Wogen der Geigen und Bratschen, während das Cello mit mächtiger Vortragsgebärde das

27 Allegro non troppo, ma con brio

Hauptthema (Beispiel 27) anstimmt. Als ergänzender Gegensatz dazu das leicht walzernde Seitenthema der

Bratschen. Damit sind Stoff und Stimmung geboren: Beethovensche Kraft und Schubertische Singeseligkeit. Die Durchführung führt beides zu Gipfeln. — Die Hochstimmung des Werkes ist nicht die eines kühl-überlegenen Beobachters, sondern eines mit seinen Empfindungen ganz lebensnahen Menschen. Das zeigen besonders die beiden schwermütigen Mittelsätze mit ihrer kaum verhüllten Leidenschaftlichkeit. Schon das Bratschenthema des Adagios (Beispiel 28) ist mehr als nur

28 Adagio

ruhiger Gesang; das Leidenschaftliche steigert sich besonders durch die seufzerartigen Einschübe und endlich in dem heftig hervortretenden Mittelteil. — Schwermütig wirkt auch das Scherzo (Un poco allegretto), trotz der hinreißenden Anmut, trotz des liedhaften Zwiegesangs der Bratschen und Geigen im Trio. Aber es ist keine klagende, eher eine selige Schwermut — daher auch die nie nachlassende Beliebtheit dieses Satzes. — Von den (wenn man so will) Waldwegen dieser Sätze geht es nun im Schlußsatz (Vivace ma non troppo presto) auf den bunten Jahrmarkt des Lebens. Ja, diesen Jahrmarkt könnte man angesichts der ungarisch gefärbten Thematik geradezu an einen ganz bestimmten Platz verlegen. Immer neue Tongebilde tauchen auf, jagen sich, versprühen ihr Feuer über eine lustige Budenstadt und werden schließlich nach Csardas-Art in einen wilden Frisca hineingezogen.

Wer die ersten vier Takte des K l a r i n e t t e n - q u i n t e t t s kennt, hat bereits das Wesentliche des ganzen Werkes in sich aufgenommen (Quintett für Klarinette, zwei Geigen, Bratsche und Cello, Werk 115, geschrieben 1891). Diese vier Takte (Beispiel 29) geben nicht nur den motivisch-thematischen Kern der viersätzigen Tondichtung — besonders der dritte Takt darf als Keim des musikalischen Geschehens betrachtet werden —, sie deuten zugleich die innere Stimmung, die

29 Allegro

Freude am Klang und die strömende Erfindungskraft des Ganzen im voraus an. Dabei sind diese Takte nicht etwa schon das Hauptthema, sondern zunächst nur eine Vorahnung, ein Erproben von Linie und Farbe. Anfangs in den beiden Geigen, die sich förmlich erst in den Terzen, dann Sexten zunächst einmal „einstimmen", im dritten (entscheidenden) Takt das Thema rhapsodisch nur anklingen lassen. Weiter in dem Klarinetteneinsatz, der stegreifartig alle Register durchprobt, sich auf dem tiefen Fis der h-moll-Dominante festsetzt. Endlich bringt das Cello das (aus Takt drei von Beispiel 29 gewonnene) Hauptthema: zügig und doch zurückhaltend, stolz und doch leicht entsagend. Wichtig wird der punktierte Rhythmus in der Überleitung zum zweiten, hold lächelnden Thema; denn dieser Rhythmus durchbricht aufbegehrend die edel-wehmütige Ruhe, die sonst so unerschütterlich scheint. Ähnlich die Durchführung: in ihr herrscht ein förmliches Entsagungs-Glück, es wird immer stiller, herbstlicher, abendlicher, und nur vor dem Schlußstück scheint noch einmal die Leidenschaft aufwallen zu wollen. — Das Adagio, herrliche Krönung der Brahmsischen Kammermusik, wirkt als traumschönes Nachtstück. Die Triolen der gedämpften Streicher schweben still dahin, leise schwärmend setzt die

30 Adagio

Klarinette ein, wie ruhig-glückhafter Liebessang in einer weiten Landschaft, doch leicht (Beispiel 30) abgedunkelt durch die Harmonien. Wenn dann die Klarinette in immer freierem Fantasieren weit ausschwingt, die ersten drei Noten des Hauptsatzes (30) eigenwillig figuriert, sodaß etwas ganz Neues zu entstehen scheint, wenn die Streicher bebend wie Cimbalklang ihre Harmonien daruntersetzen, dann tönt es wie nächtliche Musik auf Ungarns weiten Fluren. Am schönsten der Schluß mit dem leise verhallenden Zwiegesang von Klarinette und Geige. — „Ungarische Einfärbung" zeigt auch der dritte Satz, der zudem ähnlich gebaut ist wie der vorangehende. Er beginnt andantino mit einer freundlich dahinziehenden Klarinettenweise; diese wird dann in einem Presto non assai zum Ausgangspunkt eines feingliedrigen Rankenwerks. — Sind im zweiten und dritten Satz Variationen gewissermaßen nur angedeutet, so besteht der letzte Satz aus fünf regelrechten Variationen über ein Thema. Dieses Thema (Beispiel 31)

31 Con moto

knüpft an das Hauptthema des ersten Satzes wieder an, läßt aber durch die Aufteilung zwischen Geige und Klarinette seine innere Verwandtschaft zu den anderen Sätzen erkennen. Die Variationen selbst sind klar gegliedert: in der ersten führt das Cello, die zweite bebt vor innerer Unruhe, die dritte zerfließt in geschwinde Bewegung, die vierte wirkt freundlich durch das Hinüberwechseln von h-moll nach H-dur und das Wechselspiel von Geige und Klarinette, die fünfte wandelt das Thema auch rhythmisch ($^8/_8$) stärker auf das Hauptthema des ersten Satzes zurück; dann setzt sich (Un poco meno mosso) die Stimmung des Schlußteils des ersten Satzes wieder durch, nur nicht mehr in so knapper Fassung, sondern wehmütig dahinschwebend wie ferne Wölkchen in der Abenddämmerung.

Sextette

Die beiden Streichsextette von Brahms (je zwei Geigen, Bratschen und Celli) liegen zeitlich um vier Jahre auseinander. Das spürt man aber nur an der Verschiedenheit des inneren Gehalts, während die beiden Werke nach Fülle des Klanges und Ursprünglichkeit des Empfindens und Erfindens übereinstimmen.

Das B - d u r - S e x t e t t Werk 18 hat Brahms als Siebenundzwanzigjähriger geschrieben (1860). Es ist einfach in der Haltung, ungekünstelt in der Sprache, aber herrlich gerundet im künstlerischen Ausdruck. Auch heute ist noch nichts von der Wirkung dieses Sextetts verblaßt, das seinerzeit die Welt aufhorchen ließ. Klassik im romantischen Gewande atmet der erste Satz. Sein Hauptthema (Beispiel 32) erscheint zunächst im

32 Allegro ma non troppo

poco f espressivo

Cello und wird dann von der Geige emporgesteigert. Der Schnitt wirkt ausgesprochen allgemeinverständlich, volkstümlich. Modulationen nach A-dur und F-dur bereiten den Seitengedanken vor. Auch dieser wird vom Cello angestimmt und fließt in warmer Gesanglichkeit dahin. Der nun folgende Orgelpunkt (auf C) weist auf manche Gedankenlagerung des späteren Brahms hin. Edel, schlicht wie die beiden Themen wirkt auch die Durchführung des ersten Satzes; sie hält sich von Verwicklungen fern und lebt vom schwingenden Miteinander des thematisch-motivischen Stoffes. Erst der Schlußteil mit seinem einstimmigen Pizzicato trägt neue Tönungen in das bisher so einheitliche, frische Tonbild. —Den zweiten Satz (Andante, ma moderato) bilden sechs Variationen über ein ernstes, liedhaft schlichtes Thema. Sehr fein die Steigerungen: die erste Variation löst das

Thema in Sechzehntel auf, die zweite verstärkt die Bewegung durch Sechzehntel-Triolen, in der dritten grollen die Celli Zweiunddreißigstel zu den Gewitterzuk-
kungen der anderen Instrumente. Als Gegenstück dazu
die übrigen drei Variationen: nicht in zunehmende Bewegung aufgelöst, sondern melodisch erfühlt. Nachdrücklich in der vierten Variation mit dem Thema in Geige
und Bratsche, sanft umhüllt vom warmen Strom der
Gegenstimmen. Kostbares Rokoko in der fünften Variation: Thema in der ersten Bratsche, einfache Begleitung in der zweiten, dazu zierliche Knickse in den Geigen, alles in besonderer harmonischer Beleuchtung, bis
endlich die Celli leise in dieses Bild bei Kerzenschimmer
hineinzupfen. Die sechste Variation kehrt das Stimm-
verhältnis um: das Thema erscheint im Cello, das Pizzicato in den Geigen, während die Bratschen ernste Ein-
rede wagen. — Beethovensche Haltung offenbart das
Allegro-molto-Scherzo mit seinem derb-humorvollen
Thema (Beispiel 33), den heiteren Engführungen des

33 Allegro molto

Seitensatzes und mit seinem Trio, in dem das Hauptthema widerborstig-heiter in den tiefen Stimmen her-
umgeistert. — Als Schlußsatz wählt Brahms ein Rondo
(Poco allegretto e grazioso). Wieder wird — wie im
ersten Satz — das Hauptthema vom Cello eingeführt
und dann von der Geige in hellstes Licht gehoben. Sehr
lebendig der Gegensatz dieses Themas zu dem wesentlich bewegteren Seitengedanken, dann aber auch jener
der melodischen Hauptsätze zu den rhythmisch gestraff-
ten Zwischensätzen. Die besondere Kunst dieses Rondos
aber liegt in den zauberhaften Überleitungen und Vor-
bereitungen, die ganz natürlich anmuten und doch so
sorgfältig durchdacht sind.

Ganz bestimmte persönliche Züge trägt das G - d u r -
S e x t e t t Werk 36 (geschrieben 1864). Es wendet sich
nicht, wie das B-dur-Sextett, an die Allgemeinheit, sondern wirkt eher als Bekenntnis eines Einzelnen. Dadurch
wird es etwas schwieriger (besonders durch allerlei
sinnbildhafte Beziehungen), ohne allerdings je in Pro-
blemquälerei zu verfallen; im Gegenteil, von außen gesehen erscheint es ebenso klangschön wie das B-dur-
Werk. Schon das Hauptthema enthält Sinnbildhaftes:
sein Anstieg von g über d nach es und b (Beispiel 34)

34 Allegro non troppo

pp

bringt in den drei Buchstaben G (Göttingen), Es und B
(Siebold und Brahms) Anspielungen auf die erhoffte
Verbindung von Brahms mit der Tochter des Göttinger
Professors von Siebold. Herrlich, wie die schlichte
Grundtonart G-dur durch den Wechsel nach Es-dur musikalisch traumschön belichtet wird (so hoffte Brahms
auch sein Leben mit dem geliebten Menschen in ein
reineres Licht stellen zu können). Daß es nur ein Traum
war, macht der schnelle Rückgang nach G-dur deutlich.
Noch eindringlicher die fast wörtliche Anspielung im
zweiten Themenkreis: die Tonfolge a / g / a / h / e (vor
das h schiebt die zweite Geige noch ein unauffälliges
d ein) spricht den Vornamen der geliebten Agathe von
Siebold aus! Stark und meisterlich, daß trotz solchen
sinnbildlichen Verknüpfungen nirgends das Künstlerische zugunsten des Künstlichen zurücktreten muß.
Da wächst alles in blütenzarter Schönheit, das Hauptthema löst sich sacht von dem einleitenden Gemurmel
der Bratsche, der Übergang zum Seitenthema (erst Celló,
dann Geige) ist mit seinen Engführungen fest gebaut,
die Durchführung findet einen glücklichen Weg zwischen
Baukraft und empfindungstiefem Seelenerguß, sehr zart
die feine Rückführung auf die Eingangsstimmung. —

Das Scherzo steht dieses Mal an zweiter Stelle: g-moll, verhalten im Zeitmaß des Allegro non troppo, etwas mürrisch in der krampfhaften Betonung des zweiten Viertels im $^2/_4$-Takt, müde und zäh in den Triolen des d-moll-Teils. Es scheint, daß Brahms hier seiner hamburgisch-norddeutschen „Schwerfälligkeit" habe einen Spiegel vorhalten wollen, ein Eindruck, der sich vor dem Trio noch verstärkt: denn trotz Dur und walzerndem $^3/_4$-Takt ist dieses Presto giocoso nicht frei und gelöst, sondern hängt zäh in den herben Synkopen des Walzerthemas. — Ist es zu kühn, wenn man auch in den Variationen des dritten Satzes (Poco adagio) ganz Persönliches wahrzunehmen glaubt? Das in zweimaligen Quartschritten aufstrebende, durch einen müde herabsinkenden Kontrapunkt zurückgehaltene Thema (Beispiel 35) und die ersten vier, mit sicherer Hand hingesetzten Variationen wirken wie eine kleine Reihe feiner

35 Poco adagio

Bildnis-Stiche, während die fünfte, nach E-dur gewendete Variation sich ganz in süße Erinnerung verstrickt. — Auch der Schlußsatz hat wieder das verhaltene Zeitmaß: poco allegro zieht er dahin, melodisch reich ausgestaltet, mit vielen Versuchen, eine frische Bewegung auszulösen, im Grunde aber doch wieder haftend, schwerblütig, mehr besonnen als besonnt, mehr sinnend als sinnenfroh. Nicht zu überhören die inneren Beziehungen zu den übrigen Sätzen.

ALEXANDER BORODIN

*Geboren am 12. November 1834 in Petersburg als natür-
licher Sohn des Fürsten Gedeanow. Studierte Medizin, wurde
zunächst Militärarzt, später Universitätsprofessor für Medizin. Er war also nur „im Nebenberuf" Musiker. Gestorben
am 27. Februar 1887 in Petersburg. Er hinterließ u. a. die
nicht vollendete Oper „Fürst Igor", Orchesterwerke, Klavier-
und Kammermusik.*

Borodin gehört mit Balakirew, Cui, Mussorgsky und
Rimskij-Korssakow zu den sogenannten „Novatoren",
jenen russischen Musikern, die dem Übergewicht der
westeuropäischen Tonkunst eine bewußt nationale Mu-
siksprache entgegensetzen wollten. Es gibt zu denken,
daß diesem Ziel am nächsten gekommen sind diejenigen, die nicht im strengsten Sinne Fachmusiker gewesen
sind: Borodin und Mussorgsky. In der Kammermusik,
die ja ein echtes Kind westeuropäischen Geistes ist, hat
dagegen nur Borodin etwas von nationaler — und damit
weltweiter — Bedeutung geschaffen. Auch in Deutschland kennt man seine beiden Streichquartette in A-dur
und D-dur. Das erste dürfen wir, als verhältnismäßig
uncharakteristisch, übergehen; es handelt sich zwar um
eine durchaus achtenswerte Arbeit, doch liegt die Stärke
des Quartetts nicht im Nationalrussischen (abgesehen
vom letzten Satz), sondern in dem Erproben farbiger,
pastellartiger Klangwirkungen.
Bedeutend dagegen das D-dur-Quartett. In
ihm handhabt Borodin die im A-dur-Quartett gewonnene Fähigkeit, farbig und polyphon zugleich sich auszusprechen, mit geradezu triebhafter Sicherheit. Wenn
das Cello das Kopfthema des Werkes anstimmt (Beispiel), ist der Hörer wie gebannt in die geistige Umwelt
Rußlands in der zweiten Hälfte des 19. Jahrhunderts.

Wie unscheinbar und anspruchslos das Thema auch auftritt, — es hat jene sanft zwingende Kraft, die in dem

einfachsten Satz mancher großer russischer Schriftsteller
liegt (Gogol, Gontscharow, Dostojewsky). Dem entspricht die weitere Verarbeitung: es kommt nicht zu
Auseinandersetzungen, sondern alles kreist um den
einen Grundgedanken, den man — aller reinmusikali-
schen Arbeit zum Trotz — als fast außermusikalisch-
stimmungshaft bezeichnen möchte. Ähnliches gilt von
dem Scherzo, das sich nach Art mancher russischer Tänze
schrittweise von nahezu gestaltloser Bewegung zu
rhythmisch und thematisch immer „sichtbarerer" Melodik entwickelt. Prachtvoll das Notturno, eine auf synkopierter Akkordbegleitung aufgebaute Gesangsszene
von abermals ausgesprochen bildhafter Deutlichkeit.
Bemerkenswert die Steigerung, die sich durch das ganze
Quartett zieht: vom ruhigen Kreisen des ersten Satzes
über die erwähnte Entwicklung innerhalb des Scherzos
und über die Bildhaftigkeit des Notturnos führt der
Weg in den geradezu körperlichen, räumlichen Schlußsatz mit seinen lyrischen und dramatischen Gegensatzpaaren der Thematik und des wechselnden Zeitmaßes.

FELIX DRAESEKE

Geboren am 7. Oktober 1835 in Coburg als Sproß einer evangelischen Predigerfamilie. Konservatoriumsbesuch in Leipzig. Lebte bald in Leipzig, Berlin und Dresden, bald (als Konservatoriumslehrer) in Lausanne; von dort aus größere Reise nach Frankreich, Spanien und Italien. Seit 1876 in Dresden, 1884 dort Lehrer am Konservatorium. Wurde im Alter mit Ehren überhäuft. Gestorben am 16. Februar 1913 in Dresden. Hauptwerke: Sinfonien und andere Orchesterkompositionen, Klavierkonzert, Opern, Klavier- und Kammermusik, Lieder, Chöre, kirchliche Schöpfungen. Draeseke war auch als leidenschaftlicher Schriftsteller bekannt.

Draesekes Schaffen hatte bisher eine größere musikpolitische als musikalische Bedeutung. Sein besessenes Ringen um eine wirklich deutsche Tonkunst hat ihm Bewunderung eingetragen, sein Wollen hat mittelbar mehr erreicht, als man zunächst annehmen mochte; aber sein eigentliches musikalisches Werk ist trotz allen Bemühungen weder im Konzertsaal noch in der Hausmusik (geschweige denn in der Oper) heimisch geworden. Daran haben bis heute alle noch so gutgemeinten, von ehrlicher Begeisterung getragenen Versuche wenig zu ändern vermocht.

Wie in seinem sonstigen Schaffen hat sich Draeseke auch in der Kammermusik allen Einstrahlungen geöffnet, die ihm deutsch zu sein schienen. Man spürt die polyphone Denkkraft der Altklassik, die thematische Einheitlichkeit Beethovens, die Leuchtkraft neudeutschen Klanges, den musikalischen Ernst seines Zeitgenossens Brahms, — aber man spürt auch die geschlossene, eigenwillige Persönlichkeit des fanatisch suchenden Meisters selbst. Draesekes großes Können steht außer Zweifel; doch mag es sein, daß sein grübelndes Denken und sein unbeirrbarer Wille einen leichten Reif auf sein Werk gelegt und so das Ursprüngliche in seinen feinsten, zartesten Schichten etwas erstarrt haben.

Das stärkste Werk der D u o s ist unstreitig die B - d u r - S o n a t e f ü r K l a r i n e t t e u n d K l a v i e r von 1887, vielleicht die lebendigste kammermusikalische Schöpfung Draesekes überhaupt. Die Ursprünglichkeit und Kraft der melodischen Linie, das kunstvolle und doch unauffällige Entwickeln der thematischen Antriebe, die übersichtliche Formung und nicht zuletzt die lebensnahe, allem Grüblerischen abgewandte Haltung stellen die Sonate in die erste Reihe aller Sonaten für Klavier und ein Blasinstrument. Sehr fein der Gegensatz und die gegenseitige Ergänzung des prunkenden Klaviers und der singenden Klarinette. Über allen vier Sätzen liegt eine unverkennbare Landschaftsstimmung: frühlingshaft im Allegro moderato, sommernächtig im Adagio non troppo, ausgelassen herbstfroh im Scherzo (Allegro molto vivace). Diese ersten drei Sätze lassen sich unschwer als Jahreszeitenfolge mit besonderen Landschaftsbildern deuten. Nur der tänzerisch beschwingte Schlußsatz (Allegro con brio) scheint im geschlossenen Raum zu spielen: ist es ein stilisiertes Bild des ersten Winterballes in einer Mittelstadt?

Drei S t r e i c h q u a r t e t t e hat Draeseke geschrieben. Das erste, in C - d u r, wurde 1880 beendet. Der Tonart entsprechend gibt es sich melodisch klar, kraftvoll, einfach auch bei schwieriger Stimmführung. Das gilt besonders für den ersten Satz, ein Allegro risoluto, mit seinem festumrissenen Kopfthema und dem in Sexten schwelgenden Es-dur-Seitenthema. Die Durchführung ist knapp, aber dicht, baut sich kunstvoll über dem Kopfthema auf, bevor das Seitenthema das Schlußwort beginnen kann. Das As-dur-Largo bringt zunächst einen träumerischen Zwiegesang der beiden Geigen; im Mittelteil meldet sich ein Bewegungsantrieb, der mit dem Vorhaltmotiv c / f / g / gis / a allerlei feine Verschlingungen zustande bringt. Sehr schön der Ausklang des Satzes, wenn aus dem Vorangehenden der Stoff für ein romantisches Nachtstück entnommen wird. Ohne weiteres eingängig wirkt das behäbige Menuett mit seinem zierlichen „Intermezzo". Im Schlußpresto mischen sich zwei verschiedene Grundstimmungen (die feurige Erregung des ersten und die lyrische des zweiten Themas) zu dramatischer Einheit. Überraschend die eingebaute kleine Fuge.

Draeseke selbst hielt am meisten von dem e - m o l l - Q u a r t e t t (1886). Anscheinend ist es als künstlerische Hausmusik gedacht; denn es hält sich fern von großer Gebärde und weiträumigem Aufbau. Ganz lyrisch gibt sich das erste Allegro moderato mit seinem vom Cello gesungenen Hauptthema und der mehrgesichtigen zweiten Themengruppe. Auch die knappe Durchführung (wesentlich vom ersten Thema bestritten) und der Schlußteil, in dem das zweite Thema zu seinem Recht kommt, verlangen mehr nachempfindendes Versenken als tätiges Nachgestalten. Nur der Ausklang mit seinem heftigen Kanon läßt aufhorchen. Der Schlußsatz greift vielfach auf den Kopfsatz zurück. Nicht nur durch die Wiederholung von dessen Hauptthema, sondern auch durch den Kanon der Geigen vor dem Presto-Ausklang. Den Mittelbau bilden ein fein durchdachtes Scherzo (entscheidend die Sechzehntel des Themas) mit einem Trio im tänzerischen $^3/_4$-Takt und der langsame Satz mit seiner verinnerlichten Haltung und kunstvollen Stimmführung.

Bedeutend — und vor allem für den Konzertsaal durchaus lebensfähig — ist das c i s - m o l l - Q u a r - t e t t aus dem Jahre 1895. Freilich geht es nicht beim ersten Hören ein, sondern stellt zum Teil erhebliche Ansprüche an das harmonische, stimmige und rhythmische Denken. Draeseke ist in diesem Werk zur Fünfsätzigkeit übergegangen; Hand in Hand mit dieser Verbreiterung geht verdichtetes Geschehen innerhalb der einzelnen, knapp gefaßten, auf das Wesentliche gerichteten Sätze. Das Quartett beginnt mit einem wehmütigen Andantino, dessen Gewicht darauf beruht, daß die singenden (teil-

weise sehr engstufigen) Themen häufig kontrapunktisch
verarbeitet werden. Mit dem folgenden Allegro spu-
mante wird echte „schäumende" Scherzostimmung angeschlagen: zunächst harmonisch und dynamisch, dann
bewegungsmäßig, während das doppelte Trio einen
ruhigeren Gegensatz bildet. Äußerlich im Mittelpunkt
ein ausdrucksgesättigtes Adagio voll stimmiger und harmonischer Besonderheiten. Das an vierter Stelle stehende Intermezzo ist eigentlich ein zweites Scherzo;
mit dem ersten ist es teilweise auch motivisch verknüpft.
An diesem Intermezzo wird deutlich, daß Draeseke in
dem Werk trotz klassischer Satzformung innerlich mehr
an die ältere Tanzsuite angeknüpft hat. Nicht anders
im abschließenden Allegro risoluto: das erste Thema ist
tänzerische Gebärde, das zweite fast ein Marschlied.
Auch hier fehlt es nicht an feinen polyphonen Künsten.

Noch weniger bekannt als die Quartette sind Draesekes Q u i n t e t t e ; dabei verdienen sie starke Beachtung. Das B - d u r - Quintett von 1888 ist geschrieben
für Streichtrio, Klavier und Horn. Mit sicherem Blick
vermeidet Draeseke alles nur Konzertante, obwohl er
den Klaviersatz wieder sehr reich bedenkt. Der Ausgleich ist einmal gegeben vom Klanglichen her, weil das
Horn als verbindendes Glied sehr fein in den Klang
eingebaut wird; zum andern schreibt Draeseke — bei
sonst liebenswürdig musizierender Haltung — so stimmig, daß dem solistischen Hervortreten des Klaviers
bestimmte Schranken gesetzt sind. — Das F - d u r -
Q u i n t e t t (für zwei Geigen, Bratsche und zwei Celli,
geschrieben 1901) hat nicht den Schwung des Klavierquintetts, überzeugt aber immer aufs neue von der
Kunst Draesekes, auch in verschlungener Schreibweise
verständlich und lebensnah zu bleiben. Man wird zugeben müssen, daß leider gerade der Beginn des Werkes
befremdend und mißverständlich wirkt. Dafür ent-
schädigen aber das zauberhaft prickelnde Scherzo und
vor allem der in Klang und Melodie gebettete langsame
Satz mit seinem ruhig strömenden Gefühlsreichtum.

Felix Draeseke

Das Schlußrondo ist dem ersten Satz insofern ähnlich, als auch hier eine dunkel-düstere Einleitung an die Spitze gestellt wird.

PETER TSCHAIKOWSKY

*Geboren am 7. Mai 1840 in Wotkinsk (Ural) als Sohn
eines Hüttendirektors. Zunächst im Staatsdienst, seit 1863
Musiker. 1866—1877 Lehrer am Moskauer Konservatorium.
Dann als Dirigent und Komponist in der Schweiz, in Italien,
Deutschland, Frankreich, England, Österreich, Rußland. Ge-
storben an der Cholera am 6. November 1893 in Petersburg.
Hauptwerke: Sinfonien und andere Orchesterkompositionen,
Konzerte, Kammermusik, Klavierwerke, Lieder, Chöre,
Opern, Schauspiel- und Ballettmusiken, Kirchenmusik.*

Tschaikowskys musikalisches Werk ist vielfach gebrochen: es ist russisch und westeuropäisch, allgemein-
volkhaft und zugleich höchst eigenpersönlich, umspannt
innerhalb des National-Russischen die beiden Gegensätze des Schwermütig-Eintönigen und des Barbarisch-
Entfesselten. In der Kammermusik sind diese Gegensätze merklich gedämpft, ohne indes ganz zu verschwinden. Man spürt immer wieder Tschaikowskys
künstlerische Liebe zur deutschen Musik (und hier besonders zu den Romantikern), zugleich aber seine tiefe
Verwurzelung in russischem Musikgut. Ein Klaviertrio
und drei Streichquartette bilden den wesentlichen Bei-
trag, den der russische Tonmeister zur Weltkammer-
musik geleistet hat.

Sehr schön das K l a v i e r t r i o   a - m o l l Werk 50.
Schon durch seine Satzbezeichnungen wird klar, daß
es sich um ganz persönliche, auf bildhafte Wirkung berechnete Stimmungen in diesem viele Stile zusammen-
legenden Werke handelt. Die formale Anlage meidet
die Übereinstimmung mit der klassischen Sonate und
schließt sich mehr an romantische (teilweise auch neudeutsche) Gestaltungsart an. So gleich die Dreisätzigkeit
mit einem Mittelsatz, der Variationen über einen Liedgedanken bringt, die letzte Variation aber zum Schluß-

satz erweitert. Drei Gedanken des ersten Satzes (Beispiele 1 a, b und c) mögen die Motivfassung des Trios

1a Moderato assai

1b Allegro   1c

erläutern. Hier ist bereits alles vertreten vom diatonischen und Dreiklangsthema schlichter Art bis zum synkopierten Espressivo, von der klaren Linie bis zum verzierenden Schleifer. Als Ganzes fesselt das Werk mehr durch klangliche Vielfalt und Feinheit als durch bauende Kraft.

In seinen früheren Kammermusikwerken hat Tschaikowsky den Ausgleich zwischen russischer und westeuropäischer Art noch nicht so weit vollzogen wie im Klaviertrio. Das D-dur-Streichquartett Werk 11 verlegt das Nationale in die Thematik und läßt das Westeuropäische im Formverlauf durchklingen. Der erste Satz beginnt (moderato e semplice) mit eigentümlichen Akkordsynkopen im $^9/_8$-Takt, läßt ihnen ein zeichnerisches Bewegungsthema entwachsen und stellt diesem ein ruhig atmendes Seitenthema entgegen. Dieser klaren Themenaufstellung entspricht eine mit starken harmonischen Mitteln arbeitende Durchführung, die so den Zusammenhang mit den ersten Akkordsynkopen wiederherstellt. Deutlicher noch wird das eigentümlich Russische im nächsten Satz; ihn hebt eine stille Weise im Wechsel von $^2/_4$- und $^3/_4$-Takt ganz ins Volkhafte, das die Gegenstimmen wohl einfärben, nicht aber verwischen können. Sehr folgerichtig schreitet Tschaikowsky weiter: war der erste Satz vorwiegend harmonisch und der zweite mehrfach liedhaft bestimmt, so herrscht in dem kurzen Scherzo besonders das Rhythmische, und der Schlußsatz faßt zusammen: slawisches Hauptthema, rhythmisch verstrebt, harmonisch und melodisch ausgestaltet, tänzerisch in der Grundhaltung.

Sehr stark tritt das Nationalrussische im F-dur-Quartett Werk 22 hervor, und zwar vor allem durch die rhythmisch gespannten Linien der Themen. Der Kopfsatz beginnt mit einigen gedrängten Adagio-Takten und bringt im Hauptteil als führendes Thema (Beispiel 2)

2 Moderato assai

einen Gedanken, der als Ganzes und mit seinen Untermotiven die gesamte Durchführung zu tragen vermag. Kennzeichnend, daß Tschaikowsky auch hier die rhythmisch-motivische Arbeit nicht durchgehend beibehält, sondern zum Schluß mit Klangentfaltungen aufwartet. Ebenfalls „russisch" gibt sich das Scherzo; sein Thema (Beispiel 3) kann geradezu als Musterbild russischer

3 Allegro guisto

Themengestalten dienen. In den beiden anderen Sätzen nähert sich die Sprache wieder mehr dem überwiegend Klanglichen: in dem eingängigen Andante bis zu dem Grade, daß man es oft (fälschlicherweise) als sentimental bezeichnet, im Schlußsatz bis zu machtvollen Entladungen, wie man sie sonst dem Klangkörper des Streichquartetts nicht häufig anvertraut.

Das Streichquartett es-moll Werk 30 wird abermals durch eine langsame Einleitung (Andante sostenuto) eröffnet. Ihre wenigen Takte bergen keimhaft das eigentliche Hauptthema des ersten Satzes (Beispiel 4), dessen Beginn mit dem stufenweise nach oben

4 Allegro moderato

drängenden Zug seelisches Wollen geradezu sichtbar macht. Kaum weniger greifbar der Schnitt des Seitenthemas in B-dur; nur ist dieses nicht gedrängt, sondern gelöst, offen, harmonisch entfaltet und klanglich erfüllt (Beispiel 5). Der inhaltlich reichen, raumhaften und

5 Allegro moderato

raumfordernden Thematik entspricht die Weite der Satzanlage. Auch das Scherzo wird nun aus dem Bereich des Rhythmisch-Thematischen herausgehoben und mehr und mehr in Klang getaucht: zunächst noch nach Pastell-Art, dann wie mit schweren Pinselstrichen gesättigt. Das Streben nach Bildhaftigkeit wächst immer mehr; es verwirklicht sich im Andante durch einen straffen, von einer tröstlichen Weise durchzogenen Trauermarsch, der in seiner Anlage als Grabgeleit und Auferstehung im Geiste wirkt, und im Schlußsatz durch klaren Bau der Form über schlichten musikalischen Gedanken.

HERMANN GOETZ

Geboren am 7. Dezember 1840 in Königsberg. Zeigte schon als Knabe kompositorische Begabung. Schüler von Louis Köhler und von Hans von Bülow. 1863 Organist in Winterthur (Schweiz). Gestorben am 3. Dezember 1876 in Zürich. Hauptwerke: zwei Opern, eine Sinfonie, Konzerte mit Orchester, Chöre, Lieder, Kammermusik.

Die Kammermusik von Hermann Goetz ist dem Konzertsaal völlig verlorengegangen, obwohl sie an Bedeutung manches von dem überragt, was zuweilen gespielt wird. Ja, es fragt sich, ob nicht sogar dieses oder jenes weniger vollendete Werk unserer Größten zurücktreten sollte, um den drei Kammermusikwerken des feingeistigen, nach hohen Zielen strebenden Goetz hin und wieder zu ihrem Recht zu verhelfen.

Als Werk 1 gab Goetz ein K l a v i e r t r i o in g - m o l l heraus (es ist nicht wirklich sein erstes Werk; vielmehr hatte früher Geschaffenes seiner Selbstkritik nicht standgehalten). In diesem Trio erlebt Goetz noch einmal die Tonsprache der Romantik, ohne ihr zu verfallen, schafft sich zugleich eigenen Ausdruck — vergleichbar etwa mit Brahms. Allerdings erreicht er nicht dessen leidenschaftliche Selbstbetonung. Zündend sind besonders die tieferlebten Ecksätze mit ihrer zuweilen fesselnden Mischung von romantischem Klang und fugierter Zeichnung sowie das Scherzo, ein echt romantischer Waldspuk mit Elfen und Gnomen. Durchaus liedhaft empfunden, wenn auch noch nicht überall erfüllt der an zweiter Stelle stehende langsame Satz. Geschrieben etwa 1864.

Wenig später arbeitete Goetz an einem Streichquartett; dieses ist aber nicht gedruckt worden. Dafür spricht das 1867 geschaffene K l a v i e r q u a r t e t t i n E - d u r Werk 6 umso nachdrücklicher von Goetzens

Begabung und Können. Der leidenschaftliche Schwung
hat sich veredelt, die Satzkunst ist verfeinert und die
Sprache bestimmter geworden. Schlechthin meisterhaft
die dreifache Kräftelagerung des ersten Satzes mit dem
spannungsstarken Hauptthema (Beispiel), dem aus-
gleichenden Seitengedanken und der laut jubelnden

Allegro (Rasch und feurig)

Schlußgruppe. Nicht minder stark die Durchführung,
die mit innerer Folgerichtigkeit gegen Schluß ein Fugato
einfügt. Auch der langsame Satz hat nun seinen inneren
Haltepunkt gefunden: er besteht aus vergeistigten Variationen über ein still-wehmütiges Thema. Sprühend
das Scherzo mit dem kanonisch gebändigten Trio. Mit
einem trüben cis-moll-Stück wird der Schlußsatz eingeleitet, und es bedarf mehrfach der Überwindung dieser dunklen Stimmung, bevor sich die Lebensbejahung
endgültig durchzusetzen vermag. Dieser Schlußsatz
scheint mancherlei Selbstbiographisches aus jenen Lebensjahren Goetzens zu enthalten.

In noch stärkerem Maße mag das der Fall sein bei
dem Klavierquintett e-moll Werk 16 (Geige,
Bratsche, Cello, Kontrabaß, Klavier. Geschrieben 1874,
also zwei Jahre vor dem Tode des Tondichters). Dafür
spricht das bekannte Wort, das Goetz dem Werk als
Leitspruch auf den Weg gegeben hat: „Und wenn der
Mensch in seiner Qual verstummt, gab mir ein Gott
zu sagen, was ich leide". Dafür spricht vor allem aber
der großartige, fast programm-musikalische erste Satz
mit seiner langsamen, gedrückt-finsteren Einleitung,
dem leidenschaftlich-heftigen Hauptthema des Allegro
con fuoco, dem scharf gegensätzlichen Seitenthema und
der bekennerischen Durchführung. Dieser Satz und das
innig singende Andante con moto sind höchster Be-

achtung wert; dagegen muß man zugeben, daß im Menuett und im Schlußsatz die „Arbeit" (Kanon und Fuge) bemerkenswerter ist als die künstlerische Eingebung.

ANTONIN DVOŘÁK

*Geboren am 8. September 1841 in Mühlhausen bei Kralup
(an der Moldau unweit von Prag) als Sohn eines Gastwirts.
Schlug sich zunächst mit untergeordneten Tätigkeiten durch,
wurde dann Bratscher am Prager Nationaltheater und machte
sich bekannt durch einen „Hymnus für Chor und Orchester".
Brahms und Bülow förderten den jungen Musiker. 1890
Lehrer am Prager Konservatorium, 1892 Konservatoriumsdirektor in New York. 1895 wieder in Prag. Gestorben am
1. Mai 1904. Hauptwerke: Sinfonien, sinfonische Dichtungen,
Rhapsodien für Orchester, Konzertouvertüren, Slawische
Tänze, Konzerte mit Orchester, Kammermusik, Klavierwerke, Opern, kirchliche Werke, Chöre, Lieder.*

Von Dvořák kennt man bei uns diese oder jene Oper,
einige seiner Hauptwerke für Orchester (Sinfonie „Aus
der neuen Welt", Konzerte), seine Slawischen Tänze,
— besonders aber einige kammermusikalische Schöpfungen. Diese waren zeitweise geradezu „Mode". Man
berauschte sich an der ursprünglichen Musikantennatur
ihres Schöpfers und huldigte seiner volkhaften Art selt-
samerweise am lautesten, als man von deutscher Nationalmusik nicht sprechen mochte. Heute hat sich die Bewunderung der Werke dieses tschechischen Meisters
nicht gemindert, auch wenn wir ihn nicht mehr in den
Himmel heben. An Dvořák erleben wir, was es bedeutet,
wenn ein großer Könner aller Fachkunst zum Trotz
immer wieder aus dem Quell seines Volkstums schöpft,
wenn er das musikalische Gut seines Volkes ohne Scheu
und „ästhetische Bedenken" erklingen läßt. In dieser
Hinsicht ist er noch derber, ungezügelter, naturhafter
als sein großer Landsmann Smétana.

Ein besonderer Reiz von Dvořáks Kammermusik liegt
nun darin, daß sie bei allem Volkhaft-Tschechischen zutiefst deutschen Meistern verpflichtet ist. Beethoven

und Brahms verdankt er es, daß sich seine ungestüme Einfallsfülle und sein heftiger Mitteilungsdrang nicht ungezügelt äußern, sondern in Formen der hohen Kunst gegossen werden. Bei strengem Hinhören entdeckt man nämlich bald, wie dieses jähe Blut und dieses lebenstrotzende Fleisch Halt und Zucht bekommen hat durch das tragende Gerüst von Beethovens und Brahmsens kammermusikalischem Stil. Daß wir hier nicht „Anlehnung" meinen, versteht sich bei der eigenwilligen Persönlichkeit des tschechischen Tondichters von selbst. Anders würde es auch unverständlich sein, daß Dvořáks (und Smétanas) Werk den festen Grund bildet, auf dem sich die neuere tschechische Instrumentalmusik erhebt.

Da Dvořák sehr viel Kammermusik geschrieben hat und diese in deutschen Konzertsälen nicht in vollem Umfang heimisch ist, können wir bei den meisten kammermusikalischen Schöpfungen Dvořáks nur den Umriß geben.

Klaviertrios

Das Klaviertrio f-moll Werk 65 (entstanden 1883) ist bereits ein reifes Werk. Voller Klaviersatz und dichter, gesättigter Ausdruck von Geige und Cello tragen das gewichtige, in Orchesterwelten vorstoßende Geschehen. Sinfonisch das (trotz pianissimo) ungeduldige Hauptthema des ersten Satzes (Beispiel 1), sinfonisch auch die Marschgebärde des Seitenthemas; nur

1 Allegro ma non troppo

ein unvermutet auftauchendes Lied holt vorübergehend lyrische Stimmung herauf in diesem männlichen, heftigen Satz, der auch in der Durchführung ungebärdig und breitspurig die übliche Welt des Klaviertrios hinter sich läßt. Im Scherzo hält diese Stimmung an, wird allerdings beinahe stilisiert und zugleich durch das erste Thema (Beispiel 2) ins Böhmisch-Volkhafte umgefärbt;

2 Allegretto grazioso

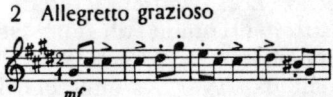

im Trio lebt die Liedwelt aus dem Beginn des ersten Satzes wieder auf. Mit dem langsamen Satz scheint das Persönliche, Leidenschaftliche des bisherigen Geschehens endgültig abgestreift; daß es in Wirklichkeit nicht überwunden ist, verraten die harmonischen Stufungen. Ausgleich, wenn auch nicht Überwindung bringt der Schlußsatz: er enthält (auch thematisch) das Aufbegehrende des Kopfsatzes, zwingt sich aber gegen Ende zu beruhigter Gelassenheit (Gegenthema in Dur).

Sehr geschätzt wird das 1891 entstandene K l a v i e r - t r i o „D u m k y" Werk 90. Es trägt seinen Namen von der besonderen Formung: sechs Sätze, jeder nach Art einer ukrainischen oder tschechischen Dumka (wörtlich „Gedanke"), der bekannten volkstümlichen Kleinballade, jeder Satz mit einem langsamen Abschnitt beginnend, dem sich ein schneller (thematisch verwandter) Teil anschließt. Da sich dem Verständnis des Werkes keinerlei Schwierigkeiten entgegenstellen (es bleibt belanglos, ob man die sechs Dumky gruppenweise zusammenfaßt oder nicht), genügen zwei Gedanken aus der ersten

3a Lento maestoso   3b

Dumka (Beispiel 3 a und b), um in den musikalischen Ausdrucksbereich des ganzen Trios einzuführen, zumal

3 b für mehrere Dumky entscheiden wird, und zwar für die langsamen wie für die schnellen Teile.

Von den beiden anderen Klaviertrios Werk 21 und 26 ist das erste in B - d u r entschieden stärker nach Erfindung und Gestaltung (geschrieben 1875). Leidenschaftlich lodernde Ecksätze flankieren den merkwürdig verhaltenen Mittelbau: einen still religiösen, langsamen und einen unbeschwerten Scherzo-Satz. Ein mächtiger Atem durchweht das Werk, weitet den harmonischen Raum und erfüllt ihn mit voll ausschwingenden Themen.

Klavierquartette

Ebenfalls 1875 geschrieben wurde das erste K l a v i e r - q u a r t e t t D - d u r Werk 23. Seinen feinen, überwiegend lyrischen Stimmungen nachzugehen — den Wandlungen des knappen Kopfthemas, den langsamen Variationen, dem abermals verhaltenen und mit dem Schlußsatz zusammengefaßten Scherzo—, ist wohl mehr dem häuslichen Musizieren als der Konzertwiedergabe vorbehalten. Wesentlich kräftiger packt das zwölf Jahre später entstandene zweite K l a v i e r q u a r t e t t E s - d u r Werk 87 zu. Nicht nur der Klaviersatz ist reicher geworden, sondern die Thematik hat wesentlich an Bestimmtheit gewonnen; das Hauptthema des Kopfsatzes (Beispiel 4) ist Leitspruch für das ganze Quartett und

4 Allegro con fuoco

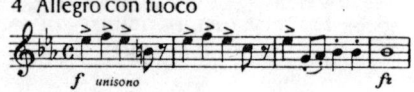

wird im Schlußsatz als Kerngedanke auch wieder aufgenommen, wie denn überhaupt der Schlußsatz abermals dem Kopfsatz innerlich verwandt ist: in beiden herrscht die eigentümliche Mischung von fester Selbstbehauptung und weicher Sehnsucht. Dem entspricht der Mittelbau: im langsamen Satz wird das in den Ecksätzen nur anklingende Sehnsuchtsvolle zu ungehindert strömendem Gesang; im Scherzo binden sich die Grundempfindungen auf neue Art, indem die Selbstbehauptung sich zu ruhig gleitendem Tanz stilisiert und die Sehnsucht fast ins Weichliche sinkt.

Streichquartette

Dvořák hat vierzehn S t r e i c h q u a r t e t t e geschrieben in den Jahren 1862 bis 1895. Sie wurden indes nicht sämtlich gedruckt, blieben z. T. auch unvollendet. Die Reihenfolge der Werkzahlen bei den gedruckten Quartetten entspricht nicht der Reihenfolge der Entstehung. Einige von ihnen dürfen wir übergehen; so das merkwürdig unpersönliche, allzusehr der „Formenregel" hörige a-m o l l-Q u a r t e t t Werk 16 von 1875, oder das zwar persönlichere, aber inhaltlich zerfließende E-d u r-Q u a r t e t t Werk 80 (eigentlich Werk 27, entstanden 1876) mit seiner innerlich kaum gerechtfertigten Unentschiedenheit von Dur und Moll, — immerhin ein Werk, das einst viele Freunde gewann und vor allem dem Tondichter den Blick schärfte für das Streichquartett überhaupt und für das, was er in ihm zu sagen haben würde.

Bereits das d-m o l l-Q u a r t e t t Werk 34 (1877) erweist die errungene Sicherheit des kammermusikalischen Ausdrucks. Das Werk ist Brahms zugeeignet und schlägt demgemäß zu Beginn mit dem Kopfthema (Beispiel 5) nicht einen tschechischen, sondern den Ton deutscher Spätromantik an. Auf die Dauer freilich vermag

5 Allegro

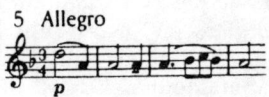

Dvořák das Nationale seines Empfindens nicht zu leugnen. Denn das Quartett erinnert zwar in seinen Tag-

und Nachtstimmungen oft an Brahms, wirkt aber doch weniger beherrscht: Freude am spielerischen Klang und seelische Schatten stehen unverbunden nebeneinander. Dem nach Einheit strebenden Kopfsatz (Thema und Seitengedanke entstammen der gleichen Wurzel) folgt als Scherzo eine bekenntnishafte Polka mit einem ebenfalls tanzartigen, langsamen Mittelteil. Offensichtlich an Brahms geschult ist das klanggesättigte, singende Adagio mit dem überirdisch schönen D-dur der gedämpften Streicher, während der Schlußsatz mit seiner hüpfenden, zuweilen merklich freudlosen Bewegtheit sich wieder mehr dem Tanz nähert.

Ganz national-tschechisch gibt sich Dvořák in dem 1879 geschriebenen E s - d u r - Q u a r t e t t Werk 51, freilich nicht im Erlebnis-, sondern im mehr spielerischen Sinne (man hatte ihn um ein „slawisches Streichquartett" für den Konzertsaal gebeten). Besonders reizvoll ist das scheinbar so leicht gefügte, in Wirklichkeit höchst kunstvolle Zusammentreffen von volkstümlich-einfachem Stoff und kontrapunktischer Arbeit in den Rahmensätzen. Dem über wiegender Cellobegleitung schwebenden Kopfthema (Beispiel 6) sieht man seine innere Kraft

6 Allegro ma non troppo

zunächst nicht an; sie erweist sich aber stark genug, um den ganzen Satz durch alle tändelnden und kontrapunktischen Wirrnisse zu tragen. Als zweiter Satz erscheint eine „Dumka" (slawische Volksballade), deren langsamer Teil auf dem gleichen Thema ruht wie der schnell dahinfegende Mittelteil. Eine als dritter Satz auftretende Romanze zieht das Balladenhafte der Dumka mit sanfter Macht ins Liedhafte, Klangträumende, während der Schlußsatz mit seinen kräftigen Rhythmen einen tschechischen Stampftanz vergnügt idealisiert.

Mehr den Könner als den Künstler Dvořák spiegelt das 1881 entstandene C-d u r - Q u a r l e t t Werk 61, es wirkt auffallend unpersönlich und läßt auch das Volksverbundene des Komponisten vermissen. Das Können des Meisters feiert seine Siege besonders im ersten Satz. Wie bewußt und keimkräftig ist vor allem das Hauptthema (Beispiel 7) gestaltet: nach Linie, Harmonie, Rhythmus und Kraftverteilung ein lebendiges

7 Allegro

Wesen. Es beherrscht denn auch den ganzen ersten Satz, obwohl ihm noch zwei weitere Themen (darunter ein slawisches) zur Seite treten. Wie bewußt Dvořák dieses Quartett angefaßt hat, lehren auch die Mittelsätze: der langsame Satz ruht in den Rahmenteilen auf Gesang und Klang, im Mittelteil dagegen auf zeichnerischem Riß, während im Scherzo der Hauptteil romantisch-zeichnerisch und das Trio zart gesanglich gehalten ist. Der Schlußsatz entspricht in vielem dem ersten Allegro: er hat die gleiche formensichere Haltung wie dieser, greift aber die Art des dritten Kopfsatzthemas heraus und färbt so das Geschehen überwiegend slawisch-volkstümlich.

Die drei folgenden Streichquartette hat Dvořák in Amerika geschrieben, und zwar das F-d u r - Q u a r t e t t Werk 96 unmittelbar nach seiner „Sinfonie aus der neuen Welt" (1893). Die Verwandtschaft beider Werke ist leicht zu erkennen. Freilich ist das Quartett durchaus lyrisch, schwelgend in Stimmungen und Empfindungen: es entstand in der friedlichen Abgeschlossenheit eines amerikanischen Dörfchens. In diesem Quartett ist Dvořák einmal ganz er selbst, ohne alle „Haltung", zu der ihn sein längst berühmter Name vor der Welt verpflichtete. Man spürt es schon an der Gestaltung: wohl verleugnet sich nicht die Hand des überlegenen Meisters, doch zeichnet sie nicht mehr den Aufriß der klassischen und neuklassischen Form nach, sondern spielt mit den musikalischen Gedanken, bosselt und feilt, stellt sie scheinbar zusammenhanglos nebeneinander, nur von dem einen Wunsch beseelt, ihre natürliche Schönheit aufleuchten zu lassen. Wie in der „Sinfonie aus der neuen Welt" sind diese Gedanken gemischt aus dem Geist der vielfältig schillernden Volksmusik Amerikas und dem der tschechischen Heimat, sind durchsetzt von winzigen Landschaftsbildern und glückselig aufgefangenen Vogelrufen. Und diese unbeschwerte Fraglosigkeit, dieses taufrische Leuchten, dieses Darauflosmusizieren ohne formalen Zwang haben dem Quartett seit mehr als einem halben Jahrhundert unzählige Freunde gewonnen. Da das Quartett keine Ansprüche an formales Denken stellt, mögen einige Motive des Werkes für sich selbst sprechen. Zunächst zwei Gedanken (Beispiel 8 a, b) aus dem farbig gereihten ersten

Satz, gewiß weder amerikanische Neger- noch Volksmusik, aber doch durchweht von der Art der „neuen

Welt". Dann das von hartnäckigen Synkopen im Schweben gehaltene Hauptthema des sehnsüchtig schwelgenden Lentos (Beispiel 9) mit seiner Fülle kleiner rhyth-

mischer Gegenstimmen. Sehr vergnügt das Scherzo, ein
Gemisch von Volkstanz (Themen) und Vogelgezwitscher
(Gegenstimmen), das Hauptmotiv (Beispiel 10) sichtlich

10 Scherzo

verwandt dem Kopfmotiv (8a) des ganzen Quartetts.
Heiterer Frohsinn auch in dem von fast greifbaren Gestalten durchzogenen Schlußsatz.

Das G-dur-Quartett Werk 106 ist — trotz der
Werkzahl — einige Wochen vor dem As-dur-Quartett
105 geschrieben worden (1895). Seine lichte Stimmung
und manche Einzelheit erinnern an die Welt des F-dur-
Quartetts; im ganzen aber nähert es sich mehr der Dvo-
řákschen Ausgangslinie Beethoven—Brahms. Der Beginn (Beispiel 11), abermals dem Vogelruf abgelauscht,

11 Allegro moderato

ist Nachklang des Landaufenthalts fern von New York;
auch ein kleines Zwischenstück beschwört Erinnerungen
an die „indianische Musik" herauf. Im übrigen ist der
erste Satz sehr einheitlich und musikalisch fest gearbeitet. Das Grundmotiv wirkt auch in den übrigen Sätzen nach. So wird das einthematige Adagio zu einheit-
lichem, nur durch gelegentliche Wolken etwas gedämp-
tem Bild von strahlender Landschaft unter strahlendem
Himmel, das Scherzo mit seinem Wechsel von Lied und
Tanz scheint diese Landschaft zu vermenschlichen, und
der Schlußsatz läßt die „indianische Musik" wieder
stärker durchklingen. Man sieht, die Stimmung bleibt
den landschaftlichen Erinnerungen treu; die Formung

aber entspricht europäischer, deutscher, Beethoven-Brahmsischer Art.

Und nun ist es ergreifend, zu sehen, wie sich Dvořák — noch in Amerika — wieder einfängt und sich mit dem A s - d u r - Q u a r t e t t Werk 105 (1895) ganz seinen Inbildern zu neuer Treue verpflichtet: der klassisch-romantischen Kammermusik und der böhmisch-tschechischen Volksmusik. Nur vorübergehend und flüchtig die Erinnerung an das „Indianische". Einheit des musikalischen Gedankenguts ist erstes Kennzeichen des Quartetts: die nacheinander durch die Instrumente aufsteigende motivische Figur der vierzehntaktigen Adagio-Einleitung wird zur Keimzelle für die Themen des ersten, dritten und vierten Satzes. Kopfthema des ersten, knapp gefaßten, doch bis ins letzte durchgearbeiteten Satzes bildet ein Gedanke, dessen scheinbare Einfachheit mancherlei Gehalte birgt (Beispiel 12). Dem Schnitt nach ein

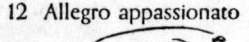

12 Allegro appassionato

wirkliches „Hauptthema", der Stimmung nach jedoch dem „Gesangsthema" entsprechend; im ersten Teil feste Zeichnung, im zweiten dagegen farbige Stimmung. Demgemäß ist der Seitengedanke straffer als sonst üblich, rhythmisch geschärft, im Zeitmaß drängend. Auffallend, daß in der Durchführung die Quintole des Kopfthemas ihre farbige Bedeutung verliert und nur vorübergehend als rhythmische Figur wieder auftaucht, — ist es ein Abstreifen des „Amerikanisch-Indianischen" und eine Rückkehr zum „Europäischen"? Mit dem (an zweiter Stelle eingebauten) Scherzo bewegt sich Dvořák bereits ganz auf heimatlichem Boden; denn der Beginn dieses Molto vivace ist ein tschechischer Furiant; liedhaft und zart der Gegengedanke des Trios. Und mit dem Lento stimmt der Tondichter unverkennbar einen beglückten

Dankgesang an (Beispiel 13 zeigt die Verwandtschaft mit dem Kopfthema 12), den er durch polyphone Stimmführung ins Religiöse vertieft. Daß ihm Frommsein und

13 Lento e molto cantabile

Heimatgefühl nur zwei Seiten des gleichen Kerns sind, macht Dvořák im letzten Satz deutlich; denn er nimmt das Motiv des Dankgesangs in dieses Allegro non tanto hinüber, behält auch die Neigung zu polyphoner Stimmführung bei, gießt das Ganze aber zu idealisierten Heimatklängen um.

Streichquintette

Von den S t r e i c h q u i n t e t t e n ist das in a - m o l l (Werk 1, für zwei Geigen, zwei Bratschen und Cello) ein Frühwerk, das nicht veröffentlicht wurde. Das G - d u r - Q u i n t e t t Werk 77 trug ursprünglich die Werkzahl 18, wurde bereits 1875 geschrieben und darf zu den Übergangsschöpfungen Dvořáks gezählt werden (zwei Geigen, Bratsche, Cello, Kontrabaß). Eigentümlich die Gewichtsverteilung im Gesamtbau: die Ecksätze erscheinen als Seitenflügel, straff gefügt, lebhaft gegliedert, wenn auch aus knappbemessenem Baustoff (Beispiel 14 mit seinem Kurzmotiv trägt den ersten Satz);

14 Allegro con fuoco

dagegen bilden das an zweiter Stelle stehende, rhythmisch mächtige, durch das Verhältnis von erstem und zweitem Thema auch harmonisch fesselnde Scherzo

sowie der farbenglühende langsame Satz mit der ver-
zückt singenden Geigenweise architektonisch den Mittelbau und gehaltlich den Mittelpunkt des Quintetts. Dem
Zauber dieser baustilistischen Einheit in der Zweiheit
(gewissermaßen umschließen die opernhaft „barocken"
Ecksätze das mehr ornamentale, empfindungsreiche
„Rokoko") wird sich niemand verschließen, auch wenn
er das Werk nicht zu Dvořáks bedeutendsten künstlerischen Äußerungen rechnet.

Zusammen mit der „Sinfonie aus der neuen Welt"
(Werk 95) und dem F-dur-Streichquartett (Werk 96)
bildet das E s - d u r - S t r e i c h q u i n t e t t Werk 97
eine Gruppe, die man die „amerikanischen Schöpfungen"
Dvořáks zu nennen pflegt, weil sich in ihnen mancherlei
„Indianisches" niedergeschlagen hat. Das Es-dur-Quintett ist anders besetzt als das C-dur-Werk: es fehlt der
Kontrabaß, dagegen hat es zwei Bratschen. (Geschrieben 1893). Offensichtlich war es Dvořák in dem Quintett
mehr um Stimmungs- und Farbwerte zu tun als um
zeichnerische oder architektonische Gestaltung (die freilich auch nicht fehlt). Daran liegt es, daß dieses Werk
seit jeher als leicht eingängig und klangschön gepriesen
wird. Die besondere Stimmung des satt instrumentierten
Quintetts mögen drei Themen und Motive des ersten
Satzes andeuten (Beispiel 15 a, b, c). Das Scherzo behält

vieles von dieser Stimmung bei — vor allem auch in
den klopfenden Begleitfiguren —, fügt aber den beiden
„indianischen" Themen des Haupt- und des mittleren

Mollteiles noch eine heimatliche, tschechische Tanzweise hinzu. Ähnlich das Larghetto. Es besteht aus Variationen über ein Thema, das Dvořák ursprünglich für einen nationalamerikanischen Hochgesang bestimmt hatte; die Variationen selbst aber tragen durchaus europäisches, genauer deutsch-klassizistisches Gepräge. In dem als Rondo angelegten Schlußsatz huldigt der Tondichter dann wieder — etwas breit und weit — dem nordamerikanischen Gastlande, in dem das Werk entstanden ist.

*

Wesentlich persönlicher wirkt das K l a v i e r q u i n t e t t A - d u r Werk 81 (geschrieben 1887 für Streichquartett und Klavier); persönlicher, weil es die deutsche Hoch- und Spätromantik ebenso umschließt wie Dvořáks Heimatmusik, zugleich aber mit diesen künstlerischen Urheimaten des Meisters seine eigene Artung widerspiegelt. Man muß es neben Schuberts Forellenquintett und Schumanns Es-dur-Quintett hören, wenn man seine geistigen Ahnen, doch auch seine freie Selbständigkeit erleben will. Farbigkeit, klanggebettete Melodik, sichere Linienführung verleihen dem Quintett das musikalische Gesicht; reicher Wechsel erlebter Stimmungen gibt ihm das Persönlich-Menschliche. Es sind wirkliche Gesichter, Gestalten, die uns in den Themen des ersten Satzes entgegentreten. Das Hauptthema (Beispiel 16), vom Cello

16 Allegro non tanto

leise, mit viel Ausdruck vorgetragen, ist gewissermaßen das Bildnis eines Menschen im Kreise gleichgestimmter Freunde. Die Entwicklung ist leicht zu verfolgen. Den Mittelbau bilden zwei heimatgebundene Sätze: zunächst eine Dumka (slawische, erzählende Volksballade), deren schwermütig langsamer Beginn auf dem gleichen Thema

ruht wie der heiter-frohe zweite Teil; dann ein „Furiant",
böhmischer Tanz mit rhythmischer Kraft, klangfroh,
thematisch zum Teil an den ersten Satz erinnernd (Gegenstimmen!). Im Schlußsatz herrscht losrasende Musizierfreude; brachte der erste Satz in seiner Thematik menschliche Gestalten, so gibt der letzte das idealisierte Bild
eines Tanzes in der Landschaft.

*

In der Anlage ist diesem Quintett das S t r e i c h -
s e x t e t t A - d u r Werk 48 (geschrieben 1878) sehr
ähnlich: die gleiche Tonart, der gleiche Bau. Zudem ist
es dem Quintett in der lebenbejahenden Stimmung verwandt, wenn auch im einzelnen nicht so greifbar-kör-
perlich gestaltet. Die Ecksätze nähern sich der Lied-
stimmung; sie äußert sich im Kopfsatz durch singende,
schlichte Melodik (Beispiel 17) und im Schlußsatz durch

17 Allegro moderato

ungekünstelte Variationen. Dazwischen stehen — wie
beim Klavierquintett der gleichen Tonart — zwei Formen der slawischen Volksmusik: zunächst eine Dumka
(volkhafte Ballade in zwei verschiedenen Zeitmaßen),
dann als Scherzo ein Furiant, also ein tschechischer
Schnelltanz. Den eigentlichen Reiz des Sextetts (je zwei
Geigen, Bratschen und Celli) machen die Klangfarben
aus, die Dvořák hier besonders genießerisch gemischt
hat.

EDVARD GRIEG

Geboren am 15. Juni 1843 zu Bergen (Norwegen). Erster Unterricht bei der Mutter; dann Musikstudium in Leipzig. Reisen durch Deutschland und Italien. 1871—1880 Leiter des von ihm gegründeten Musikvereins in Christiania (heute: Oslo). Seit 1880 wieder in Bergen. Dort ist er am 4. September 1907 gestorben. Hauptwerke: Orchesterstücke, ein Klavierkonzert, Schauspiel-Musiken, Chöre, Lieder, Klavierstücke, Sonaten, Kammermusik.

Griegs Kammermusik im engeren Sinne umfaßt nur wenige Werke: drei Sonaten für Geige und Klavier, eine Sonate für Cello und Klavier, ein Streichquartett; ein weiteres Streichquartett sowie ein Klavierquintett blieben unvollendet. Aber im weiteren Sinne ist Grieg einer der fruchtbarsten Kammermusiker der zweiten Hälfte des 19. Jahrhunderts; denn seine zahllosen Klavierstücke und die meisten seiner Lieder gehören in das Gebiet der Kammermusik im schönsten Sinne. Grieg meistert die Klein- und Kleinstform wie kaum ein anderer und er vermag in diese Kleingebilde den dichtesten Inhalt zu gießen. Der Inhalt selbst erscheint als nordisch-herbes Erleben der Welt, gespiegelt im musikalischen Volksgut Skandinaviens, geprägt von der Persönlichkeit des Meisters. Wohl spürt man immer wieder einmal, daß Grieg sein musikalisch-künstlerisches Erleben an den deutschen Romantikern und seinen musikalischen Ausdruck insbesondere an Robert Schumann geschult hat; doch sind Eigenkraft und Volksverbundenheit so stark, daß in Griegs tönenden Kleinformen eine tondichterische Welt von einmaliger Größe emporsteigt. So mächtig spricht dieser klingende Geist Skandinaviens, daß ein beträchtlicher Teil der europäischen (und z. T. auch der amerikanischen) Kunstmusik durch ihn beeinflußt wurde, — und zwar oft genug solche

Musiker, die sich in ihrer „Modernität" dagegen verwahren würden, neben Grieg gestellt zu werden.

Die Mittel, deren sich Grieg zur Verwirklichung seiner künstlerischen Absichten bedient, sind: herbe Harmonik mit seltsam glühenden Mollklängen und schneidend-schmerzlichen Zwischentönen, kühne Überlagerung von Fremdharmonien, klang- und ausdruckgesättigte Melodik von gleichwohl eigenwillig hartem Schnitt, und (vor allem in späteren Werken) ein Rhythmus, der in seiner feingliedrigen Geschmeidigkeit an französischen Vorbildern geschult zu sein scheint, jedoch so eigenwüchsig und Griegs melodischem und harmonischem Ausdruck so angeglichen ist, daß man fast von „Moll-Rhythmen" sprechen müßte.

❧

Von den drei G e i g e n s o n a t e n ist die „S o -
n a t e f ü r G e i g e u n d K l a v i e r in F - d u r"
(Werk 8) am bekanntesten geworden. Grieg hat sie kurz nach der e-moll-Sonate für Klavier geschrieben (mit etwa 23 Jahren), doch teilt sie mit diesem Werk eigentlich nur die Neigung, sich zuweilen in Kleinbilder aufzulösen. Im ganzen ist sie weicher gehalten, meidet die heldischen Schroffen jenes Werkes. Die Schwungkraft der Ecksätze hat zwar nicht nachgelassen, doch äußert sie sich weniger dramatisch als lyrisch. Im Kopfsatz mit seinem im Dreiklang aufsteigenden und wieder fallenden, dann kühn um einen Halbton über den Grundton hinausgreifenden Hauptthema fesselt die Art der Durchführung: inhaltlich Landschaftsbilder und -stimmungen, formal ein erneuter Beweis für die starke (meist übersehene) motivische Arbeit Griegs. Nach der „Landschaft" des ersten Satzes zeichnet der junge Tondichter im zweiten Satz Menschen des Volkes (seltsam nur, daß die Landschaft und die Menschen nicht recht zusammenstimmen). Es handelt sich um ein Allegretto quasi andantino mit einem bewegteren Mittelsatz: feine Stimmungszeichnung umschließt einen derben Bauern-

tanz. Unvergeßlich jenes Thema (Beispiel 1) aus diesem
Allegretto, das ein erschöpfendes Konterfei des heimat-
verwurzelten Grieg ist, so knapp es auch gefaßt sein

mag, ein Thema, dessen innerer Ton tausendfach wieder
aufklingt im Lebenswerk des Tondichters. Im Schlußsatz hat sich Grieg anscheinend selbst dargestellt, wie
er damals war. Da finden sich Erinnerungen an die Lehr-
jahre in Deutschland (reizend, wenn er gleich zu Anfang
der Durchführung mit einer schulgerechten Fuge anhebt,
sie aber bald mit lachendem Unmut wieder preisgibt),
Gedanken an sein großes Vorbild Robert Schumann
stellen sich ein; aber über dem ganzen Satz liegt doch
von Beginn so viel loderndes Feuer, so viel lebensmäch-
tiger (dabei sorgsam gefeilter) Rhythmus, so viel leuchtende Farbe, daß dieses Schlußstück als Bekenntnis
Griegs zu sich selbst und zu seiner Heimat aufgefaßt
werden darf.

Grieg war ein Dreißiger, als er seine zweite G e i g e n -
s o n a t e i n G - d u r schrieb (Werk 13). Ihr eignet
nicht mehr die Jugendfrische der ersten Sonate; dafür
steht sie an innerem Gehalt wesentlich höher, sodaß
sie die Zurücksetzung zugunsten der F-dur-Sonate (verursacht durch deren eingängigere Sprache) nicht verdient. Der Tondichter hat nun endgültig seine künstlerische Sendung erkannt, Wahrer, Mehrer und Festiger
der norwegischen Tonkunst zu sein, und setzt seiner
Aufgabe mit dieser Sonate ein tönendes Mal. Kein
Fremdtakt unterbricht mehr den froh-ernsten Sang an
die Heimat. Die Bildgruppierung der drei Sätze ist diesmal anders als in der F-dur-Sonate. Der Kopfsatz gibt
das Landschaftliche, verkörpert durch das springtanz-
artige erste Thema und den wie von alten Zeiten er-
zählenden Seitengedanken, vor allem durch die Durch-

führung, in der gewissermaßen Geschichte und Gegenwart dieser Landschaft miteinander zu ringen scheinen. Im Schlußsatz aber leben die Bewohner jenes Erdenstriches auf, saftig, derb in ihrem Frohsinn, überschäumend, als wollten sie die Freuden des kurzen Sommers in einen Augenblick zusammendrängen; das Still-Empfindungstiefe (Seitengedanke) zunächst nur angedeutet, dann aber gegen Schluß mächtig sich Bahn brechend. Zwischen starker Natur und kraftvollem Menschenschlag die gedankenvolle und empfindungsreiche Wehmut des Einzelnen; und wieder zeigt sich in dem E-dur-Thema dieses Allegretto-Mittelsatzes (Beispiel 2) das Bildnis

2 Allegretto

des Tondichters selbst, wie im langsamen Satz der F-dur-Sonate, wie in den Lyrischen Klavierstücken. Es ist wirklich das Thema eines Einzelnen, doch dieser Einzelne offenbart sich als Glied des Gesamtkörpers Heimat.

Beethovensche Wucht, zuweilen zu Wagnerischer Gebärde gesteigert, herrscht in der später entstandenen c - m o l l - G e i g e n s o n a t e Werk 45, äußerlich erkennbar an der Meisterung der großen Form. Aber wie bezeichnend: in dem Augenblick, wo Grieg seine Kleinbildmalerei einmal preisgibt, versagt ihm der Genius der Eingebung den Segen. Vielleicht war es auch ein mißliches Unterfangen, Beethovensche Gedankenkraft und Wagnerschen Seelensturm so stark mit dem Ausdruck norwegischen Landschaftsgefühls mischen zu wollen. Von unmittelbarer Wirkung ist auch heute noch der langsame Satz, eine Romanze voll von Ausdruck und reifer Melodik, lebenbejahend (wofür besonders der tanzartige Mittelsatz zeugt) und doch fast unmerklich verschleiert von heimlicher Not. Die Ecksätze dagegen greifen allzu massig nach Aufgaben, die Beethoven in der „Eroica" und Wagner in Musikdramen zu gestalten

vermochten, die aber weder einer Geigensonate noch
Griegs Eigenart anstehen. Und doch wäre es gut, diese
Sonate häufiger aufzuführen, weil sie fruchtbare Er-
kenntnisse für die wahre Art der oft mißverstandenen
lyrischen Artung Griegs zu geben vermag. Mindestens

3 Finale

vor dem Seitenthema des Schlußsatzes (Beispiel 3) wird
mancher nachdenklich erstaunen.

*

Grieg hat mit der a - m o l l - C e l l o s o n a t e
Werk 36 ein besonders charakteristisches Stück dieser
Kompositionsgattung geschaffen. Der Art nach ist sie
gewissermaßen ein Zwischenstück, liegt in der Mitte
zwischen der G-dur- und der c-moll-Geigensonate; von
der ersten hat sie das Norwegische, von der zweiten
das klassisch Gedankenvolle und Geformte. Im ganzen
strebt sie mehr nach Ausdruck und Charakter als nach
Schönheit; dafür zeugt die Klangmischung des Klaviers
mit den sehr tief gehaltenen Klängen des Cellos. Außerordentlich einheitlich der erste Satz mit seinen leidenschaftlichen, düsteren Stürmen. Das Kopfthema (Beispiel 4) mit seinem wogenden Anrollen und empor-
wuchtenden Schritten beherrscht nicht nur die Durchführung, sondern zwingt auch dem Seitenthema sein

4 Allegro agitato

Gepräge auf. Diesem Brausen unentrinnbarer Schick-
salsmächte folgt ein Andante, dessen Sang nicht zum
ruhigen Lied werden will, vielmehr (vergl. insbesondere

den Mittelteil) die Mächte des ersten Satzes wieder heraufbeschwört. Aus Not und Unruhe des Einzelnen flüchtet der Tondichter mit dem Schlußsatz in die bergende
Lebenskraft des Volkstanzes. Wie das „Schicksalsthema"
des ersten Satzes das Gesamtgeschehen beherrschte,
so überzieht das knappe Thema urwüchsigen Tanzwillens den Schlußsatz mit einer einheitlichen Grundfärbung, aus der dann zahllose, innerlich verwandte
Einzelheiten heraustreten, bald im übermütigen Spiel,
bald im gedämpfteren Singen, harmonisch ganz Grieg,
das heißt: norwegisch. Und die glanzvolle Steigerung
des Schlußteils ist hier unzweifelhaft Sinnbild für die
Überwindung der Einzelnot durch Besinnung und Bindung an die Heimatkräfte.

*

Das 1878 geschriebene S t r e i c h q u a r t e t t g - m o l l
Werk 27 verlangt seine eigenen Maßstäbe. Nicht, weil
es durch seine orchestrale Farbigkeit und Wucht dem
Rahmen der „reinen Kammermusik" entwächst; denn
das tun viele Werke; vielmehr wegen seines inneren
Gehaltes. Nur dieses Gehalts wegen bietet Grieg so viel
Klangzauber und kräftig hingemalte Farben auf. Es ist
ein Landschafts-Quartett, in dem die erhabene Natur
Norwegens aufklingt, und für die besondere Art der
norwegischen Landschaft und ihrer Bewohner kann man
nicht Grieg verantwortlich machen. Wer aber wollte
etwas dawider sagen, wenn ein Meister ein Streichquartett dazu bestimmt, solche Inhalte zu tragen! Geht man
von diesem „programm-musikalischen" Standpunkt aus
an das Werk heran, so werden mancherlei Eigenheiten
(etwa die maßlos erscheinende Breite des Schlußsatzes)
verständlich, die man bei nur musikalischer Betrachtung
schwerlich begreifen würde. Sehr fest ist diesmal die
thematische Verklammerung: das anspruchsvoll-heftige
Kopfmotiv der langsamen Einleitung (Beispiel 5) kehrt
in allen Sätzen wieder. Im Hauptsatz jedoch nicht etwa
als erstes Thema (Beispiel 6), sondern als Seiten-

gedanke, der dem Pochen und Grollen des ersten Themas ein stilles Singen entgegensetzt. Der Gegensatz von schroff und weich wird in dem Allegro molto ed agitato

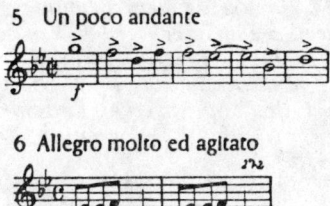

herrlich ausgebreitet und machtvoll überhöht. Auch in der Romanze (zweiter Satz) steht das Kopfmotiv nicht an erster Stelle, sondern mischt sich erst in den motivisch gezackten, harmonisch herben Mittelteil der sonst so melodisch-innigen Romanze. Im Intermezzo drängt sich das Kernmotiv dann schon deutlicher hervor und wirkt so als Vorbereitung eines kleinen Tanzbildes. Auch sonst ist dieses Intermezzo vielsträhnig mit Gedanken der ersten beiden Sätze verwoben. Mächtig aber reckt sich das Kopfmotiv im letzten Satz auf, wo es in Dur abschließend die gewaltigen Schroffen und Felsen dieses heftigen, in seiner thematischen Einförmigkeit und ausweglosen Wildnis erschütternden Stückes riesenhaft übergipfelt.

CHRISTIAN SINDING

Geboren am 11. Januar 1856 in Kongsberg (Norwegen). Sollte ursprünglich Schuhmacher werden, kam als Lehrling in eine Klavierfabrik, studierte eifrig Musik. Konservatoriumsbesuch in Leipzig, München und Berlin. Gestorben am 3. Dezember 1941 in Oslo. Hauptwerke: Sinfonien, Orchesterstücke, Konzerte, Suiten, Kammermusik, Klavierwerke, Chöre, eine Oper.

Sindings nicht unbeträchtliches kammermusikalisches Werk ist in Deutschland nur zum Teil bekannt. Man wird das bedauern müssen, weil die eigentümliche Mischung seines Stils — Sinding wurde beeinflußt durch seinen Landsmann Grieg, durch Brahms, Wagner und die Neudeutschen um Liszt — unmittelbar anspricht und zwar auch dort, wo seine Werke nicht nach dem Höchsten in der Kunst streben. Dem norwegischen Tondichter kommt es zumeist darauf an, seine überaus farbigen Klangvorstellungen zu verwirklichen, eine Absicht, um derentwillen er das „Gearbeitete" in der Musik bewußt zurückstellt.

Kennzeichnend für diese Haltung ist die Welt seiner G e i g e n s o n a t e n und - s u i t e n und K l a v i e r - t r i o s. Sie wollen nicht innige Aussprache von Stimme zu Stimme, von Instrument zu Instrument, sondern sie verschwenden lebendige Kraft, strahlende Schönheit, mächtigen Klang und bleiben in Zeichnung und Bau absichtsvoll umrißhaft. Eigentlicher Klangträger ist das Klavier.

Daß diese farbige Flächigkeit bewußt angestrebt wird, nicht aber ein Mangel an Können ist, erweist ein Blick auf das a - m o l l - S t r e i c h q u a r t e t t Werk 70. In ihm zeigt sich Sinding als Meister des Bauens und Verwebens größerer und kleinerer Gedanken. Er zieht die vier Sätze durch thematische Einheit straff zusammen,

räumt der thematisch-motivischen Arbeit besonders im
Kopftsatz ein weites Feld ein, verdichtet das Geschehen
sogar zu einem vierstimmigen Fugato, — bricht dieses
freilich sogleich wieder ab, damit die Stimmigkeit nicht

1 Andante

das eigentlich Klingende überdecke. Schon in der langsamen Einleitung (Beispiel 1) ist diese scheinbar so selbständige Stimmführung ganz in Klang und farbige Harmonie gebettet, und das Thema des eigentlichen Hauptsatzes (Beispiel 2) mit den rauschenden Akkordbrechungen der Mittelstimmen läßt einen Zweifel über den wirklichen Unterbau von Sindings Tonvorstellung gar nicht

2 Allegro con fuoco

erst aufkommen, sosehr die Einzelheiten später auch
motivisch verklammert werden. Und das Klangliche
blüht denn auch im langsamen Satz ruhig, aber überwältigend und immer stärker aus dem singenden Thema
auf. Scherzo und Schlußsatz greifen auf den thematischen
Grundstoff und das leidenschaftlich-kraftvolle Drängen
des ersten Satzes zurück.

Daß es sich hier nicht um Zufälliges handelt, sondern
um die Wesensart des norwegischen Tondichters, lehrt
ein Vergleich mit dem Jugendwerk des e - m o l l - K l a -
v i e r q u i n t e t t s Werk 5. Hier ist der Entwicklungsgang des späten Streichquartetts in allen Einzelheiten
schon vorweggenommen. Das Kopfthema (Beispiel 3)
scheint zeichnerisch erfunden, und das klargefaßte Seiten-

thema scheint diesen Eindruck bestätigen zu wollen;
doch immer mehr setzt sich die Freude an harmonischer

3 Allegro ma non troppo

Einfärbung und hallender Klanglichkeit durch. Der
zweite Satz (Andante) geht in dieser Beziehung bis zu
weicher Chromatik, und der dritte Satz kann sich nicht
genug tun, sein Lied (Intermezzo) immer neu zu beleuchten und zärtlich zu tönen. Und vollends der Schlußsatz schwelgt in harmonischen Lichtern und ausgebrei-
tetem Klavierglanz.

HUGO WOLF

Geboren am 13. März 1860 zu Windischgrätz (Steiermark). In der Schule war er „ungenügend", das Konservatorium mußte er wegen „Ordnungsvergehens" wieder verlassen. 1881 zweiter Kapellmeister in Salzburg, dann untergeordnete Beschäftigung. Als Musikkritiker in Wien wurde er ebenso schnell berühmt wie verhaßt. Gestorben nach fünfjähriger geistiger Umnachtung in der Landesirrenanstalt in Wien (22. Februar 1903). Wolf hinterließ vor allem Lieder, daneben Chorwerke, eine Oper, eine unvollendete Oper, einige Orchesterwerke und ein Streichquartett.

Wolfs Streichquartett d-moll ist 1879 entstanden, aber erst 1903 aufgeführt worden. Für einen Neunzehnjährigen ein erstaunliches Werk. Anscheinend hat sich Wolf in jener Zeit stark mit Beethovens Spätquartetten beschäftigt; dafür spricht die ungewöhnliche Dichte des ersten Satzes. Die Gedanken sind kühn und kraftvoll, greifen leidenschaftlich aus, werden aber meisterhaft aufeinander bezogen. Das Kopfthema dieses ersten Satzes (Beispiel) sagt Entscheidendes aus: die andrängenden

Sechzehntelfiguren, die Dreiheit des emporstrebenden Anlaufs, dann die ebenfalls dreifache rhythmisch punktierte Figur mit ihrem Blitzen über zwei Oktaven und ihre schließliche Überhöhung des Grundtons d nach es, — alles das wird in Einzelheiten wie im Gesamtschwung zum Träger der enggewobenen, klanglich reizvollen, überwiegend aber bewegungsmäßig bestimmten Arbeit. Erfindungskraft und Bauwille lassen freilich in den

365

übrigen Sätzen etwas nach; die Beanspruchung durch
den großartigen ersten Satz war zu groß für den Jüngling. Im zweiten (langsamen) Satz gewinnt Wolf zwar
noch einmal Kräfte, indem er melodisch breit und innig
anhebt; doch schon vom 4., deutlicher noch vom 6. Takte
an meldet sich der rhythmische Bewegungsantrieb erneut, der denn auch immer anspruchsvoller hervortritt.
Unter Bewegungsantrieben steht auch das Scherzo, das
sich von der Welt des punktierten Motivs aus dem ersten
Satz (Schlußtakte unseres Beispiels) bestimmen läßt.
Offensichtlich will Wolf im Schlußsatz auf das Melodische zurückgreifen, gelangt dabei allerdings zu merk-
würdigen Ergebnissen; das B-dur-Thema z. B. gibt sich
reichlich oberflächlich. Fast möchte man glauben, es
pfeife auf die Überschrift des Quartetts („Entbehren
sollst Du, sollst entbehren") und auf die leidenschaftliche Grave-Einleitung, die dem ganzen Werk vorangestellt ist.

CLAUDE DEBUSSY

Geboren am 22. August 1862 in St. Germain en Laye.
Besuchte das Pariser Konservatorium, erhielt den „Rompreis",
wurde aber mit einer Pflichtarbeit als „zu modern" von der
Konservatoriumsleitung abgewiesen. Debussy lebte nur seinem
Schaffen. Gestorben am 26. März 1918 in Paris. Haupt-
werke: Orchesterstücke, Schauspielmusik, eine Oper, Gesänge
mit Klavier, Klavierwerke, Kammermusik.

Debussy ist Inbegriff jenes französischen musikalischen Impressionismus um die Jahrhundertwende, der
den Nurmusiker immer wieder erregt durch die letzte
Verfeinerung harmonischer, melodischer und rhythmischer Farbenkunst. So gesehen kann man Debussy
garnicht genug bewundern. Aber es ist doch eine Kunst
der Kraftlosigkeit, der Wirklichkeitsferne, der müden,
wenn auch zartester Wahrnehmung fähigen Nerven.
Wenn nun zuweilen der Versuch gemacht wird, diesen
Tatbestand zu verschleiern und Debussy zu „verteidi-
gen", so geht dieser Versuch am Wesentlichen verständ-
nislos vorüber. Debussy als „reiner Musiker" ist zu bedeutend, als daß er der Rechtfertigung bedürfte; als
musikalischer Künder jedoch ist er zu schwach, als daß
ihm die Zukunft einen beachtlichen Platz einräumen
könnte. Kein Tonmeister hat wie er die Wirklichkeit
zu verbannen und den bloßen Widerschein des Lebens
in seinen Farbenklängen aufzufangen vermocht. Das
wird als Leistung immer erstaunlich bleiben. Doch seine
Musik ist Blüte ohne Stengel und ohne Wurzel, ist
Blüte ohne Hoffnung auf Frucht, nein, nicht Blüte,
sondern nur Duft und Farbe der Blüte, und nicht einmal
das: sie ist die Stimmung, die durch Farbe und Duft
hervorgerufen wird in Menschen von nervöser Überfeinerung.

Und wenn auch manches dieser Musik gelegentlich immer wieder hervorgeholt werden wird, so dürfte die Kammermusik nur selten dieses Vorzugs teilhaftig werden. Sie läßt sich wohl um ihrer feinen Reize willen im engsten Kreise einmal spielen, versagt sich jedoch ihrem inneren Wesen nach jeder öffentlichen Darbietung vor einer größeren Hörergemeinde. Großer Konzertsaal und Kammermusik von Debussy sind unvereinbare Widersprüche.

Vor den kammermusikalischen Spätwerken Debussys (Sonate für Geige und Klavier, Sonate für Cello und Klavier, ein Trio für Flöte, Bratsche und Harfe) wird man nachdenklich. Zeigen sie doch, wie wenig Debussy die Absicht hatte, formzertrümmernd zu schaffen, alles in Farbe von mosaikartiger Nebeneinanderstellung aufzulösen. Er w o l l t e es nicht, aber er hat es getan. Genau wie er sich heftig dagegen verwahrte, „Impressionist" zu sein, und es doch war.

Die C e l l o s o n a t e greift in einzelnen Sätzen sogar auf ältere Formbezeichnungen zurück wie „Präludium" oder „Serenade", übernimmt auch rhythmische Eigentümlichkeiten aus der ersten Hälfte des 18. Jahrhunderts, gibt sich im Schlußsatz sogar ziemlich formenklar, –– aber auch Debussy kann nicht über seinen eigenen Schatten springen: farbige Stimmungskunst bleibt auch hier als herrschender Eindruck.

Die G e i g e n s o n a t e entfernt sich zwar stärker von formalen Vorbildern, ist aber alles andere als formlos. Debussy gibt in diesem Spiel mit scheinbar beziehungslosen Motiven, in dieser Reihung gespannter und verdichteter Einzelbildchen, wobei die Sätze doch wieder merklich durch irgendein Motiv — allerdings ohne erkennbaren Sinnzusammenhang — verbunden bleiben, seine eigene Formvorstellung. Abermals ist er jedoch nicht stark genug, diese Vorstellung auch dem Hörer als verbindlich aufzuzwingen, sodaß wiederum der Eindruck nichtgegenständlichen Malens mit erklügelten Farbfeinheiten entsteht.

Verwandte Züge trägt das Trio für F l ö t e , B r a t -
s c h e u n d H a r f e . „Pastorale", „Interludium" stellen schon durch ihre Namen die Beziehung zum
18. Jahrhundert her, ein bestimmtes Motiv taucht (wiederum beziehungslos) in den Sätzen auf. Doch mit der
Instrumentenwahl geht Debussy noch weiter; Flöte,
Bratsche und die akkordisch, teilweise auch melodisch
verwendete Harfe halten sich allem Körperlich-Sinnen-
haften fern und kennzeichnen auf diese Weise bereits
das angestrebte „reine Spiel". Und doch ist es erneut
ein Spiel mit Farbwerten; macht doch die Art der Motive
jede Zeichnung oder Entwicklung unmöglich.

Bedeutendstes kammermusikalisches Werk von Debussy ist das S t r e i c h q u a r t e t t von 1893. Es
kommt in der Form dem klassischen Quartett verhältnismäßig nahe; doch ist diese Form nicht einfach zu erkennen. Alle vier Sätze stehen unter dem Zeichen des
Kopfthemas aus dem ersten Satz (Beispiel), zugleich ist

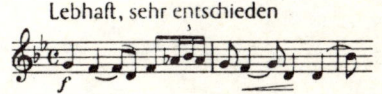

Lebhaft, sehr entschieden

dieses Thema bezeichnend für Haltung und Gestalt des
ganzen Werkes: Melodie, Rhythmus und Harmonie
sind zu einem neuen Wert zusammengeschmolzen, zur
Farbe. Gewiß läßt sich einiges Zeichnerische, ja Bauliche finden; aber es hat keine andere Bedeutung als
die, der färbenden, flimmernden Ausmalung zu dienen.
Weitere musikalische Gedanken des ersten Satzes
führen nicht zu gestaltbildendem Auseinandersetzen,
sondern lassen sich nur betrachten als Tönungen des
eigentlichen Hauptthemas. In dem (das Hauptthema besonders deutlich wiederholenden) Scherzo wird sogar
der Bewegungsantrieb zum Farbwert, und im langsamen
Satz erstarrt selbst der Gesang zur ornamentalen Flos-
kel, die nun ihrerseits ein seltsam gleitendes Eigen-

dasein führt (der Vergleich mit bestimmten orientalischen Teppichmustern drängt sich auf). Der Schlußsatz endlich widersetzt sich jeder Zergliederung; warum dieses Spiel das Kopfthema wieder aufklingen läßt, ist schwer zu begreifen.

So bleibt denn auch dieses Werk Debussys, an dessen persönlicher Ehrlichkeit und meisterlicher Arbeit nicht gezweifelt werden kann, eine unfruchtbare Blüte. Jeder mag sich an ihr ergötzen; sie zu vergöttern, ist heute unmöglich. Das innerlich aufrichtige, persönlich verantwortungsbewußte Streben Debussys erweist sich gerade in seiner Kammermusik als unverbindlich. Heute mehr denn je. Wie sagte er selbst einmal? „Ich schlage vor, eine Gesellschaft für musikalische Esoterik zu gründen, und zwar an Stelle der Versuche, die Kunst an das Publikum heranzutragen". Das ist die Bankrotterklärung des Überkünstlers.

FRIEDRICH KLOSE

Geboren am 29. November 1862 in Karlsruhe. Schüler von Anton Bruckner. Galt mit Ludwig Thuille als Führer der „Münchener Schule". 1916 Lehrer in Basel, 1919 wieder in München und Berlin. Lebte seit 1920 vorwiegend in der Schweiz. Hauptwerke: Sinfonische Dichtungen, Orchesterstücke, Lieder, Chöre mit Orchester, eine Oper, ein Streichquartett. Gestorben am 23. Dezember 1942 in Ruvigliana.

Kloses E s - d u r - S t r e i c h q u a r t e t t stammt aus dem Jahre 1911. Der Tondichter bezeichnet es als einen „Tribut, in vier Raten entrichtet an seine Gestrengen den deutschen Schulmeister"; doch ist es alles andere als scherzhaft-schulmeisterlich, wie man wohl vermuten könnte nach einer solchen Unterbezeichnung. Schulgerecht sind die Satzanordnung mit langsamem Satz und Scherzo als Mittelbau, die Stellung der Satzthemen, ja ihre harmonisch „richtige" Einordnung. Im übrigen aber strebt das Werk eher zur Fantasie und zur sinfonischen Dichtung (teilweise neudeutschen Gepräges). Dafür spricht auch jenes Schillerwort, das Klose über den neunten Takt des Schlußsatzes gestellt hat: „In des Herzens heilig stille Räume / Mußt Du fliehen aus des Lebens Drang, / Freiheit ist nur in dem Reich der Träume, / Und das Schöne blüht nur im Gesang". Also: nicht Spott, sondern tiefer künstlerischer Ernst, nicht schulgerechte, sondern dichtende Musik.

I Moderato

ff (Bratsche und Cello 1 Oktave tiefer)

Der Grundgedanke, das Kopfthema (Beispiel 1), fortissimo und unisono von allen Instrumenten hingesetzt, mutet freilich „schulgerecht" an. Doch die Veränderungen, denen es unablässig (fast nach Chaconnen-Art) unterworfen wird und zwar rhythmisch, melodisch, harmonisch und im Zeitmaß, die teilweise vertrackte Stimmführung und der dichterische Schwung des Ganzen, — das alles ist mehr als nur schulgerecht. Ebenso vielgestaltig ist der langsame Satz, dessen Anfangstakte (Beispiel 2) ein Bild für Kloses vielgliedrige Schreibweise geben mögen. Entsprechend dem geschwinderen

2 Adagio ma non troppo

Zeitmaß des Scherzos (Vivace) werden in diesem Satz jeweils mehrere Takte zu Bildeinheiten zusammengefaßt, während im Schlußsatz die Vielfalt und Fülle der Einzelheiten wiederkehrt. Niemals jedoch entsteht der Eindruck des Mosaiks. Der Zersplitterung wirken entgegen der einheitliche Gestaltungswille und die thematisch-motivische Verknüpfung des gesamten Quartetts. Besonders ergreifend tritt diese hervor, wenn im Schlußsatz an der mit „melanconico" überschriebenen Stelle der Quintenanstieg des Adagiobeginns (2) „sotto voce" wiederkehrt. Zugleich ist in diesem Satz der Versuch Kloses, absolute und programmatische Musik zu verschmelzen, in hohem Maße gelungen.

RICHARD STRAUSS

Geboren am 11. Juni 1864 in München als Sohn eines Hornisten der Hofkapelle. Unterricht bei befreundeten Musikern, vom Vater „streng klassisch" (gegen Wagner) erzogen. 1885 Musikdirektor in Meiningen, dort Nachfolger von Hans von Bülow. 1886 dritter Kapellmeister in München, 1889 Hofkapellmeister in Weimar, 1894 wieder in München, 1898 Hofkapellmeister in Berlin, 1908 Generalmusikdirektor. 1919 bis 1924 zusammen mit Schalk Leiter der Wiener Staatsoper. Lebte seitdem als Freischaffender. Gestorben am 8. September 1949 in Garmisch. Hauptwerke: Opern und Musikdramen, Sinfonische Dichtungen, Chorwerke, Gesänge und Lieder, Klavier- und Kammermusik.

Klavier- und Kammermusik stehen bei Richard Strauß am Rande des künstlerischen Schaffens. Den Werdenden haben sie gelockt, der gereifte Meister aber bannte sein Erleben in Musikdrama und Sinfonische Dichtung. Und was er an Kammermusik geschrieben hat, spricht nur bedingt zu uns.

Die Geigensonate Es-dur Werk 18 (1887) verleugnet nicht ihre Herkunft aus der Romantik (vor allem von Schumann), doch setzt sich die Eigenpersönlichkeit von Strauß bereits so unverkennbar durch, daß dieses Werk auch heute noch zu bestehen vermag. Sehr wirkungsvoll das Ineinandergreifen von Geige und Klavier. Gleich im ersten Satz die bei Strauß oft zu beobachtende Erscheinung, daß zwei Hauptthemen und zwei Seitengedanken auftreten, sich mit weiteren Gedanken mischen, gegenseitig in unmittelbare Beziehung gebracht werden, ohne daß die Vorherrschaft der ersten Themengruppe je gefährdet würde. Stärker als das erste Hauptthema (Beispiel 1) trägt das zweite in B-dur mit seinem mächtigen Ansteigen durch zweieinhalb Oktaven das Gepräge späterer Heldenthemen

des Meisters. Der Formverlauf ist sehr reich an Motiv-
koppelungen, Engführungen, rhythmischen Feinheiten
und farbigen Wirkungen (Beginn der Durchführung!),

doch klar und übersichtlich gehalten. Bekannter ist der
zweite Satz, ein mit „Improvisation" überschriebenes
Andante cantabile, das zuweilen einzeln aufgeführt
wird. Nicht eben stark, doch immer wieder wirkungsvoll mit dem singenden, dann in zärtlicher Bewegung sich
lösenden Beginn, mit dem erregten Mittelteil und dem
dann folgenden kleinen „Klaviersolo", dessen 64 stel-
Motivik weiterhin von Bedeutung wird. Der Schlußsatz
hebt mit einem etwas gequälten Andante an; sobald
aber das eigentliche Allegro einsetzt, springt ein Thema
hervor (Beispiel 2), das bei aller Ähnlichkeit mit Schumann bereits den künftigen Strauß erkennen läßt (die

Verwandtschaft mit dem „Don Juan"-Beginn ist verblüffend). Der innere Kern dieses leidenschaftlichen
Themas treibt auch die übrigen Themen aus sich heraus:
das „Gesangsthema", ein zweites Hauptthema, ergänzende Motive und so fort. Bei solchem Ansturm kann
es kaum verwundern, daß fast der ganze Satz von brausenden Akkordbrechungen und Läufen des Klaviers
mächtig durchharft wird, auf denen die Geigenstimme
sieghaft dahinschreitet. Geistvoll der mit thematischer
Umrhythmisierung und Nachahmungen arbeitende
Schlußteil mit dem rasenden Ausklang.

Durch manche Einzelheiten wird die 1883 entstandene F-dur-Cellosonate Werk 6 leider so getrübt, daß sie sich heute kaum noch zu behaupten vermag. Vor allem ist die Thematik des Allegro con brio bei aller Schwungkraft recht unpersönlich in dem Gemisch von Schumann, Beethoven und Strauß. Weniger erfreulich noch das Andante non troppo, das sich auf einem so schönen Wege befindet, doch reichlich nach Mendelssohn klingt. Und daß es sich nicht um einen Zufall handelt, erläutert der Schlußsatz: sein zweites Thema stammt aus einem Trio von Mendelssohn.

Das A-dur-Streichquartett Werk 2 soll hier nur im Vorübergehen erwähnt werden. In der Melodik hat Mendelssohn Pate gestanden, während mancherlei in der Formung auf die frühe Klassik zurückweist. Im übrigen findet sich nicht ein einziger Takt, der auf Richard Strauß schließen läßt. Das Zeichnerische allein vermochte das noch schlummernde Eigenwesen des jungen Komponisten nicht zu wecken.

Wie ganz anders das c-moll-Klavierquartett Werk 13 (1884/85). Hier, wo das Klavier wieder in der kammermusikalischen Ausdruckswelt erscheint, Farbe und Glanz über das Klangbild verschwendend, gelingt es Strauß, seine Eigenart zu verwirklichen. Und das, obwohl die Vorbilder (Brahms im ersten Satz mit den Sextenfolgen, Schumann im Schlußsatz mit den Synkopen) durchaus nicht zu überhören sind. Wir stellen zwei Themen hierher, um das Brahmsisch-Straußische des Allegros sinnfällig zu machen (Beispiel 3 gibt das Haupt- und Beispiel 4 das Seitenthema). Dazu treten

3 Allegro   4

noch eine Reihe anderer Gedanken, die (etwa die erste Überleitung) entweder den Brahms-Ton des Hauptthemas oder (mancherlei zierende oder rhythmische Wendungen) den Strauß-Ton des Seitenthemas unterstreichen. Der ganze Satz ist schwungvoll, ursprünglich, zuweilen ungebärdig, dennoch in Einzelheiten wie im ganzen formgewandt zusammengehalten. Die Jugend des Komponisten verrät sich im Mittelbau des Werkes auf andere Art: wären das redselige, in gewohnten Bahnen dahinfahrende Scherzo und das melodisch wieder einmal stark Mendelssohnische Andante nicht so sauber gesetzt, so könnte man sie ob ihres geringen Eigenwertes gern missen. Im Schlußsatz findet sich der angehende Meister wieder; mächtig fährt er drein mit dem herabstürzenden, zugleich aber aus klug berechneten Einzelmotiven zusammengesetzten Hauptthema, das in der Folge zu allerlei prachtvollen, scheinbar zusammenhanglosen Einzelbildern ausgewertet wird. Die Fülle dieser zuweilen derb, zuweilen sehr fein gestalteten Gesichte läßt über die Schwäche des „Gesangsthemas" hinwegsehen. In gewisser Art ist dieser Satz charakteristisch für den späteren Strauß: selbst im wilden, scheinbar ungezügelten Losrasen bleibt der sicher formende, tausend Einzelheiten bindende und bildende Kunstverstand in jedem Augenblick wach.

Hatte Strauß mit dem Klavierquartett den Sieg bei einem Preisausschreiben des Berliner Tonkünstler-Vereins davongetragen, so gewann er mit der B l ä s e r - s e r e n a d e E s - d u r Werk 7 die Beachtung Hans von Bülows. Je zwei Flöten, Oboen, Klarinetten, Fagotte, vier Hörner und ein Kontrafagott musizieren in diesem Werk. Der Haltung nach unpersönlich und unverbindlich, der Satztechnik nach jedoch ein kleines Meisterwerk des Jünglings.

JAN SIBELIUS

Geboren am 8. Dezember 1865 in Tawastehus (Finnland). Sollte ursprünglich Jurist werden, ging aber zur Musik über und studierte in Helsingfors, Berlin und Wien. Lebt in Finnland. Hauptwerke: Sinfonien, Sinfonische Dichtungen, Schauspielmusik, eine Oper, ein Geigenkonzert, Gesänge, Lieder, Klaviermusik, Kammermusik.

Sibelius, der künstlerische Künder finnischer Nationalmusik, hat nur sehr wenig Kammermusik geschrieben. Auch in ihr tritt das Volkhafte hervor, freilich nicht so nachdrücklich wie in seinen Orchesterwerken: es herrscht eine gewisse Schwermut, die immer wieder von Leidenschaft oder lebendigem Frohsinn durchleuchtet wird.

Die Musik für G e i g e u n d K l a v i e r hätte einen Platz im europäischen Kunstbewußtsein verdient; die Werkzahlen 77, 78 und 79 enthalten einige Bilder der finnischen Kunstmusik, deren Gehalt man sich aneignen sollte.

Nur ein S t r e i c h q u a r t e t t hat Sibelius geschrieben, in d-moll, Werk 56 (das Klavierquintett ist nicht bekanntgeworden). Er nennt es „Voces intimae", also etwa „Stimmen der Stille". Wie diese Stimmen reden, wie sie dem Wesen finnischer Tonkunst gerecht zu werden suchen, das lehrt der Beginn der langsamen Einleitung (Beispiel). Was nun noch folgt, ist nur ein weiteres

Ausspinnen. Wohl läßt sich formal das alte Quartettschema auch aus dieser Folge von fünf Sätzen herausfinden; doch hält sich Sibelius von allem fern, was der Regel nach in den Einzelsätzen gesagt werden müßte. Alles ist zuständlich, darstellend, nicht entwickelnd oder klärend. Im Mittelpunkt steht ein langsamer Satz mit melodisch breiten Flächen und voll tiefsten Gefühls. Ihm gehen zwei kurze Sätze voran (der erste Satz gewinnt sein ruhiges Bewegungsthema aus den Achteln unseres Beispiels, der zweite ist eine Art Scherzo), und zwei weitere Sätze folgen ihm, diese merklich durchsetzt mit Bestandteilen volkhafter Musik.

FERRUCCIO BUSONI

*Geboren am 1. April 1866 zu Empoli bei Florenz als Sohn
einer deutschen Pianistin und eines italienischen Klarinettisten. Bereits mit fünfzehn Jahren Mitglied der Philharmonischen Akademie zu Bologna. 1888 Lehrer in Helsinki,
1890 in Moskau, 1891 in Boston. Seit 1894 in Berlin, von
wo aus er seine berühmten Reisen als unübertroffener Klavierspieler machte. Gestorben am 27. Juli 1924 in Berlin.
Hauptwerke: Orchesterstücke, Konzerte, Opern, Gesänge,
Klavierwerke, Kammermusik.*

Busoni war ein großer Anreger, kein Erfüller; sein
Wollen wirkt fort, aber sein Werk scheint allmählich
immer mehr zurückzutreten. Das ist ein Unrecht. Der
Beherrscher aller Stile von Bach bis Debussy und darüber hinaus hat mancherlei geschrieben, das neben häufiger gespielten Werken anderer Komponisten durchaus
bestehen kann. In der Kammermusik hat er allerdings
sein Bestes nicht zu geben vermocht. Wohl aber mag
gerade sie erweisen, daß er mehr gewesen ist als ein
„Moderner um jeden Preis".

Das S t r e i c h q u a r t e t t Werk 19 ist eine Huldigung an die Klassik. Im ersten Satz herrscht Beethovenscher Instrumentalausdruck, im Andante bildet ein
Liedgedanke den Untergrund für erlesene kontrapunktische Arbeit, das Menuett neigt sich Mozart und süd-
lichem Musizieren zu, und bei dem Schlußsatz hat unverkennbar Haydn Pate gestanden (nicht stilistisch,
sondern geistig!). Von ähnlicher Haltung das z w e i t e
S t r e i c h q u a r t e t t Werk 26. Abermals ein Bekenntnis zur deutschen Klassik, jetzt allerdings bereits durchsetzt mit stärkerem Eigenwollen wie in dem strengen
d-moll-Thema des ersten Satzes oder dem vorwiegend
rhythmisch bestimmten langsamen Satz und dem brum-
mig-heiteren Cello-Thema des Schlußsatzes. Selbst das
scheinbar „klassische" Scherzo ist durchaus Busoni zu

eigen: solches Musizieren im rein musikantischen Raum entsprach seinem Wesen.

Dem Musizieren um der Musik willen hat er sich deutlicher noch in den D u o s hingegeben. Fesselnd in der Thematik und formal wirklich geistvoll die K l e i n e S u i t e f ü r C e l l o u n d K l a v i e r. Echte Spiel-Musik (im schönsten Sinne des Wortes) bilden das A l b u m b l a t t und das D i v e r t i m e n t o für Flöte und Klavier. Sehr weit stößt Busoni dann vor in neue Musizierbereiche mit dem C o n c e r t i n o und der E l e g i e für Klarinette und Klavier (Werk 48); hier verwirklicht er manches von dem, was er als „neue Klassizität" gedanklich angestrebt hat.

Wie wenig bei Busoni intellektuell erklügelt, wie still gewachsen vieles ist, verdeutlicht ein Blick auf die beiden S o n a t e n f ü r G e i g e u n d K l a v i e r. Die erste (Werk 29) wurzelt überwiegend in klassischen Bereichen, wenn auch in der Linienführung Strich um Strich der vorwärtsgerichtete Wille sich kundtut. Die zweite Sonate e-moll (Werk 36a) bedeutet einen großen Schritt vorwärts in der Richtung auf die „Neue Sachlichkeit" (wenn dieses Wort hier schon erlaubt ist). Bewegung und Rhythmus sind die eigentlichen Kräfte des Werkes. Aber nirgendwo macht sich „Modernität um jeden Preis" bemerkbar. Busoni durchschreitet vielmehr in dieser Sonate die Entwicklung eines ganzen Jahrhunderts: die Klassik klingt leise nach, romantische Einwirkungen schwingen hinein, ein wenig neudeutsche Virtuosität taucht auf, wohl auch mancher impressionistische Farbtupfen, während dennoch Bewegung und Rhythmus vieles einer erst später sich ausbreitenden Neuen Sachlichkeit vorwegnehmen. Die gereifte, innerlich gebundene Vielfalt des Ausdrucks dieser viersätzigen Sonate gipfelt in den großartigen Variationen des Schlußsatzes über ein Choralthema von Bach, sodaß wir in dem Werk wenn auch nicht die bedeutendste, so doch die weitestgespannte Geigensonate des 20. Jahrhunderts erblicken dürfen.

GEORG SCHUMANN

Geboren am 25. Oktober 1866 in Königstein (Sachsen) als Sohn eines Musikdirektors. Studium in Dresden und Leipzig. 1890 wurde er Leiter des Danziger Gesangvereins, 1896 Leiter der Philharmonie in Bremen. Seit 1900 Leiter der Berliner Singakademie. Schrieb vor allem Chorwerke, Orchesterstücke, Lieder, Klavierwerke, Kammermusik. Gestorben am 23. Mai 1952 in Berlin.

Das kammermusikalische Schaffen Georg Schumanns wird zumeist mit achtungsvollem Schweigen übergangen. Die Achtung gilt dem verdienstvollen Leiter der Berliner Singakademie, das Schweigen gilt seiner Kammermusik. Dabei gibt es nur wenige Werke, die so geeignet wären, auch den Fernerstehenden an die Kammermusik heranzuführen, wie die von Georg Schumann. Gewiß, er ist klanglich Brahms und in seiner weichen Melodik Robert Schumann verpflichtet; doch ist er zugleich ein so ursprünglicher Musiker, daß er in solchem Gewand noch genügend Eigenes zu sagen weiß. Wir fühlen uns daher verpflichtet, wenigstens einen knappen Überblick über einige seiner kammermusikalischen Werke zu geben.

Zwei G e i g e n s o n a t e n aus den Jahren 1895 und 1912 zählen wir zu den achtunggebietenden Werken dieser Gattung. Die erste in c i s - m o l l, Werk 12, ist ganz dem Leben zugewandt, besonders im ersten Satz mit dem kraftgeladenen Hauptthema der Geige und dem singenden Seitengedanken des Klaviers, der zuweilen fast übermächtigen Durchführung und der Fülle an Einfällen. Die zweite in d - m o l l, Werk 55, könnte man dagegen als tragisch bezeichnen; offenbar liegt ihr ein persönliches Erlebnis zugrunde. Ganz gewiß ist sie programmatisch gedacht; denn das allen Sätzen zugrunde liegende Thema schreitet gewissermaßen durch die drei

Bilder Kampf / Erfüllung / Tod. Hier sind Gedanken und Ausdruck vollendet aufeinander abgestimmt.

Nicht eben gewichtig, aber lebendiger Gesichte voll die K l a v i e r t r i o s. Da ist alles freudige Lebensbejahung und frohes Musizieren. Sehr schön die Vielfarbigkeit des F-dur-Trios Werk 25 (1900): der erste Satz rein melodisch aufgebaut und harmonisch gefärbt, das Andante tiefgefaßt und nicht immer einfach, das Scherzo voller Anmut und der Schlußsatz mit seinen drei Themen ausgelassen und spöttisch. Abermals in F-dur das zweite Trio Werk 62 (1916). Wiederum vielfarbig, wenn auch von anderer Art: Klang im ersten Satz, zügige Melodik im zweiten, farbiges Spiel im Scherzo, heiter-krause Zeichnung im Schlußsatz.

Vom Klavier kann sich Georg Schumann nicht trennen; das zeigt sich auch an dem Quartett und den Quintetten. Er bedarf seiner, weil er Fülle und Farbe liebt. Das f - m o l l - K l a v i e r q u a r t e t t Werk 29 (1901) ist freilich als Ganzes kaum mehr zu retten; das sprühende Scherzo (vielleicht auch der klang- und melodiegesegnete Kopfsatz) dagegen zählt zu den lebendigsten Scherzosätzen der ganzen Gattung.

Auch das K l a v i e r q u i n t e t t e - m o l l Werk 18 (1896) vermag als Ganzes heute kaum noch zu bestehen; doch es kann diejenigen belehren, denen Georg Schumann als allzu weich und „brav" erscheint: der drängende, harmonisch stark gewürzte Schlußsatz zeugt von echtem Musikantenblut. Ausgeglichener und daher dauerhafter dagegen das z w e i t e Klavierquintett Werk 49 (1906). Die Gärungszeit ist vorüber, alles fließt reif und voll, die Gedanken sind geklärt, man spürt die Hand des Meisters. Wieder entscheidet der klug gesetzte Klavierteil über Farbe und Klang. Aber nun geht Schumann den Farben nach bis in die feinsten Abschattierungen, ohne freilich bloßen Klangreizen zu verfallen. Besonders schön im Allegretto, einem Variationensatz mit einem Thema, das zunächst wenig bedeutend erscheint, aber durch weiche Begleitstimmen und glei-

tende Akkordzerlegungen in zartem Pastellglanz auf-
schimmert. Auch in den übrigen Sätzen tritt die gerundete Gestaltung des thematischen Stoffes wohltuend
hervor.

HANS PFITZNER

Geboren am 5. Mai 1869 in Moskau als Sohn deutscher Eltern. Der Vater war Geiger, die Mutter Pianistin. Studierte in Frankfurt a. M. Nach kurzer Lehrtätigkeit Kapellmeister in Mainz. 1897 Lehrer und Kapellmeister in Berlin, 1907 Dirigent in München, 1908—1918 Konservatoriumsdirektor und Opernleiter in Straßburg. Später Leiter einer Meisterklasse für Komposition in Berlin. Lebte dann meist in München. Gestorben am 22. Mai 1949 in Salzburg. Hauptwerke: Opern, Chorwerke, Sinfonien, Konzerte, Bühnenmusiken, Lieder, Kammermusik.

So unzutreffend das vielgebrauchte Wort von dem „herben, spröden Pfitzner" sonst auch sein mag, — für das kammermusikalische Schaffen des Meisters hat es eine gewisse Berechtigung. Hier, wo es ihm um eine rein geistige Auseinandersetzung der Stimmen geht, zieht er sich scheu von allem Klanglichen, Wirkungsstarken zurück. Kammermusik ist ihm Denken in Stimmen. Daß solche Art im Konzertsaal nicht leicht anspricht und daß Pfitzners Kammermusik daher nicht in weiten Kreisen bekannt ist, leuchtet ein. Auf der anderen Seite stößt Pfitzner durch solches stimmiges Denken weit vor in Ausdrucksbereiche, die sich jüngere Komponisten oft genug erst mühsam oder gewaltsam erarbeiten müssen.

Das gilt vor allem für das S t r e i c h q u a r t e t t c i s - m o l l Werk 36. Pfitzner hat es 1933 für großes Orchester als „Sinfonie" übertragen. Was wir über diese Sinfonie, soweit es sich nicht um die Instrumentierung handelt, sondern um den Aufriß, gesagt haben, dürfen wir daher an dieser Stelle wiederholen: „Vier Sätze, die paarweise zusammengehören und insgesamt miteinander motivisch verzahnt sind. Das fünftonige Grundmotiv kehrt in jedem Satz wieder, meist in der Urgestalt. Es bildet neue Motive, auch ganze Themen, wandelt

seine bewegende Kraft in rhythmisches Drängen, erscheint bald engstufig, bald weitmaschig, verbindet sich
mit sich selbst und mit seinen Umformungen und Nebengedanken. Unsere Beispiele zeigen dieses Grundmotiv
(unter den eckigen Klammern) in den vier Sätzen. Als
1 tritt es im ersten Satz auf („Ziemlich ruhig"), verrät
hier auch gleich seine Abstammung aus dem „Palestrina";
der Satz selbst hält sich ungefähr an die Sonatenform.
Im zweiten Satz („Sehr schnell"), einem echt musikantischen, hinreißenden Scherzo, springt es (Beispiel 2)

zum Schluß nicht in die höhere Quarte, sondern in die
tiefere Quinte. Der dritte Satz („Langsam und ausdrucksvoll") beginnt mit einer weitgriffigen Figur, die sichtlich
aus dem Grundmotiv entstanden ist; sie wird, gewaltig
verbreitert, im Schlußsatz wieder aufgenommen. Fünfter
und sechster Takt (Beispiel 3) bringen das fünftonige

Motiv wieder in der Urgestalt (abgesehen von der
rhythmischen Veränderung). Ebenso tritt es im vierten
Satz („Ziemlich schnell") deutlich erkennbar wieder auf.
Dieses Finale zeigt zugleich Pfitzners motivisch-kontra-
punktische Kunst auf dem Gipfel; denn es werden auch
andere Motive der vorangehenden Sätze mit eingebaut
und verwoben."

Wesentlich einfacher in Gedanken und Ausdruck ist
das D - d u r - Q u a r t e t t Werk 13. Die paarweise
Gruppierung findet sich auch hier: langsamer Satz an

dritter Stelle, vorwiegend melodisches Geschehen im ersten und dritten Satz, treibende Bewegung im zweiten und vierten. Auffallend das Kopfthema mit seinem großen Zug, ohne rhythmische Brechung in gleichmäßigen Vierteln fortschreitend, Sinnbild des ganzen ersten Satzes, der ruhig und unbeirrbar seinen eigenen Weg geht, sich vom klassischen Sonatenbau löst, doch unauffällig, wie unbeabsichtigt. Wie wenig übrigens Pfitzner daran gelegen ist, überkommene Formen zu zertrümmern, zeigt der Schlußsatz, der sich als heiteres, eingängiges Rondo gibt.

Das 1942 uraufgeführte c - m o l l - Q u a r t e t t Werk 50 ist ein Alterswerk. Nicht im Sinne freilich des Gealterten, Müden, sondern in dem des Herbstlichen, Köstlich-Reifen. Man spürt es sogleich an den Zeitmaßen: nur der Schlußsatz steht im lebhaften Allegro, die übrigen Sätze sind mit Andante, Andantino und Langsam bezeichnet, also edel-verhalten. Der erste Satz (Andante) gilt als weitgesponnene Einleitung zum zweiten (Andantino), der dritte Satz (Langsam) springt „attacca" in den Schlußsatz hinüber. Also abermals Paarigkeit des Aufbaus. Entsprechend übersichtlich die tonale Aufteilung der vier Sätze: c-moll / F-dur / f-moll / C-dur, sodaß harmonisch nunmehr die Ecksätze und die Mittelsätze je paarweise zusammengehören. Diese einfache und doch so lebendige Doppelgliederung wird noch reicher durch das freie, doch zuchtvolle Schalten mit den harmonischen Möglichkeiten, durch die einem gemeinsamen Grunde entwachsende, in der Erscheinungsform dagegen verschiedengeartete Thematik, durch unaufdringliche Rhythmuskräfte und vor allem durch eine stark wirkende Unterteilung der einzelnen Sätze. So beginnt das einleitende Andante über ruhig pochenden Achteln von Bratsche und Cello mit einem ausdrucksvollen Gedanken der zweiten Geige (Beispiel 5), dessen Triolenmotiv das Geschehen zunächst beherrscht, bis die erste Geige („sehr ruhig") einen neuen Gedanken im punktierten Rhythmus anstimmt. Gegen Ende dieses zweiten Abschnittes tritt das Triolenmotiv treibend wieder auf, verliert sich dann im dritten Abschnitt („leidenschaftlich") vorübergehend in die Begleitstimmen, während die erste und zweite Geige in Oktaven zu mächtig

5 Andante

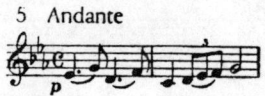

gesteigerter Gebärde emporwachsen. Die letzten Takte nehmen die Stimmung des Beginns wieder auf. Bezaubernd das marschartige Andantino (Beispiel 6 gibt den

6 Andantino

Beginn) mit seinem straffen Haupt- und seinem beweglichen Mittelteil. Der dritte Satz („Langsam") ist ein ergreifend verinnerlichter Hochgesang von melodischer und harmonischer Vielfalt. Er hebt an mit ruhigem Wiegen, belebt sich („leicht, beschwingt") durch leise wispernde Sechzehntel-Sextolen, drängt dann stufenweise empor, bis er in dem zunächst akkordisch begleiteten Gesang der ersten Geige („breit") den Höhepunkt erreicht und dann in entsprechender Rückleitung langsam wieder verdämmert. Der sich „attacca" anfügende Schlußsatz hebt die Gedanken und Stimmungen der ersten drei Sätze — vor allem thematisch — in die hellen Räume bejahenden Tatwillens, lebhafter in der Bewegung, aber ruhig und gelassen in der Haltung.

*

Das C - d u r - K l a v i e r q u i n t e t t Werk 23 benutzt das Klavier zwar zur Steigerung des Ausdrucks und zur Weitung des Raumes, aber nicht so sehr als

Klangverstärkung. Wie sehr auch dieses Werk nach innen gerichtet ist, mag der Beginn des Hauptthemas zeigen (Beispiel 7): nur kurze Schritte, dazu ein Kreisen

um die Sekunde. Ein solches Thema will sich weniger entwickeln, es muß als Baustein eingesetzt werden, und Pfitzner „baut" denn auch den ersten Satz im wesentlichen aus dem Grundstoff dieses einen Themas. Das Seitenthema dient daher nicht als Gegensatz, sondern als Quelle für Licht und Schatten, ein Verfahren, daß besonders die rhythmischen Teile sehr lebendig erscheinen läßt. Die thematisch-melodische Brücke führt — wie in den Quartetten — zum langsamen (dritten) Satz, der einen ähnlich kreisenden, engstufigen Gedanken zur Grundlage freien Kräftespiels macht. Der zweite Satz dagegen geht gedanklich zurück auf die rhythmisch betonten Teile des ersten Satzes und stellt dementsprechend das Zierwerk gewissermaßen selbständig in den Raum; nur daß dieses nicht Selbstzweck wird, sondern immer—wenn zuweilen auch leise — die Herkunft aus dem Baulichen durchschimmern läßt. Nachdenklich stimmt endlich das Allegretto comodo. Man möchte sagen: Ergebnis des baulichen Planens und Probens ist zum Schluß kein getürmter, massiger Bau, sondern ein einfach schmuckes, in allen Maßverhältnissen wohl abgewogenes Häuschen, von lichter Klarheit durchflutet.

*

Erwähnen müssen wir noch drei Werke, obwohl sie im Konzertsaal wenig bekannt sind. Da ist das K l a - v i e r t r i o F - d u r Werk 8, frisch angefaßt, aber doch schon ganz überlegsam „pfitznerisch" gestaltet mit dem engschrittigen Hauptthema des Kopfsatzes, dem innigen zweiten Satz, den zeichnerisch zerlegten Klängen des Scherzos und dem freigeformten Schlußsatz. Da ist ferner das Werk 1, eine Sonate für C e l l o u n d K l a - v i e r, die nun freilich in ihrer unbeschwerten Spielfreude ganz überraschend wirkt, wenn man ihr zum ersten Male begegnet. Endlich das Duo für G e i g e u n d C e l l o, Werk 43. Wir möchten dieses knapp gefaßte Werk jedenfalls in die Kammermusik einreihen (Pfitzner läßt die Frage offen, weil er kleines Orchester oder Klavier als Begleitung vorschlägt). Hier stellt Pfitzner einmal alles Grübeln beiseite und musiziert, musiziert um der Schönheit willen, lebendig und erfüllt bis in jeden Halbtakt hinein. Die Krone solchen Musizierens trägt das 39taktige Moderato. Oder gehört das Werk überhaupt in die Hausmusik? Dieses kleine Moderato jedenfalls möchte man zehnmal wiederholen und dann die Mitspieler um einer abermaligen Wiederholung willen bittend ansehen.

MAX REGER

Geboren am 19. März 1873 in Brand (Bayern) als Sohn eines Lehrers. Erster Unterricht beim Vater, später vor allem bei Hugo Riemann. Nach längerer Lehrtätigkeit in Wiesbaden und München wurde er 1907 als Konservatoriumslehrer und Universitätsmusikdirektor nach Leipzig berufen. 1911—1914 leitete er die Meininger Hofkapelle, behielt aber die Leipziger Tätigkeit bei. Gestorben am 11. Mai 1916 in Leipzig. Hauptwerke: Orchesterschöpfungen, Konzerte, Kammermusik, Klavier- und Orgelstücke, Lieder und Gesänge, Chorwerke mit und ohne Orchester.

Reger wird vielfach als „Bach unserer Zeit" angesehen und gilt zugleich als Schutzpatron der „modernen Musik". Solche Abstempelungen sind gefährlich, weil sie nur das Technische erfassen, nicht aber das innere Wesen. Bachisch an Reger ist die ungeheure, pflichtenstrenge Arbeitskraft, Bachisch ist auch das „Denken in Fugen", die angeborene polyphone Schreibweise. Der „modernen Musik" steht Reger nahe, weil er sich fernhalten will von Schwelgereien des Gefühls, weil er seine Sprache verdichtet und sie, besonders auch harmonisch, mächtig ballt. Doch sein eigentliches Wesen ruht in der Romantik. Wohl möchte er sie überwinden, soweit sie sich allzu gefühlsbeladen äußert, will sie durch altklassische, polyphone Liniengewebe überwölben und durch harmonische Quadern wie durch harmonisches Mosaik überbauen und durchfärben; aber er bleibt Romantiker, ja, wird durch Massigkeit des Ausdrucks zum Überromantiker. Zu zerrissen ist sein Wesen, als daß er der Zerrissenheit seiner Zeit etwas Richtungweisendes hätte entgegen- oder gegenüberstellen können.

Die wirkliche Bedeutung Regers, die auch von seinen Anhängern noch längst nicht genügend gewürdigt wird, liegt auf einem anderen Gebiet: er hat das Handwerkliche der Tonkunst wieder zu Ehren gebracht. Gegenüber dem in seine Traumwelten oder Gedankenlauben versponnenen Einzelkünstler und gegenüber mit spielerischer Sicherheit komponierenden Tonvirtuosen kehrt er nachdrücklich und überzeugend das Gearbeitete, fest Gefügte, stofflich Echte hervor. Und hier, an dieser Stelle, knüpft er wirklich an Bach und die gesamte Altklassik an, hier steht er in einer Reihe mit jenen Meistern des deutschen Barocks, die Block um Block aus der noch ungeformten Welt der Töne und Klänge herausgemeißelt haben, mit jenem ernsten Fleiß, den ihr Gewissen ihnen vorschrieb, mit jener nachtwandlerischen Unbeirrbarkeit und inneren Gewißheit, daß sie berufen seien, während ihres Lebenslaufes möglichst viel aus dem noch ungestalteten Klang in das Reich gestalteten Tönens herüberzuholen.

Am deutlichsten tritt das Handwerkliche, Handwerksmeisterliche Regers in seiner Kammermusik hervor. Hier konnte er sein Streben nach reiner, absoluter Musik am ehesten verwirklichen, und so ist er auch der vorerst letzte Großmeister der deutschen Tonkunst, der dem kammermusikalischen Schaffen einen überragenden Anteil an seinem Gesamtschaffen zugewiesen hat. Dabei gilt es zu beachten, daß Reger seine Kammermusik im 20. Jahrhundert geschrieben hat, zu einer Zeit, als das sinfonische Musikdrama eines Richard Strauß die Welt in Atem hielt!

Kennzeichen dieses kammermusikalischen Schaffens ist nicht ein Neugestalten der Form, keine Neuartigkeit des Umrisses, sondern eine — überwiegend polyphone — Verdichtung des Inhaltes, der Innenzeichnung, auch hier also „handwerklich" im schönsten Sinne des Wortes. Man bemerkt in der polyphonen Linienführung das Vorbild der deutschen Altklassik, man stößt auf die Ausdruckswelt mancher Beethoven-Quartette, man erkennt Einflüsse von Schumann und Brahms, erblickt in der harmonischen Lagerung spät- und nachromantische Einstrahlungen, — doch das alles betrifft nur die Ge-

wandung, nicht den Kern. Dieser ist stets „Regerisch",
eigenwüchsig, unverlierbar. Regerisch ist vieles Überladene, Zerrissene, Heftige, Gewollte. Regerisch ist aber
auch vieles Edle, Innige, Ausströmende, Urmusikantische.
Wo die Über-Spannung weicht, da entstehen Werke, die
sich neben den größten kammermusikalischen Schöpfungen der europäischen Musikgeschichte behaupten
können.

Werke für Solo-Instrumente

Über die Werke Regers für Soloinstrumente können
wir nur einen knappen Überblick geben, da sie im Konzert nur verhältnismäßig selten erklingen. Dabei gehören sie zu den bedeutendsten Schöpfungen ihrer Gattung und vermögen selbst neben denen von Bach in
Ehren zu bestehen. Allein die Tatsache, daß Reger zahlreiche derartige Werke geschrieben hat, legt Zeugnis
dafür ab, wie stark es ihn zur absoluten Musik zog.

Da sind zunächst die Werke für G e i g e a l l e i n :
Vier Sonaten Werk 42 (1899), Sieben Sonaten Werk 91
(1908), Sieben Präludien und Fugen sowie eine Chaconne Werk 117 (1912), Sechs Präludien und Fugen
Werk 131a (1914), — fünfundzwanzig gewichtige Mei-
sterschöpfungen allein in dieser, zur Zeit der Über-
sinfonie und Sinfonieoper recht undankbaren Gattung!
Selbstverständlich greift Reger auf das Vorbild Bachs
zurück, aber er findet doch seine eigene Sprache, sei es
in den mehr polyphonen Werken, sei es in den spät-
romantischen Selbstgesprächen.

Zwei Beispiele aus der ersten Sonate mögen das Wesen der „V i e r S o n a t e n" W e r k 42 im Umriß verdeutlichen. Da steht gleich zu Beginn (Beispiel 1) das
mächtige Portal der Akkorde, Triller, Sexten- und
Terzenparallelen und der gelockerten Bewegung. Dem
ausdrucksgesättigten zweiten Satz (Grave) schließt sich
ein Prestissimo-Scherzo an, dessen Doppelgriffe, Wech-

sel von Bogen und Pizzicato, Gegensatz von akkordischem Klang und huschender Bewegung (Beispiel 2)

auf den Beginn zurückgreifen, diesen freilich auf eine andere Ebene verlagern. Den Schluß bildet eine an Bach geschulte Fuge. — Die Buntheit der Ausdrucksmittel dieser vier Sonaten ermißt man, wenn man neben diese erste Sonate das gestichelte Allegro con grazia der zweiten, das rasende Vivacissimo der dritten und die mächtig gelagerte Chaconne der vierten Sonate hält.

Die ein Jahrzehnt später abgeschlossenen „Sieben Sonaten für Geige allein" der Werkzahl 91 wurzeln zwar im gleichen Grunde wie die eben genannten, wachsen aber doch zunehmend in romantische, das will in diesem Fall besagen: einzelpersönliche Ausdrucksbereiche hinein. Am stärksten tritt das in den langsamen Sätzen hervor mit ihren ganz in melodischen Einzellinien dahinziehenden, tiefsinnigen Selbstgesprächen. Aber es macht sich auch in den übrigen Sätzen bemerkbar: sowohl die überwiegend polyphonen Hauptsätze wie die Schlußsätze mit ihrem Bewegungscharakter sind mehr oder minder deutliche Spiegelungen seelischer Erlebnisse; das wirkt stellenweise so auffallend, daß man ihnen geradezu Überschriften verleihen könnte. Eine Sonderstellung nimmt die letzte dieser Sonaten ein. Sie beginnt mit einem dramatisch zerklüfteten Heldenlied (Allegro energico) und endet mit einer innerlich gespannten Chaconne von ausdrucksvoller Größe; als Zwischenstück erscheint ein Scherzo, reich an mächtigem Leben. Das Ganze glanzvoll, doch insofern tragisch unterbaut, als diese Kraftentfaltung mehr aus sehnsuchtsvollem Wünschen fließt als aus selbstverständlicher Lebensgewalt.

Die P r ä l u d i e n u n d F u g e n der Werkzahlen 117 und 131a sind Spätwerke. Äußerlich leicht zu erkennen an der durchsichtigen, beschwingten Thematik und der harmonischen Panzerung. Der Ausdruck hat nun die letzte Gelöstheit, trägt durchweg den Stempel der meisten späteren Werke des Meisters. Insbesondere die Chaconne aus Werk 117 zählt zu den erhabensten Schöpfungen Regers.

Wir erwähnen hier gleich die anderen Stücke der Werkzahl 131. F ü r z w e i G e i g e n geschrieben ist Werk 131b; es handelt sich um drei Duos, nämlich Kanons und Fugen im alten Stil, in denen Satzkunst und persönlicher Zauber sich herrlich die Waage halten.

Viel zu wenig beachtet wird auch Werk 131c, die „D r e i S u i t e n f ü r C e l l o a l l e i n", in denen nicht so sehr Regers polyphones Können hervortritt — entsprechend dem Charakter des Instruments — als vielmehr seine Fähigkeit, einem Thema seine inneren Möglichkeiten (besonders die zum Verändern) abzulauschen.

Werk 131d endlich bildet ein Gegenstück zu diesen Cellosuiten: es sind drei S u i t e n f ü r B r a t s c h e a l l e i n. Sie haben manchen jüngeren Komponisten entscheidend angeregt, für dieses vernachlässigte Instrument zu schreiben; aber sie teilen das Schicksal mancher Anreger: über dem gelobten Neueren sind sie fast vergessen worden.

Werke für Geige und Klavier

Reger hat einige ausgezeichnete Duos für Geige und Klavier geschrieben. Bei den Frühwerken dürfen wir uns freilich kurz fassen: sie sind trotz manchen feinen Zügen nicht bedeutend genug, um sich im Konzertsaal behaupten zu können.

Die d - m o l l - S o n a t e Werk 1 ist etwa 1890 entstanden und trägt alle Züge einer Jugendarbeit. Bemerkenswert ist eigentlich nur der erste Satz, ein Allegro maestoso von drängender Kraft und freier Satzbehandlung. Dagegen wirken das an zweiter Stelle erscheinende Scherzo (mit Trio) und das Adagio ziemlich unselbständig (nach klassischem, vor allem Beethovenschem Vorbild), und der Schlußsatz (Allegro appassionato) mit seinen heftigen romantischen Entladungen und der Themenkoppelung mehrerer Sätze entbehrt der inneren Notwendigkeit.

Zwei Jahre später die D - d u r - S o n a t e Werk 3. Sie bildet insofern einen wichtigen Schritt auf Regers Schaffensweg, als in ihr zum ersten Male ein einheitlicher Zug zum Ausdruck kommt. Gleich nach der Entstehung des Werkes schrieb der junge Komponist über die Sonate: „Da herrscht Leben! Der erste Satz recht innig und nicht schnell und mehr der Andanteform sich nähernd; dann das Scherzo, ein Kanon zwischen Klavier und Violine, das Trio jedoch ein dreistimmiger Kanon; und dann das Adagio, auch recht breit; das Finale mit einem urgemütlichen Thema".

Schon wesentlich gerundeter, fülliger, innerlich beziehungsreicher dann die A - d u r - S o n a t e Werk 41 (1899). Sehr stark die Verwendung des chromatischen Kopfthemas mit seinem zweimaligen Anstieg (zunächst in Vierteln und Halben, dann in Achteln): es entscheidet über das Motivspiel des ersten Satzes, bedingt aber auch wesentlich den Ablauf des kraftvollen Schlußsatzes. Kostbar das humorvolle Intermezzo, ergreifend das Largo con gran espressione mit seiner ausdrucksgesättigten Geigenmelodik, die das Klavier mit durchbrochenem Klang umspielt.

Ein rechtes Gärungswerk ist die C - d u r - S o n a t e Werk 72 (1904). Sie ist seinerzeit stark angefeindet und später wohl über Gebühr verteidigt worden. Als Zeugnis für das ergreifende Ringen des vielbefehdeten Dreißigjährigen wird sie immer wieder erschüttern; ihr rein musikalischer Gehalt dagegen dürfte nicht von jedermann gleich hoch bewertet werden. Schroffen und Schründe, stiller Waldfriede und Blumenwiesen liegen hier unmittelbar nebeneinander. Das Ganze ist eine Auseinandersetzung mit den Gegnern Regers und zugleich ein stilles Hoffen auf inneren Frieden. Die Sehnsucht nach Ruhe spiegelt sich am deutlichsten in dem (auch musikalisch unstreitig wertvollen und tiefempfundenen) Largo mit der unbeschreiblich rührenden Gebärde des unvermutet hervortretenden Motivs „B-a-c-h". Das meiste andere dagegen ist ein unbändiges Wüten und Toben, ein Sichverbeißen und Trotzen, ein Wettern und Schelten, das sich sogar in regelrechten Schimpfwörtern äußert! Diese finden sich im ersten Satz, wollen garnicht verstummen. Beispiel 3 bringt nur zwei Takte

aus jener berühmt gewordenen Schimpfkanonade, aber viermal wird in diesen beiden Takten buchstäblich geschimpft: die ersten fünf Töne der Geige heißen „S-c-h-a-f", die Oberstimme des Klaviers bringt das gleiche „S-c-h-a-f"-Motiv zweimal in der Verkürzung (die ersten zehn Töne), der Baß donnert dazu nachdrücklich „A-f-f-e" und im nächsten Takt „S-c-h-a-f". Man kann also auch sehr kunstvoll schimpfen. Ob eine Geigensonate für solche Dinge der rechte Ort ist, steht dahin. Entfesselter noch, aber doch musikalischer das Scherzo mit seinem schaurigen Höllengelächter.

Schon im Jahr darauf (1905) hat sich Reger von dieser Art Bekenntnismusik befreit: die f i s - m o l l - S o n a t e Werk 84 ist innerlich und äußerlich eine urmusikalische, lebenbejahende Schöpfung, unverkrampft, frisch, zuversichtlich und vor allem — im Gegensatz zur C-dur-Sonate — durchaus „unliterarisch". Prachtvoll, wie alles auf den Schlußsatz zielt, in dem sich das früher Anklingende erfüllt und zwar mit herrlichen Variationen und Schlußfuge.

Innerlich verwandt ist diesem Werk die e - m o l l - S o n a t e Werk 122 (1911). Auch hier ist alles problemloses Leben, heiter gelassenes Musizieren, technisch völlig gereift. Die Übereinstimmung der beiden Sonaten läßt sich äußerlich leicht erkennen: der inneren Haltung entsprechend wird dem Scherzo abermals eine besondere Aufgabe zugedacht, und im letzten Satz, einem meisterhaft umrissenen und bis ins Kleinste durchgeführten Allegretto espressivo, gipfelt die Stimmung der ganzen Sonate.

Diese Schwergewichtsverlagerung auf den Schlußsatz wiederholt sich in der c - m o l l - S o n a t e Werk 139 (1915). Fast möchte man annehmen, Reger habe in dieser letzten Geigensonate rückschauend noch einmal den ganzen Weg nachgezeichnet, den sein Schaffen auf diesem Gebiet durchmessen hat: im leidenschaftlichen ersten Satz kämpferisches Ausschreiten, in dem geheimnisvoll-dunklen Largo sehnsüchtiges Verlangen nach Frieden, in den Variationen des Schlußsatzes gedankenvolles Ausschwingen der Zeitmaße in zeitlose Erfüllung des thematischen Kerns und der klanglichen Gewandung.

Regers Schaffen von Duos für Geige und Klavier erschöpft sich nicht mit diesen neun Sonaten. Vielmehr hat er noch mancherlei anderes geschrieben. So vor allem die starke „Suite im alten Stil" Werk 93 mit dem sehr bekannt gewordenen Largo. In gewissem Sinne

darf man auch die B-dur-Sonate Werk 107 hier nennen,
obwohl sie eigentlich für Klarinette gedacht war. Dann
noch einige Stücke (Kleine Sonaten, Kleine Stücke,
Zwölf kleine Stücke nach eigenen Liedern), die jedoch
mehr der gepflegten Hausmusik angehören.

Werke für Cello und Klavier

Unter den Cellowerken Regers — der Suiten für
Cello allein wurde schon gedacht — sind vor allem drei
Sonaten für Cello und Klavier bemerkenswert.

Auf das Frühwerk der f-moll-Sonate (Werk 5, 1892)
folgt als bereits vollwertige Arbeit die g - m o l l - S o -
n a t e Werk 28 (1898). Man begegnet ihr wohl nur deshalb so selten, weil sie noch nicht durchweg „Regerisch"
anmutet. Sie ist überwiegend melodisch bestimmt: in
dem brausenden Kopfsatz wird das Grundthema angeschlagen, dessen innere Triebkraft mindestens bewegungsmäßig das Geschehen auch des gegensatzreichen
Presto-Scherzos, des singenden Intermezzos und des
Schlußsatzes (ein für Reger schon bezeichnendes Allegretto con grazia) bestimmen.

Wirklich „Regerisch" ist freilich auch das nächste
Werk der Gattung noch nicht, die 1904 geschriebene
F - d u r - S o n a t e Werk 78. Sie ist ein Kind von Regers Sturm und Drang, was sich (wie zumeist) so ergreifend äußert, daß der Ausdruck einerseits heftig und
zupackend wirkt, andrerseits Stütze bei bewährten und
geliebten Vorbildern sucht (hier vor allem bei Brahms
und bei Beethoven). Dennoch bleibt die Sonate ein selbständiges, vortrefflich gearbeitetes Werk und verdient,
häufiger gespielt zu werden.

Unbeschwerter und gelöster gibt sich die a - m o l l -
S o n a t e Werk 116 von 1911. Schon die ausgewogene
Klang- und Melodieverteilung zwischen den beiden
Instrumenten wirkt lebendig, frei und unbekümmert.
Alles Kunstvolle — wie die verminderte Terz als Mo-

tivgerüst — erscheint nicht als Selbstzweck, sondern nur als Mittel, lebendigen Frohsinn lebendig darzustellen. Sehr schön auch die technische Lagerung der Sätze: das Thematische, Gearbeitete bestimmt die ersten beiden Teile, während das träumerische Largo und der heitere Schlußsatz dem Musikantischen, Singenden, Spielerischen zugewandt sind.

Sonaten für Klarinette und Klavier

Reger hat drei Sonaten für Klarinette und Klavier geschrieben. Sie alle bilden das Entzücken der Klarinettisten, sind aber den meisten Konzerthörern unbekannt. Erst in den letzten Jahrzehnten hat man einsehen gelernt, welche Werte in den solistisch behandelten Blasinstrumenten beschlossen sind. Freilich wird es noch lange dauern, ehe man derartige Werke wieder ständig in Kammermusikkonzerten aufführt.

Die ersten beiden Sonaten schrieb Reger im Jahre 1900. Sie kamen nicht aus ihm selbst, sondern entstanden, als er die Brahmsische Klarinettensonate kennen lernte. Und zwar scheint ihn wesentlich der Klang dieses Werkes bestimmt zu haben. Das Musikantische in Reger fühlte sich mächtig angesprochen, und mit förmlichem Fieber ging er an die Arbeit. Die Zeit, die er zur Vollendung der beiden Sonaten brauchte, läßt sich nach Stunden berechnen! Und frisch und unmittelbar, blank und glänzend stehen die Werke vor uns. (Beide zusammen bilden die Werkzahl 49). Die erste in A s - d u r ist für die B-Klarinette bestimmt, sie hat dementsprechend etwas Festlich-Frohes an sich. Der Klarinette ist die eigentliche Melodik zugeteilt, die sich bezaubernd von dem thematisch gewobenen Klanggrund des Klaviers abhebt. Die zweite Sonate dieser Werkzahl steht in f i s - m o l l , ist also für die A-Klarinette bestimmt, daher weicher, inniger, lyrisch, stimmungsdicht, ja, zuweilen schwermütig.

Das bedeutendste Werk dieser Gattung ist die B - d u r - S o n a t e Werk 107 (1908). Offenbar hat Reger sie sehr geliebt; denn im Wissen darum, daß Klarinettensonaten nicht eben häufig gespielt werden, hat er dieses Werk auch für Bratsche oder Geige freigegeben, damit es auf jeden Fall erklinge. Und doch entfaltet es seinen vollen Reiz nur in der Besetzung mit der B-Klarinette. Farbig und reich das harmonische Leben, das Klavier gleitet mühelos und selbstverständlich durch scheinbar entfernteste harmonische Stufen, bildet bunte Teppichbeete, aus denen der Klarinettenklang mild und wie verklärt herauswächst. Alles Gärende ist überwunden, nirgends spürt man auch die sonst oft zu bemerkende Zerrissenheit des Ausdrucks. Friede und Wohllaut atmen aus diesem Garten.

Trios

Wie sehr Reger von Stimmungen des Augenblicks abhängig war, zeigen die beiden Trios der Werkzahl 77: sie sind 1904 entstanden, lassen aber nicht das geringste verspüren von den Kämpfen jener Zeit, während doch andere Werke des gleichen Jahres allzu deutlich Zeugnis ablegen von Regers innerer Erregung.

Werk 77a ist eine S e r e n a d e i n D - d u r f ü r G e i g e , F l ö t e u n d B r a t s c h e , eine verinnerlichte, zarte Kostbarkeit von hohem Rang, Kammermusik ohne Probleme. Im Mittelpunkt ein Andante semplice mit klarem Thema und leicht überschaubaren

4 Allegro

Variationen. Voran geht ihm ein Allegrosatz, dessen Hauptthema (Beispiel 4) und Seitenthema einander zierlich durchflechten. Zauberhaft auch der Schlußsatz, ein Presto von frühklassischer Themeneinfalt, aber höchst geistreicher Verarbeitung.

Während dieser Serenade eine eigentliche Baßstimme fehlt und das Ganze daher wie ein zartes Gespinst wirkt, ist das a - m o l l - T r i o Werk 77b ein „richtiges" Streichtrio mit Geige, Bratsche und Cello als Baß. Das verleiht ihm klanglich ein größeres Gewicht; auch ist es diesmal nicht drei-, sondern viersätzig. Aber der innere Gehalt bleibt leicht, locker, luftig. Das zeigt sich sogleich in dem Allegro-Kopfsatz mit seiner greifbaren Thematik und übersichtlichen Durchführung. Auch die ruhige Wölbung des Larghettos, die schlichte Bildung des Scherzos sowie das Lied-Thema des Schlußsatzes weisen in die gleiche Richtung.

Von ganz anderem Schnitt ist das K l a v i e r t r i o e - m o l l Werk 102 (1908). Hier herrscht nicht reine Musizierfreude, sondern das Ganze wie die einzelnen Sätze scheinen bestimmten Erlebnissen, Stimmungen oder Gedanken zu entsprechen. Wenn auch der kammermusikalische Stil ziemlich gewahrt bleibt, so kann man sich doch von dem Eindruck nicht freimachen, es handele sich hier um eine Art verkappter Sinfonie. Der erste Satz hat bei aller Leidenschaftlichkeit etwas Schwerblütiges, Rätsel-Dunkles, was sich nicht allein auf das chromatische Hauptmotiv zurückführen läßt. Dieser Eindruck verstärkt sich im Allegretto, dem wie so oft an zweiter Stelle auftretenden Scherzo. Da ist ein Wispern und Beben, ein Zupfen und Zerren, ein unwirkliches Spiel mit allerlei Erscheinungen, dann wieder (im Mittelteil) ein seltsam berührendes freundliches Bild der kanonartigen Stimmführung, — das Ganze wie Träume eines leichten Schlafes. Der dritte Satz, ein Largo, mutet an wie ein Selbstgespräch im Angesicht der Ewigkeit. Dann aber folgt ein Schlußsatz, der allem Vorangehenden ins Gesicht zu schlagen scheint. Schon das verzerrt lachende, geradezu herausfordernde Kopfthema läßt keinen Zweifel darüber, daß sich etwas Be-

sonderes anbahnt. Und in der Tat schlägt der Satz alle
Bedenklichkeiten und Nachdenklichkeiten der früheren
Sätze zu Boden, steigert sich nach wiederholten Anläufen
immer mehr empor und endet mit sieghafter sinfo-
nischer, ja, opernhafter Gebärde.

Mit dem Werk 141 knüpft Reger 1915 an sein Werk 77
an: es entstehen abermals eine Serenade für Flöte, Geige
und Bratsche sowie ein Trio für Geige, Bratsche und
Cello. Die feine gestichelte Arbeit des früheren Werk-
paares und seine musikalisch-musikantische Art kehren
wieder, wirken aber womöglich noch gelöster, obwohl
gerade hier die „Arbeit" noch bewundernswerter erscheint. Die g - m o l l - S e r e n a d e beginnt mit einem
Flötenthema (Beispiel 5), dessen zierlicher Schnitt für

5 Vivace

das ganze Werk bestimmend wird. Ja, er reicht bis weit
hinein in das S t r e i c h t r i o, durch seine schwingende Leichtigkeit nicht nur den ersten Satz beflügelnd,
sondern unterirdisch weiterwirkend in dem Andante

6 Vivace

molto sostenuto con variazioni, schließlich — mindestens in der Haltung — bestimmend für das Fugenthema
(Beispiel 6) des lebhaften, anmutigen Schlußsatzes.

Quartette

Regers Quartette sind nicht gleichwertig; neben Groß-
artigem steht mancherlei Gequältes, Überladenes, um
nicht zu sagen Verworrenes. Wer sich jahrelang mit

diesen Quartetten beschäftigt, spürt immer deutlicher, daß in ihnen technisch-kompositorisch nichts beziehungslos dasteht, erfährt, wie die kleinsten Einzelheiten miteinander verknüpft sind, ahnt, daß durch die verwirrende Vielfalt gewisse zielstrebige Wege führen. Aber selbst solche Entdeckerfreude kann nicht darüber hinwegtäuschen, daß den Mitteln der Gestaltung nicht immer ein entsprechender Gehalt zur Seite steht.

Das gilt sogleich für Regers g-moll-Streichquartett Werk 54a (geschrieben 1901). Mit ungestümem Drängen hebt das Vivace assai an, treibt das in mattem Piano beginnende Kopfthema in wenigen Takten zum Fortissimo, ohne daß man eine Berechtigung dieses Anwachsens zu erkennen vermöchte. In schärfstem Gegensatz dazu steht das Seitenthema mit seiner kreisenden, trotz kleinerer Notenwerte zählflüssigen Engstufigkeit. Solche Themen lassen sich zwar verarbeiten (und die Stimmigkeit des Satzes beweist es), nicht aber entwicklungsmäßig gestalten. Und so setzt Reger allerlei von außen kommende Betonungen, ohne sie innerlich rechtfertigen zu können. Übersichtlicher ist das dreigeteilte Scherzo. Aber im Largo rammt sich Reger förmlich fest. Die singende Thematik wird erstickt durch das Überwuchern stimmiger und harmonischer Kleinkräfte, die von allen Seiten her auftauchen, in das Gesamtbild eingepreßt werden, die ruhige Fahrt überfrachten und so zu Stockungen und immer neuen Anläufen führen. Der Schlußsatz wirkt wie endliche Befreiung. Es ist eine Prestissimo-Fuge über ein recht bezeichnendes Thema (Beispiel 7): der erste Unisono-Takt mit

7 Prestissimo assai

seinem trillerartigen ff-Beginn erscheint als heftige Lösung vom Vorangehenden, die hüpfende, gleitende p-Fortführung gibt die neue Zielrichtung an: „Die Fuge muß tanzen", sagte Reger von diesem Prestissimo.

Nichts kann besser die „zwei Seelen in der Brust" Regers widerspiegeln als der Gegensatz zwischen den beiden Quartetten der Werkzahl 54. Denn das A - d u r - Q u a r t e t t Werk 54b lebt von ganz anderen Kräften als das soeben besprochene. Hier ist alles rein musikalisch, ja, musikantisch, unbeschwert, freudig. Nur drei Sätze: das „bizarre Allegro" mit einem alles beherrschenden Kopfthema (Beispiel 8) und einem weicheren

8 Allegro assai e bizzaro

Seitenthema, rhythmisch fein verzahnt; dann ein nicht überlastetes Variationen-Andante scharfer Prägung; endlich der Schlußsatz mit dem vergnüglich durchgeführten, oberflächenhaften Hauptthema, dessen absichtsvolle Leichtigkeit durch das gehaltvollere Seitenthema mehrfach unterstrichen wird.

In Regers Quartettschaffen nimmt das d - m o l l - S t r e i c h q u a r t e t t Werk 74 (1904) insofern eine besondere Stellung ein, als es gleichzeitig nach vorwärts und rückwärts weist. Mit dem (auch äußerlich weitgespannten) Kopfsatz steigert der Komponist noch einmal sämtliche bis dahin gewonnenen Ausdrucksmittel ins Riesenhafte, während er in den weiteren Sätzen einer zunehmenden Vereinfachung zustrebt. Der erste Satz kann kaum noch ins Gebiet der Kammermusik gerechnet werden; nicht nur seiner Länge wegen. Schon die Thematik (Beispiel 9 gibt das Kopfthema) umspannt Gedanken, deren Gehalt eher in einem Sinfoniesatz ausgefochten werden müßte. Zudem werden die Themen zu selbständigen Gruppen zusammengefügt (hier sind es drei solcher Gruppen), die einem erst spät zu erkennenden Gesamtziel untergeordnet sind. Wenn die Durchführung beginnt, sind die eigentlichen Sonatenaufgaben im Grunde schon gelöst, und die Durchführung selbst

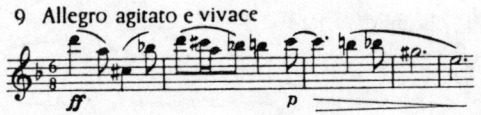

9 Allegro agitato e vivace

wiederholt diese Lösung nur auf anderer Grundlage, wächst in polyphone Innenzeichnung, türmt harmonische Blöcke, reißt die Stimmen zu mächtig tönender Einstimmigkeit zusammen, — das Ganze ein Brodeln und Brausen zuchtvoll gelenkter Kräfte. Die nun folgenden Sätze sind dagegen frei von solchen Ballungen und Entladungen. Wie schlicht und klar gibt sich das Scherzo! Das ist gerade nach dem vorangehenden Sturm der Leidenschaften ein bewußtes Sich-wieder-einfangen, ein Zurückgreifen auf einfachsten, durchsichtigen Klang, ist Atempause als Entspannung, doch auch als Vorbereitung zu Neuem, Anderem. Dieses Neue setzt dann im langsamen Satz ein, einem Andante-Thema leichter Fügung mit Variationen, die nun dem Thema alles ablauschen: sie variieren zunächst das Thema als Gestalt, dann aber mit zunehmender Freiheit wird auch der innere Gehalt des thematischen Stoffes in die Variationen einbezogen, besonders dort, wo die polyphone Stimmführung vielsagend aufgliedert. Wird hier noch Einfaches kunstvoll gestaltet, so gibt sich der Schlußsatz nun auch äußerlich einfach: heitere Schlichtheit wird heiter und schlicht ausgesprochen.

Das Es-dur-Quartett Werk 109 (geschrieben 1909) gilt allgemein als das schönste Streichquartett Regers. Reger schreibt nun mit überlegener Sicherheit. Er bedarf nicht mehr der gesteigerten Mittel, um sich auszusprechen. Der Gesamtablauf wird klar, die Meisterschaft des Satzes ist soweit gediehen, daß auch mit einfachen Strichen starke Inhalte wiedergegeben werden können. Ruhig, in natürlicher Selbstverständlichkeit strömt das Hauptthema des ersten Satzes dahin (Beispiel 10). Es hat Aussagekraft auch ohne rhythmische

10 Allegro moderato

Verhäkelung oder Verspannung, und seine harmonischen Stufungen erscheinen naturgegeben. Selbstverständlich kann ein stark rhythmisch erlebender Musiker wie Reger nicht mit einem Mal auf die mächtigen Antriebskräfte seines eigenwilligen Rhythmus verzichten. Er führt sie gesondert ein; mit dem 14. Takt treten sie auf: zunächst im Unisono der vier Stimmen, Betonung auf dem zweiten (punktierten) Viertel, dann im Parallellauf der drei unteren Stimmen mit Betonung des dritten Viertels (verstärkt durch die Akkordschläge der ersten Geige), weiter in der Anfangsrhythmik dieses Abschnittes (erste Geige), dazu Synkopen (zweite Geige) und Triolen (Bratsche und Cello) und so fort. Nach diesem Abschnitt setzt dann ein neuer Hauptgedanke wieder ganz beruhigt ein (Beispiel 11). Die innere Verwandtschaft der beiden Hauptgedanken ist nicht zu verkennen.

11

Da auch das Seitenthema zur Gruppe ausgestaltet wird, entsteht eine klare Ausgewogenheit. Die eigentlichen Antriebskräfte leben gewissermaßen nicht in, sondern zwischen den thematischen Grundgedanken. Das Ganze nun einheitlich zu binden, bedarf es der Polyphonie, und diese ist denn auch wesentliches Merkmal des Satzes. Hauptmerkmal des Scherzos (Quasi presto) bildet die thematisch eingesetzte, bald nach unten und bald nach oben gerichtete Molltonleiter im geschwind trippelnden $^6/_8$-Takt. Neben dieser Zierlichkeit des Scherzos wirkt der Beginn des langsamen Satzes füllig und gedrungen, zumal das Thema (Beispiel 12) auf der

12 Larghetto

G-Saite der ersten Geige vorgetragen und durch die dichte Harmonik der tiefgeführten Begleitstimmen verdunkelt wird. Aber im Verlauf verästelt sich das Klangbild durch motivisches und polyphones Spiel so sehr, daß es — vor allem in seiner vielfältigen rhythmischen Strichelung — mit dem Ohr allein kaum noch völlig zu erfassen ist. Umso gespannter setzt die Schlußfuge ein. Ihr zierliches, anmutig gestrafftes Kopfthema (Beispiel 13) ist eines jener bezeichnenden Fugenthemen

13 Allegro con grazia e con spirito

Regers, deren tändelnder Schritt und feiner Schnitt zunächst nichts von den Entwicklungen verraten, die später aus ihnen aufblühen. Wenn die Fuge zu Ende zu gehen scheint, taucht („Adagio") ein zweites Thema auf, durch das dieser Schlußsatz zur Doppelfuge wird, und zwar zu einer Doppelfuge, die inhaltlich wie in der mächtigen Durchgestaltung ins Sinfonische vorstößt.

1911 schrieb Reger sein letztes S t r e i c h q u a r t e t t : f i s - m o l l Werk 121. Die Überladenheit mancher früheren Quartette ist nun fast ganz verschwunden, Themenschnitt und Themenverarbeitung werden einfacher, die rhythmischen und harmonischen Spannungen lockern sich. Und doch ist die Kunst des Ausdrucks gewachsen. Gerade vor diesem Quartett erkennt man, daß Reger, wäre er nicht vor der Zeit gestorben, stärkster Wegweiser in die Zukunft eines neuen musikalischen Stils hätte werden können. Sehr schön sogleich die Themenaufteilung zu Beginn des ersten Satzes. Der Anfang des Hauptthemas (Beispiel 14) ist bei aller stimmlichen

14 Allegro espressivo

Klarheit noch wesentlich harmonisch gebunden; dafür schwingt das Thema im Verlauf immer mehr ins Melodisch-Linienhafte (das Verfahren im Es-dur-Quartett wird also auf neuer Ebene fortgeführt). Noch schlichter wird die Sprache im Seitenthema. Solchem Stoff entspricht die Art der Durchführung: sie bindet nicht und verdichtet nicht, sondern gewinnt ihre Merkmale aus melodisch-thematischer Linienführung, sicher hingesetzten Klängen und innerer Bewegung. — Im Scherzo verfeinert sich das Klangbild noch weiter; bewegliche Schlankheit und zarte melodisch-sangliche Tönung herrschen vor. — In anderer Weise bindet sich das Adagio an den Kopfsatz, nämlich nicht (wie das Scherzo) durch Bewegung und Melodik, sondern durch Klang und Ausdruck, man könnte sagen: das Scherzo entspricht den zeichnerischen, das Adagio den malerischen Grundkräften des ersten Satzes. Unterstützt wird dieser innere Zusammenhang der Sätze noch durch Wiederaufnahme bestimmter Takte des ersten in den dritten Satz. — Die gleiche Verklammerung hält den ersten und den letzten Satz zusammen. Denn auch der Schlußsatz entspricht nicht nur in der gelösten Haltung dem Kopfsatz, sondern übernimmt wie das Adagio einige Takte aus der Durchführung des ersten Satzes. Daß es Takte sind, die sich infolge von Doppelgriffen als klangliche Gipfelungen darstellen, deutet an, wie wenig Reger bei allem Streben nach vereinfachter Darstellung geneigt war, in klanglicher Askese etwas Erstrebenswertes zu sehen. Auch nicht beim Streichquartett.

＊

Schon garnicht in der Kammermusik mit Klavier wie etwa in den beiden Klavierquartetten. So wesentlich sie sich voneinander unterscheiden — und zwar gerade im K l a n g unterscheiden! —, so nachdrücklich legen sie Zeugnis ab von Regers jederzeit lebendigem Klangwillen.

Das K l a v i e r q u a r t e t t d - m o l l Werk 113 ist 1910 entstanden. Im Kopfthema des ersten Satzes (Beispiel 15) dürfen wir den ausdrucksmäßigen Kern des

15 Allegro moderato

ganzen Werkes erblicken. Seine Stimmung führt im Hauptsatz zu wilden Entladungen. Aber die geballten Klänge, heftigen Motivverschlingungen und verwirrenden Harmoniefügungen sind — das spürt man deutlich — nur bedingt mit den stilistischen Überladenheiten mancher frühen Werke zu vergleichen; denn den aufgewendeten Mitteln entspricht der seelische Inhalt: es ist Seelen- und Bekenntnismusik. Davon zeugt auch der Fortgang des Werkes. Im Hauptteil des Scherzos leben die Bewegungsantriebe des ersten Satzes wieder auf und werden zu grausigem Humor verzerrt; umso ergreifender die Wirkung des Trios, das sich ganz nach innen wendet und fast zur Klage erstirbt. Stimmungsmäßig knüpft dann das Larghetto an dieses Trio an, indem es dessen Grundhaltung vertieft und verbreitert.

Der Schlußsatz endlich greift die Gedankenwelt des ersten Satzes wieder auf, ohne zu echter Überwindung zu führen.

Fast möchte man annehmen, Reger habe diese Überwindung in seinem vier Jahre später (1914) geschriebenen **Klavierquartett a - moll** Werk 133 bewußt nachgeholt. Dafür spricht die Tonart (a-moll nach d-moll), dafür spricht vor allem die Gesamtanlage des zweiten Klavierquartetts. Denn dieses Werk ist satzmäßig und harmonisch aufgelichtet, oder vielmehr: es lichtet sich von Satz zu Satz immer mehr auf. Der erste Satz läßt nämlich die leidend-leidenschaftliche Stimmung des Schwesterwerkes wieder anklingen, zeigt jedoch bereits zu Beginn mit der Gestalt des Hauptthemas

16 Allegro con passione

espress.

(Beispiel 16) und ebenso mit dem romantisch schwärmerischen Seitengedanken, daß es dieses Mal „versöhnlich" ausgeht. Dieser Eindruck verstärkt sich in Scherzo und Trio, vertieft sich bedeutsam im Largo (vergl. das dunkelschmerzliche Larghetto des d-moll-Werkes mit der fast religiösen Ergriffenheit dieses Largos) und gewinnt endlich die Oberhand bei dem sprühend-freudigen Allegro con spirito des Schlußsatzes. Also auch hier ein Stück Bekenntnismusik, nur von anderem Inhalt. Wie sehr Reger von Stimmungen beeinflußt war, verrät besonders ein Vergleich der instrumentalen Führung in den beiden Quartetten: dort alles dicht, schwer, bepackt, zuweilen sogar zähflüssig, hier alles in Licht getaucht, locker und — vor allem im Klaviersatz — durchsichtig gelöst.

Quintette und Streichsextett

Unter den Quintetten Regers ist das K l a v i e r - q u i n t e t t c - m o l l zwar nicht das bedeutendste, wohl aber fesselt es immer wieder, weil es einen guten Einblick in das Werden des jungen Komponisten gestattet. Reger hat es 1898 beendet; doch ist es erst ein Vierteljahrhundert später (fünf Jahre nach dem Tode des Meisters) erschienen. Wahrscheinlich hat den Tondichter selbst die starke Abhängigkeit von Brahms gestört, sodaß er das Quintett nicht veröffentlicht wissen wollte. Aber gerade, weil hier das große Vorbild so sichtbar wird, bewundert man die Kraft, mit der sich der Heranreifende gegenüber dem Großmeister durchzusetzen vermag. Man bewundert nicht minder, wie sehr der Fünfundzwanzigjährige die Grundzüge seines ganzen Instrumentalstils bereits jetzt festzulegen weiß. Kopfsatz bildet ein für Reger so bezeichnendes Agitato, in dem er sich gleich zu Beginn (Beispiel 17) nicht genugtun kann mit heftigen Betonungen. Das Thema wächst

17 Agitato

zur Themengruppe, ihr gesellen sich zwei weitere Gruppen, Durchführung und Wiederaufnahmeteil streben nach wachsender Freiheit. Als Gegengewicht zu dieser gestalterischen Freiheit gibt sich der folgende Zwischensatz (Intermezzo, Andantino con grazia) thematisch streng gefügt, aber klanglich reizvoll abgetönt. Freiheit und Geschlossenheit treten dann unmittelbar nebeneinander in den Variationen des Adagios und binden sich im Schlußsatz zu Gebilden (etwa dem Variationenfugato) von keimkräftiger Gestalt.

Auch das z w e i t e K l a v i e r q u i n t e t t steht in c - m o l l (Werk 64, 1903). Wir glauben, daß wenig Aus-

411

sicht besteht, dieses Quintett in die Zukunft hinüber-
zuretten. Zwar können wir es heute, wo sich das Gesamtwerk Regers überschauen läßt, entwicklungsge-
schichtlich einordnen und daher ruhiger beurteilen als
die Hörer der Uraufführung. Aber wenn wir auch mit
Ehrfurcht vor dieser Bekenntnismusik stehen, so vermag
sie uns doch kaum etwas zu sagen. Gleich der Beginn
(Beispiel 18) läßt die Frage auftauchen, ob Derartiges

18 Con moto ed agitato

überhaupt je darauf rechnen darf, von einer größeren
Hörerschar als verbindlich angesehen zu werden. Dabei
ist das nur ein bescheidener Anfang. Der ganze erste
Satz mit seinen wütenden Anläufen und kraftlosen Rück-
fällen wirkt wie übererregte Tagebuchaufzeichnungen,
die nicht für die Öffentlichkeit bestimmt sind. Und auch
bei den übrigen Sätzen spürt man allzu deutlich, wie
wenig die technischen und inhaltlichen Maßlosigkeiten
darauf Anspruch erheben können, einem weiten Hörer-
kreise nähergebracht zu werden.

Ganz anders das K l a r i n e t t e n q u i n t e t t A - d u r
Werk 146 (für Klarinette und Streichquartett, 1916).
Nicht mehr „Con moto ed agitato", sondern „Moderato
ed amabile" hebt der erste Satz an, — „gemäßigt und
lieblich" könnte man das ganze Quintett überschreiben.
Das ist schon fast nicht mehr Kammermusik für den
Konzertsaal, sondern edel-verschwiegenes Musizieren
im häuslichen Kreise. Etwas Inniges, verklärt Lächelndes
liegt bereits über dem ersten Satz, der sonst so oft
Kampfplatz erbitterten Ringens war. Solche lyrische
Grundstimmung durchzieht auch die übrigen Sätze: das
zierlich-zärtliche Scherzo, das wundersame Largo mit
seinen wehmütigen Erinnerungen, endlich den Variationensatz mit seinem ruhigen Gedankenspiel und den

stillen Seelenspiegelungen. — Wenige Wochen nach der Vollendung dieses Quintetts ist Reger gestorben.

*

Es bleibt noch ein Blick zu werfen auf Regers S t r e i c h s e x t e t t F - d u r Werk 118 (für je zwei Geigen, Bratschen und Celli, 1911). Obwohl es kraftvolles Leben atmet, spricht es nicht in jedem Augenblick an. Man muß sich erst einfühlen in diese weitgespannten, verwirrend reichen Flächen. Dann aber wird man die zunächst anstrengenden, ja ermüdenden Wege dieser musikalischen Landschaft gern durchwandern. Daß dem Hörer nichts geschenkt wird, mögen die ersten vier Takte des Kopfthemas erweisen (Beispiel 19). Noch

schwieriger wird es freilich, wenn die polyphone Verarbeitung dieser und ähnlicher Gedanken einsetzt und gar nimmer aufhören will. Entspannung bringt — wenn man sich nur an die Umrisse hält — das Scherzo: fast sinfonisch mutet es an mit seinem Wechselspiel von lebhaftem, dröhnendem Bauerntanz (Vivace) und Ländlerweichheit (Trio). Es folgt ein sehr ausdrucksreiches Largo, gefühlsstark und innig, zuweilen allerdings äußerlich schwelgend („Gebet mit dem lieben Gott", sagte Reger von diesem Largo). Zum Schluß ein Allegro comodo, wirklich „gemächlich", vor allem zu Beginn, inhaltlich kaum bedeutend, Abbild heiterer, nicht endenwollender Daseinsfreude.

ARNOLD SCHÖNBERG

Geboren am 13. September 1874 in Wien. Lernte zunächst durch Selbstunterricht, dann bei Zemlinsky. Vorübergehend war er Lehrer am Sternschen Konservatorium. Seine Meisterklasse für Komposition mußte er 1933 aufgeben und Deutschland verlassen. Nach Zwischenaufenthalt in anderen Ländern ging er in die Vereinigten Staaten. Gestorben am 13. Juli 1951 in Los Angeles.

Schönberg hat nie erwartet, vom durchschnittlichen Konzerthörer seiner Zeit verstanden zu werden, eine Meinung, die sich bis heute bewahrheitet hat. Umso stärker war der Einfluß seiner Schreibweise auf eine bestimmte Gruppe von Komponisten in fast allen Ländern der Welt, eine Gruppe, deren Angehörige zuweilen weitaus doktrinärer sind als Schönberg selbst; denn dieser hat trotz seiner revolutionär wirkenden (nicht auf ihn allein zurückgehenden) Zwölfton-Musik weder die ganze musikalische Vergangenheit in Grund und Boden verdammt noch in seinem eigenen Schaffen ausschließlich die Zwölfton-Technik verwendet.

Es wäre vermessen, heute schon die Frage entscheiden zu wollen, ob mit Schönberg wirklich eine grundsätzlich neue Art des musikalischen Schaffens heraufgeführt wurde oder ob seine Kompositionsweise eine letzte, vielleicht endgültige Überfeinerung und Zerspaltung der klassisch-romantischen Tonkunst darstellt; diese Frage wird noch verwickelter durch die Tatsache, daß Schönberg zudem noch auf die Altklassik und ihre Formenkunst, ja auf bestimmte Anschauungen der mittelalterlichen Musik zurückzugreifen scheint und sie mit neuen Werten zu erfüllen sucht. Begnügen wir uns, hier nur einige wesentliche Kennzeichen der „neuen Musik" Schönbergs aufzuweisen. (Daß er zu allen Zeiten seines Schaffens auch der „alten Musik" gehuldigt hat, darf dabei unter keinen Umständen übersehen werden.) Entscheidende Kennzeichen sind vor allem:

1. Überkommene Formen (etwa Sonatenform) werden zwar verwendet als Rahmen; innerhalb des Rahmens aber, zuweilen auch von Satz zu Satz, werden die Formteile gegeneinander verschoben, an andere Stelle gerückt, ineinander verschränkt. Etwa so, daß die Durchführung eines Satzes erst in einem späteren Satz erscheint, daß auf die Durchführung sogleich ein neuer Satz folgt und die Reprise später unvermutet auftaucht, daß der Schlußsatz gewissermaßen eine Durchführung sämtlicher zuvor gebrachten Gedanken bringt usw.

2. Was zuvor als Dissonanz galt, also dem Zwang zur Auflösung, zur Rückkehr in die Konsonanz unterlag, wird von diesem Zwang befreit: die Dissonanzen werden „frei", stehen ungelöst im musikalischen Raum, die lineare Stimmführung wird wichtiger als der akkordisch-harmonische Zusammenklang.

3. Die Tonalität, also das Bezogensein der Töne auf einen Grundton (der Akkorde auf einen Grundakkord), wird als oberster Grundsatz preisgegeben, die zwölf Halbtöne der Tonleiter stehen gleichberechtigt — wenn auch nicht ohne weiteres als gleichwertig — nebeneinander. In diesem Zwölfton-System gilt, um völlige Willkür auszuschließen, als eine Grundregel, daß ein Ton erst dann wieder auftreten darf, wenn die übrigen elf Töne verarbeitet sind.

4. Der einzelne Ton kann wichtiger sein als das Intervall, die Spannung zwischen zwei Tönen.

Diese wenigen Bemerkungen lassen erkennen, daß Schönbergs Kompositionsweise stark mathematisch-rechnerisch bestimmt ist. Er ist ein Rechner in Tönen. Aber keineswegs n u r das. Einmal kommt dieses Ton-Rechnen wohl aus bestimmten Bereichen seiner Weltanschauung (er war Zahlenmystiker, huldigte einem förmlichen Zahlen-Aberglauben, sodaß er z. B. die Zahl 13 peinlich zu meiden suchte; übrigens ist er an einem 13. geboren und einem 13. gestorben). Zum andern bezeichnet er durch ganze Strecken hindurch häufig jeden einzelnen Ton nach Lautstärke und Ausdruck. Ein Ausdrucksmusiker aber kann nicht ein Nur-Rechner sein. Wer also Schönberg huldigt oder ihn ablehnt, kann das nicht auf Grund des Zwölfton-Rechnens tun (Musik ist nicht gut, weil sie in diesem oder jenem System geschrieben, sondern weil sie Großes, anders nicht Aussprechbares künstlerisch gestaltet zum Klingen bringt); er muß sich vielmehr mit dem hinter den Tönen Stehenden auseinandersetzen und dieses werten.

In der Kammermusik begann Schönberg mit dem S t r e i c h s e x t e t t „V e r k l ä r t e N a c h t" (Werk 4), einem Versuch, den geliebten „Tristan" Wagners ins Kammermusikalische umzusetzen. Das prachtvolle, wohlklingende Werk, das mit innerlich schwärmenden Terzen beginnt, den verschiedenen Stimmungen des zugrunde liegenden Gedichts von Dehmel nachspürt und in breiter Ausdruckssteigerung wirklich wie „verklärt" endet, zählt freilich nur bedingt zur eigentlichen Kammermusik, weil es — sowohl vom Gedicht wie vom „Tristan" her — mit zeichnerischen Mitteln nicht auskommt, sich klanglich-farbig immer mehr anreichert, sodaß es mit seinem sinfonischen Gehalt den stilistischen Rahmen sprengt. Schönberg hat das selbst gewußt und dies Sextett zur Wiedergabe für Streichorchester freigegeben. Und bei solcher Wiedergabe wirkt es auch heute noch ergreifend.

Die zuvor erwähnte Verschränkung der Formbestandteile wird erstmals im E r s t e n S t r e i c h q u a r t e t t sichtbar (1905, Werk 7, d-moll), einem Großwerk, in dem die vier Einzelteile — Kopfsatz, Scherzo, Adagio, Rondo — zwar deutlich erkennbar sind, jedoch ineinander übergehen, wobei die Thematik des Kopfsatzes bestimmend wird für alle Sätze. Die scheinbare Strauß-Gebärde des Hauptthemas erweist sich in der Durchführung als in sich ruhende Kraft, als tragender Unterbau, auf dem das Ganze errichtet wird. Nach der Durchführung setzt sogleich das Scherzo ein. Sein synkopiertes Thema entstammt einem Kontrapunkt des Hauptsatzes, wird — wie der Kopfsatz — polyphon und kontrapunktisch dicht verarbeitet, bis es abgelöst bzw. ergänzt wird durch eine Art zweite Durchführung des Kopfthemas. Das knapp gehaltene Adagio mutet an wie ein Kraftschöpfen für den Schlußteil, der alle zuvor verarbeiteten Gedanken kunstvoll übereinandertürmt.

Dem Aufbau nach ist das Z w e i t e S t r e i c h - q u a r t e t t (1908, Werk 10) dem ersten verwandt. Merkwürdig die romantische fis-moll-Grundlage insbesondere des Kopfthemas. Freilich lockert sich die tonale Bindung mehr und mehr, hört im Scherzo (zweiter Satz) teilweise völlig auf, verliert sich an einer kleinen Stelle in wehmütigen Spott („O du lieber Augustin"), bis in den Schlußsätzen ein ganz neuer Ton angeschlagen wird. Die Thematik verflüchtigt sich, wird unwirklich. Und nun setzt, als könne weder Melodik noch Tonalität noch Instrument das Notwendige aussagen, eine Singstimme (Sopran) ein, bis schließlich der Textbeginn des George-Gedichts „ich fühle luft von anderen planeten" zum Sinnbild eines neuen Sinnklangs zu werden scheint.

Vollendet und gemeistert erscheint die neue Sprache, der neue Klang im D r i t t e n S t r e i c h q u a r t e t t (1926, Werk 30). Schönbergs Zwölfton-Technik ist nunmehr voll ausgebildet. Darunter möge man vor allem verstehen, daß die rücksichtslose Führung vorangehender Werke mindestens in der Thematik ausgeglichener, versöhnlicher geworden ist. Die höchst verwikkelte Kompositionstechnik, die häufig auf ältere Formbestandteile musikalischer Aussage zurückgreift, macht es freilich dem Hörer immer noch schwer, dem Ablauf, dem Aufbau und der Aussage zu folgen. Ein Zwölfton-

Glasperlenspiel, dessen Besonderheiten und Absonderlichkeiten sich mehr dem die Partitur lesenden Auge erschließen als dem vielfach hilflos lauschenden Ohr.

Das Vierte Streichquartett (1936, Werk 37) hat mit dem dritten gemein die unangreifbare Einmaligkeit der thematischen Linie. Formal ist es leichter zu erfassen als dieses, weil es rahmenhaft die alte Viersätzigkeit verwendet. Aus der Zwölfton-Reihe werden musikalische Urgestalten gewonnen, die dann in sogenannten „entwickelnden Variationen" höchst kunstvoll (zuweilen möchte man lieber sagen: gekünstelt) verarbeitet werden, und zwar so, daß dieses Verarbeiten zugleich formbestimmend, ja formbildend wirkt.

Sorgfältigsten Studierens wert scheint mir vor allem das Streichtrio (1946, Werk 45). Nirgends kommt man dem Menschen, Könner und Künstler Schönberg so verhältnismäßig nahe wie in dieser instrumental virtuosen, kompositorisch dichten (die Themen stammen aus Bruchstücken der zwölftonigen Grundreihe) und ausdrucksmäßig ergreifenden Schöpfung. Schönberg schrieb sie während einer schweren Erkrankung und komponierte — natürlich nicht „programm-musikalisch" — Stimmungen, Qualen und selbst Behandlungseinzelheiten in das Werk (flüchtig wird man hier an Smétanas „Aus meinem Leben" erinnert). Hier, wo Schönberg seinen Subjektivismus offen bekennt, wo er teilhaben läßt an seinem Krankheitsverlauf, wo er unversehens zum Auf und Ab seines künstlerischen und menschlichen Daseins Stellung bezieht, dieses Bekenntnis jedoch gleichzeitig schamhaft in schwer zu erfassende kompositorische Aussagen verhüllt, hier spürt auch der, dem des Komponisten Welt innerlich fremd ist, wie Schönberg um das Höchste gerungen hat.

Das Bläserquintett (1923, Werk 20) dagegen dürfte wohl ausschließlich den Fachmann, und zwar den komponierenden Fachmann, angehen; für den

Nur-Hörenden (auch für den geschulten) bleibt es dunkel, weil ihn reine Möglichkeiten des Komponierens nichts angehen. Als Gelegenheitswerk darf man wohl die „O d e   a n   N a p o l e o n" bezeichnen (1944). Sie ist geschrieben für Streichquartett, Klavier und Sprechstimme nach Worten von Byron. In diesem Werk läßt Schönberg seinem Haß und seiner Verachtung gegen alle Diktatoren freien Lauf.

Abschließend sei noch die F a n t a s i e   f ü r   V i o - l i n e   u n d   K l a v i e r erwähnt (1949, Werk 47), ein äußerst kompliziertes Werk für Spieler und Hörer, im langwierigen Gegen- und Miteinander kurzer Aphorismen mehr eine Angelegenheit der Denk- als der Ton-Kunst.

Schönberg hat einmal gesagt: „In hundertfünfzig Jahren wird meine Musik ebenso verständlich sein wie heute die Musik von Mozart." Darüber läßt sich nicht rechten. Immerhin: Mozarts Musik war schon zu Mozarts Zeiten verständlich. Daß man sich mit Schönberg auseinandersetzen muß, darüber kann es keinen Zweifel geben. Vor allem ist das die Pflicht seiner Gegner, zu denen sich in aller Ehrfurcht auch der Schreiber dieser Zeilen rechnet.

FRANZ SCHMIDT

Geboren am 22. Dezember 1874 in Preßburg. Schüler von Hellmesberger in Wien. Wurde Cellist im Hofopernorchester, dann Klavier- und Kompositionslehrer der Wiener Staatsakademie, später auch deren Direktor. In den letzten Lebensjahren wirkte er nur noch als Freischaffender. Gestorben am 11. Februar 1939 in Wien-Perchtoldsdorf. Hauptwerke: Opern, Sinfonien, Klavierkonzert, Chorwerke, Orgelwerke, Kammermusik, Klavierwerke.

Eine Pflege der Werke von Franz Schmidt hat in Deutschland erst nach dem Tode des Meisters eingesetzt. Daß man diesen bedeutenden musikalischen Kopf Österreichs übersehen konnte (und heute bereits wieder zu vergessen beginnt), mag daran liegen, daß er nicht zur Neuen Musik gehört; denn er gilt als (freilich durchaus selbständiger) Nachfahre von Bruckner. Wie dieser ist er erfüllt von einem schier unfaßlichen Reichtum ursprünglicher Musik des Herzens, die er mit sichtlicher Freude am Klang ausbreitet. Neben dieser Naturbegnadung steht eine beachtliche Geistigkeit, die sorgsam über dem quellenden Schaffen wacht.

In seiner Kammermusik (zwei Streichquartette und zwei Quintette mit Klavier) tritt neben dem Innerlich-Gemüthaften und Sinnenhaft-Klanglichen das ungewöhnliche Können des Meisters besonders hervor, wobei immer wieder auffällt, daß z. B. die polyphone Arbeit stets im Dienst des Klanges eingesetzt wird (im Gegensatz zu vielen jüngeren Komponisten). Die vier Hauptgedanken seines A - d u r - S t r e i c h q u a r t e t t s (1925) mögen das Werk und den Mann charakterisieren (Beispiel 1 a bis d): das kleinste Motiv birgt Anmut, strömenden Ausdruck, Wohllaut, bald schmerzliche Überschattung und bald stille Heiterkeit. Heftige Ausbrüche fehlen durchaus (äußerlich erkennbar an sehr sparsamer

Verwendung des Fortissimo). Daß durch das Scherzo dieses Streichquartetts der geliebte Bruckner hindurchschimmert, empfindet man ebensowenig als störend, wie

im Andante tranquillo des B-dur-Quintetts für Streichtrio, Klarinette und Klavier, wo der herbe Anstieg der kleinen None und das Wiederzurücksinken in Terzen (Cello) ebenfalls an Bruckner erinnert. Gerade diese Stelle beweist auch Schmidts innere Selbständigkeit in den leisen Harmonierückungen des Klaviers. Im Schlußsatz des B-dur-Quintetts tritt übrigens eine gelegentliche Liebe zu ungarischen Bildungen hervor (Beispiel 2).

Vergleicht man solche Stellen mit entsprechenden Teilen bei Brahms, Liszt, Berlioz und anderen, so bewundert man, daß Schmidt ebenso eigenständig geblieben ist wie diese Tondichter und daß er seine Selbständigkeit mit ganz kleinen Mitteln verwirklicht — Zeugnis für den echten Meister.

MAURICE RAVEL

*Geboren am 7. März 1875 in Ciboure (Südfrankreich).
Hauptunterricht am Pariser Konservatorium (2. Rompreis).
Gestorben am 28. Dezember 1937 in Paris. Hauptwerke:
Klavierstücke, Kammermusik, Orchesterwerke, Lieder und
Gesänge, Opern.*

Ravel gilt meist als ausgesprochener Vertreter des
französischen Impressionismus. Das ist teilweise richtig.
Reiner Impressionist war er zweifellos bis etwa 1910.
Dann aber wandelte er sich gewissermaßen zum „Klas-
sizisten". Geblieben ist ihm freilich der ungewöhnliche
Sinn für den Zauber des Klangs, und seiner feinen
Klangmischungen wegen zählt man ihn unentwegt dem
Impressionismus zu. Ravels Kammermusik ist in
Deutschland nur gelegentlicher Gast.

Ganz dem Impressionismus zuzurechnen ist das
F-dur-Streichquartett von 1904. Die vier
Sätze (Allegro moderato/Scherzo/Très lento/Très agité)
lassen sich zwar thematisch als einheitlich und miteinander verbunden erkennen (unser Beispiel gibt den die
vier Sätze verbindenden Kerngedanken), doch entscheidet gerade die Thematik in diesem Werke durchaus

(Allegro moderato)

nicht. Denn sie ist nicht zeichnerisch, sondern malerisch,
ja, im Grunde nur farbig empfunden, bestimmt nicht
den Aufbau oder den Umriß, sondern wird zur Aus-
gangslage mannigfacher Klangzaubereien, deren Berechtigung weniger im Absolut-Musikalischen als in
Stimmungen liegt. Allerdings, wie die Thematik zu

diesem Zweck eingesetzt wird, das verrät eine erstaunliche Fähigkeit des thematischen Erlebens, — nicht des thematischen Denkens!

Dieses erscheint dagegen gefestigt in dem a - m o l l - K l a v i e r t r i o von 1915. Vor allem tritt nun auch Ravels rhythmische Eigenart stärker hervor: einerseits wird sie zu neuem Bestandteil des Klangs, zum andern (besonders in den schnellen Sätzen) gibt sie Festigkeit und Gestalt. Dritter Satz ist eine Passacaglia, die kaum baut, zum Schluß sogar in Kantilenen sich verströmt.

Wie weit die Pole von Ravels Kammermusik auseinanderliegen, erkennt man beim Vergleich folgender Werke. „P r ä l u d i u m u n d A l l e g r o" für Streichquartett, Harfe, Flöte und Klarinette sind trotz mancher thematischen Strichelung ein Meisterstück echten Farb- und Klangerlebens; dagegen zeigt die S o n a t e f ü r G e i g e u n d K l a v i e r (1927) besonders in den Ecksätzen festumrissene Thematik, zuweilen sogar stimmige Instrumentalzeichnung. Ob das echter Ravel ist oder Anpassung an die Zeit (im Mittelteil finden sich Jazzklänge), wagen wir nicht zu entscheiden. Ravel sagt von diesem Werk: „Ich habe mich für den Grundsatz der Unabhängigkeit der Stimmen entschieden, indem ich die Sonate für Violine und Klavier schrieb; denn diese sind zwei unvereinbare Instrumente und, weit entfernt, ihre Gegensätze auszugleichen, betonen sie hier ihre Unvereinbarkeit". — Solche Wendung zur Stimmigkeit, zu den Urwerten der linienhaften Melodik zeigte sich auch in der viersätzigen S o n a t e f ü r V i o l i n e u n d C e l l o von 1923, in der Ravel dem Klang- und Harmoniezauber früherer Werke recht absichtsvoll Lebewohl zu sagen scheint.

JOSEPH HAAS

Geboren am 19. März 1879 in Maihingen (Bayern) als Sohn eines Lehrers. Unterricht bei Max Reger. 1911 Kompositionslehrer in Stuttgart, später an der Akademie der Tonkunst in München. Hauptwerke: Oratorien und andere Chorschöpfungen, Opern, Lieder, Orchestermusik, Klavierwerke, Kammermusik.

Die Kammermusik von Haas zählt nicht zur bedeutendsten, wohl aber zur bedeutsamen unserer Tage. Denn dieser Meister, dessen formale Sicherheit bis in die schwierigsten Gebiete der Polyphonie reicht, fühlt sich zutiefst dem Liedhaften, Volksliedhaften, Volkstümlichen verbunden und schafft so Werke, in denen er die weite Kluft zwischen Hausmusik und konzertmäßiger Kammermusik auszufüllen bestrebt ist. Sein schlichtes Wesen und sein hoher künstlerischer Rang lassen ihn hier Entscheidendes schaffen oder mindestens anbahnen. Daher bedürfen seine kammermusikalischen Arbeiten keiner „Analyse". Um seine Art zu kennzeichnen, greifen wir einige Werke heraus.

Da ist ein D i v e r t i m e n t o f ü r S t r e i c h t r i o in D - d u r Werk 22. „Divertimento" — also „Vergnügung zur Gemütsergötzung". Und dann das Hauptthema (Beispiel 1), frisch, lebendiges Marsch- und

I Gemäßigtes Marschtempo, mit Humor

Pfeifliedchen, allverständlich, doch zugleich durchdacht und gestaltet bis ins letzte Kleinstmotiv. „Gemütsergötzung" schließlich auch für den Musiker: feiner, durchsichtig gesponnener Satz mit geschlossenen polyphonen

Formen. — Genau in der Mitte zwischen Haus- und Konzertmusik auch das geistvolle K a m m e r t r i o für zwei Geigen und Klavier Werk 38.

Ebenfalls mit Divertimento bezeichnet Haas sein C - d u r - S t r e i c h q u a r t e t t Werk 32. Tatsächlich ist es auch lediglich eine Vergrößerung und Erweiterung des erwähnten Streichtrios, mit dem es im übrigen alle Merkmale teilt (vergl. das Kopfthema, Beispiel 2). — Stärker ins Konzertmäßige wächst das

2 Frisch bewegt

A - d u r - S t r e i c h q u a r t e t t Werk 50. Hier erreicht Haas eine besondere Wirkung, indem er der breiten, sanglichen Melodik des langsamen Satzes eine bald sprühende, bald zierliche Rhythmik in den anderen Sätzen gegenüberstellt. Nicht minder reizvoll der Gegensatz formaler Zucht und romantischen Erlebens.

BÉLA BARTÓK

*Geboren am 25. März 1881 zu Nagy Szent Miklos (Ungarn).
Schüler von Kersch und L. Erkel, dann Besuch der Landes-
akademie in Budapest (Hans Koeßler); hier 1906 Klavier-
professor. Hauptwerke: Oper, Balletts, Orchesterkompositionen, Konzerte, Kammermusik, Klaviermusik. Gestorben am
26. September 1945 in New York.*

Bartók ist ausgegangen von Beethoven und der Spätromantik, hat sich unter dem Einfluß Debussys der impressionistischen Harmonie- und Klangerweiterung zugewandt, dann mit wissenschaftlicher Gründlichkeit die
ungarische Volksmusik erforscht und im Verlauf den
Grundkräften des Rhythmus nachgespürt. Von alledem
findet sich vieles in seiner Musik wieder, nicht als
Nachahmung, sondern geistig verarbeitet und zugleich
mathematisch umgerechnet. Fortführen der Überlieferung, kühles Durchdenken neuer Möglichkeiten und
geistiges Läutern sind demnach wichtige Kennzeichen
von Bartóks Schaffen. Es ist nicht ganz leicht, sich in
diese Welt hineinzuarbeiten; und doch erschließt sich
das eigentliche Wesen — vor allem des späten Bartók
— erst in einer hinter dieser Welt aufdämmernden
neuen: der magischen Welt. Am Beispiel des Bartókschen
Rhythmus läßt sich das vielleicht am besten erläutern.
Man hat darin oft den Einbruch barbarischer Rhythmen
des Ostens in die europäische Kunstmusik erblickt. Für
manche Werke des ungarischen Meisters trifft das gewiß
zu, und die etwas unglückliche Benennung eines Kla-
vierstückes als „Allegro barbaro" hat die Auffassung
des Bartókschen Rhythmus als von etwas Barbarischem
äußerlich gefestigt. Überblickt man jedoch das Gesamtwerk, so wird man bald inne, daß eine solche Kenn-
zeichnung oft am Entscheidenden vorübergeht. Da findet sich einmal selbst im scheinbar fessellosen Dahin-

stürmen der Rhythmen eine starke Bindung durch die musikalischen Motive. Sie sind in den rhythmischen Gießbach eingebaut wie Terrassen: die Wasser stürzen über sie hinweg, versprühen sich, gischten auf, — aber die Terrassen sind da, wenn auch unter den zerstäubenden Fluten verborgen, und ohne sie würden die Wasser wohl auch weniger aufrauschen. Wesentlicher aber ein anderes. Bartók setzt den „östlichen Rhythmus" nur scheinbar unverändert ein. Er überträgt nicht die vorgefundenen rhythmischen Bildungen, sondern wägt die Kräfte, denen die Einzelbildungen ihre Gestalt verdanken. Oft genug gelingt es ihm, bis zum rhythmischen Kern, zum Urerlebnis des Rhythmus, vorzustoßen; das sind jene Stellen, an denen das vorwiegend, ja einseitig an Melodisches und Harmonisches gewöhnte Ohr nicht mehr Musik zu hören glaubt, aber von diesem Geschehen angerührt wird wie von einer in den untersten Bewußtseinsschichten ruhenden Erinnerung an Menschheitszeiten, in denen der Rhythmus magische Beschwörungsformel und lebendige Antriebskraft zugleich war. Nicht verschweigen läßt sich, daß Bartók zwar oft mit der seelischen Wünschelrute solche Schätze hebt, ihnen aber als Mensch des 20. Jahrhunderts ebenso oft mit dem Rechenstift beizukommen sucht. Daher das Widerspruchsvolle seiner Musik, insbesondere seiner Kammermusik. Im übrigen will dem Verfasser scheinen, als sei Kammermusik nicht die stärkste Seite Bartóks — nicht als Schöpfung des Künstlers und nicht in ihrer Wirkung auf den Hörer. Wir streifen zunächst die sechs Streichquartette.

Das E r s t e S t r e i c h q u a r t e t t steht, von Einzelheiten abgesehen, auf dem Boden der Überlieferung. Was sich da an Besonderheiten aus der ungarischen Volksmusik und an Eigenwilligkeiten des Komponisten findet, sind Einbrüche in eine bestehende Welt, die durch solche Berührung zuweilen ins Schwanken, doch nicht aus ihrer Bahn gerät. Im Schlußsatz finden sich Altes und Neues bereits fast gleichwertig nebeneinander;

aber es bleibt beim Nebeneinander, wird nicht zum Miteinander.

Neue Werte zeigen sich im Z w e i t e n S t r e i c h -
q u a r t e t t. Der Rhythmus bricht sich Bahn, die Harmonie wirkt vielfach als Farbwert, die Farbe wiederum
erhält eigene Aufgaben zugewiesen, das Thematisch-
Melodische dagegen tritt als geschlossene Linie und
entwicklungsfähiger Gedanke immer mehr zurück. Beispiel 1 aus dem zweiten Satz mag erläutern, wie das

eigentlich Thematische verschwindet und wie sich dafür
der Rhythmus als treibende, nicht bauende Kraft her-
risch an seine Stelle setzt. Beispiel 2 dagegen gibt einen

kleinen Abglanz von der Art, wie Bartók die Farbe
nunmehr einsetzt: es ist nicht mehr Färbung oder Tönung gegebenen Stoffes, sondern Farbe an sich: Farbe
mit Raumwirkung, möchte man sagen.

Im D r i t t e n und V i e r t e n S t r e i c h q u a r t e t t
bleibt die Entwicklung im Grunde stehen. Das zuvor An-
gebahnte wird lediglich weiter ausgeführt. Es sind eigentlich mehr gedachte als musizierte Arbeiten. Der Rhythmus wird faßlicher und läßt auf diese Weise auch die Themenfassung deutlicher werden, wobei gleichzeitig auch
die inzwischen weiter erforschte und durchdachte Volks-
melodik stärker eingesetzt wird. Man kann sich aber
des Eindrucks nicht erwehren, daß selbst die farbigeren
Klänge mehr erprobt als erlebt sind. Noch schärfer tritt
das Errechnete im F ü n f t e n S t r e i c h q u a r t e t t

zutage: wie lange jeder der fünf Sätze zu dauern habe, wird nicht nur nach Minuten, sondern nach Bruchteilen von Sekunden angegeben. Bei aller Achtung vor dem ungewöhnlichen Geist Bartóks will uns doch scheinen, als sei hier an die Stelle des atmenden Menschen eine maschinenmäßige Mechanik getreten, obwohl Einzelheiten wie das an vorletzter Stelle eingefügte Andante alles andere als maschinenmäßig sind (1936).

Aus Bartóks letzten Schaffensjahren stammt das Sechste Streichquartett. Mit einem Schlage ist — im Gegensatz zu dem nach Sekunden rechnenden fünften Quartett — alles auf halbe, mittlere, gedämpfte Werte gestellt; die Sätze heißen „Mezzo vivace / Mezzo marcia / Mezzo burletta / Mezzo". Der Kopfsatz, beginnend mit schwermütigem, langsamem Solo, ist vielgliedrig und vielflächig; der „Halbmarsch" arbeitet mit Gitarrenwirkungen und punktierten Rhythmen, die sich gegen Schluß seltsam verflüchtigen; auch die Burletta hebt trübe und schwermütig an, wird dann aber heiterer, ergießt sich in einen walzerartigen Teil, enthält eine Pizzikato-Stelle, die themenlos dahinzieht; trübe, lastende Melodik im Schlußsatz. Also eine Welt, ganz verschieden von der aller vorangehenden Quartette. Vielleicht dürfen wir, zurückgreifend auf das eingangs Gesagte, in jedem der Streichquartette eine jener unteren Bewußtseinsschichten erblicken, die Bartók heraufzuholen sich bemüht. Dafür spricht gerade im sechsten Quartett folgendes: stark ist die Themenfassung, nicht minder die eingestreuten kleinen Soli, das melodisch-solistische Hervortreten einzelner Stimmen, das thematische Ineinandergreifen, während die entstehenden Zusammenklänge nicht überzeugen. Wieder wurde eine Schicht entdeckt, eine der tiefsten, kostbarsten; aber den Zusammenhang, das Gewachsene aufzuzeigen, war Bartók nicht mehr vergönnt.

*

Die anderen Kammermusikwerke Bartóks fügen dem entworfenen Bild keine neuen Züge hinzu. Zwei frühe Violin-Klavier-Sonaten stammen aus der Schaffenszeit zwischen Inpressionismus und beginnender Verfestigung, kenntlich an den schwebenden, einbettenden Klängen des Klaviers in der ersten und an den strafferen, schärferen Kraftlinien der Violine in der zweiten Sonate. Nur fachliches Interesse können die „Contrasts" für Violine, Klarinette und Klavier beanspruchen; sie zeigen des Komponisten eigenwillige Schritte auf kühn gewählten Wegen. Eine späte Sonate für Violine allein läßt das unbehagliche Gefühl nicht zum Schweigen kommen, als sei sie nicht stoffgerecht geschrieben; denn diese Anhäufung von technischen Geigenmöglichkeiten gleicht mehr einem Dickicht, durch das sich der Spieler hindurchzupfen, -winden, -zwängen und -greifen muß, als einem aus dem wirklichen Wesen des Instruments geborenen Stück Musik. Fesselnd der quirlende Schlußsatz, am wertvollsten die „Melodie" des vorletzten Satzes. — Bedeutend, wenn auch nicht ganz frei von Erklügeltem die Duos für zwei Violinen in die serbische, wallachische, ruthenische und arabische Stücke eingearbeitet sind.

HERMANN ZILCHER

Geboren am 18. August 1881 in Frankfurt a. M. als Sproß einer Musikerfamilie. Erster Unterricht beim Vater; dann am Hochschen Konservatorium. Mozartpreis. Ausgedehnte Reisen als Pianist und Begleiter. 1905 Lehrer am Hochschen Konservatorium, 1908 Akademieprofessor für Klavier und Komposition in München. Seit 1920 Direktor der Würzburger staatlichen Musikschule. Gestorben Januar 1948 in Würzburg. Hauptwerke: Sinfonien, Konzerte, Kammermusik, Schauspielmusiken, Liederzyklen, Chorwerke, Oper.

Zilchers künstlerisches Grundgefühl wurzelt in der Romantik. Es äußert sich zeitnah, aber keiner Richtung verpflichtet. Alle Arten der „Gehirn-Musik" waren für ihn, weil künstlerische Irrwege, nicht vorhanden, sodaß er es sich zeitweise gefallen lassen mußte, als überlebt angesehen zu werden. Und er ließ es sich gern gefallen, weil er wußte: Musik ist Leben, gleich, in welcher Form es sich kundtut. Ihm kam es stets darauf an, Wesentliches zu sagen. Polyphonie oder Homophonie, Kontrapunkt oder thematische Arbeit — das waren für ihn handwerkliche Fragen, keine weltanschaulichen Probleme. Überhaupt lag ihm alles Grübeln fern. Er musizierte. Bald humorvoll gelockert, bald ernst und gefestigt. Was er zu sagen hatte, umriß er klar und eindeutig.

Gerade in seiner Kammermusik erlebt man diese Klarheit als besonders beglückend. Daher bedarf sie auch für den Hörer keiner besonderen Analyse. Ihr stets im besten Sinne vornehmer Gehalt erschließt sich leicht, und die aufgewendeten Stilmittel entsprechen dem Inhalt. Einige Andeutungen reichen aus, das Wesen der Werke erkennen zu lassen.

Unter den D u o s nennen wir die ursprüngliche, unmittelbar ansprechende D-dur-Sonate für Geige und

Klavier Werk 16, das nachdenklich-geistvolle h-moll-Duo für Geige und Cello Werk 89 (vier Sätze). Dann die beiden mit richtungweisenden Überschriften versehenen Duos „Schmerzliches Adagio" für Klarinette und Klavier (Werk 49) sowie die „Winterlandschaft" für Cello und Klavier (Werk 53).

Verschiedenartige Besetzung auch bei den T r i o s. Das feingearbeitete e-moll-Trio Werk 56 (eines der erfreulichsten Werke für gepflegt-anspruchsvolle Hausmusik) ist für ein normal besetztes Klaviertrio geschrieben. Dagegen verlangt das a-moll-Trio Werk 90 (Uraufführung 1938) Klavier, Klarinette und Cello. Es hat eine besondere Form: die sieben Variationen über das Thema „e / d / d / a — e / d / d / a" gliedern sich unschwer zu drei Hauptsätzen, wobei die ersten fünf Variationen gewissermaßen als bewegter Kopfsatz, die sechste als langsamer Mittelsatz und die siebente als schneller Schlußsatz aufgefaßt werden können. So entsteht eine dreisätzige Sonate ohne Menuett — eine Sonatengestalt, die Zilcher häufig bevorzugt.

Die Siebenzahl tritt auch in der S u i t e   f ü r   S t r e i c h e r G-dur Werk 77 hervor: sie besteht aus sieben kurzen Sätzen, die meisterhaft aufeinander bezogen sind (solche innere oder thematische Bezogenheit liebt Zilcher überhaupt) und sich doch als selbständige Glieder eines Ganzen prachtvoll voneinander abheben, sodaß es schwerfällt, die einzelnen Sätze — selbst die sprühende Schlußfuge—nicht mit inhaltlichen Überschriften zu versehen. Aus des Meisters mittlerer Schaffenszeit schließlich stammt das wunderbare musikantische K l a -v i e r q u i n t e t t cis-moll Werk 42, dem man im Konzertsaal viel zu selten begegnet, obwohl es nach thematischen Gedanken und erlesenem Klang zu den besten Werken der Gattung zählt.

ANTON VON WEBERN

Geboren am 3. Dezember 1883 in Wien. Studierte Musikwissenschaft (Guido Adler), war sechs Jahre Schüler von Schönberg, mit dem er zeitlebens befreundet blieb. Obwohl pädagogisch hervorragend begabt, war seine Tätigkeit als Theaterkapellmeister, Chormeister und Lehrer nur Broterwerb. Bedeutend vor allem auch als Theoretiker. Gestorben am 15. September 1945 in Mittersill. Schrieb Werke für Orchester, Chor (mit und ohne Orchester), Lieder, Klavier- und Kammermusik.

Webern hat die von Schönberg empfangenen Anregungen der Zwölfton-Komposition unabhängig und andersartig ausgebaut. Wie dieser kommt er von Wagners „Tristan", gestaltet dann aber das Komponieren völlig um, nicht nur im Sinne der Zwölfton-Musik und der sogenannten Klangfarbenmelodie, sondern besonders durch eine letzte Verdichtung des Tonmaterials, wobei schließlich nur noch das Einzelintervall als Aussagemöglichkeit übrigbleibt. Dem musikalischen „Thema" im überlieferten Sinne und seinen verschiedenartigen Durchführungen ist dadurch der Garaus gemacht. An seine Stelle treten der Zwölftonreihe zugehörige Kleinstgebilde, die nach allen Möglichkeiten des Komponierens verändert, umgekehrt, gespiegelt, „gekrebst", verkürzt, verbreitert — im geradezu mathematischen Sinne „variiert" werden. Mit wenigen Takten versucht Webern etwas auszusagen, wofür andere Komponisten ganze Sätze brauchen. Erstmals wohl in den F ü n f S ä t z e n f ü r S t r e i c h q u a r t e t t von 1909 (Werk 5). Man hat dieses knappe Werk als eine Reihung von Aphorismen bezeichnet, von Gedankensplittern; doch sind es mehr Wortsplitter, dem Nur-Hörenden gar als unverständliche Wortfetzen erscheinend. Ausgeformt

wurde diese Schaffensart in den Vier Stücken für
Geige und Klavier (1910, Werk 7), den Sechs Baga-
tellen für Streichquartett (1913, Werk 9) und den Drei
kleinen Stücken für Cello und Klavier (1914, Werk 11).

Vorbereitet durch Kompositionen anderer Gattungen, kam dann 1927 das S t r e i c h t r i o Werk 20 heraus, in dem Webern wenigstens äußerlich auf überlieferte Großformen zurückgriff (Rondo, Sonate). Dar-
nach wurden nur noch drei Kammermusikwerke veröffentlicht: ein Quartett für Geige, Klarinette, Tenor-
saxophon und Klavier (1934, Werk 22), ein K o n z e r t
f ü r F l ö t e , O b o e , K l a r i n e t t e , T r o m p e t e ,
H o r n , P o s a u n e , G e i g e , B r a t s c h e u n d
K l a v i e r (1934, Werk 24) und ein Streichquartett
(1938, Werk 28).

Um wenigstens eine gewisse Vorstellung zu geben
von der Schaffensweise Weberns und der kunstvollen
Verwicklung seines Satzes, stellen wir ein paar Takte
aus dem genannten Konzert hierher (Beispiel). Auf

den ersten Blick erkennt man, daß sämtliche zwölf
Halbtöne vorhanden und in vier Gruppen zu je drei
Tönen eingeteilt sind. Jede Gruppe ist einem anderen Instrument zugewiesen. Ferner unterscheiden sich
die Dreiergruppen durch verschiedene Notenwerte
(1. Oboe in Sechzehnteln, 2. Flöte in Achteln, 3. gedämpfte Trompete in Achteltriolen, 4. Klarinette in
Vierteltriolen). Außerdem besteht jedes Dreiermotiv
aus einer verminderten None und einer großen Terz,

jedoch nicht in gleicher Anordnung und nicht in gleicher Richtung. Denn erste und vierte Gruppe beginnen zwar mit der verminderten None, aber einmal abwärts und dann aufwärts (ähnlich der Terzenbeginn von Gruppe zwei und drei). Weitere Besonderheiten, wie Beginn an verschiedenen Taktstellen, wird der aufmerksame Leser unschwer herausfinden. Man sieht bereits in den ersten zwölf Tönen eine Fülle von Besonderheiten. Mit solchen Besonderheiten und verwickelten Verschiedenheiten geht es nun durch das ganze Werk; fast möchte man zurückgreifen auf die in der Schule gelernte Mathematik mit Variations- und Permutationsrechnung, um Werke wie diese wenigstens intellektuell verstehen zu können. Ob es je möglich sein wird, derartiges mit dem Ohr einigermaßen zu erfassen (was ja bei einem Werk der Ton-Kunst Voraussetzung wäre), darf bezweifelt werden.

ALBAN BERG

Geboren am 7. Februar 1885 in Wien. Schüler von Schön-
berg. Gestorben am 24. Dezember 1935 in Wien. Berühmt
seine Bühnenwerke „Wozzeck" und „Lulu" (unvollendet),
sein „Violinkonzert auf den Tod eines Engels" und das
Streichquartett „Lyrische Suite".

Wohl war Berg nicht nur Schüler Schönbergs, sondern auch Fortsetzer von dessen Zwölftonmusik, als
Vertreter einer Kompositionsrichtung, die in hohem
Maße mathematisch-intellektuelles, ja vielfach ver-
geisteltes Berechnen kompositorischer Möglichkeiten
voraussetzt; doch hat Berg die von solchem Berechnen
drohenden Gefahren im großen und ganzen überwunden durch seine lebensnahe, ursprüngliche Musikalität.

Gerade in seiner „Lyrischen Suite für
Streichquartett" finden sich ganze Sätze, die man auf
ihre logische „Richtigkeit" gewissermaßen mathematisch nachprüfen kann. Beim Lesen der Partitur wird
das manchen sogar befremden. Wenn man sie aber
hört, spürt man, obwohl sie nicht jeden ohne weiteres
ansprechen dürfte, daß hier ein wahrer Künstler am
Werke ist, der sein Erleben, ja seinen leidenschaftlichen Überschwang durch strengsten Satz in Zucht
nehmen will, weil ihm die Kunst zu heilig ist, als daß
er sie zur Dienerin allzu subjektiver Gefühle herab-
würdigen könnte.

Formal werden in dieser Suite mehrfach Gestalten
verwendet und ineinandergeschlungen, ausgebaut oder
verkürzt, die aus der musikalischen Klassik stammen.
Aber während diese klassischen Formen (insbesondere
die Sonatenform) mit ihrem Gegensatz von erstem und
zweitem Thema sowie ihrer entsprechenden Verarbei-

tung wesensgemäß „dramatisch" sind, bleibt bei Bergs
Suite — schon der Name zeigt es an — alles undrama-
tisch, verschwebend, trotz äußerster Schärfe des Ausdrucks mehr angedeutet als aus- oder durchgeführt.
Um es anders zu sagen: Bestandteile überlieferter
Großformen werden zwar sorgfältig zusammengefügt
zu verwandelten Gestalten, doch bleiben sie im Grunde
nur äußerer Rahmen; das eigentliche Geschehen
schlägt sich nach innen nieder, in unerhört verdichtetem, lückenlos verbundenem Eigenleben, häufig genug
auch in einem fast unheimlichen Zahnräderwerk, das
seinen eigenen, mechanischen Gesetzen gehorcht (und
damit alles andere als „lyrisch" im üblichen Sinne ist).
Hier müssen einige Hinweise für das erste Hören
des ebenso kunstvollen wie schwierigen Werkes genügen. Es besteht aus sechs Sätzen; auf je einen bewegten Teil folgt jeweils ein langsamer, wobei schon die gewählten Zeitmaße und ihre gegenläufige Anordnung
von sorgfältiger Überlegung zeugen: 1. Allegretto
gioviale — 3. Allegro misterioso — 5. Presto deli-
rando / 2. Andante amoroso — 4. Adagio appassionato — 6. Largo desolato. Die bewegten Sätze werden
also von Mal zu Mal schneller, die ruhigen dagegen
von Mal zu Mal langsamer. Derartige Stufungen finden
sich auch der Lautstärke nach. Im Kanon des Adagio
setzen die vier Stimmen nacheinander ein, und zwar
(vom tiefsten zum höchsten Instrument!) pp — p —
mp — mf, wobei gleichzeitig die Lautstärke des vorangehenden Instruments so weit anschwillt, daß es
beim Einsatz des nächsten Instruments fast dessen
Klangstufe erreicht hat. Der Form nach ist der erste
etwa einem verkürzten Sonatensatz gleichzusetzen,
der zweite einem Rondo, der dritte hat Liedform
(A/B/A), der vierte bezieht seine Form (er ist drei-
thematig) aus den Zwölftongesetzen, der fünfte erscheint formal als Erweiterung des dritten (A/B/A/B/A),
der sechste ist wieder freier gehalten. Ob nun formal
streng oder frei, stets ist der Zwölfton-Satz kontra-

punktisch-polyphon dicht, bedient sich — in modernster Sprache — solcher Mittel, wie sie Bach in der „Kunst der Fuge" dargestellt hat (vom schlichten Kanon bis zur Spiegelung, zum Krebs und zum gespiegelten Krebs). Fast scheint es, als wollte Berg durch das Verwenden all dieser bekannten Kompositionsmittel betonen, daß die Zwölftonmusik sich zwar ungewohnter moderner Bausteine bediene, sich aber an die überlieferten Bauformen — wenn auch variiert — gebunden fühle, eine Huldigung vor der Tradition, die unterstrichen wird durch Zitate früherer Meister (etwa das „Tristan"-Zitat im Schlußsatz).

Zum Schluß unserer bewußt knapp gehaltenen Andeutungen mögen zwei Notenbeispiele eine Vorstellung davon geben, wie auf kleinstem Raum eine Fülle von Inhalt niedergelegt werden kann. Beispiel 1 zeigt

1 (Allegretto gioviale)

ein besonders eindringliches Zwölftonthema: das Kopfthema des ersten Satzes, das erst auftritt, wenn in einem voraufgehenden Einleitungstakt der Zwölfton-Charakter akkordisch festgelegt ist. In Beispiel 2

2 Allegro misterioso

spielen drei Instrumente mit genau den gleichen vier Tönen; diese werden jedoch jedesmal in anderer Reihenfolge gebracht (ausgetauscht, permutiert), und jede Gruppe beginnt ihr Spiel zudem noch an voneinander abweichenden Gewichtspunkten im Takt.

HEINRICH KAMINSKI

Geboren am 4. Juli 1886 in Tiengen (Schwarzwald) als Sohn eines Pfarrers. Studium in Heidelberg und Berlin. Lehr- und Dirigententätigkeit in verschiedenen Städten (u. a. Berliner Akademie). Lebte in Ried (Oberbayern); dort 1946 gestorben. Hauptwerke: Oper, Chorschöpfungen, Orgel-, Orchester-, Klavier- und Kammermusik.

Bei dem langsam und bedächtig arbeitenden Kaminski war man, wenn wieder einmal ein neues Werk bekannt wurde, stets erneut verwundert, wie er es hatte über sich bringen können, die Öffentlichkeit an seinem Schaffen teilhaben zu lassen. Denn seiner tondichterischen Art lag kein Mitteilungsbedürfnis zugrunde, sie entstammte keinem musikantischen Trieb und strebte nicht nach Wirkung. Damit hängt es zusammen, daß sich Kaminski keiner „Richtung" einordnen läßt. Sein polyphones Denken geht zurück auf die Altklassik, ist auch wohl von Reger nicht ganz unberührt, zielt aber zugleich weit in die Zukunft. Daneben steht eine unverkennbare Freude am Klang, die ihn mit manchem Spät- und Nachromantiker zu verbinden scheint, aber doch aus einer ganz anderen Vorstellungswelt kommt. In seiner linearen Polyphonie stößt er weiter und kraftvoller vor als viele Verfechter der „atonalen Linearität" in den vergangenen Jahrzehnten und doch bleibt er in der Tonalität verwurzelt. Nun setzt Polyphonie — sollte man meinen — scharfgeprägte thematische Linienführung voraus. Das trifft jedoch bei Kaminski nur bedingt zu. Oft genug erzeugt sich die Thematik im Laufe des Werkes erst selbst, und dieser Vorgang ist zugleich bestimmend für das Gestaltwerden überhaupt. Man darf daher sagen: Kaminski knüpft nicht bei einer geschichtlichen Stilrichtung an, um sie zu bereichern oder fortzuführen; er geht vielmehr in jedem Werk auf die Musik

als solche zurück, mit der ganzen Voraussetzungslosig-
keit des echten Schöpfergeistes, aber auch mit der ganzen Problematik des einsam Ringenden.

Ohne Zweifel muß eine so beschaffene Musikerpersönlichkeit gerade in der Kammermusik den geeigneten
Werkstoff und Werkplatz finden. Es sind nicht viele
kammermusikalische Schöpfungen bekanntgeworden.
Und auch diese wenigen erklingen nicht allzu oft; dafür
sind sie zu streng, zu zurückhaltend. Immer wahren sie
Abstand, erschließen sich nur dem, der sie sich ernst erarbeitet. Wir stellen daher nur Kaminskis größte kammermusikalische Schöpfung etwas ausführlicher dar. Sie
mag als grundsätzliches Beispiel für die übrigen Werke
dienen, deren wir nur knapp Erwähnung tun.

Wir meinen das f i s - m o l l - S t r e i c h q u i n t e t t
von 1917, in der Neubearbeitung von 1927 (je zwei
Geigen und Bratschen, dazu Cello). Die vier Einleitungstakte (Beispiel 1) enthalten bereits die wesentlichen

Keimkräfte des ganzen ersten Satzes. Es sind nicht Themen im überkommenen Sinne, sondern „Motive" in des
Wortes wörtlicher Bedeutung: „Beweger", und zwar Beweger aus zwei entgegengesetzten Zeitmaßen, aus Adagio und Allegro. Man wird bemerken, daß diese beiden
Gedanken zwar gegensätzlich, aber doch verwandt sind:
die ersten fünf Töne des Allegro-Motivs entsprechen
in der Bewegungs r i c h t u n g genau dem Adagio-
Motiv. Im Wechsel von langsam und schnell treten die
Gedanken zunächst nebeneinander auf, dann werden
sie gekoppelt, bis sie sich schließlich motivisch und polyphon gegenseitig stützen und befruchten. Wohl schimmert die Sonatenform durch diesen Satz, aber aus dem
angedeuteten Wechselspiel entsteht doch etwas durch-

aus Neues, Eigenes. — Solches Werden wiederholt sich
im zweiten Satz (Andante). Aus ruhig kreisender Bewegung erwächst ein Thema, das allmählich zu einem
figurativen und kontrapunktischen Spiel führt und endlich auch das Adagio-Motiv des ersten Satzes wieder
anklingen läßt. Besonders sorgfältig wird hier der Klang
behandelt, wofür die genauen Bezeichnungen („mit
Dämpfer", „leise hervortretend", „stark gestrichen",
„Flageolett") Zeugnis ablegen. — Dafür ist der dritte
Satz (wenn man so will: das Scherzo) mit seinem Wechsel von Allegro grazioso und Andantino stark rhythmisch

unterbaut. Schon der Hauptgedanke (Beispiel 2) wech-
selt $^4/_4$- mit $^3/_4$-Takt, es folgen $^3/_4$ und $^3/_2$ sowie $^5/_4$ und
$^3/_4$. Kerngestalt des Satzes ist die freie Variation auf
kontrapunktischem Grunde (Umkehrung, Vergrößerung
usw.). Die ersten drei Sätze in ihrer besonderen Artung
— thematisches Werden / Klang / Rhythmus, alles polyphon gestaltet — erscheinen so als Vorbereitung auf die
im Schlußsatz „attacca" anhebende Fuge. — Aber auch
dieser Fugensatz ist alles andere als herkömmlich. Dem
Kopfthema (Beispiel 3) gesellt sich ein Gegen- oder

zweites Thema, doch handelt es sich hier um etwas anderes als eine schulgerechte Doppelfuge. Denn schrittweise wandeln sich Thema und Gegenthema und bilden
in der gewandelten Form jeweils wieder Ausgangspunkte für neue Fugen. Es reiht sich also gewissermaßen

Fuge an Fuge, ohne daß der innere Zusammenhang zwischen ihnen je aufgegeben würde.

Aus dem mächtigen Reich solchen verdichteten musikalischen Denkens stammen auch die übrigen Kammermusikwerke Kaminskis; freilich äußert sich diese Abstammung in verschiedener Stärke. Unmittelbar benachbart ist das Quintett für Klarinette, Horn und Streichtrio. In diesem Werk sind fünf klanglich deutlich geschiedene Instrumente an dem polyphonen Geschehen beteiligt. Das Ganze ein ausgedehntes stimmiges und klangliches Werden und Vergehen fast gestaltloser Themen und Motive, eine Art von polyphonem Impressionismus und doch von bloßer Stimmungskunst weit entfernt. Zwischen den beiden Hauptteilen vermittelt ein bretonisches Volkslied, dessen unterlegter Text („Die Glocke läutet das Angelus, einen Tag mehr hat also die Welt. Heilige Jungfrau Maria") zum „Verständnis" kaum beiträgt.

Greifbarer das F-dur-Streichquartett. Das viersätzige Werk beginnt mit einem langsamen Satz als Unterbau. Der eigentliche Hauptsatz stützt sich auf ein kraftvoll emporfahrendes Thema, dessen Wirkung sich auf die beiden nächsten Sätze erstreckt: ein knapp gefaßtes ausdrucksvolles Adagio und einen gipfelnden Schlußsatz.

Für Streichquartett geschrieben ist auch „Präludium und Fuge über den Namen Abegg", ein Thema, das einst schon Robert Schumann diesem Namen abgewann. Mächtig gesteilt das Präludium von fast gotischem Ausdrucksgehalt, stark verdichtet die Fuge, die unter dem Reichtum formalen Könnens und geballten Ausdrucks zu bersten scheint. Das Ganze eine seelisch und geistig erfüllte Polyphonie von hohen Graden.

Ein anderes Quartett legt schon früh Zeugnis ab für Kaminskis Art: das Quartett für Klarinette, Bratsche, Cello und Klavier. Sucht das Werk schon durch die nicht gewöhnliche Instrumentalbesetzung ausgetretene Pfade zu meiden, so geht es auch stilistisch und formal Wege, die später in den Quintetten gipfeln. Die alte Viersätzigkeit erscheint hier bereits auf neue Weise gebunden: ein bewegter Satz deutet thematisches Werden an, der langsame Satz bringt das eigentliche Hauptthema des Quartetts, ein zwischen d-moll und F-dur kreisendes Volkslied, auf dem nun Variationen einsetzen, deren fünfte als Scherzo auftritt, während die letzte als Schlußsatz zu dienen hat.

Wir nennen endlich noch die „M u s i k f ü r z w e i G e i g e n u n d C e m b a l o" (1932), ein Versuch reiner Spielmusik, die aber — trotz dem Rückgriff auf barocke Ausdrucksmittel—so stark und eigengewachsen ist, daß sie wiederum zum Abbild des sich vorwärtsgrübelnden Meisters wird.

MAX TRAPP

Geboren am 1. November 1887 in Berlin. Schüler u. a. von
Paul Juon. Leiter einer Meisterklasse an der Berliner Musik-
hochschule. Schrieb Orchesterwerke, Konzerte, Kammer-
musik, Klavierwerke, Lieder.

Trapps Werk ist ein Musterbeispiel ruhiger Entwicklung. Es beginnt mit Wagnernachfolge, nimmt dann
Strauß-Einflüsse auf und nähert sich schrittweise immer
mehr zeitgemäßem Ausdruck. Alles wächst ohne gewollte Absicht, natürlich, organisch, sodaß sich der
Persönlichkeitsstil nur langsam herausgebildet hat. In
einem sind sämtliche Werke Trapps unverändert geblieben: in der ursprünglichen Lebendigkeit frischen
Musizierens. Trapp ist einer der wenigen lebenden Musiker, deren neuromantische Haltung mehr vorwärts
weist als zurückschaut.

Ein S t r e i c h q u a r t e t t Werk 22 zeugt deutlich
von Trapps Art, die auch scheinbar Unausgeglichenes
innerlich zu binden weiß. Auf Einheit der Tonart wird
verzichtet (keine Vorzeichnung, G und C sind Grund-
pfeiler, über denen die Harmonien allerdings sehr frei
schweben), ebenso fehlt — scheinbar — Einheit der Gestalt; denn das nur dreisätzige Werk beginnt mit einem
ruhelos gequälten Kopfsatz kontrapunktischer Fügung,
der langsame Satz verlagert das zuweilen als „verzweifelt" bezeichnete Geschehen nach innen, scheut auch vor
Rokokofiguren als Zeichen der Empfindung nicht zurück,
und der Schlußsatz ist ein scherzoartiges Rondo. Die
innere Einheit wird jedoch ohne weiteres erkennbar,
wenn man das Ganze als Bekenntnismusik betrachtet.

Von Trapps drei K l a v i e r q u a r t e t t e n ist nur eines
bekanntgeworden (Werk 31). Die Sprache wirkt wesentlich herber als die des Streichquartetts, und zwar im
Thematischen wie in der Mehrtonalität. Dafür sind die

Sätze (diesmal nur zwei) auch motivisch gekoppelt und somit auch rein musikalisch in ihrem Zusammenhang leichter zu erfassen. Diese Koppelung war erforderlich; denn es ist sonst nicht leicht, sich in die Ausdruckswelt des Werkes einzuhören.

Echtester Trapp die h - m o l l - S o n a t e f ü r G e i g e und K l a v i e r Werk 37. Hier, wo die Tonart angegeben ist, häuft der Meister die Harmonien übereinander, zugleich fügt er dem Werk mancherlei „Ungarisch-Zigeunerisches" bei, sodaß Gedrängtes neben Schweifendem steht. Eigentümlich die entsprechende Gliederung: besonnen und verhalten die Ecksätze, in Einzelbilder aufgespalten der Mittelsatz. Das bei Trapp stets vorhandene Musikantisch-Freudige stößt hier zuweilen bis zu virtuosenhafter Spielfreude vor.

EGON KORNAUTH

Geboren am 14. Mai 1891 in Olmütz. Schon als Knabe und als Jüngling im öffentlichen Musikleben als Pianist und Cellist. Seit 1900 in Wien, von wo aus er zahlreiche Konzertreisen in alle Welt unternahm. Schrieb Lieder, Klavierwerke, Orchesterkompositionen, Kammermusik.

Kornauth ist Kammermusiker von Geblüt, davon zeugen Stil und Zahl seiner kammermusikalischen Schöpfungen. Mit sicherem Feingefühl hält sich seine durchaus neuromantische Art fern von allen Problemen der jüngsten Musik, weil er weiß, daß er sich sonst selbst verleugnen müßte. Und gerade die unbedingte Ehrlichkeit seines musizierfreudigen, harmonisch und klanglich der Überlieferung verpflichteten Schaffens macht seine kammermusikalischen Arbeiten so anziehend und wertvoll.

Unter den verschiedenen Sonaten für ein Streich- bzw. Blasinstrument mit Klavier kennzeichnet die cis-moll-Bratschensonate Werk 5 besonders schön den frühen Kornauth, vor allem mit den beiden ganz in Schwärmerei getauchten Anfangssätzen. Das ist Wiener Kammermusik nach 1900, noch ganz unbekümmert, noch unberührt von den sich anbahnenden Umwälzungen. Das Klavierquartett Werk 18 ist dieser Sonate zutiefst verwandt: prachtvoll gelockert, sorgfältig getönt, durchaus romantisch empfunden.

Von den Streichquartetten ist das Werk 26 bekannter geworden. Sehr lebendig der Kopfsatz mit seinen drei Themengruppen in verschiedenen Zeitmaßen (Moderato assai / Allegretto grazioso / Allegro energico) und Taktarten ($^3/_4$, $^5/_4$ und $^4/_4$). Solche Lockerung wird in der Durchführung wieder straff gebunden durch kontrapunktisch kunstvolle Arbeit. Nicht ganz so stark der langsame Satz und das Presto agitato des Schlußsatzes. Denn gerade das Eindringen kontrapunktischer Arbeit in die Farbigkeit des ersten Satzes wirkt so überraschend und überzeugend.

Das S t r e i c h q u i n t e t t Werk 30 kann als Fortsetzung des im Streichquartett eingeschlagenen Weges angesehen werden. Abermals dreisätzig, erneut die Schwergewichtsverlagerung auf einen mächtigen Kopfsatz, wiederum das (allerdings sehr verfeinerte) Abklingen in langsamem und Schlußsatz.

Zu erwähnen schließlich das N o n e t t Werk 31, gruppenweise besetzt (vier Bläser, fünf Streicher), aber nicht durchaus gruppenweise geführt. Vielmehr durchdringen sich die jeweiligen Linien und Farbwerte der einzelnen Instrumente oft gegenseitig.

PHILIPP JARNACH

Geboren am 26. Juli 1892 in Noisy (Frankreich) als Sohn eines spanischen Vaters und einer flämischen Mutter. Kompositionsunterricht bei Busoni. 1918—1921 Konservatoriumslehrer in Zürich. Lebte dann in Berlin. 1927 Kompositionslehrer an der Staatlichen Hochschule für Musik in Köln. Hauptwerke: Lieder, Klaviermusik, Kammermusik, Orchesterschöpfungen.

Der Vater Spanier, die Mutter Flämin, geboren in Frankreich, erzogen in Deutschland und in der Schweiz, Unterricht bei Busoni (dem Sohn einer Deutschen und eines Italieners), Lehrer in der Schweiz und in Deutschland — solche Internationalität muß sich im Werk Jarnachs niederschlagen. Aber dieser Niederschlag macht sich nur stilistisch bemerkbar durch sorgsames Wählen und formale Gewandtheit; in seiner Haltung darf Jarnach (der auch die deutsche Staatsbürgerschaft erworben hat) zum deutschen Kulturkreis gerechnet werden. Sein feines Stilempfinden macht ihn zum echten Kammermusiker. Vorerst sind seine Orchesterwerke wohl noch bekannter als die Kammermusik.

Von dieser pflegt er die verschiedensten Formen. Wertvolles hat er gegeben mit seinen D u o s , etwa mit der zartgliedrigen, durchsichtigen „Sonatine für Flöte und Klavier", mit den innerlich schweifenden, formal jedoch fest zusammengehaltenen „Rhapsodien für Geige und Klavier", ferner den rhythmisch funkelnden „Zwei Humoresken für Geige und Klavier", weiter der gehaltvollen, melodisch reifen „Aria für Cello und Klavier" und besonders der meisterhaften „Sonatine für Cello und Klavier", einem zieren mehrsätzigen Werk mit bezaubernden Klangwirkungen im zweiten und dritten Sätzchen.

Mit dem S t r e i c h q u a r t e t t c - m o l l Werk 16
hat Jarnach Formversuche gemacht, die nicht ohne weiteres als geglückt bezeichnet werden können, so starke
Werte im einzelnen auch hervortreten mögen. Es ist
zweisätzig, wobei die Sätze in ihrem Inneren wieder
merkliche Unter-Sätze bilden, die harmonisch, rhythmisch, in der Satzart (teilweise polyphon), klanglich
sowie im Zeitmaß scharf geschieden sind. Aber die teilweise ergreifenden Schönheiten runden sich nicht recht
zum Ganzen.

Durchaus einheitlich dagegen ist das S t r e i c h -
q u i n t e t t Werk 10. Fesselnd der Aufbau dieses Va-
riationenwerkes: zwei Motive des „Präambulums" schließen sich allmählich zum „Thema" zusammen; dieses
wird dann in selbständigen Sätzen variiert und zwar
als „Sinfonia", als „Melodram", als „Giga", als „Aria",
als „Rezitativ und Marsch", als „Choralvorspiel" und
endlich als Doppelfuge im „Finale". Ein im Formalen
wie Inhaltlichen gleich überzeugendes, zahlreiche
Schönheiten bergendes Werk.

Jarnach schreibt verhältnismäßig wenig. Erst 1954
begegnete man einem (1952 komponierten) S t r e i c h -
q u a r t e t t mit dem bezeichnenden Titel „ M u s i k
z u m G e d ä c h t n i s d e r E i n s a m e n ". Hier sind
starker, zuweilen leidenschaftlicher Ausdruck und gelassen beherrschte Form eins geworden.

DARIUS MILHAUD

Geboren am 4. September 1892 in Aix (Südfrankreich). Ausbildung am Pariser Konservatorium. Während des ersten Weltkrieges einige Jahre Botschaftsattaché in Rio de Janeiro. Wirkte dann zumeist in Paris; gehört zur „Gruppe der Sechs". Wanderte 1940 nach Amerika aus. Gegenwärtig bald in Nordamerika, bald in Frankreich. Schrieb u. a. Opern, Bühnenmusiken, Oratorien, Orchesterwerke, Ballette, Lieder, Kammermusik.

„Meine musikalische Bildung ist ausschließlich durch den lateinisch-mittelländischen Kulturkreis bestimmt, was sich schon daraus erklärt, daß ich einer sehr alten jüdischen Familie der Provence entstamme. Die südländische, und besonders die italienische Musik hat mir immer sehr viel gesagt, die deutsche so gut wie nichts".

Mit diesen Worten sagt Milhaud Wesentliches über sich und sein Schaffen aus. Südländische Musik, — das ist lebendiger Einfall, Freude am Melodischen, Musik um der Musik willen, angeborener Sinn für Maß und Form, schwebende Anmut, tägliche Wiedergeburt, ständiges Kreisen, unerschöpfliche Fülle. Deutsche Musik, — das ist (wenigstens in erheblichem Umfang) Ringen um den und mit dem Einfall, Suchen nach den Hintergründen des Melodischen, Denken über Musik, unaufhörliches Kämpfen mit der Form, schreitende Schwere, Entwicklung über Jahrzehnte, folgerichtiges Weiterdenken, letztes Ausnützen der gegebenen Möglichkeiten.

Man sollte meinen, von Milhauds Selbstbekenntnis aus könne es für ihn kaum einen Anlaß geben, ein Streichquartett zu schreiben, diese verdichtetste Art musikalisch-geistig-gedanklicher Auseinandersetzung. Tatsächlich aber liegen bereits viele Streichquartette aus seiner Feder vor, die späten, in Amerika geschriebenen, freilich bei uns z. T. noch unbekannt. Nein, unbekannt sind sie nicht, nur un-gehört. Denn, nach Milhauds

ganzer Schaffensart zu schließen, werden wir die nicht-
gehörten eines Tages als gute Bekannte begrüßen. Da
Milhaud sich nämlich nicht in unserem Sinne „entwickelt", sondern um einen einmal gewählten Mittelpunkt („Musik, nichts als Musik") kreist, so werden uns
seine letzten Streichquartette kaum etwas Neues, Über-
raschendes bringen.

Es ließe sich etwa sagen: wer ein, zwei Streichquartette dieses Komponisten kennt, der kennt sie alle. Der
erste Eindruck: hier schreibt jemand aus der Fülle, aus
dem Reichtum ständig quellender Einfälle, ungehemmt
durch Handwerkliches, unbelastet von allem Gedanklichen, häufig ein wenig „obenhin", niemals jedoch
banal. Er greift ins Leben, scheinbar wahllos; aber was
er greift, das ist — wie es scheint: zufällig — stets miteinander verwandt. Er läßt es im Licht aufglänzen, läßt
Schatten darüberlaufen, dreht und wendet es, läßt es
bald wehmütig und heiter wieder fallen, ohne sich um
den inneren Kern zu mühen. Daher die knappen Sätze,
die nie länger dauern, als es Zeit braucht, den gewählten
Gegenstand spielerisch zu erfassen. Seltsam, daß dabei
häufig von Wehmütigem heiter und von Heiterem wehmütig Abschied genommen wird.

Natürlich ist Milhaud ein Künstler unsrer Zeit, seiner
Zeit. Er ist weder vom Impressionismus noch vom Expressionismus unberührt geblieben. Aber er hat sich
weder an diesen noch an jenen verloren, weil er zu uni-
versal ist und weil der Einfall bei ihm zu stark strömt,
als daß er sich durch Staustufen oder Filter aufhalten
lassen könnte. Milhauds Melodik bleibt fast immer
Melodik, wird nicht zu bauender oder entwickelnder
Thematik. Auch seine Harmonien tragen nicht, sind vielmehr mehr oder weniger überzeugende Ergebnisse des
melodischen Verlaufs. Dadurch wirkt Milhauds Kammermusik fast durchweg lyrisch. Diese Wirkung wird
dadurch unterstützt, daß Milhaud kein Rhythmiker im
modernen Sinne ist. Alles fließt, gleitet, spielt, musiziert. Auch klangliche Härten, die sich aus der poly-

tonal-polyphonen Schreibweise zuweilen ergeben, wirken niemals konstruiert oder gewollt, sondern ergeben sich aus dem naturhaften Spiel. Daß bei einem so gearteten Musiker nicht alles gleichwertig ist, kann nicht verwundern. Vieles will uns sogar schwach erscheinen. Immer aber ist es Musik.

Greifen wir als Beispiele drei Quartette aus der mittleren Schaffenszeit heraus. Das V i e r t e S t r e i c h - q u a r t e t t (1918) hat drei Sätze. Zunächst ein unauffällig verstrebtes Spiel mit lockeren (im buchstäblichen und im übertragenden Sinne) Melodiebildungen. Dann ein „Funèbre", eine Art gemildeter Trauermarsch, jedoch nicht darstellend, sondern stimmungerzeugend. Endlich im Schlußsatz ein Verfestigen und Zusammenziehen der ersten beiden Sätze: eine Art kleiner Marsch, sicher geführt, bestimmt musiziert. Aufschlußreich das F ü n f t e S t r e i c h q u a r t e t t (1920). Es ist dem Zwölfton-Musiker Arnold Schönberg zugeeignet, und damit mag es zusammenhängen, daß der erste Satz — ohne sich der Zwölfton-Musik zu ergeben — nach Umfang, Aufbau, Klangschichtung, verschieden-thematiger Gleichzeitigkeit und Stimmführung so erklügelt anmutet. Aber bezeichnend: diese besondere Art von Polyphonie auf polytonaler Grundlage wirkt zwar in den drei folgenden Sätzen weiter, entspannt sich jedoch immer mehr im Sinne des Musikers Milhaud. Eins der schönsten, ansprechendsten und immer wieder bezaubernden Quartette ist das S e c h s t e S t r e i c h q u a r t e t t (1922). Drei Sätze, lyrisch gestimmt, klanglich liebevoll ausgewogen. Der erste (Lebhaft und geschmeidig) mit gleitenden fließenden Linien, die ineinander verlaufen, klangschön. Der zweite (Sehr langsam) in verschiedene Klangbilder aufgelöst, wieder fließende Melodik, Ostinato- und Pizzikato-Bässe. Der dritte (Lebhaft) abermals flüssig, diesmal tänzerisch gespannt. Alle Sätze knapp, bündig, musikalisch.

Die gleiche Schreibart findet sich auch in dem durchweg lyrisch gestimmten Z w ö l f t e n S t r e i c h q u a r -

t e t t aus den letzten Jahren. Dann macht Milhaud einen
hübschen Versuch: er schreibt z w e i S t r e i c h q u a r -
t e t t e , die j e d e s für sich a l l e i n , a b e r a u c h
g l e i c h z e i t i g gespielt werden können, sodaß auf
diese Weise ein Doppelstreichquartett oder Oktett entsteht (1950). Spielerei? Nun, dann jedenfalls eine ganz
entzückende. Und nicht nur das; vielmehr bleibt zudem der meisterliche, dabei wie mühelos hingeschrie-
bene kontrapunktische Satz zu bewundern. Dieser erschließt sich allerdings mehr dem lesenden Auge als
dem Ohr; denn das Ohr empfindet die Vielfalt und
Verästelung dieser Linien häufig genug als kontrapunktische Überfracht. Von den beiden Quartetten,
wenn sie einzeln gespielt werden, möchten wir dem
14. wegen seiner Ausgewogenheit den Vorzug geben;
im 15. finde ich jedenfalls manches als nicht selbst-
tragend.

Neben den insgesamt bisher achtzehn Streichquartetten stehen noch zwei Q u i n t e t t e sowie die einst
vielbesprochenen, heute aber fast vergessenen S o -
n a t e n f ü r G e i g e u n d K l a v i e r .

PAUL HINDEMITH

Geboren am 16. November 1895 in Hanau als Sproß einer schlesischen Handwerkerfamilie. Schüler von Arnold Mendelssohn und Bernhard Sekles. 1915 Konzertmeister am Frankfurter Opernhaus, später Bratscher im Amar-Quartett. Dann Professor für Komposition an der Berliner Hochschule für Musik. Als er aus politischen Gründen gezwungen wurde, diese Stellung aufzugeben, ging er ins Ausland. Lebt als Schaffender, Ausübender und Unterrichtender in USA. Schrieb u. a. Opern, Orchesterwerke, Konzerte, Kammermusik, Klavierwerke, Gesänge.

Zu Hindemith mag man stehen, wie man will (der Verfasser lehnt den früheren Hindemith ab, anerkennt die Werke seit etwa 1930 und bekennt sich zum späteren Hindemith), — daß er insbesondere in der Kammermusik werkgerecht zu schreiben weiß, wie nur wenige Zeitgenossen, wird niemand bezweifeln. Gerade die Kammermusik ist der Prüfstein, an dem sich Gekonntes und Ungekonntes erbarmungslos scheiden. Das Handwerkliche an sich steckt Hindemith seiner Herkunft nach im Blut. Als Konzertmeister eines angesehenen Orchesters sammelte er Erfahrungen, die ihn das Wesen jedes Instruments kennenlehrten. Als Bratscher einer namhaften Quartettvereinigung hörte und spielte er sich in die Welt der Kammermusik hinein. Ausgesprochene Lehrbegabung befähigte ihn, das Erprobte zu durchdenken. Und so trat er schon frühzeitig mit dem erforderlichen Rüstzeug auf den kammermusikalischen Plan.

Aus solchem Hineinwachsen in die Praxis erklärt sich unschwer, daß Hindemith sich zunächst keineswegs mit den schwierigen geistigen Problemen der Kammermusik auseinandersetzte, sondern daß er vor allem Musik für die Praxis schrieb. Selber Klavier-, Geigen- und Bratschenspieler, Beherrscher aller Blasinstrumente des Or-

chesters, komponierte er systematisch Kammermusik
für alle Instrumente, um jedem Spieler Lehr- und Kon-
zertwerke an die Hand zu geben.

Daß dieses nicht trocken-lehrhaft geschehe, dafür
bürgt die echt musikantische Natur Hindemiths. Und
das Musikantische wiederum wird gebändigt durch eine
starke polyphone Veranlagung, wobei unter Polyphonie
bei Hindemith zu verstehen ist: „horizontale" Linien-
strebigkeit und „vertikale" Baukraft. Wesentlich dabei
der Rhythmus, der — mindestens in den bedeutenden
Werken — das polyphone Geschehen trägt und stützt.
In frühen Kompositionen hat Hindemith oft den Bereich
der überkommenen Harmonie verlassen und in ungehemmter Entdeckerfreude Klänge geschrieben, die der
Hörer weder damals noch heute als verbindlich anerkannte. Aber Hindemith ist kein Fanatiker und kein
Dogmatiker, — er ist Musiker und hat sich als solcher
nicht gescheut, später vieles wieder zurechtzurücken.
Unrichtig wäre es daher, ihn als Atonalisten zu bezeichnen. Wohl aber hat er die alte Tonalität stark erweitert und sein neues harmonisches Denken auch theo-
retisch unterbaut.

Da sich in der Entwicklung Hindemiths zugleich eine
wesentliche Entwicklungslinie der Neuen Musik ab-
zeichnet, geben wir unseren Überblick über sein kammermusikalisches Schaffen, indem wir der Entstehung
der Werke folgen.

Das Erste Streichquartett f-moll Werk 10
hatte als Vorläufer einige nicht veröffentlichte Kammer-
musikarbeiten. Als der Vierundzwanzigjährige es
schrieb, klang das Reger-Erlebnis in ihm nach. So in der
Fugato-Durchführung des ersten Satzes, so auch in dem
Thema des aus Variationen bestehenden Mittelsatzes,
schließlich auch in dem heftigen, um nicht zu sagen: zer-
rissenen Nebeneinander der Finale-Entladungen. Betrachtet man freilich das Hauptthema des Kopfsatzes
(Beispiel 1), so sieht man, wie hinter dem leicht Reger-
schen Schnitt eine stärkere, ursprünglichere Kraftquelle

angeschlagen wird, in der sich ein andersgeartetes rhythmisches Wollen ankündigt.

Unter der Werkzahl 11 erscheinen dann S t r e i - c h e r s o n a t e n   m i t   K l a v i e r (1920/22). Die erste G e i g e n - K l a v i e r - S o n a t e   i n   E s bringt in ihren beiden Teilen nochmals eine Auseinandersetzung mit der späten Romantik; aber diese Auseinandersetzung führt ein Musiker, dem ein neues Ziel (freilich noch nicht immer der Weg dorthin) vor Augen steht. Echt musikantisch das tänzerische Urerlebnis: im ersten Teil bewegt und frei im Harmonischen, im zweiten als „langsamer, feierlicher Tanz" und vorwiegend linien- haft-melodisch. Von der zweiten G e i g e n - K l a v i e r - S o n a t e   D - d u r möchte man annehmen, sie sei vor der ersten entstanden, weil — insbesondere im Kopf- satz — der Ausgleich zwischen später Romantik und eigener Zielsetzung noch nicht soweit gediehen ist wie in der ersten Sonate. Drittes Stück der Werkzahl 11 ist die C e l l o - K l a v i e r - S o n a t e ; sie ruht nur noch andeutungsweise auf der a-moll-Grundlage, verzichtet auf wohlanständigen Themenvortrag im überlieferten Sinne, rollt vielmehr in wilden Klaviergängen dahin, das Cello schließt sich fast willenlos an, und dann erst bildet sich so etwas wie festere Gestalt und greifbare Formel: es sind Formeln, die dem Umriß nach dem Barock zu entstammen scheinen, jedoch geladen sind mit Kräften, deren Sinn man damals nicht zu ermessen vermochte, die aber, selbst bei Ablehnung des Werkes, auf jeden Fall als Kräfte anerkannt werden mußten. Merkwürdig die Gestalt der B r a t s c h e n - K l a v i e r - S o n a t e (Werk 11 Nr. 4). Variationen über ein Thema „ruhig und einfach wie ein Volkslied"; aber diese Va- riationen entnehmen der Volksliedweise nur die melo-

dische Zielsetzung, spalten sie immer mehr auf, fügen
fremdartig wirkende Gegenstimmen hinzu, heben betont jede Harmonie im alten Sinne auf und sprengen
das Finale in den Variationenblock hinein und zwar mit
einem Thema (Beispiel 2), das nun nicht mehr Melodie

und nicht mehr Linie, sondern nur noch Bewegungswucht ist.

Und nun jenes Werk, das vor mehr als einem Vierteljahrhundert von Donaueschingen aus (1922) Hindemiths
Namen mit einem Schlage in aller Musiker Mund
brachte: das Zweite Streichquartett in C
Werk 16. Was damals Eindruck machte, waren nicht
der zweite und dritte Satz (das Werk ist dreisätzig);
sie erschienen auch damals schon als unfertig, tastend
und sogar (wie dem Verfasser) ausgesprochen schwach.
Aber der Kopfsatz rüttelte auf, zwang die Hörer in Bann.
Die von der sogenannten Revolution in der Musik Be-
sessenen hoben damals Hindemith auf den Schild; die
Besonnenen aber blieben auch nach diesem Satz kühl
gegenüber dem Musiker Hindemith, doch spürten
und anerkannten sie rückhaltlos den blutvollen Musikanten und den kraftgeladenen Könner. Und wir
meinen, sie haben recht behalten. Die drei Themen des
Kopfsatzes sagen über den musikantischen Könner alles
aus: Kraft, alle gewohnte Glätte durchstoßende Kraft
im ersten Thema (Beispiel 3a), gelenk-lockere Fügung
im zweiten (Beispiel 3b), rhythmisch gefestigte Baulinie
im dritten (Beispiel 3c). Wohl sind die Themen verschieden, aber sie bilden keine eigentlichen Gegensätze, aus
denen eine echte Durchführung erwachsen könnte. Demgemäß wurde die alte Satzform verlassen, freilich auch
eine neue noch nicht geschaffen; frei standen die Kräfte

nebeneinander, gegenseitig einander bestätigend und
überhöhend. An die Stelle des Klanges war die Kraft

getreten, an die Stelle der Harmonie der Bewegungsablauf. Ein Durchbruch, der notwendig schien und doch
zugleich mit Besorgnis beobachtet werden mußte.

Das Dritte Streichquartett Werk 22 (1922)
zeigte aber bereits eine gewisse Eindämmung der teilweise wild flutenden Bewegungsströme. Abermals ist
der Kopfsatz mit seinem fugiert durchgeführten Hauptthema (Beispiel 4) entscheidend. Insbesondere das

Thema selbst erscheint ganz als gebändigte Kraft; allerdings hält sie in dem ersten Satz nicht recht durch. Im
zweiten Satz wird gehämmert — sagen wir es ruhig:
um des Hämmerns willen; der langsame Satz, vielfach
eine beachtliche Mischung von aufeinander abgestimm-
ter Einfallsmelodik und denkerischer Arbeit, bleibt auch
nicht frei von rhythmisch-hämmernder Freude. Erst der
Schlußsatz mit seiner häufigen Zweistimmigkeit greift
die Haltung des Kopfsatzes wieder auf, entspannt sich,
versprüht jedoch daneben in einem Spiel, das geradezu
konzertierend anmutet.

Die Solo-Sonaten dieser Jahre tragen — von
heute aus gesehen — nur Durchgangscharakter. So die

Bratschen-Sonate Werk 25 Nr. 1; sie zielt mit
ihren schnellen Sätzen ganz ins „Motorische", besonders in dem Schlußsatz, dessen Takte keinerlei Gleich-
maße mehr enthalten und dessen Überschrift alles aus-
sagt: „Rasendes Zeitmaß. Wild. Tonschönheit ist Neben-
sache". Hauptsache ist das Motorische, wesentlich das
Bestreben, Motorik, Thematik und Instrumentalstoff zu
binden. Verwandt, doch den Bedingungen des Instruments gemäß etwas gemildert, die Cello-Sonate
Werk 25 Nr. 2 (beide Sonaten 1923).

In der Werkzahl 31 (1924) sind drei Sonaten zusammengefaßt. Die erste Violin-Sonate läßt,
obwohl den zuvor genannten Werken entwachsend,
deutlich erkennen, wie das Motorische sich allmählich
zum Bewegungsmäßigen wandelt, wobei aus dem „Rasen" des Bratschenstückes sich immer deutlicher Einzelteile erheben, die eine mehr bauende Bedeutung haben.
In der zweiten Violin-Sonate taucht dann
ein stimmungsmäßiges Element auf: zum Stofflichen —
das keineswegs zurücktritt! — gesellt sich das Menschliche; so in dem (dritten) Pizzikato-Satz und in den duftigen Final-Variationen über Mozarts „Komm, lieber
Mai". Zusammenfassung des in den beiden Violin-So-
naten mehr oder minder deutlich Angeschlagenen bringt
die dritte Nummer dieser Werkzahl: die Kanonische
Sonatine für zwei Flöten läßt das Imitatorisch-
Polyphone ebenso hervortreten wie das Konzertierende
und Stimmunghafte, — dieses freilich verschleiert durch
den „unpersönlichen" Klang der Flöten.

Das Vierte Streichquartett Werk 32 (1924)
führt, wenn auch noch keinswegs zur Klärung, so doch
zu weiterer Verdichtung der Kräfte. Hindemith hebt
sogleich den ersten Satz als Fuge an und läßt die so als
Leitspruch erwählte Polyphonie auch in die anderen
Sätze ausstrahlen; es darf daran erinnert werden, daß
in zyklischen Werken sonst die Fuge als Zusammenfassung erst im Schlußsatz erscheint. Aufschlußreich,
daß Fugenthema (Beispiel 5) und Gesamtquartett sich

in der Kräfteverteilung ähneln: straff zu Beginn, dann entspannende Lockerung, diese gleichwohl immer wieder durchsetzt von spannenden Kräften (vergl. die Takte 5 und 6), ein Vorgang, der sich in den Quartettsätzen

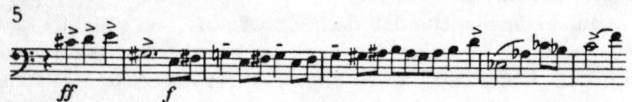

getreulich im Großen spiegelt. Im Kopfsatz erscheint ein zweites Thema als neue Festigung, als Grundlage für neues Fugieren. Dennoch kommt es eigentlich nicht zu einer rechten Doppelfuge. Schimmert hier nicht doch vielleicht der alte Sonatensatz-Gedanke mit zwei Themen durch, auch wenn die sonatenmäßige Durchführung ausbleibt? Im langsamen Satz wird das polyphone Geschehen der zweiten Geige und der Bratsche überantwortet (Kanon); darunter zupft sich das Cello seine ostinate Bahn, und darüber zieht die erste Geige freie melodische Bogen. Als dritter Satz folgt ein „Kleiner Marsch". Lockert sich hier das streng Polyphone zur umspielenden Kontrapunktik, so wirkt andererseits der Marschrhythmus auf seine Weise bindend. Schlußsatz ist eine Passacaglia in freier Form. Ihre Grundstimmung erinnert an die des Kopfsatzes, dagegen übernimmt sie den Gedanken klanglichen Wachsens und Steigerns aus dem „Kleinen Marsch".

Mit dem Ersten Streichtrio Werk 34 (1924) erreicht Hindemith die erste Gleichgewichtslage in seinem Schaffen. Gewiß, dieses Trio ist noch weit entfernt von der Ausgewogenheit späterer Werke etwa des „Mathis"; ihm fehlen ebenso die seelischen wie die klanglichen Schwingungen späteren Schaffens, und so ist die neue Gleichgewichtslage mehr vom Auge des Lesenden abzutasten als vom Ohr des Hörenden aufzunehmen. Das Prunken mit musikalisch-musikantischer Muskelkraft tritt zurück, das Motorische wandelt sich in Bewegungsmäßiges, Fließendes, das Polyphone wird zu einem Ausgleich vorwärtsdrängender Linien und bauender Stützen, vor allem aber treten die musikalischen Grundkräfte zueinander in innere Beziehung. Das alles offenbart sich besonders anschaulich in der thematischen Führung des langsamen Satzes (Beispiel 6);

hier sind die Gänge der Geige und des Cellos fast Bachisch selbständig und gebunden zugleich: in der rhythmischen Verteilung (Achtel gegen Sechzehntel), in der Zielrichtung (Gegenbewegung) und im Motivspiel. Diese drei Takte dürfen für den ganzen Satz als gültiges Beispiel angesehen werden. Erster Satz ist eine Tokkata, thematisch gut gegliedert in Ausgangsnote, Triolen, gleiche und punktierte Achtel, und aus solch locker-fester Gliederung erwächst das weitere Geschehen: bald stimmig und bald schwingend-konzertierend. Dritter Satz ein gezupftes Ton- und Farbenspiel, gebunden durch die herbe Kraft des beginnenden Quartenthemas. Und nun die Fuge als Schlußstein, als Gipfelung, nicht, wie im 4. Streichquartett, als Ausgangspunkt. Das Thema ähnelt baumäßig dem Fugenthema des Quartetts: gedrängter Kopf, dann abrollende Bewegung mit eingefügten Haltepunkten. Das Kopfmotiv dient bei der Verarbeitung als entscheidende kontrapunktische Triebkraft und Stütze. Was dem Ohr bei der kunstvollen Arbeit (Prestissimo-Engführung!) etwa entgangen sein sollte, wird ihm gegen Schluß durch hartnäckige Wiederholung des Kernmotivs und durch ein großes Unisono des Themas nachdrücklich wieder ins Gedächtnis zurückgerufen.

Das Z w e i t e   S t r e i c h t r i o (1933) überragt das erste in mancher Hinsicht. Es ist musikantischer in der

Haltung, scheint oft sogar aus der Freude an schwung-
vollem Bogenstrich geboren und verzichtet demgemäß
auf jene Überdichte des Satzes, die beim ersten Trio
mehr für das Auge als für das Ohr bestimmt schien.
Freilich bleibt der Satz immer noch dicht genug; aber
jetzt führt ein Meister die Stimmen, das heißt, Wesentliches wird zusammengefaßt, gerafft, Entscheidendes
wird in den Vordergrund gerückt, der Musiker bekennt
sich zur Kunst des Weglassens auch dort, wo der Satz-
techniker gern allerlei Künstlichkeiten anbringen möchte.
Versonnen, schwungvoll und verhäkelt zugleich das
Motivspiel im mäßig schnellen Kopfsatz mit seinen so-
naten- und rondoartigen Formbestandteilen. Zauberhaft
der scherzoartige Mittelsatz, dessen Beginn (Beispiel 7)

7 Lebhaft

dem aufmerksamen Leser und Hörer als Leitfaden durch
das Trio dienen mag; ganze Strecken weit glaubt man
beim ersten Lesen ein fast romantisches Musikwerk vor
sich zu haben, bis man im Mittelteil ein Klangstück entdeckt (Steigerung bis zum fff und Abklingen zum pp),
in dem das Klangliche aus ganz anderen als romantischen Bestandteilen entwickelt wird. Am lebendigsten
der Schlußsatz, der so überraschend und doch sinnvoll
ganz verschiedene Zeitmaße ineinanderschachtelt.

Das Quartett für B-Klarinette, Violine,
Cello und Klavier (1938) scheint uns in erster
Linie ein (allerdings sehr hochstehendes) Studienwerk
zu sein, und zwar im doppelten Sinne: einmal als klar
durchgeführter musikalischer Bau (Hindemith selbst hat
das Werk für Studienzwecke bearbeitet, wobei Klari-
netten-, Geigen- und Cellostimme einem zweiten Klavier anvertraut werden), zum anderen als Studienwerk

für die Besonderheiten der vier Instrumente und das
klangliche Ineinanderspielen dieser Besonderheiten.
Die drei (auch klanglich sehr schönen) Sätze bilden, obwohl technisch nicht schwer, für die Spieler eine her-
vorragende Schulung im Ensemble-Spiel und vor allem
im Ensemble-Hören.

Einem Lehrbedürfnis entstammen auch die zahlreichen
(vor und kurz nach 1940) veröffentlichten S o n a t e n
f ü r K l a v i e r u n d j e e i n O r c h e s t e r i n s t r u-
m e n t. Aber sosehr sie in der instrumentalen Behand-
lung den praktischen Könner und meisterhaften Lehrer
erkennen lassen, so weit liegen sie ab von ermüdender
Lehrmeisterei. Es ist ein Kreis von Werken, der die
spieltechnischen Eigentümlichkeiten der jeweiligen Instrumente umspannt und zugleich wesentliche Bereiche
Neuen Instrumentalmusizierens in sich schließt. Diese
beiden Besonderheiten führen bei Hindemith notwendigerweise zu einer Form, die nicht der klassisch-romantischen Sonatenform entspricht, sondern eher dem
barocken, ebenfalls stoffbedingten musikalischen Ablauf angenähert erscheint. „Sonate" hat man hier wörtlich zu übersetzen mit „Klangstück". Innerhalb dieses
allgemeinen, zunächst wenig sagenden Begriffs spalten
sich die Einzelwerke je nach den Spielbedingungen des
Instruments. Da so das Technisch-Instrumentale und
dessen geistig-musikalische Möglichkeiten stark in den
Vordergrund gerückt werden, bleibt für die Ideenaus-
einandersetzung, wie sie besonders die romantische
Sonate auszeichnet, kein Raum mehr. Man würde daher
vergeblich nach den thematischen Gegensatzpaaren von
früher suchen oder nach ihrem dramatischen Kampf in
der Durchführung. Hier gibt es in der Hauptsache kein
Gegeneinander, sondern nur ein Nebeneinander, kein
Ineinander, sondern ein Nacheinander, und zwar auf
immer wechselnden Ebenen, sodaß auch von hier aus
der behutsame Vergleich mit dem Barock („Terrasse")
erlaubt scheint. Daß dennoch ein vielfältiges, ja: buntes
Bild in diesen Sonaten zutage tritt, dafür sorgen nicht

allein die genannten Voraussetzungen (instrumentaler
Werkstoff und Neues Musizierideal), sondern insbesondere die nun zur vollen Reife gediehene Meisterschaft
des Komponisten. Nur wenn man die Sonate insgesamt
überblickt, kann man ermessen, wie überlegen im Technischen und wie sicher im Geistigen sich Hindemith nun
bewegt. Gebundene Melodik neben frei im Raum
schweifendem Melos, Freude an der Spieltechnik neben
reiner Empfindung, gelöster Klang neben gefügter
Polyphonie, vergnügter Humor neben tiefem Ernst,
strömender Ablauf neben gliedernden Schwellen, weite
Flächigkeit neben verdichteter Aussage, — das Ganze
ein wohlausgewogener Mikrokosmos.

Ein paar Stichwörter mögen das Gesagte im einzelnen
ergänzen. Die große V i o l i n s o n a t e kommt dem
Begriff des absoluten Musizierens moderner Prägung
wohl am nächsten, vor allem in der geradezu „begriff-
lichen", unkörperlichen Thematik der Tripelfuge und
der ebenfalls ungreifbaren, gleichwohl geschlossenen
Melodik zu Beginn des langsamen Satzes. Erstaunlich
das Variationen-Finale der B r a t s c h e n s o n a t e ,
wohl das einfallsreichste und geistig zuchtvollste Varia-
tionenwerk der letzten Jahrzehnte. Die K o n t r a b a ß -
s o n a t e dürfte wohl ein reines Studienwerk bleiben.
Wenn die F l ö t e n s o n a t e oft „unpersönlich" wirkt,
so ist das mindestens ein Beweis dafür, daß Hindemith dieses unsinnlichste der Instrumente stoffgerecht
behandelt hat. Die O b o e n s o n a t e scheint uns
technisch und inhaltlich besonders geglückt, weil die
Oboe so verwendet wird, wie es ihrer Herkunft
aus der alten Schalmei entspricht: pastoral (freilich in
einem durchaus modernen Klangbild). In der E n g -
l i s c h h o r n - S o n a t e kommen die beiden Klang-
eigentümlichkeiten des (ebenfalls der Schalmei entwachsenen) Holzblasinstruments förmlich rührend zur
Geltung: zage Wehmut und hüpfende Heiterkeit.
Vielfältiger in den Ausdrucksmöglichkeiten ist, der
Eigentümlichkeit des Instruments entsprechend, die

K l a r i n e t t e n - S o n a t e ; sinnenhaft sich ausspielend im Kopfsatz, vergnügt im „Scherzo", zart und sinnend im langsamen Teil, ausgelassen und doch zuweilen sehnsuchtsvoll verlangend im Schlußrondo. Betulich und beschaulich, gestelzt, aber auch kunstvoll gefügt, die F a g o t t s o n a t e. Merkwürdig die T r o m p e t e n - s o n a t e , merkwürdig in den zuweilen scheinbar so unvereinbar gegensätzlichen Stimmungen und doch überzeugend in der Ausführung; Quarte und Quinte geben das Festlich-Glänzende wieder, das dem Trompetenklang so wohl ansteht; aber auch das Launig-Launische, das ihr erst durch den Jazz abgeluchst worden ist, fehlt nicht (wenn auch in wirklich gemeisterter Art), und schließlich wird ihr auch noch das seltsam an die Nerven Greifende der Trauermusik gesellt (Choral „Alle Menschen müssen sterben"). In der H o r n s o n a t e (wie in manchen anderen Reifewerken Hindemiths) kommt das Empfindungsreiche, Romantische des Hornklangs wieder zur Geltung und zwar in einer Vollendung, wie man sie sonst nur bei den größten Schöpfungen der Romantik antrifft, — weit entfernt dagegen von dem süßlichen Stimmungszauber mancher Nachromantiker; bezeichnend, daß die Sonate für das „Instrument der Romantik" viel Polyphones enthält, schon dadurch anzeigend, daß hier kein Platz für uferloses Schwelgen ist. In einer P o s a u n e n s o n a t e von Hindemith wird man kein Weltenpathos Wagnerscher Art erwarten. Wohl fehlt auch in ihr nicht das Vergrößern und Verbreitern musikalischer Gedanken, das diesem Instrument wesenhaft entspricht (hier ganz buchstäblich im musikalischen Sprachgebrauch durch Thema-Vergrößerung angewendet); aber in der Hauptsache macht Hindemith von den Möglichkeiten Gebrauch, die sich beim Klang der Soloposaune fast immer von selbst aufdrängen: von Humor und Behäbigkeit. Humor und derber Scherz treiben ihr Wesen besonders im Allegro grazioso, altväterliche Behäbigkeit atmet vor allem auch das Allegretto.

Erst 1943 nahm Hindemith mit dem F ü n f t e n S t r e i c h q u a r t e t t i n E s diese Kompositionsgattung wieder in sein Schaffen auf. Wer die um 1940 erschienenen reifen Orchesterwerke des Meisters kennt, wer sich an die gärenden Kräfte der frühen Streichquartette erinnert, geht mit gespannter Erwartung an das Fünfte Quartett; soll es doch zeigen, welchen Weg einer der wenigen echten Führer der Neuen Musik im Streichquartettschaffen, einem der absolutesten, abstraktesten Gebiete der Tonkunst, einschlägt. Die Bezeichnung „in Es" als Bekenntnis zur (natürlich erweiterten) Tonalität konnte nach allem Vorangehenden nicht mehr überraschen; gleichwohl erscheint sie uns wesentlich. Daß Hindemith seine einst dichte, überdichte, um nicht zu sagen: dicke Polyphonie aufhellen und ihr den Klang als bedeutsamen Bestandteil des musikalischen Geschehens beiordnen würde, war ebenfalls zu erwarten. Daß sich aber eins zum andern so selbstverständlich und beglückend fügen werde, erfüllt den Hörer wie den Leser dieses Quartetts mit Ehrfurcht und Bewunderung. Es ist ein schlechthin klassisches Werk, wenn man unter klassisch die vollendete Ausgewogenheit von Gehalt und Gestalt, von gestecktem Ziel und aufgewendeten Mitteln versteht, wobei die „Arbeit" meisterhaft, aber unaufdringlich eingesetzt wird. — Der erste (in den zweiten unmittelbar hinübergeleitete) Satz umfaßt nur einige fünfzig Takte und ist streng, fast nüchtern gefügt: „Am Anfang war der Gedanke", scheint er bekennerisch sagen zu wollen; und doch sprechen Überschrift („sehr ruhig und ausdrucksvoll") und die zahlreichen dynamischen Bezeichnungen deutlich genug davon, daß auch der Gedanke nichts Dürres, sondern etwas lebendig Atmendes ist, wenn er ein wirklicher Gedanke sein will. Bekenntnishaft wohl auch, daß der Beginn (Beispiel 8) durch die von Hindemith so geliebte Bratsche allein vorgetragen wird. Schnell zieht dann der zweite Satz vorüber. Sein Kopfthema (Beispiel 9) wirkt wie eine Erinnerung an die ungestüm vorwärts-

schnellenden Bewegungsantriebe des frühen Hindemith; doch ist es nicht mehr Bewegungsdrang an sich,

8 Sehr ruhig und ausdrucksvoll

9 Lebhaft und sehr energisch

nicht mehr motorischer Leerlauf, sondern zielstrebig,
sinn- und zweckgebunden, wobei der Sinn trotz aller
äußeren Triebkraft einem geläuterten lyrischen Empfinden zu entwachsen scheint. Der dritte Satz bringt
Variationen über ein werdendes Thema (vergl. den Anfang in Beispiel 10): das ausgedehnteste Stück des ganzen Quartetts, innerlich kreisend um einen lyrischen

10 Ruhig

Kern, äußerlich ein verdichtetes Linienspiel in ständig
sich steigernder Bewegung — und Bewegtheit, immer
neue musikalische Gedanken, nein: Melodien gesellen
sich zum Grundthema. Es ist wie ein einziges Entfalten
und Anreichern, ein Sich-Vollsaugen, Umbilden und
Wieder-Schenken. Ergreifend, wenn gegen Schluß das
Thema in der ersten Geige erklingt: verbreitert in den
Notenwerten, jedoch in schnellerem Zeitmaß. Aus solcher „Vergangenheit" wird im letzten Satz „Zukunft",
eine Zukunft, die nicht mehr wie einst mit unbeküm-

mertem Prankenhieb vorweggenommen, sondern im Gestern und Heute festgegründet erlebt wird. Daher auch die nahtlos eingewobenen Erinnerungen an das Vorhergehende. Der Satz beginnt mit einem der prachtvollen, von Quinte und Quarte verklammerten Themen des reifen Hindemith (Beispiel 11), es entwickelt sich

11 Breit und energisch

eine „breite, energische" Fuge mit hinzutretenden Erinnerungen; doch ein angehängtes Allegretto grazioso (überwiegend pizzicato) zerzupft heiter das Thema: eine Fuge soll weder zum Zopf noch zum Bart werden. — Einige äußere Hinweise zum Nachdenken: früher wilder und regelloser Taktwechsel, hier unveränderter Takt in jedem Satz beziehungsweise Abschnitt; früher Unkenntlichmachen des tonalen Ablaufs, hier „in Es"; früher Kampf gegen falsche Romantik, hier Bekenntnis zur ewigen, echten Romantik, — denn bei Hindemith gibt es keinen Zufall, also auch nicht den, daß der eigentliche Kernsatz (Variationen) eines Es-Quartetts in H steht, der großen Unterterz. Der russische Komponist Schostakowitsch schrieb eine Sinfonie „vom Werden der Persönlichkeit". Gedanklich-bewußt oder schöpferisch-unbewußt hat Hindemith in diesem Streichquartett vom Werden s e i n e r Persönlichkeit Zeugnis abgelegt.

Das S e c h s t e S t r e i c h q u a r t e t t (1944/45) entstammt der gleichen Haltung wie das fünfte, ist vielleicht noch abgeklärter, mehr Erkenntnis als Bekenntnis, durchwaltet von feinen Zügen leisen Humors. Von den vier kurzen, bündig gefaßten Sätzen fesselt besonders der letzte, der kanonische Kunststücklein mit fröhlicher Musizierlust paart.

Hervorzuheben schließlich das B l ä s e r - S e p t e t t von 1948, dessen strenger Stil (Fuge, Krebs usw.) makellos erstrahlt.

JOHANN NEPOMUK DAVID

Geboren am 30. November 1895 in Eferding bei Linz.
Musikstudium in Wien. Seit 1934 Kompositionslehrer am
Leipziger Konservatorium, später dessen Direktor. Dann in
Stuttgart. Schrieb Orgelmusik, kirchliche Chorwerke, Or-
chesterstücke, Kammermusik.

Davids musikalisch-künstlerische Eigenart ruht auf
zwei Pfeilern: auf stoffgerechtem Musizieren (David ist
Hauptträger der neuen Orgelbewegung) und auf Polyphonie als selbstverständlichem Erleben (nicht als einem
Stilmittel unter vielen). Bei vollendeter technischer
Meisterschaft schreibt er nur Werke, die diesen Voraussetzungen entsprechen, keiner „Richtung" verpflichtet
oder dienstbar, ja, anderen Ausdrucksmitteln sorgsam
aus dem Wege gehend, sodaß seine Sprache zuweilen
spröde wirkt. Aber vielleicht ist dieser glasklare, der
stimmigen Melodik verpflichtete Stil notwendig, damit
man in die polyphone Tiefe des Werkes zu schauen
vermag.

Ein bedeutendes kammermusikalisches Werk ist das
G - d u r - S t r e i c h t r i o (Uraufführung 1936, geschrieben fünf Jahre früher). Vier Sätze von äußerster Be-
schränkung, straff gefaßt im Thematischen und in der
Verarbeitung, vielsagende Kontrapunktik auf engstem
Raum. Der erste Satz (Allegretto) auch rhythmisch bemerkenswert durch die durchgehende Taktfolge $^2/_4$, $^6/_8$,
$^3/_4$. Der zweite Satz (Moderato), mit Dämpfern gespielt,
hält ein zweitaktiges Ostinato-Motiv fest, ist ganz Verdichtung, Verinnerlichung, Versenkung. Das Thema des
dritten Satzes (Allegro leggiero, Beispiel 1) mag die
Eigenart der Themen des Trios bekunden: fast alle Themen beginnen mit einem fallenden Kopfmotiv, voll trotziger Kraft. Im übrigen erreicht in diesem wie im Schluß-

satz (Allegro deciso) Davids Satzkunst (Fuge, Kanon usw.) einen kaum zu überbietenden Gipfel.

Erlesenen Genuß bildet die Lektüre der Vier Streichtrios Werk 33, je eines gewidmet den berühmten Geigenbaumeistern Amati, Stradivarius, Guarneri und Stainer (geschrieben 1945 bis 1948). Das kontrapunktisch-polyphone Können Davids ist nun so meisterhaft, daß nirgends mehr die Nähte zwischen Einfall und Arbeit, zwischen Ausdruck und Technik sichtbar werden. Die Thematik hat sich weiter gefestigt und schwingt gleichzeitig gelöster durch den musikalischen Raum. Der Klang wird in wachsendem Maße Träger (nicht Ausschmücker!) des künstlerischen Gesamtbaus. Entschiedenheit ohne Härte, Strenge ohne Starrheit, Gelöstheit ohne Verschwimmen — das etwa sind die wesentlichen Kennzeichen dieser Trio-Reihe. Entscheidend, daß die Themen bereits keimhaft alle späteren Wachstumskräfte in sich tragen. Sehr deutlich besonders im Amati-Trio (Nr. 1). Wir stellen einige Gedanken nebeneinander: straff und entschieden der Beginn des Kopfsatzes (Beispiel 2), klang- und ausdrucksgeboren der

Adagio-Anfang des zweiten Satzes (Beispiel 3, Bratsche allein), der in einem anmutigen $^5/_4$-Teil mündet (Bei-

spiel 4), das anfängliche Abstoßen, dann Kraftsammeln
und schließlich die Kräfte bewegungsmäßig Freigebende
des Finales (Beispiel 5). Das Stradivarius-Trio (Nr. 2)
ist feingliedriger, motivisch verzahnter, wenn man so
will: bewegungsmäßig dichter, vielschichtiger in Klang
und Ausdruck; daher auch die zahlreichen dynamischen
und vortragsmäßigen Angaben („gut ausspielen", „mit
großem Ausdruck", „breit gezogen"). Der zweite Satz
des Guarneri-Trios (Nr. 3) erinnert schon bildmäßig mit
seiner rhythmischen Motivaufspaltung an französische
Altklassik (Beispiel 6 gibt den Beginn), während der

6 Allegro leggierissimo

7 Allegro

fugierte Beginn des Finales (Beispiel 7) mit seinem stoß-
weisen Andrängen ganz geballte Kraft ist, was im Verlauf durch mancherlei Satzkünste noch hervorgehoben
wird (vor allem bei der Thema-Vergrößerung).

Zeugen diese Trios für Davids polyphones Denken,
so seien zwei andere Werke genannt wegen ihres Stre-
bens, werkgerecht zu musizieren und zwar mit nicht
eben häufigen Besetzungen. Das 1938 uraufgeführte
D u o c o n c e r t a n t e f ü r G e i g e u n d C e l l o
ist ein kontrapunktisches Werk von nicht Zwei-, sondern Vielstimmigkeit, die David dadurch erreicht, daß
er beiden Instrumenten ständig Doppelgriffe zuweist.
Bei aller Bewunderung vor dem hohen Können Davids
muß man doch die Frage aufwerfen, ob hier den Instrumenten nicht ohne zwingenden Grund das Letzte an
stoffgerechtem Musizieren abverlangt wird. Man kann
einen Grundsatz eben auch überspannen und dadurch
zu Ergebnissen kommen, die nur noch den Fachmann
fesseln, die im übrigen aber durch Stimmverteilung auf

mehr Instrumente den Charakter des „Experiments"
verlieren würden.

Freier — wenn auch immer noch kunstvoll genug —
gibt sich David in den prachtvollen Klangmischungen
der ebenfalls ungewöhnlich besetzten Sonate für F l ö t e,
B r a t s c h e u n d G u i t a r r e. Hier ist ein Weg ge-
wiesen zu herrlichem, allerdings knifflichem Hausmusizieren edler Art. Genannt sei in diesem Zusammenhang auch das empfehlenswerte Trio für Flöte, Violine und Viola.

Wie Hindemith Sonaten geschrieben hat für jedes
einzelne Orchesterinstrument mit Klavier, so hat David
S o l o s o n a t e n für verschiedene Instrumente komponiert (Flöte / Geige / Bratsche / Cello / Laute). Dieses
Werk 31 zählt zu den wesentlichen „Gebrauchs-Kompo-
sitionen" unserer Tage, auch wenn es nicht für den Konzertsaal bestimmt zu sein scheint.

Wertvoll, in der besonderen Klangmischung ab-
wechslungsreich die D u o - S o n a t e n für Flöte und
Viola, Flöte und Laute, Klarinette und Viola, zwei
Violinen, vor allem auch die Duo-Sonate für Viola
d'amore und Viola da gamba (1953) mit den stilsicher
ausgesponnenen Variationen über ein Thema von
Machaut.

Erwähnt sei schließlich, daß David sein bekanntes
Orchesterdivertimento nach alten Volksliedern „K u m e,
k u m, g e s e l l e m i n" auch als Sextett für Flöte,
Oboe, Klarinette, Horn, Fagott und Klavier herausgegeben hat.

PAUL HÖFFER

*Geboren am 21. Dezember 1895 in Barmen, Schüler u. a.
von Schreker. Lange Jahre Professor für Komposition an
der Staatlichen Hochschule für Musik in Berlin; dort Mitbegründer des Internationalen Musikinstituts. Gestorben 1949.
Schrieb u. a. Chorwerke, Orchesterwerke, Kammermusik,
Opern.*

Bei Höffer äußert sich die neuzeitliche Gesinnung er-
freulicherweise nicht durch eine bitter-ernste Gedanklichkeit, sondern durch heiter-frohes Vorwärtsdrängen.
In Abwandlung des bekannten Wagner-Ausrufes könnte
sein Wahlspruch heißen: „Kinder, macht Neues, —
aber Musik nicht nur für Fachleute". Entsprechend müht
sich Höffer um eine Sprache, die bei aller (besonders
harmonischen) Kühnheit verständlich und kunstvoll
zugleich ist. Daß es ihm ernst ist mit solchen Strebungen
geht am besten daraus hervor, daß er sie auch in der
Kammermusik durchzusetzen trachtet: er schreibt im
allgemeinen so, daß sich seine kammermusikalischen
Werke in gleicher Weise für das Musizieren im häuslichen Kreise wie für öffentliche Aufführungen eignen.

Bemerkenswertes Beispiel für Höffers kammermusikalisches Wollen ist die „Abendmusik für
Streichinstrumente". Gut, z. T. streng gefügt
(Kanon, Variationen), harmonisch sehr fortschrittlich,
dabei ohne weiteres spielbar. Drei Stücke in verschiedenen Besetzungen. Zunächst ein Trio für zwei Geigen
und Bratsche, bestehend aus vier Kleinbildern, in denen
die Bratschenstimme teils durch eine dritte Geige, teils
durch Cello ausgeführt werden kann. Dann ein knapp
gefaßtes Duo für zwei Geigen. Endlich ein Variationensatz für Streichquartett. Alles lebendig, frisch und
doch mit Sorgfalt und hohem Können geschrieben.

Ähnlich auswechselbar die Instrumente in der „Serenade ‚Innsbruck, ich muß Dich lassen'".

Sie ist zunächst gedacht für Streichtrio und Oboe, doch kann die Oboenstimme auch einer Flöte, Klarinette oder Geige anvertraut werden. Sehr reizvoll, was der neuzeitliche Tondichter dem alten Lied von Isaac abzulauschen weiß.

Neben der älteren „Flötenmusik" ist besonders zu erwähnen das Streichquartett Werk 46 (Uraufführung 1940). Höffer hält an der überlieferten Viersätzigkeit fest, rahmt das Werk durch ein zu Beginn und zum Schluß erklingendes Motiv, schaltet wieder sehr eigenwillig mit der Harmonik, bindet aber die harmonischen Freiheiten durch zügige Thematik. Etwas überraschend bei Höffer: der geschwinde Schlußsatz ist ganz Bewegungsmusik von fast programmartiger Bildhaftigkeit.

WILHELM MALER

Geboren am 21. Juli 1902 in Heidelberg. Schüler von Grabner, Haas und Jarnach. Leitet die staatliche Musikakademie in Detmold. Schrieb Orchesterwerke, Kammermusik, Chöre und Chorwerke mit Orchester, Laienmusik.

Maler ist Kontrapunktiker, denkt polyphon, nimmt seine Vorbilder jedoch nicht aus der Vorklassik, sondern müht sich, Gegenwärtiges zu gestalten. Harmonisch streift er die Atonalität, an die er sich jedoch nicht bindet.

Von seiner Kammermusik gilt es, vor allem das 1936 gedruckte G - d u r - S t r e i c h q u a r t e t t hervorzuheben. Es besteht aus zwei Sätzen oder vielmehr aus zwei Satzgruppen. Die erste ist eine Art Rondo; zwischen sein Kernthema und dessen Abwandlungen schieben sich kleine Sätzchen gliedernd und auflockernd ein (Tanz, Marsch, Scherzo). Die zweite Satzgruppe umfaßt

Variationen über ein Andantethema von Purcell (Beispiel). Diese Variationen sind verknüpft durch Überleitungen, heben sich dennoch wie gegensätzliche Stücklein voneinander ab („Grazioso / Energico / Scherzando / Maestoso / Tranquillo / Largo / Adagio / Vivace"), wobei die langsamen Sätze wiederum eine zusammengehörige Gruppe bilden. Über diesem klein- und feingliedrigen Formenbau hat Maler das Ursprüngliche, Musikantische nicht vergessen: das Ganze klingt und ist sorglich getönt.

Zu nennen wäre noch ein frisch-bewegtes T e r z e t t für zwei Geigen und Bratsche (Uraufführung 1939), in seiner durchsichtigen Lebendigkeit ein gutes Beispiel für Malers echten Musizierwillen.

KURT THOMAS

Geboren am 25. Mai 1904 in Tönning (Schleswig), Musik-
studium u. a. bei Grabner. Lehrtätigkeit am Leipziger Konser-
vatorium und an der Berliner Hochschule für Musik, daneben
Leiter einer Kantorei. Dann Direktor des Musischen Gymna-
siums in Frankfurt a. M. Seit 1956 Thomaskantor in Leipzig.
Schrieb Orchesterwerke, Konzerte, Kammermusik, Klavier-
musik, Gesänge, Chöre und große Chorwerke, Orgelmusik.

Während sich Thomas schon in ganz jungen Jahren
mit großen Chorschöpfungen einen Welt-Namen gemacht hat, ist seine Kammermusik nicht so bekannt
wie seine übrigen Werke. Man wird sich dabei allerdings fragen müssen, ob die bisher erschienenen
kammermusikalischen Arbeiten überhaupt geeignet sind,
im Konzertsaal ähnliche Wirkungen zu erzielen wie
etwa die Oratorien oder die Orchesterwerke, ja, ob sie
überhaupt für den Konzertsaal gedacht sind.
Soweit wir sehen, liegen bisher vor: ein d-moll-Kla-
viertrio Werk 3, ein f-moll-Streichquartett Werk 5, zwei
Sonaten für Geige und Klavier (e-moll Werk 2, B-dur
Werk 20), eine a-moll-Sonate für Flöte und Klavier
Werk 11. Alle diese Werke sind mehr oder minder den
zwei- und dreistimmigen Klavierinventionen von Bach
verwandt, d. h. kunstvolle, geistvolle, kontrapunktische
Bildfolgen von äußerster Verdichtung, aber scheinbar
selbstverständlich leichtem Fluß. Sie geben ihre Reize
nicht ohne weiteres preis, sondern erschließen sich erst
nach immer erneuter stiller Arbeit. Wir geben aus dem
Scherzo der a-moll-Sonate einige Takte (Beispiel), die
mitten in die Gedankenwerkstatt des Komponisten
hineinführen (das Flötenthema erscheint hier bereits in
der Umkehrung). Da ergibt sich eines aus dem anderen,
Bewegung steht gegen Bewegung, Rhythmus gegen
Rhythmus, jede noch so kleine Tonfolge ist nicht Er-

gebnis irgendeines zufälligen Durchgangs, sondern wirkliches Motiv, „Beweger", alles miteinander verzahnt, ineinandergedrängt, und doch erscheint das Satzbild einfach, durchsichtig, spielerisch-bescheiden. Dazu

ein sehr geschwindes Zeitmaß, sodaß die zahlreichen feinen Einzelheiten beim Hören kaum wahrgenommen werden können. Kunstmusik, die sich nur den Musizierenden selbst im vollen Umfang öffnet. Und so steht Kurt Thomas dem großen Thomaskantor wirklich sehr nahe, — im Stil, nicht im Ausdruck; denn Thomas ist kein Nachahmer, sondern ein eigenwilliger Geist von heute.

KARL HÖLLER

Geboren am 25. Juli 1907 in Bamberg als Sproß einer fränkischen Organistenfamilie. Schüler seines Vaters, dann von Zilcher, Haas und Hausegger. Schrieb vor allem Orchester- und Chorwerke, Konzerte, Kammermusik.

Höller wiederholt in der Kammermusik die Sprache seiner Werke für Orchester: kraftvolle Thematik, Tonalität und Atonalität eigentümlich einschmelzende Harmonik, eigenwillig geschärfter Rhythmus, lebendige Stimmigkeit, Freude an der Farbe, vor allem aber die Bindung älterer (vor allem altklassischer) Mittel und gegenwartsnahen Gehalts. Freilich kommt er im Laufe seiner Entwicklung zuweilen zu Mischungen, die den Zweifel wecken, ob Höller wirklich den Personalstil zur Blüte zu bringen vermag, den seine frühen Werke versprachen. Unleugbar haben die letzten kammermusikalischen Schöpfungen beachtliche klangliche Reize, lassen auch die meisterhafte, fast schlafwandlerisch sichere Satztechnik bewundern; aber je farbiger und musikantischer sie werden, desto unverbindlicher, unpersönlicher wirken sie. Ob der eingeschlagene Weg im Rahmen der allgemeinen Entwicklung der Kammermusik richtig oder unrichtig ist, wagen wir vorerst nicht zu entscheiden.

Von den bisher fünf Streichquartetten (das letzte in d-moll wurde 1948 uraufgeführt) erscheint uns das S t r e i c h q u a r t e t t E - d u r Werk 24 (1937) immer noch als das wesentlichste. Es überzeugt durch sichere Gliederung der Sätze, durch großräumige Anlage und den lebendigen, oft musikantischen Inhalt. Der erste Satz, von dessen stimmiger Artung Beispiel 1 ein Abbild gibt (ab Takt 30), ist musikalisch besonders dicht; in der leidenschaftlichen Polyphonie spiegelt sich eine aufbegehrende, kraftvolle Haltung. Den nächsten Satz, ein Scherzo (Un poco vivace), beherrscht ein gespenstisch spöttischer Rhythmus, so geistvoll und beredt, daß rein

1 (Aus dem ersten Allegro)

wirkungsmäßig dieses Scherzo alle anderen Sätze übertrifft. Bestechend und meist auch unmittelbar ansprechend die trotz aller Stimmigkeit nie wankende Klarheit des gefühlstiefen Larghetto con espressione. Abgeschlossen wird das Quartett mit einer großen Fuge. Ihr Thema (Beispiel 2 gibt den Beginn) und dessen Verarbeitung sind insofern bemerkenswert, als dieses Anknüpfen an Barockpolyphonie keinen Augenblick als

2 Allegro molto e grazioso

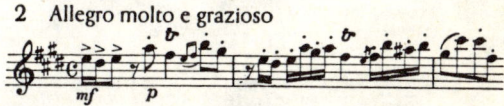

Nachahmung wirkt, sondern gegenwartsnahe Eigenwerte umspannt.

In der Musik für Geige und Klavier Werk 27 (1940) verleiht der vorwiegend „stimmig denkende" Komponist seiner Freude am Klang unverhohlenen Ausdruck. Sehr wirkungsvoll die Gegensätze: der erste Satz wie gehämmert, das Intermezzo (mit Dämpfern) in zarten Farbmischungen und im Mittelteil staccato getupft, der Schlußsatz eine Art frohbewegten Rondos mit verschwebendem Ausklang. — Gerade in den Violin-Klavier-Duos macht sich das in der Einleitung Angedeutete bemerkbar:

sie werden zunehmend klangfroher und zugleich unpersönlicher. So begibt sich die f ü n f t e V i o l i n - s o n a t e (1947) zum Teil mitten in den französischen Impressionismus, ohne daß man dafür einen anderen Grund entdecken könnte als die Freude an der Farbe. Die s e c h s t e V i o l i n s o n a t e wiederum enthält in ihrem zügigen Kopfsatz allerlei Romantizismen, bringt im Larghetto einen kunstvollen, klangschönen Kanon, biegt dagegen im Molto-Vivace-Finale in gemilderte Motorik ein.

Wir hegen immer noch die Hoffnung, Höllers neuere Klang- und Farbenmischungen seien ein (berechtigter) Gegenstoß gegen viele klangspröde, klangärmliche Werke der Neuen Musik. Aber die darin liegende Gefahr für den hochbegabten Komponisten auszusprechen, halten wir uns für verpflichtet.

WOLFGANG FORTNER

Geboren am 12. Oktober 1907 in Leipzig. Schüler von Kroyer und Grabner. Kompositions- und Theorielehrer am evangelischen kirchenmusikalischen Institut der Universität Heidelberg. Schrieb Chorwerke, Konzerte, Orgel- und Klaviermusik, Orchesterwerke, Kammermusik.

Herb-kühle Linienführung, kontrapunktisch-polyphones Denken, feste Formung und beherrschte Freude am Klang machen Fortner zu einem beachtenswerten Vertreter der jüngsten Kammermusik. Und das umso mehr, als er sich neu-sachlichem Ausdruckswillen ebenso erschließt, wie er sich echt romantischem Erleben nicht verschließt. Solche Vielheit der musikalischen Ausgangspunkte wirkt bei Fortner weder gekünstelt noch gestückelt, weil in ihm starke musikantische Antriebskräfte lebendig sind.

Die 1933 erschienene S u i t e f ü r C e l l o ist viersätzig. Ein ruhiges Andante bildet den ersten Satz („Introduzione"), dessen innere Gliederung überzeugend wirkt: piano steigt das Dreiklangsthema empor, zunächst wenig bewegt, dann in immer stärkere Bewegung hineinwachsend, immer engstufiger sich verdichtend, bis dann mit der Umkehrung des Themas (fortissimo) in Bewegung und Dynamik eine allgemeine Umkehr einsetzt. Als zweiter Satz erscheint eine „Danza", straff im Rhythmus, durchweg staccato in der Prestobewegung des Hauptteils, fülliger im Allegretto-Trio mit seinen starren Begleitquinten. Dann folgen („Canzone") Variationen über eine alte französische Troubadourweise. Die ersten beiden Variationen zeichnerisch in der Stimmführung, aber klanglich getönt durch die verschiedenartige Lautstärke bei den Wiederholungen, die dritte Variation zweistimmig im imitierenden Stil, die vierte tänzelnd, die fünfte ganz in geschwinde, kräftige Bewegungsfiguren aufgelöst. Besonders „dankbar" für den virtuosen Spieler das Schlußrondo mit seinem scheinbar einfachen, in Wahrheit jedoch recht widerborstigen

1 Presto

Hauptthema (Beispiel 1), seinem stürmischen Vorwärtsdrängen und seinem teils durch schnelle Bewegung teils durch Doppelgriffe farbig wirkenden Klang.

In der 1945 entstandenen S o n a t e f ü r V i o l i n e u n d K l a v i e r läßt Fortner die Exposition des sehr schnellen Kopfsatzes nach klassisch-romantischem Brauch wiederholen, dagegen verzichtet er in der Durchführung auf eigentliche Auseinandersetzung, sondern musiziert in vielfach imitatorischem Motivspiel. Das knappe Adagio lebt vom Nebeneinander schwingender Melodiekurven der Geige und doppelt punktierter Akkordik des Klaviers. Fesselnd der Schlußsatz: ein zügiges Rondo mit häufigem Taktwechsel, in das ein ausgedehnter Variationenteil eingebaut ist.

1930, also im Alter von dreiundzwanzig Jahren, hat Fortner sein E r s t e s S t r e i c h q u a r t e t t erscheinen lassen. Es ist fünfsätzig. Das Allegro vigoroso ist vorwiegend rhythmisch bestimmt und zwar gruppenweise: zunächst gelöst, dann durch ein „Tempo alla marcia furiosa" in mächtiger Lagerung, das durch straffe Sechzehntelfiguren abgelöst wird, endlich durch ein scharf rhythmisiertes Scherzando im pianissimo. Im Ganzen zerfällt der Satz in Kleinbilder, die nur durch das zügige Musizieren zusammengehalten werden. Das fugierte Adagio con moto ringt in seinen drei Hauptgruppen um Ausdruck, während sich das lebhafte Scherzo mit seinen Kanongruppen (zu Beginn Thema und Umkehrung gleichzeitig in den beiden Geigen und im zweiten Takt ebenso in Bratsche und Cello) übermütigem Spiel hingibt; hier herrscht besonders die Freude am kontra-

punktischen Können. Den vierten Satz bildet ein Maestoso, das als konzertierende Einleitung (rezitativische
Gänge der ersten Geige) zum fünften Satz gedacht ist.

Es handelt sich bei diesem Schlußsatz um eine mit gewisser Heftigkeit vorgetragene Fuge, von deren thematischer und kontrapunktischer Artung unser Beispiel 2 eine Vorstellung geben mag (Hauptthema in der
Ober-, Gegenthema in der Unterstimme).

Das sechs Jahre später (1936) erschienene Z w e i t e
S t r e i c h q u a r t e t t entspricht formal dem ersten:
abermals fünf Sätze, von denen der vierte als Vorbereitung und Einleitung für die Schlußfuge zu gelten hat.
Aber an innerer Größe steht dieses Quartett wesentlich
über dem ersten. Das zuvor Unbändige ist nun gebändigt, ohne an Kraft verloren zu haben; mancherlei
Schweifendes ist verdichtet, die Thematik wird wesentlicher, entwächst vor allem dem gleichen Boden wie das
stimmige Denken und die reizvolle harmonische Einfärbung. Die Verfeinerung des Ausdrucks und des Erlebens geht soweit, daß sämtliche Sätze pianissimo
enden. Die ersten beiden Takte des Allegros enthalten

zwei wesentliche Bausteine des ganzen Quartetts (Beispiel 3). Als dritter kommt hinzu der bei „Tempo II,

scherzando, mosso" einsetzende punktierte Rhythmus.
Aus ihnen entsteht der Gesamtbau: drängend und gebändigt, gleichwohl spielerisch gelöst im ersten Satz,
ausdrucksvoll vertieft im „Air" des zweiten Satzes (hier
spielen der punktierte Rhythmus und die Sechzehntelfigur von Beispiel 3 die entscheidende Rolle), frisch und
straff im dritten Satz, einem Scherzo, dessen erstes Ka-
nonthema aus der aufsteigenden Figur (Takt 2) und den
Sechzehnteln (Takt 1) des Beispiels 3 gebildet ist, während im Trio der erwähnte punktierte Rhythmus fast
durchgehend festgehalten wird. Das Kopfthema gibt
auch dem als „Intermezzo" bezeichneten vierten Satz
das Gepräge, da es die erste Geige über gleichmäßigen
Achteln der anderen Stimmen zum Kerngedanken ihres
rezitativischen, ausdrucksvollen Ziergesanges macht
(Larghetto). Daran schließt sich ohne Pause („attacca")
der Schlußsatz „Fuga". Er wird eingeleitet durch ein
kurzes Molto allegro, heftige Unisono-Gänge, die sich
aus der bekannten Sechzehntelfigur und dem punktierten Rhythmus des ersten Satzes zusammensetzen und
vor den Schlußtakten wiederkehren. Dem Fugenthema

4   Allegro, poco scherzando
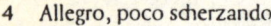

selbst (Beispiel 4) gesellt sich ein zweites Thema in breiten Notenwerten. In dieser Scherzando-Fuge mit ihrem
ebenso kunstvollen Satz wie lebendigen Ausdruck erweist sich Fortner als echter Kammermusiker.

Das 1948 uraufgeführte D r i t t e S t r e i c h q u a r -
t e t t liegt uns im Druck nicht vor. Der Kopfsatz wird
gegliedert durch immer wiederkehrende Akkordpartien,
zwischen denen polyphone Ketten von rhythmisch zise-
lierten Gliedern gezogen sind. In der Gleichgewichtslage entspricht dem Kopfsatz das an dritter Stelle eingebaute Largo mit seiner schwermütigen Grundstim-

mung, während das — man möchte sagen: kesse Scherzando (zweiter Satz) und das motorisch treibende Schlußrondo aufeinander abgestimmt scheinen. Nicht gelungen dagegen der Ausgleich zwischen Kunst und Künstelei.

Eines der köstlichsten Kammermusikwerke Fortners bildet die S e r e n a d e f ü r F l ö t e , O b o e u n d F a g o t t , Freiluftmusik, erfüllt von lyrischen Stimmungen und feinem Humor. Sechs knappe Sätze von trefflicher Arbeit. Auf eine mehr in der Linienführung als im Zusammenklang überzeugende „Intrada" (Allegretto) folgt eine sanft fließende, stimmige, zuweilen herb klingende „Aria" (Andante). Die sich anschließende „Caprice" (Allegro) ist ein huschendes Staccato-Stücklein von Flöte und Oboe, unterbaut von gleichmäßig-gleichmütigen Achtel-Akkordbrechungen des Fagotts. Kleines Meisterwerk die „Partita" zu einem Abschiedslied aus dem 16. Jahrhundert. Dreimal der dreistimmige Liedsatz, die Melodie zuerst in der Flöte, dann in der Oboe, schließlich im Fagott. Dem ersten Liedsatz folgt eine zweistimmige Invention von Flöte und Oboe, nacheinander einsetzend in engstufiger Gegenbewegung. An den zweiten Liedsatz schließt sich ein Kurzkanon von Fagott und Oboe mit weitem Quintschritt-Beginn, und die dem dritten Liedsatz angefügte Sinfonia kombiniert Lied, Invention und Kanon. Das spitzige „Interludium" (Vivace) bildet ein Gegenstück zu der Staccato-Caprice, und als Abschluß erscheint eine Scherzando-„Fuga".

In dem 1953 uraufgeführten S t r e i c h t r i o möchte man Fortners kompositorisch bisher stärkstes Kammermusikwerk erblicken. Es stellt an die Spieler technisch nicht allzu hohe Anforderungen, jedoch muß bei der Wiedergabe das Formengerüst klar herausgearbeitet werden. Kernstück des fünfteiligen Trios ist der Mittelsatz, ein dreistimmiger Kanon in der Oktave, der als Krebskanon zurückläuft. Der Krebs bestimmt auch die übrigen Sätze, wobei sich erster und fünfter sowie zweiter und vierter entsprechen. Trotz solcher polyphoner Verzahnung und trotz freier Zwölfton-Technik geht das Trio dem lauschenden Ohr nicht minder ein als dem durch das Formale angeregten Verstand.

In der Kompositionsart ist die S o n a t e f ü r C e l l o u n d K l a v i e r (1948) vielfach dem 3. Streichquartett aus dem gleichen Jahr verwandt. Im Schlußsatz erscheint dann unerwartet ein Thema aus dem 14. Jahrhundert, — schärfster Gegensatz zu allem Vorangehenden. Wie Fortner dieses Thema variiert, verdient bewundernde Aufmerksamkeit, auch wenn man innerlich kühl bleibt.

KURT HESSENBERG

*Geboren am 17. August 1908 in Frankfurt a. M. Musik-
studium in Leipzig (Günther Raphael). 1933 Lehrer an der
Staatlichen Hochschule für Musik in Frankfurt a. M. Schrieb
u. a. Orchesterwerke, Kammermusik, Klavierwerke, Lieder,
Bühnenmusik.*

Hessenberg denkt kontrapunktisch, fühlt in einer
eigenen spannungsstarken Harmonik (erweiterte Tonalität), erlebt aber „romantisch", freilich nicht in dem
Sinne, daß er die deutsche musikalische Romantik fort-
setzt, sondern daß er sich den ewigen romantischen Werten aufschließt. Diese Artung gibt ihm eine Sonderstellung unter den jüngeren Musikern. Dazu kommt eine
so ursprüngliche musikalische Schaffensweise, daß man
Hessenberg — zumal wenn man seine Entwicklung über-
schaut — als eine der stärksten Hoffnungen betrachten
darf.

Man erinnert sich der Rundfunkuraufführung der Sonate für F l ö t e u n d K l a v i e r Werk 4, ein 1932 ge-
schriebenes Stück Neubarock, musikantisch und sehr ge-
konnt, rhythmisch und harmonisch fesselnd, aber noch
wenig persönlich.

Zwei Jahre später kam das e r s t e S t r e i c h q u a r -
t e t t. Wenn man nach dem Hören allein urteilen darf,
möchte man sagen, Hessenberg habe sich nach der Leipziger kontrapunktischen Zucht wieder stärker der ge-
segneten Mainlandschaft und ihrer Lebensfreude ver-
schrieben.

Dieser Eindruck verstärkte sich 1935 bei dem K l a -
v i e r q u a r t e t t der Werkzahl 10. Allerdings wußte
man damals auch nicht recht, wohin nun der Weg gehen
würde; denn in diesem Werk zeigt sich eine überraschende Aufnahme romantischer Stileigentümlichkeiten
(Schumann/Chopin), ohne daß diese Wendung zu einem

scheinbar Neuen wirklich folgerichtig durchgeführt wäre. Überzeugend die innere Triebkraft der schnellen Sätze (Beispiel gibt den Quartettbeginn); etwas spröde,

wenn auch echt die langsamen Partien (zweiter Satz und Einleitung des vierten Satzes). Hier schien sich der stürmische „Romantiker" des Kopfsatzes ein wenig zurücknehmen zu wollen. Dann folgte 1936 das spielfreudige D i v e r t i m e n t o f ü r G e i g e u n d K l a v i e r Werk 13 (Rundfunkuraufführung).

E i n z w e i t e s S t r e i c h q u a r t e t t stammt aus dem Jahre 1937. Nun war der Weg wieder klar zu übersehen. Wohl ein Stück musikalischen Bekenntnisses: die frühere Stimmigkeit ist geblieben, auch die harmonische Eindeutigkeit, aber der Klang ist verfeinert (um nicht zu sagen: gemildert), die Thematik wird gefüger, ausdrucksgeladen, ja, dringt zu leidenschaftlichem Singen vor. Das „musikalische Bekenntnis" müßte also etwa lauten: barocke Stimmigkeit, romantische Beseelung, neuzeitlicher Ausdruck.

In der S o n a t e f ü r C e l l o u n d K l a v i e r (erschienen 1942) tritt zu alldem noch eine stürmische, gleichwohl gebändigte Musizierfreudigkeit. Wie wenig sich Hessenberg dabei von seinem (unzweifelhaft vorhandenen) musikantischen Rausch hinreißen läßt, zeigt insbesondere die Klavierbehandlung: im ersten Satz (Allegro) vorwiegend zweistimmig, im zweiten Satz, einem herrlichen Adagio, gedämpftes Triolenmurmeln mit eingewobenem Motivspiel, im dritten Satz, zu dem ein kurzes Cellosolo überleitet, wird der Trieb zum Klangausbruch durch straffe Stimmführung (Baß-Oktaven) kraftvoll gezügelt; in diesem Satz bezwingt die ständige Steigerung des Zeitmaßes, die dann schließlich nach einer kurzen Presto-Stretta ganz überraschend zurückgenommen wird. Überhaupt wirkt das auch für den Cellisten ebenso dankbare wie gedankenreiche Werk durch seine häufigen Zeitmaß-Wechsel sehr lebendig.

Spätere Werke wie das d r i t t e S t r e i c h q u a r t e t t (1947) die B - S o n a t e f ü r F l ö t e u n d K l a v i e r (1949) oder die F - S o n a t e f ü r G e i g e u n d K l a - v i e r (1951) scheinen Zeugnisse einer Übergangslage zu sein, in der das Musikantische mit dem musikalischen Intellekt ringt. In den ersten beiden Sätzen des jüngsten T r i o s hat das Musikantische gesiegt. Auf der gleichen Linie liegt das v i e r t e S t r e i c h q u a r t e t t Werk 60 (Uraufführung 1954); der zweite Satz („Rondo allegretto scherzando") gehört zu den heitersten Stükken moderner Kammermusik.

OLIVIER MESSIAEN

Geb. am 10. Dezember 1908 in Avignon. Studium am Pariser Konservatorium (Paul Dukas). 1931 Organist in Paris. Nach Entlassung aus deutscher Kriegsgefangenschaft 1941 Theorielehrer am Pariser Konservatorium. Schrieb u. a. Lieder, Werke für Orchester, Orgel, Klavier, Kammermusik.

Aus den bisher noch wenigen Kammermusikwerken von Messiaen greifen wir dasjenige heraus, das für sein geradezu einzigartiges Wesen besonders charakteristisch ist, das „Quartuor pour la fin du temps". Dieses Quartett wurde in einem schlesischen Kriegsgefangenenlager geschrieben und dort 1941 auch aufgeführt. „Quartett für das Ende der Zeit", eine in der Kammermusik mehr als ungewöhnliche Bezeichnung. Apokalyptische Zeichen und Stimmungen durch Mittel der absolutesten Musik wiederzugeben, muß den Verfechtern (nicht so sehr manchen Komponisten) der Neuen Musik als Lästerung des Heiligen Geistes der Neuen Musik erscheinen. Aber das Quartett wurde komponiert 1940/41, das heißt zu jenem Zeitpunkt, an dem auch andere sehr moderne Komponisten Werke schrieben, die von der Überwindung der reinen Gehirnmusik zeugten und der Musik wieder Aufgaben zuwiesen, die jenseits des Nur-Verstandesmäßigen liegen. Es war also kein Zufall, sondern lag im Zuge der seelisch-geistigen Entwicklung, daß dieses Werk in jenen Jahren entstand. Überraschen konnte nur zweierlei: erstens, daß nach den Jahren nüchternsten Musizierens nun gleich die neutestamentliche Offenbarung Johannis als Ausgangspunkt für ein kammermusikalisches Werk gewählt wurde, zweitens, daß solches durch einen Komponisten geschah, der sich aller „Mißtönerei" der musikalischen Moderne bediente. Jedoch, Messiaen, Organist an der Pariser Dreifaltigkeits-Kirche, war zuvor schon bekannt als Mitbegründer des „Jungen Frankreich", einer Gruppe von französischen Komponisten, die der Musik eine Aufgabe im größeren Rahmen des Katholizismus, genauer: der katholischen Mystik übertragen wollten. So gesehen, stellt sich das vorliegende Quartett dar als eine Auseinandersetzung des musikalisch-künstlerischen Menschen von heute mit den alten unverlierbaren Glaubenswerten.

Und von hier aus wirkt es sinnvoll, wenn Messiaen in diesem Quartett die musikalischen Stilmittel der gesamten europäischen Musikgeschichte — von der Gregorianik bis zum Impressionismus und Expressionismus — heranzieht, um seine Vorstellungen von Zeit und Ewigkeit, von Heute und Gestern, von Mensch und Gott zu verwirklichen. Dagegen wagen wir nicht zu entscheiden, ob die instrumentale Besetzung des Werkes (Geige, Klarinette, Cello, Klavier) durch rein künstlerische Absichten bedingt ist oder durch die Gegebenheiten der Entstehungsumstände (Kriegsgefangenenlager) verursacht war.

Es ist begreiflich, wenn man nach dem ersten Anhören des Werkes zunächst einmal verwirrt ist. Dieses Nebeneinander der verschiedensten Stilmischungen, dieses Stammeln und Trillern, diese unbegreifliche Phantastik neben fast rechnerischen Rhythmus-Zusammensetzungen, diese „falschen Klänge" neben echter Ergriffenheit, — das Ohr weigert sich, das alles hinzunehmen oder gar zur Einheit zu binden. Ein Kritiker schrieb, das Werk bewege sich „zwischen bizarrem Expressionismus und Salontrivialität"; solche Worte möchte man bejahen, — aber zum Schluß ist man dann doch betroffen, angerührt von etwas, das nicht i n dieser Musik, sondern h i n t e r ihr steht. Was das aber sei, vermag man selbst nach mehrfachem Hören zwingend noch nicht auszusagen, weil sich die Schleier nur langsam heben.

Weitab liegt das Quartett von allem Spiel um des Spieles willen, von allem Klassizistischen, von allem Objektiven, kurz: von allem, was man sonst in der

Neuen Musik zu geben und zu finden glaubt. Dieses Quartett will etwas ausdrücken, ist persönliches Bekenntnis von etwas Philosophischem, Religiösem. Messiaen selbst faßt seine Auffassung vom Wesen der Tonkunst in den Satz: „Musik ist Glaubensakt". Freilich versteht er unter „Glauben" nicht eigentlich den kirchlich-orthodoxen, sondern den Glauben eines Menschen von heute, der in der Vernunft beheimatet und zugleich gebildet genug ist, alle Glaubensformen von einst wie Magie, Zahlensymbolik, Mystik zu kennen und die ihm wertvoll erscheinenden Bestandteile von diesen in seine persönliche Glaubenswelt einzubauen.

Messiaen geht in diesem Quartett aus von dem 10. Kapitel der Offenbarung Johannis („Ich sah einen starken Engel vom Himmel herabkommen . . .") und schreibt acht Sätze. Es sind nicht zufällig oder aus musikalisch-künstlerischen Gründen acht; vielmehr spielt bereits in diese Wahl die alte Zahlenmagie hinein: 7 (die heilige Zahl) und 1 (Unendlichkeit). Jeder Satz hat seine besondere Überschrift. I. „Kristallene Liturgie". Man hört beim Tagesanbruch die Vögel trillern. Musikalisch entscheidend die rhythmische Formel des Klaviers, das 29 Akkorde wiederholt („rhythmisches Pedal"), und die Formel des Cellos, das ständig 5 Töne wiederholt („Klangstaub"). II. „Vokalise für den Engel, der das Ende der Zeit ankündigt". Im Mittelteil zarte Harmonien des Himmels. III. „Abgrund der Vögel". Abgrund ist die Zeit, Vögel sind die Unendlichkeit. Trägerin des musikalischen Geschehens ist die Klarinette mit einem fast Schönbergisch geführten Selbstgespräch. IV. „Intermezzo". Ein als Gegensatz gedachtes, ausgesprochen weltliches Zwischenspiel, eine Art Scherzo, Spiel um des Spieles willen. V. „Lobgesang auf die Ewigkeit Jesu", wobei Jesus als das Licht aufgefaßt wird. Dieser außerordentlich langsame Abschnitt wirkt sehr schwach und trivial. VI. „Tanz der Wut". Rhythmisch wohl das Verwickeltste, was je geschrieben wurde. Der Abschnitt verwirklicht Messiaens Vorstellung vom „zugefügten Kleinstwert" am schärfsten; hier sind wirklich „jedem beliebigen Rhythmus kleinste Notenwerte angehängt". Das ist nicht mehr Musik, das sind rhythmische Vorstellungen, umgegossen, ja, fast erstarrt zu Erz. VII. „Wirrwarr von Regenbogen für den Engel, der das Ende der Zeit ankündigt". Ergänzung, aber zugleich Gegensatz zum vorangehenden Abschnitt. Apokalyptischer Wirrwarr, Schweifen unfaßbarer Bildvorstellungen, ungezügelte Phantasien. VIII. „Lobgesang auf die Unsterblichkeit Jesu". War Jesus im V. Abschnitt das ewige Licht, so faßt ihn Messiaen hier als fleischgewordenes Wort, als den Gott-Menschen.

Vom Ganzen sagt Messiaen: „Alles das bleibt Gestammel, wenn man an die Größe des Gegenstandes denkt". Wir möchten hinzufügen: das alles i s t Gestammel, künstlerisch nach unerkennbaren Vorstellungen geformt; doch dieses Gestammel, so schwer verständlich im einzelnen, hat etwas vom wortlosen Stammeln des ergriffenen Beters an sich, bei dem es auch nicht auf das Wort, sondern auf die innere Verfassung ankommt. Weshalb denn auch Messiaens „Quartett für das Ende der Zeit" nicht als musikalisches Einzelwerk im künstlerischen Sinne Bedeutung hat, sondern als — allen Einwendungen zum Trotz — im wesentlichen gelungener Versuch, der Tonkunst unserer Tage neue Ausdrucksbereiche zu erschließen.

Und es sollte uns nicht wundern, wenn Messiaen bei seinem Sinn für Symbolik aus seinem Namen eine messianische Aufgabe ableitet.

ERGÄNZENDE ÜBERSICHT

Die folgende Zusammenstellung enthält kurze Charakteristiken weiterer Komponisten, die in den letzten Jahrzehnten kammermusikalische Werke veröffentlicht haben. Sie soll den Hauptteil ergänzen, nicht vervollständigen. Es bedeutet durchaus kein Werturteil, ob ein Musiker hier oder im Hauptteil genannt wird. Im wesentlichen enthält die Ergänzende Übersicht vielmehr solche Musiker — und es befinden sich wahre Meister darunter —, deren Kompositionen nicht so häufig aufgeführt werden.

Abendroth, Walter (geb. 1896), in jüngerer Zeit als ernstzunehmender Komponist hervorgetreten. U. a. Duo für Flöte und Bratsche; Trio für Flöte, Bratsche und Horn.

d'Albert, Eugen (1864—1932), der bekannte Opernkomponist, hat zwei treffliche, echte kammermusikalische Streichquartette geschrieben (Werk 7 und 11).

Alexander, Friedrich Landgraf von Hessen (geb. 1863), Schüler von Herzogenberg, Draeseke und Fauré. U. a. Trio für Klavier, Horn und Klarinette (Werk 3); Streichquartett (Werk 1); Quintett für Klavier, Horn und Streichtrio (Werk 25), sehr schöne, eingängige nachromantische Arbeit.

Alfano, Franco (geb. 1877, Italiener), in der Spätromantik verwurzelt, aber impressionistischen, ja, neusachlichen Anregungen aufgeschlossen. U. a. Klavier-Geigen-Sonate, Streichquartette.

Ambrosius, Hermann (geb. 1897), im Grunde Nachromantiker, anfangs nicht ganz sicher gegenüber Zeitströmungen (Streichquartett Werk 62 von 1928), dann aber immer gefestigter. Zahlreiche Werke; u. a. Streichquartette; prachtvolle Geigen-Klavier-Sonate von 1937, Drei Fugen für Bläser.

Anders, Erich (eigentlich Freiherr Wolff von Gudenberg, geb. 1883), Schüler von Reger, Riemann, Nikisch. U. a. Streichquartett, Bläserquintett.

Andreae, Volkmar (geb. 1879, Schweizer), führender Musiker der älteren Schweizer Komponistengeneration. Die Wurzeln seines Schaffens liegen bei Richard Strauß, aber seine Sprache hat sich Einflüssen der neueren Musik nicht verschlossen. U. a. Geigensonate (Werk 4), zwei Klaviertrios (f-moll Werk 1, Es-dur Werk 14), Streichtrio d-moll (Werk 29), Streichquartette (B-dur Werk 9, e-moll Werk 33).

Ansorge, Conrad (1862—1930), Meisterpianist der Liszt-Schule. U. a. Geigen-Klavier-Sonate, zwei Streichquartette, Streichsextett.

Apostel, Hans Erich (geb. 1901, Österreicher), baut seine Klangspaltungen vorwiegend von Schönberg ausgehend, gibt wie dieser häufig Anmerkungen zum formalen Aufbau seiner Vertonungen, bezeichnet auch Haupt- und Nebenstimmen. Die Festigkeit seiner thematischen Reihen scheint auf eine unterbewußte Verbundenheit mit Brahms zu deuten. Schrieb u. a. ein fünfsätziges Quartett für Flöte, Klarinette, Horn und Fagott (Werk 14) sowie je eine Solo-Sonatine für Flöte, für Klarinette und Fagott (Werk 19 Nr. 1—3), in denen er Instrumental-Virtuosität mit modernster Kompositionstechnik zu verbinden weiß.

Badings, Henk (geb. 1907, Holländer), harmonisch kühn, starker Schwung der thematischen Linie, kraft-

voller Rhythmus. U. a. zwei Streichquartette, Capriccio
für Geige und Klavier, zwei Klavier-Geigen-Sonaten.

Baumann, Max, scheint Bachs „Kunst der Fuge" besonders zugetan zu sein; denn in seinem Klaviertrio
von 1951 jagen und verdichten sich förmlich die kontrapunktischen Kunststücke. Das wirklich Erstaunliche
aber sehe ich darin, daß diese meisterhafte Arbeit fast
ununterbrochen von musikalischen, ja musikantischen
Kräften durchpulst ist.

Baußnern, Waldemar von (1866—1931), neudeutscher
Nachromantiker von zuchtvoller, bei aller Klangfreude
vergeistigter Haltung. U. a. Streichquartette, Streichsex-
tett, Klavierquintett (ungewöhnliche Klangmischungen),
Serenade für Klavier, Geige und Klarinette, sowie ein
Quintett für Klavier, Geige, Klarinette und Horn.

Beck, Conrad (geb. 1901, Schweizer), einer der be-
merkenswertesten neueren Musiker der Schweiz, begann
als rücksichtsloser Neutöner, dem Stimmigkeit alles und
die Dissonanz das Erstrebenswerte war, festigte seine
Sprache dann durch Besinnung auf Klang und inneren
Ausdruck, ohne allerdings Grundsätzliches seiner Anschauungen preiszugeben. U. a. Duos; Streichtrio; Streichquartette.

Beckerath, Alfred von (geb. 1901). U. a. Musik für drei
Instrumente, die wahlweise besetzt werden kann und
daher besonders für Hausmusik gedacht ist: etwa zwei
Geigen und Bratsche oder Geige, Cello und Klavier usw.

Berger, Theodor (geb. 1905, Österreicher), Schüler von
Franz Schmidt, schöpft aus der Fülle echten Musikanten-
tums. Sein e-moll-Streichquartett Werk 2 ist voll von
unablässig flutenden Harmonien und Bewegungskräf-
ten; dreisätzig, der erste Satz von langsamen Takten
umspannt, das Variationen-Andante vollgepackt von
Gedanken und technischen Schwierigkeiten.

Berger, Wilhelm (1861—1911), gepflegter Nachromantiker, klangschön. U. a. Geigensonaten; Trio; Klavierquartett A-dur; Klavierquintett f-moll; Streichquintett e-moll (zwei Celli).

Besch, Otto (geb. 1885), Humperdinck-Schüler. Stark von seiner heimatlichen Landschaft beeinflußt. So auch in seinem Streichquartett von 1936, das man geradezu mit der Überschrift versehen könnte: „Der ostpreußische Mensch in der ostpreußischen Landschaft", dabei reiner, echt kammermusikalischer Stil. Erster Satz knappe, sehr bewegte Fuge, zweiter Satz schwerblütige Träumerei, dritter Satz Scherzo mit hartnäckigem Pizzicato-Motiv, vierter Satz mächtig bewegt ins Leben schreitend. Ferner ein Bläserdivertimento (ebenfalls 1936).

Bettingen, Balthasar (geb. 1889), sehr sicherer Gestalter rhythmisch scharfgeschnittener, melodisch atmender Themen. U. a. Streichquartett Werk 25 (1938).

Beythin, Kurt (geb. 1897), setzt etwa den Schaffensbereich Brahms—Reger fort, ohne Nachahmer zu sein. Kaum berührt von neueren Problemen, geht er bewußt den Weg der Überlieferung, ohne Umschweife und ohne Überladung. U. a. g-moll-Sonate für Cello und Klavier; Klaviertrio Werk 37; Variationen und Fuge (eigentlich zwei Fugen) über ein Volkslied („Und der Hans schleicht umher") für Klaviertrio Werk 22; Bläserquintett von dichtem motivischem Gewebe.

Bialas, Günther, schrieb ein Streichtrio (1938), in dem er an den alten Suitengedanken anknüpft, ihn aber neuzeitlich vorträgt. Ferner Streichquartette.

Bieder, Eugen (geb. 1897). Bemerkenswerte „Feierliche Musik" für Streichquartett, gedrungener Kontrapunkt, eigenwillig im Klang.

Bittner, Julius (1874—1939, Österreicher), der bekannte Opernkomponist. Zwei Streichquartette in A-dur

(1912) und Es-dur (1915), wenig beachtet, aber schätzenswert in ihrer landschaftlichen und menschlichen Bildekraft.

Blacher, Boris (geb. 1903, Balte), Schüler von Friedrich E. Koch. Drei gedanklich gedrängte, knappe Streichquartette voll straffen Prägungen, abstrakt und doch musikantisch. Ein weiteres Streichquartett (Werk 41) nennt er „Epitaph". Ferner ein zauberhaftes Divertimento für vier Holzbläser (Werk 38), eine Sonate für Violine solo (Werk 40) sowie eine Sonate für Violine und Klavier (Werk 18).

Bleyle, Kurt (geb. 1880), Schüler u. a. von Thuille. Ein später Neudeutscher von gedanklicher Zucht und gewähltem Klangausdruck. Streichquartett a-moll Werk 37; Sonate für Geige und Klavier G-dur Werk 38.

Bliss, Arthur (geb. 1891, Engländer, lebt in den Vereinigten Staaten), schreibt sehr kühl und sachlich, man möchte sagen: unpersönlich. Seine Musik ist wirklich unromantisch, nicht nur im Ausdruck, sondern bereits in der Konzeption. U. a. Klavierquintett, Quintett für Flöte, Oboe und Streichtrio mit programm-musikalischen Einzelbezeichnungen, deren Sinn im musikalischen Geschehen jedoch nicht aufzufinden ist.

Blumer, Theodor (geb. 1882), Draeseke-Schüler, verbirgt sein ungewöhnliches Können oft hinter heiter gelockertem Ausdruck, neuromantisch-neudeutsch. U. a. Geigensonate, Flötensonate, Cellosonate, g-moll-Streichquartett, Bläserquintett von erlesenem Satz.

Borck, Edmund von (1906—1944), durchaus neuzeitliche Tonsprache. U. a. Introduktion und Capriccio für Altsaxophon und Klavier; Sextett für Flöte und Streichquintett (1937) mit guter Großgliederung: Kopfsatz rhythmisch bewegt, zweiter Satz geweitetes Adagio-Melos, dritter Satz frei.

Bose, Fritz von (geb. 1865) hat einen Ruf als Kammermusikspieler (Klavier). U. a. f-moll-Klavierquintett, prachtvoller Satz, echte Musikalität, dessen mächtig schwingendem Kopfsatz und dem Scherzo folgt ein dritter Satz, in dem gewissermaßen Adagio und Finale zusammengezogen sind.

Bossi, Renzo (geb. 1883), Sohn des bekannten italienischen Komponisten Enrico B., studierte in Deutschland. U. a. Tema variato für Bläsersextett.

Boulez, Pierre (Franzose), wurde 1955 mit seinem „Marteau sans maître" auch in Deutschland heftig gelobt und heftig bekämpft. Diesem Werk nach zu urteilen (es handelt sich um Gedichtvertonungen mit reichen instrumentalen Zwischenspielen von Flöte, Bratsche, Gitarre, Vibraphon, Schlagzeug), ist Boulez ein ungewöhnlicher Könner, was das Handwerkliche angeht; ob man freilich ein solches Werk durch bloßes Hören verstehen oder gar nacherleben kann, ist zu bezweifeln.

Brandt, Fritz (geb. 1880), Nachromantiker von leidenschaftlicher Kraft und zuchtvollem Gestaltungswillen. U. a. Sonate für Geige und Klavier (1941); mehrere Streichquartette.

Brauer, Max (1855—1918). U. a. Streichquartett; Sextett für Klavier und Bläserquintett; Pan-Suite für zehn Bläser.

Brehme, Hans (geb. 1904), schreibt kurzangebunden, oft witzig in der Reihung von Gedankensplittern. U. a. Sonate für Altsaxophon und Klavier; Rondo für Cello und Klavier; Partita für Streichquartett. Bedeutend das Sextett (Werk 30), vor allem das rhythmisch verhakelte Scherzo und der kostbar gewebte langsame Satz.

Bresgen, Cesar (geb. 1913), Schüler von Joseph Haas. Seine Kammermusik hat etwas von der spielerischen „Freiluftmusik" seiner anderen Werke. Knüpft vielfach bei Telemann an. U. a. Sonate für Bratsche und Klavier; Sonate für Cello und Klavier, Sonate für Flöte und Klavier.

Britten, Benjamin (geb. 1913, Engländer), in den letzten Jahren auch in Deutschland durch Opern bekanntgeworden, schrieb einige Kammermusik, die, wie das Streichquartett, bisher noch nicht durchgedrungen ist.

Broel, Wilhelm, erweist sich in seiner „Musik für Geige und Klavier" (1939) als festzupackender, anscheinend an Strawinski geschulter Komponist.

Bronsart, Hans von (1830—1913), Nachromantiker. U. a. Streichsextett; Klaviertrio von mächtigem Wuchs.

Brüggemann, Kurt, u. a. melodiengesättigtes, auf die Romantik zurückgreifendes Trio für Flöte, Geige und Bratsche.

Brun, Fritz (geb. 1878, Schweizer), bedeutender Sinfoniker, setzt sich selbständig mit Brahms auseinander, dessen herbe Verhaltenheit auch ihn auszeichnet. U. a. Geigensonate d-moll, Streichquartett G-dur.

Brust, Herbert (geb. 1900), u. a. ein Klavierquartett mit volksliedhaften Anklängen, landschaftlich erfüllt.

Bullerian, Hans (geb. 1885). Der Instrumentationsunterricht bei Rimsky-Korssakow spiegelt sich auch in dem Ges-dur-Sextett für Bläser und Klavier (Werk 38) und seiner blühenden Klangpracht; sehr starker Schlußsatz mit Variationen.

Burgstaller, Alexander (1885—1938), künstlerischer Nachfahre von Brahms. U. a. g-moll-Sonate für Geige und Klavier; Quintett für Bläser und Klavier.

Burkhard, Willy (1900—1955, Schweizer), studierte außer in der Schweiz in Leipzig, München und Paris. Unbeirrbar linear-polyphon. Von seiner Kammermusik ist in Deutschland wenig bekanntgeworden. Stark das Klaviertrio von 1936. Gedruckt liegt vor die Sonatine für Geige und Klavier (1936), Sonate für Cello und Klavier, Streichtrio, Suite für zwei Violinen, Streichquartett u. a.

Büttner, Paul (geb. 1870), Draeseke-Schüler, spätromantisch-neudeutsch, aber zucht- und kunstvoll im Satz. U. a. c-moll-Sonate für Geige und Klavier; Sonate für Streichtrio; g-moll-Streichquartett.

Casella, Alfredo (1883—1947, Italiener), einer der maßgebenden Musiker des neueren Italien. Seine Sprache reicht von Scarlatti bis zu den Atonalen, ohne daß er sich entschieden hätte; im Grunde ist er eben „Italiener", das will sagen: Melodiker. U. a Barcarole für Flöte und Klavier; Trio-Sonate (Klaviertrio); Fünf Stücke für Streichquartett; Concerto für Streichquartett; Serenata für Klarinette, Fagott, Trompete, Geige und Cello (die beiden letzten Werke sehr fein in Farbe und Instrumentation).

Cassadó, Gaspar (geb. 1897, Spanier), der bekannte Cellist, schwankt selbst innerhalb eines Werkes zwischen den Stilen. U. a. Streichquartett; Partita für Cello und Klavier.

Degen, Helmut (geb. 1911), vielseitiger, fruchtbarer Komponist, der von Hindemith herkommt, aber mehr Freude an Farbe und Klang hat, wobei er freilich zuweilen nahe an die Grenze des Banalen gerät. Das gilt auch für sein letztes musikantisches Streichquartett und erst recht für das „Nonett".

Delannoy, Marcel (geb. 1898, Franzose), bekannter durch Oper, sinfonische Musik und Lieder als durch kammermusikalische Werke, schrieb u. a. eine durch Klangmischungen fesselnde „Rhapsodie für Klavier, Saxophon, Trompete und Cello" sowie ein E-dur-Streichquartett, dessen ebenso moderne wie persönliche Haltung wiederum durch die Klangfarben wesentlich bestimmt wird; aber es sind nicht Farben um der Farben willen, sondern sie dienen dazu, ein wohlgefügtes, an Einzelheiten reiches Tongebäude leuchten zu lassen. Besonders geglückt die beiden Mittelsätze „Rhythmique" und „Funèbre".

Dennemarck, Hans, versucht in seinen „Arabesken" für zwei Klaviere, Flöte, Oboe, Englischhorn und Baßklarinette Kammermusik mit leichter Unterhaltungsmusik zu vereinigen.

Dohnányi, Ernst von (geb. 1877, Ungar), repräsentative Musikerpersönlichkeit, Brahms-Nachfahre, rhythmisch gefestigte Freude an Klang und Melodie. U. a. Geigensonaten; Cellosonaten; Serenade für Streichtrio; Streichquartette; Klavierquintett; Streichsextett.

Donisch, Max (1879—1941), versucht in seinem a-moll-Streichquartett den „motorischen Stil auf tonaler Grundlage" festzulegen. Nachromantisch.

Dorschfeldt, Gerhard (geb. 1890), melodische Thematik, sichere Gestaltung. U. a. Serenade für Streichquartett; e-moll-Streichquartett (1939).

Drießler, Johannes, schrieb ein Streichtrio (1948), das sich die reifen Werke Hindemiths zum Vorbild genommen hat, ohne deshalb unselbständig zu wirken. Ganz besonders verdienstvoll, daß Drießler die Gattung des Duos in verschiedener Besetzung pflegt (u. a. Duo für Violine und Cello, Fantasie für Cello und Klavier, Fünf Stücke für Klarinette und Klavier, Fünf Stücke für Viola und Klavier, je Drei kleine Stücke für Violine und Klavier bzw. Cello und Klavier). Hier wird in moderner Sprache echte, intime Kammer-, ja Hausmusik lebendig, reizvoll ausgesponnen in duftigem Satz, schwebend in der zierlichen Mehrstimmigkeit, heiter-vertrackt in den ungewöhnlichen Rhythmen. Von sonstigen Kammermusikwerken des Komponisten seien noch genannt eine Sonate für Solocello und die Aphorismen für sieben Bläser.

Dusch, Alexander von (geb. 1877), greift auf Spätklassik und Romantik zurück, auch den Neudeutschen verpflichtet. U. a. Geigensonate; Cellosonate; programmatisches Klavierquintett „Frühlingsgesang" in drei Sätzen.

Ehrenberg, Carl (geb. 1878), gemäßigt modern, oft eigenwillig, zuweilen schwieriger Satz. U. a. Streichquartett Werk 20; Sonate Es-dur für Geige und Klavier Werk 36 mit gefühlsstarkem langsamem und hervorragend gearbeitetem Schlußsatz.

Engelmann, Johannes (geb. 1890), pflegt die Solosonate für Geige oder Bratsche oder Cello.

Engelsmann, Walter (geb. 1881), Draeseke-Schüler, musikalischer Logiker und zugleich echt musikantisch erlebend, hat den Versuch gemacht, zyklische Werke auf neue Weise einheitlich zu binden. U. a. Sonaten für Geige und Klavier; Cello und Klavier; wertvolles Klaviertrio (1911).

Erdlen, Hermann (geb. 1893), in der Romantik verwurzelt, aber neuzeitlich im Ausdruck, klarer Gestalter. Bläserkammermusiken; Suite für Geige und Cello; Streichquartett d-moll (1929, Neufassung von 1935).

Erdmann, Dietrich (geb. 1917), schrieb schon sehr früh Kammermusik. Sonate für Flöte und Klavier; Streichquartett in einem Satz (beide 1938 uraufgeführt).

Fauré, Gabriel (1845—1924, Franzose), eine der stärksten französischen Musikerpersönlichkeiten um die Jahrhundertwende. Sein Werk ist Abbild der Entwicklung, die sich während seines Lebens in der Musik vollzog; aber die Ergebnisse, zu denen er gelangte, dankt er sich selbst, keiner Anregung von außen. Daher tragen auch seine späten „impressionistischen" Schöpfungen immer noch etwas von der Festigkeit seiner früheren Schöpfungen an sich. Schrieb u. a. Klaviertrio, Klavierquartette, Klavierquintette.

Finke, Fidelio (geb. 1891 in der Tschechoslowakei, jetzt in Dresden), geht etwa aus von der Linie Brahms—Reger, dazu landschaftliche Einflüsse, stößt vor bis in neuzeitliche Ausdrucksbereiche. U. a. Solosonaten (eine für Geige mit Passacaglia); eigenwilliges Klaviertrio; zwei Streichquartette (davon das erste mit Eingangs- und Schlußfuge, überschrieben „Eines Grüblers Not und Seligwerdung"); Klavierquintett.

Fleischer, Hans (geb. 1896), u. a. schwerblütige Sonate für Bratsche und Klavier.

Foerster, Josef Bohuslav (geb. 1859 in Prag), geht aus von der böhmischen Romantik (etwa Dvořák), nimmt später Bausteine der neueren Musik auf. U. a. Geigensonate; Cellosonate; Klaviertrios; Streichquartette; Kammermusik für Bläser.

Francaix, Jean (geb. 1912, Franzose), echt französisch in der ebenso sicheren wie leichten Art des Schaffens. Die bisher bekanntgewordenen kammermusikalischen Werke wie das Streichtrio (1933), ein Saxophonquartett, ein Bläser- sowie ein gemischtes Quintett und das Streichquartett G (1938) bezaubern mehr durch schwebende Anmut als geistige Tiefe. Zwingend die knappen Formulierungen.

504

Fricker, Peter Racine (geb. 1920, Engländer), ist in den letzten Jahren mehrfach mit einem einsätzigen Streichquartett zu Gehör gekommen; in diesem Werk tobt und gärt es, sodaß es wohl noch einiger Zeit bedarf, bevor der Wein abgelagert ist. Doch überzeugt das Streben nach Zucht, das sich äußerlich durch Grenzabsteckung (die Einleitungsgedanken bilden zugleich den Schluß des Werkes) und innerlich durch fesselnde Bindung von Überlieferung und Fortschritt kundtut. Geradezu sinfonisch ist der Gehalt einer Sonate für Violine und Klavier (Werk 12, geschrieben 1950), dicht und geschlossen gearbeitet, stets lebendig und ansprechend in der musikantischen Haltung. Das zweite Streichquartett ist in Deutschland noch nicht bekanntgeworden. Schrieb ferner ein Quintett für Blasinstrumente (Werk 20).

Frommel, Gerhard (geb. 1906), ernster, nach innen gerichteter Komponist aus der Schule Pfitzners, dessen Zielrichtung auch die seine ist. U. a. Suite für sieben Bläser Werk 18.

Fuchs, Franz, u. a. eine musikselige Serenade für Streichquartett (uraufgeführt 1940).

Fuhr, Georg, bekannter Kammermusikspieler (Geige), vorwärtsgerichteter Komponist von zuweilen allzu knapper Ausdrucksweise, ausgezeichneter Satz. U. a. Streichtrio; Streichquartett; Streichquintett.

Furtwängler, Wilhelm (1886—1954), der überragende Orchesterleiter, schrieb u. a. zwei Sonaten für Geige und Klavier (uraufgeführt 1937 und 1940). Beide Werke ungewöhnlich ausgedehnt (fast eine Stunde), formal und stilistisch nicht leicht zu übersehen, keiner „Richtung" dienstbar, leidenschaftliches Bekenntnis einer großen Persönlichkeit zum Gedanken der geistigen Persönlichkeit schlechthin.

Gebhard, Hans (geb. 1897), Schüler von Joseph Haas, u. a. Klaviertrio; Streichquartett.

Gebhard, Ludwig (geb. 1907), Haas-Schüler, u. a. Sonatine für Horn, Trompete und Klavier.

Gebhard, Max (geb. 1896), Haas-Schüler, u. a. Werke für Klavier und Geige, für zwei Geigen und Klavier; Trio für Bratsche, Flöte und Klavier; Streichquartett.

Genzmer, Harald (geb. 1909), Hindemith-Schüler, bekannt durch sein Eintreten für das Trautonium, motorisch und linear, ohne im „Nur-Sachlichen" hängen zu bleiben. U. a. Sonate für Geige und Klavier (mit Variationen, Uraufführung 1941); Sonate für Bratsche und Klavier (ebenfalls mit Variationen); am stärksten wohl die Violin-Klavier-Sonate von 1943, in der Überlieferung und eigenes Wollen auf neuer Ebene sich ausgleichen. Kraftvoll die 1953 uraufgeführte Sonate für Solo-Bratsche. Etwa gleichzeitig entstanden ist die zweite Sonate für Flöte und Klavier, eine besonders harmonisch fesselnde Studie in e, und zwar in verschiedenen Abarten wie Dur, Moll, Phrygisch usw. An Hindemiths dichten Satz gemahnt das Klaviertrio in G (1954). Die Cello-Klaviersonate besteht aus drei vorwiegend schnellen Sätzen, weicht der klassischen Sonatenform aus, bringt vielmehr Überschneidungen, wie sie seit Schönberg vielfach verwendet werden, wirkt in der Haltung „neubarock". Ein Streichquartett von 1955 bringt teilweise ähnliche Überschneidungen, stark imitatorisch gearbeitet.

Gerstberger, Karl (geb. 1892), Schüler von Othegraven, Courvoisier, Haas und Orff, schreibt neuzeitlichen Stil ohne gedankliche Verkrampfung. U. a. Streichtrio fis-moll; Streichquartett c-moll Werk 11 (mit Schlußfuge).

Gerster, Ottmar (geb. 1897), bekannt als Opernkomponist, tüchtiger Kammermusiker, schrieb lebendig wirkende Kammermusik. U. a. D-dur-Streichquartett; „Heitere Musik" für Bläserquintett (Uraufführung 1938), wirklich „heiter" in ihrer Rokoko-Nachbildung.

Gieseking, Walther (geb. 1895), der große Pianist, schreibt Kammermusik, die eigentlich edle Hausmusik darstellt. U. a. Sonatine für Flöte und Klavier; Variationen über ein Thema von Grieg; Kleine Musik für drei Geigen; Quintett für Oboe, Klarinette, Horn, Fagott und Klavier.

Göhler, Georg (geb. 1874), zuchtvoller und zugleich phantasiereicher Tondichter, sehr sicherer Gestalter, Nachromantiker. U. a. Streichquartett f-moll; Klavierquintett.

Grabner, Hermann (geb. 1886), gediegener Reger-Schüler. Verschiedene Kammermusik. Besonders verdienstvoll sein Mühen um wertvolle Hausmusik. Das Werk 47 heißt „Hausmusik", umfaßt drei Teile: Kleine Serenade für Flöte und Fagott (oder Geige und Cello), Variationen über einen deutschen Tanz von Melchior Franck für Streichquartett, Trio-Sonate für zwei Geigen und Klavier.

Grädener, Hermann (1844—1929), wenig bekannt, aber ein hervorragender Komponist kammermusikalischer Werke. U. a. Trios; Klavierquintette, Streichquartette, Streichoktett.

Graener, Paul (1872—1944), Nachromantiker von außerordentlichem stilistischem Feingefühl und größter Vielseitigkeit. Hinter Opern, Orchesterwerken und Liedern ist sein kammermusikalisches Schaffen zurückgetreten, zu unrecht, weil jedes Werk unmittelbar anspricht. U. a. die prachtvollen „Kammermusikdichtungen" der Werkzahl 20 (Klaviertrio nach Raabes „Hungerpastor" und „Sehnsucht an das Meer" für Klavierquintett); Streichquartette Werk 33 und 81; Klaviertrio Werk 61; Sonate für Cello und Klavier Werk 101.

Grenz, Arthur, erregte in den letzten Jahren Aufsehen mit einem Streichtrio Werk 9 (nach dem Uraufführungsort „Hitzacker-Trio" genannt). Im ersten Satz (Allegro molto) greifen ein punktierter und ein gleichmäßiger Ostinato-Rhythmus gut ineinander; ähnlich wirkungsvoll im zweiten Satz (Adagio) das Verweben von Klang und Melos, während das Finale (Molto vivace) etwas zerflattert. Nicht so stark das zu sehr erklügelte Trio Werk 9 Nr. 2.

Gretchaninow, Alexander (geb. 1864, Russe), Schüler von Rimsky-Korssakow, flächige Thematik, starker Sinn für Klangfarbe, der auch die bis zur Polytonalität gehende Harmonik dient. U. a. vier Streichquartette; zwei Klaviertrios, zwei Sonaten für Geige und Klavier.

Grimm, Friedrich Karl (geb. 1902), Graener-Schüler, liebt wie sein Lehrer die „Kammermusikdichtung", vergl. seine „Nordischen Erzählungen" (1938, Werke 54 und 55) für Bratsche und Klavier, geschrieben nach Hamsuns „Viktoria" sowie „Herbstabend am Meer"; ferner Kammermusik mit Bläsern (Suite für Englischhorn und Klavier, Sonate für Ventilhorn und Klavier, Trio für Flöte, Viola da gamba und Cembalo); sehr farbiges Streichquartett E-dur, innerlich einheitlich trotz stilfremder Satzbestandteile („Konsolation" neben „Fuge").

Grovermann, C. Hans (geb. 1905), u. a. ein Trio für Klavier, Klarinette und Cello (1937).

Hamann, Bernhard; von echt kammermusikalischem Erleben zeugt insbesondere das d-moll-Streichquartett von 1938; ferner u. a. ein Rondo capriccio für Geige und Klavier.

508

Hartmann, Karl Amadeus (geb. 1905), Vorkämpfer für Neue Musik, in der Nähe von Alban Berg (weniger von Schönberg) künstlerisch beheimatet, ist bekannter durch Orchesterwerke und eine Oper als durch seine Kammermusik. Zwei Streichquartette fesseln besonders durch Ausgewogenheit von Einfall und Arbeit im Melodischen sowie von Klangkühnheit und Klangzucht in der Farbe.

Hasse, Karl (geb. 1883), polyphones Denken, erlebte Formenzucht. U. a. Geigensonate; Cellosonate; Trios; Streichquartette; Streichquintett.

Hauer, Josef Matthias (geb. 1883, Österreicher), gilt neben Schönberg als Erfinder der Zwölfton-Komposition. Wieweit auch er, der in anderen Werken wesentlich ungekünstelter zu sprechen weiß, in die reine Abstraktion vorzustoßen vermag, lehrt sein „Zwölftonspiel für fünf Violinen". Schon die Besetzung zeigt, daß auf unterschiedliche Klangfarbe kein Wert gelegt wird. Es gibt auch keine Unterschiede im Stärkegrad: alle fünf Instrumente spielen stets gleichmäßig stark. Ebenso verändert sich keinen Augenblick der angeschlagene Grundrhythmus. Jede der fünf Geigen spielt ihre Zwölftonreihen, starr, mechanisch, leblos, ohne — so scheint es jedenfalls dem Ohr — auf die anderen Geigen Rücksicht zu nehmen. Einem etwa vorhandenen „Sinn" solchen Musizierens (wenn dieser Ausdruck überhaupt noch erlaubt ist) läßt sich nur mit dem Rechenstift und der Logarithmen-Tabelle auf die Spur kommen.

Heiß, Hermann (geb. 1887), Zwölfton-Musiker aus dem Umkreis von J. M. Hauer, überzeugt mehr durch künstlerisch-ernstes Wollen als durch wirkliches Erfüllen. Jüngstes kammermusikalisches Werk eine Violinsonate. Stärker als die Violinsonate scheint mir das 1953 uraufgeführte Streichtrio zu sein, dessen Schlußsatz so hübsch aufgelockert und gegliedert wird, indem jedes Instrument eine individuell geformte kleine Arie vorträgt.

Hennies, Ewald, Hamburger Tondichter, der in den letzten Jahren als Kammermusik-Schöpfer die Aufmerksamkeit auf sich gezogen hat. U. a. Geigen-Klavier-Sonate, Holzbläserquartett, vier Streichquartette.

Henning, Max (geb. 1866), zwölf Streichquartette von gepflegter Haltung und nachromantischer Gesinnung.

Henze, Hans Werner (geb. 1926), Fortner-Schüler, dem Werk des frühen Hindemith verpflichtet, legte mit seinem ersten Streichquartett (1947) eine Talentprobe ab: ein wenig unbedenklich und unbekümmert, doch vielversprechend. In der später erschienenen Sonatine für Flöte und Klavier, die mit größter Leichtigkeit geschrieben scheint, gefällt sich der Komponist in ständigen harten Reibungen, deren Sinn dunkel bleibt. Ziemlich virtuos, doch infolge mangelnden Klanggewandes recht spröde ist die neunsätzige „Serenade für Violoncello solo", bestehend aus scharf pointierten Kurzstücken unterschiedlicher Prägung.

Hiege, Hans Oscar, hervorgetreten mit einem Streichquartett, einer Kammersuite für Flöte und drei Streicher, einem musikantischen Quartett für drei Holzbläser und Klavier (1936) und einem Quintett für Flöte, Streicher und Klavier (1937).

Hoff, Johann Friedrich (geb. 1886), u. a. Solowerke für Geige; Solowerke für Cello; Streichduos; Streichtrios; Klaviertrio; Streichquartette; Streichquintett.

Honegger, Arthur (1892—1955, Schweizer, lebte meist in Frankreich), einer der bedeutendsten Komponisten der Gegenwart, bekannter und wesentlicher mit seinen Chor- und Orchesterwerken als mit seiner Kammermusik. Auch wer Honegger schätzt, wird zugeben müssen, daß er z. B. in seinen Streichquartetten auch nicht annähernd das auszusagen vermag, was uns aus vielen seiner anderen Werke anspricht. Sie sind ohne Zweifel fesselnd für den Fachmann, wohl auch für den Komponisten selbst nicht unwichtig; aber es ist doch wohl kaum ein Zufall, daß der sonst in aller Welt berühmte Komponist mit ihnen nicht eben häufig zu Wort kommt. Wie es scheint, schärft Honegger in seinen Streichquartetten das Werkzeug, dessen er sich dann in seinen orchestralen Kompositionen bedient. Gleich das erste Streichquartett war polyphon wie harmonisch so hart, daß es mehr als Erprobung denn als Erfüllung wirkte. Auch das zweite Quartett birst förmlich unter der Fülle des immer neu herangezogenen Stoffes, sodaß die harten Überschneidungen des Schlußsatzes kaum zu ertragen sind. Das dritte Quartett bringt die für den Honegger der Entstehungszeit kennzeichnende Auseinandersetzung zwischen romanischem und germanischem Ausdruckswillen. Selbst das bisher letzte Streichquartett bedeutet uns in der Abseitigkeit des Ausdrucks nur ein aufschlußreiches Studienwerk. Honegger schrieb ferner u. a. Violin-, Bratschen-, Cello-, Klarinettensonaten sowie verschieden zusammengestellte Quartette.

Horn, Camillo (geb. 1860), Sudetendeutscher, Bruckner-Schüler, u. a. Streichquartett Werk 50 mit einem melodisch beseelten dritten Satz, prachtvolles, wenig bekanntes Werk.

Hösl, Albert (geb. 1899), Schüler von Beer-Wallbrunn, geht etwa von Reger aus, zuchtvoll im Formalen, erfindungsstark, bleibt auch bei Vorstößen in Neuland stets gemäßigt und persönlich. U. a. dreisätzige, kurze Serenade für zwei Geigen und Bratsche (besonders als Hausmusik beachtenswert, Werk 3); Sonate für Geige und Klavier (Werk 4, ebenfalls dreisätzig, mächtiger Kopfsatz); mehrere Streichquartette (davon Werk 14 von 1938 zuweilen fast sinfonisch).

511

Huber, Hans (1852—1921, Schweizer), geschult an deutscher Musik, vor allem an Brahms, den er kaum je verleugnet. U. a. Werke für ein Streichinstrument und Klavier; Geigensonaten; Klaviertrios; Streichquartett F-dur; Klavierquartette; Klavierquintette; Quintett und Sextett für Klavier und Bläser.

Huber, Rudolf, u. a. G-dur-Quartett für Geige, Cello, Klarinette und Klavier.

Huber-Andernach, Theodor (geb. 1885), u. a. ein 1941 uraufgeführtes Streichquartett, kontrapunktisch dicht.

Hübschmann, Werner (geb. 1901), schrieb als erstes Werk ein Streichquartett h-moll.

Humpert, Hans (1901—1943), aus der Schule Sekles, später von Hindemith beeinflußt, war ein Musiker, dessen umfangreiches Schaffen jederzeit durch tiefinnerliche Religiosität bestimmt war. Da er sich vom „Betrieb" fernhielt, kennt ihn die breitere Öffentlichkeit kaum; doch dürfte die Zeit kommen, in der auch seine kammermusikalischen Schöpfungen (Duos, Trios, Streich- und Klavier-Quartette, Nonett u. a.) gewürdigt werden als zuweilen verborgene, immer jedoch entscheidend tragende Ecksteine einer entwicklungsfähigen „neuen Musik".

Hungar, Paul (geb. 1887), tüchtiger Kammermusikspieler, vorwärtsgerichtet, aber nicht „neuzeitlich um jeden Preis", gefühlsecht. U. a. Streichquartette; Sonate für Geige und Klavier.

Ibert, Jacques (geb. 1890, Franzose), unvergessen durch sein witzig-ironisches „Divertissement" aus den Anfangszeiten der Neuen Musik, bedenkt sein Lieblingsinstrument mit einer Flöten-Sonatine und schreibt in seinem klanglich schillernden, rhythmisch gefestigten „Streichquartett in C" einen herrlichen langsamen Satz.

Jelinek, Hanns (geb. 1901, Österreicher), war in frühen Jahren Schüler von Schönberg und Alban Berg, hat deren Anregungen durchaus selbständig verarbeitet und weiterentwickelt, schrieb aber auch Filmmusik und Chansons, wurde schließlich entschiedener Verfechter der Zwölftonmusik, die er theoretisch-mathematisch behandelt, als Lehrer unterrichtet und als Schaffender in strenger Selbstkritik verantwortungsbewußt zu gestalten sucht. Seine pädagogische Begabung scheint freilich vorerst noch stärker zu sein als die künstlerische. Beachtenswerte Kammermusik, u. a. zwei Streichquartette (Werke 10 und 13), ein Streichtrio (aus dem „Zwölftonwerk") und — aus der Frühzeit — „Präludium, Passacaglia und Fuge" für Streichquintett, Flöte, Klarinette, Horn und Fagott.

Jentsch, Walter (geb. 1900), Schüler von Franz Schmidt, leicht impressionistisch und polytonal, stets eigenwüchsig. Eingängig in Frühwerken wie der Kleinen Kammermusik für fünf Bläser und Klavier Werk 5 mit sehr gescheiten und farbfrohen Abwandlungen. Fesselnd die bis zum Schlußsatz verhaltene Spannung der 1939 uraufgeführten Sonate für Cello und Klavier Werk 22. Ferner u. a. Sonate für Geige und Klavier Werk 23.

d'Indy, Vincent (1851—1931, Franzose), aus der Nachfolge von César Franck, suchte dem Impressionismus, dessen Farbwerte er durchaus zu schätzen wußte, straffer gebaute Werke entgegenzusetzen. Er war aber im Grunde doch wohl zu sehr Melodiker, als daß er mit „baufähigen" Themen hätte Entscheidendes bewirken können. Wo er solche Themen verwendet, wirkt er häufig gedankenblaß. Zwei Streichquartette, viel Kammermusik mit Klavier.

Jochum, Otto (geb. 1902), Schüler von Joseph Haas. U. a. ein d-moll-Streichquartett Werk 22, starke thematische Bindung der Sätze, wesentlich polyphon (Kanon, Doppelfuge).

Juon, Paul (1872—1940), Sohn schweizerischer Eltern, geboren und aufgewachsen in Rußland, später Deutschland und Schweiz. Fußt ganz auf Brahms, nimmt aber impressionistische und russische Einflüsse in seine höchst farbigen Kammermusikwerke auf. U. a. Geigen-, Bratschen-, Cellosonate; Trios (davon eine „Caprice" nach Selma Lagerlöfs „Gösta Berling"); Streichquartette; Klavierquartette; Streichquintett; Klavierquintett; Klaviersextett.

Kallenberg, Siegfried (geb. 1867), hohen Zielen nachstrebend, nach innen gewandt. U. a. Klaviertrio; Verlaine-Fantasie für Geige und Klavier.

Kaun, Hugo (1863—1932), führte die klassische und die romantische Überlieferung in stark empfundenen, gedanken- und farbenreichen Werken fort. U. a. Streichquartette (davon Werk 40 durch einen Schiffsuntergang angeregt); Streichquintett (auch als Klavierquintett); Sonaten.

Kilpinen, Yrjö (geb. 1892, Finne), neben Sibelius führender Musiker Finnlands. In den letzten Jahren bekanntgeworden eine Sonate F-dur Werk 90 und eine dreisätzige Suite A-dur Werk 91, beide für Cello und Klavier.

Klaas, Julius (geb. 1888), Spätromantiker, schrieb u. a. für Bratsche: eine Sonate mit Klavier; Sechs Tondichtungen („Nächtliches Fest", „Schmetterlingsspiele" usw.) für Bratsche und Klavier.

Klebe, Giselher (geb. 1925), scheint beeinflußt von der abstrakten Kunst, schreibt überlegsam gewählte Zwölftonreihen, hinter denen ein ungewöhnliches musikalisches Talent leuchtet. Bisher bekanntgewordene Kammermusik: Streichquartett (1950) und Sonate für Violine und Klavier (1952).

514

Kleemann, Hans (geb. 1883), u. a. Klavierquintett, in dem sich ursprüngliche Musikalität und erlesene Darstellung verbinden.

Klenau, Paul von (geb. 1883, Däne), ernster, gewichtiger Musiker, der sich mit der Atonalität wirklich auseinandergesetzt hat und seinem langjährigen Aufenthalt in Deutschland und Österreich viele Anregungen verdankt. Schrieb bisher nur wenig Kammermusik. Sein 2. Streichquartett spaltet in sorgfältiger Arbeit den musikalischen Grundgedanken viersätzig auf: stürmisch bewegt das harte Motivspiel im ersten Satz, stark akkordisch das Andante, schwungvoll und flüchtig der dritte Satz, in ein drängendes Fugato hineinwachsend das Finale mit einem Zwölfton-Thema, endgültiger Bekräftigung des zuvor schon stets angeschlagenen Grundgedankens.

Knab, Armin (1881—1951), der Liedmeister, streng im Ausdruck, polyphon ohne „Modernität". U. a. Variationen über ein Volkslied für Geige allein; Suite im alten Stil für Streichtrio.

Knorr, Ernst-Lothar von (geb. 1896), Kammermusik in den verschiedensten Besetzungen von der Sonate für Geige und Klavier bis zur Bläserkammermusik für Trompete, Altsaxophon und Fagott.

Kodály, Zoltán (geb. 1882, Ungar), hat wie Bartók und in Gemeinschaft mit diesem die südosteuropäische Volksmusik erforscht. Seine Werke sind melodisch, harmonisch und farbig eingängiger als die seines Landsmanns. Duos, Trios, Quartette für Streicher.

Kößler, Hans (1853—1926), aus der Schule Rheinberger, ungewöhnlich tüchtiger Musiker, seit seinem Tode vielfach vergessen. U. a. Geigensonate; Streichquartette; Streichquintett; Streichsextett.

Koetsier, Jan (geb. 1911, Holländer), strebt nach klarem, stoffgerechtem Musizieren. U. a. Streichquartett; fünfsätziges Divertimento für Bläserquintett (1937); Trio-Variationen (1938).

Krenek, Ernst (geb. 1900, Österreicher), bekannt als Komponist einstiger Sensationsopern. Auch wer Kreneks gescheit berechnete Nutzung des Aktuellen nicht schätzt, muß zugeben, daß er sich in der Kammermusik ernsthaft bemüht hat (Hineinwachsen in das Zwölfton-System). Allerdings ist auch hier zumeist nur ein blutleerer Intellektualismus in Notenköpfe umgesetzt worden. U. a. verschiedene Streichquartette, Trio für Geige, Klarinette und Klavier, Sonate für Viola und Piano. Bedeutend, ja vielleicht eines der wirklich wichtigen neueren Werke der Gattung, ist das 7. Streichquartett Werk 96. Fünf Teile, die unmittelbar ineinander übergehen, thematisch miteinander verbunden sind, als Mittelsatz eine Triple-Fuge, die rechnende „Arbeit" gleichzeitig erfüllt von echter Musizierfreude.

Kundigraber, Hermann (geb. 1879), vorwärtsgerichtete Haltung, aber überkommenem Musikgut innerlich verpflichtet, ausgezeichneter Satz, stilistisch vielseitig. nicht Spiel-, sondern Ausdrucksmusik. U. a. Sonate für Sologeige (Uraufführung 1933); Kammerduo für Geige und Bratsche (Uraufführung 1928); Streichtrio (Uraufführung 1928); Streichquartett d-moll (Uraufführung 1923); ein zweites Streichquartett aus der letzten Zeit; Serenade für sechs Bläser (Uraufführung 1937).

Lang, Walter (geb. 1896, Schweizer), Schüler u. a. von Klose, ausgezeichneter Kammermusikspieler (Klavier), unproblematischer Musiker von erlesenem Geschmack. U. a. Werke für Geige und Klavier, Cello und Klavier, Klaviertrio, Streichquartett.

Lechthaler, Josef (geb. 1891), in erster Linie kirchenmusikalische Werke, anknüpfend an Bruckner. U. a.

„Freundliche Abendmusik" für Geige, Klarinette und Gitarre (1941).

Leifs, Jon (geb. 1899, Isländer), isländischer Komponist mit inneren Beziehungen zur deutschen Musik. U. a. Variationen über ein Beethoven-Thema für Streichquartett (Werk 8); Streichquartett „Tod und Leben" (Werk 21).

Lemacher, Heinrich (geb. 1891), nähert in verschiedenen, ebenso gehaltvollen wie formenreichen Werken wieder Hausmusik und Kammermusik. Duos und Trios in verschiedener Besetzung, Streichquartett, Klavierquartett, Klavierquintett.

Lilge, Hermann (geb. 1871), bleibt auch bei schwierigen kontrapunktischen, motivischen und harmonischen Verflechtungen innerlich klar und schlicht. U. a. Zwölf Variationen und Fuge für Flöte und Klavier; Sonate für Flöte und Klavier; Variationen und Fuge über ein eigenes Thema für fünf Bläser; Divertimento für Streichquartett und Flöte.

Lothar, Friedrich Wilhelm (geb. 1885), u. a. ein Streichquartett von ernster polyphoner Arbeit.

Lothar, Mark (geb. 1902), überzeugte von seiner starken kammermusikalischen Befähigung wohl am deutlichsten in zwei Sonatinen: der Kleinen Sonate für Geige und Klavier Werk 15 und der 1939 uraufgeführten Sonatine für Flöte und Klavier.

Lürmann, Ludwig (geb. 1885), Reger-Schüler, hervorzuheben das f-moll-Streichquartett Werk 13 (Uraufführung 1936) mit den drei Sätzen „Fantasie", „Ernstes Lied", „Rondo", in denen sich Einfall und Können prächtig ergänzen.

Malipiero, Giovanni Francesco (geb. 1882), schreibt eine — entwicklungsmäßig bedingt — vielfarbige Kammermusik, wie bei den meisten neueren Italienern mehr melodisch, rhythmisch und klanglich als stimmig oder thematisch gearbeitet. Daher recht eingängig. Bezeichnend die verschiedenartige Anlage der Streichquartette: die „Rispetti e strambotti" sind Kleinbilder, die „Cantari alla Madrigalesca" ebenfalls bildhaft, doch weniger knapp, das Streichquartett von 1937 dagegen betont in seiner „Einsätzigkeit" den größeren Zusammenhang. Ferner u. a. eine „Sonata a cinque" für Flöte, Harfe und Streichtrio, eine Reihung von Kleinbildern, in denen bald das Harmonische, bald das Melodische, bald das Rhythmische hervortritt; bestimmend aber bleibt stets der Klang.

Martinu, Bohuslav (geb. 1890, Tscheche, lebt in den Vereinigten Staaten). Anfangs Neutöner radikalster Prägung, später um Ausgleich bemüht. U. a. drei Streichquartette („Madrigale") von echt „böhmischer" Haltung.

Marx, Karl (geb. 1897), Schüler u. a. von Orff und Hausegger, bekannt als Orchester- und Chorkomponist, schrieb u. a. ein Streichquartett, Fantasie und Fuge, tonale Grundlage g-moll, harmonisch sonst frei, scharfgezeichnete Themen, überzeugender Aufbau. Unter den späteren Werken fällt das Pädagogische auf; so besteht die Werkzahl 48 aus sechs Sonatinen: eine in A für Klavier, eine in E für Klavier vierhändig, ferner je eine (immer mit Klavier) für Violine in G, für Sopran-Blockflöte in D, für Flöte in C und für Alt-Blockflöte in G. Und die „Musik in drei Sätzen" (Geige und Klavier) Werk 53 Nr. 1 ist offenbar dazu bestimmt, junge Geiger mit moderner Musik vertraut zu machen.

Medtner, Nikolai (geb. 1879, Russe, lebt in Frankreich), bindet deutsche Romantik und russische Jähheit in sichere, oft kontrapunktisch ausgearbeitete Form. U. a. Sonaten für Geige und Klavier.

Meyer von Bremen, Helmut (1902—1941), liebenswerte Haltung bei ernstem Können. U. a. Nonett für Bläser, Streicher und Cembalo.

Mohler, Philipp (geb. 1908), Haas-Schüler, bekannt als Chorkomponist. U. a. Trio für Flöte, Geige und Klavier; Divertimento für Geige und Bratsche Werk 14 (mit reizenden Variationenbildern im Schlußsatz).

Mojsisovics, Roderich von (geb. 1877 in Graz), ernster Komponist auf allen Gebieten. Kammermusik (nur z. T. gedruckt) u. a. Sonaten für Geige und Klavier (Werke 29 und 64); Sonate für Bratsche und Klavier (Werk 74); Serenade für Streichtrio (Werk 21); Serenade für Flöte, Geige, Bratsche und Cello (Werk 70); Drei Streichquartette (Werk 37, 58, 71); Streichquintett (Werk 94); Klavierquintett (Werk 89).

Motte-Fouqué, Friedrich de la (geb. 1874), völlig in der Romantik verwurzelt, die er besonders in Rhythmus und Bewegung neuzeitlich aus- und weiterbaut. U. a. Cellosonate, Streichtrio.

Müller, Sigfrid Walter (geb. 1905), Schüler von Karg-Ehlert, ursprüngliche, fast triebhafte Musikantennatur, befaßt sich mit den Problemen der neueren Musikentwicklung oft nur spielerisch, findet aber dann wieder beachtenswerte Ansatzpunkte. Bestes kammermusikalisches Werk bisher ein G-dur-Streichquartett von geraffter Form und zuweilen kämpferischer Haltung, zügig im Rhythmus, frei im Harmonischen. Schrieb ferner u. a. „Kammermusik in A-dur" für Klavier und Streichtrio, Divertimento für Klavier und Streichquartett, Sonaten und Sonatinen für Klavier und Geige, Oboensonate, Sonate für Flöte allein, Klaviertrio.

Müller-Rehrmann, Fritz (geb. 1889), Brahms-Nachfahre, rhythmische Antriebskräfte. U. a. Streichquartett; Klaviertrio.

Mylius, Hermann, u. a. sehr beachtenswerte hausmusikalische Suiten für Cembalo mit Geige bzw. Bratsche, ausgehend vom altklassischen Stil.

Noetel, Konrad Friedrich (1903—1947), verwurzelt in harmonisch (zuweilen polytonal) bestimmtem Klang und gut geprägter, melodischer Thematik. U. a. Streichquartett (Uraufführung 1939); Sonate für Cello und Klavier (Uraufführung 1941); Geigen-Klavier-Sonate.

Novák, Viteslav (geb. 1870), Schüler seines großen Landsmannes Dvořák, Einflüsse von Brahms, teilweise auch der französischen Stilwende um 1900 und der slowakischen Volksmusik, harmonisch zuweilen polytonal, bedeutender Könner. U. a. drei Streichquartette (davon Werk 35 und 66 zweisätzige Bekenntnismusik), zwei Klavierquartette; Klaviertrio.

Pander, Oscar von (geb. 1883), u. a. ein g-moll-Streichquartett (Uraufführung 1941), zuchtvoll, kontrapunktisch (Kopfsatz Toccata mit Fuge).

Pepping, Ernst (geb. 1901), bedeutender Orgel- und Chor-Komponist, verdienstvoll als Lehrer und Theoretiker, hat sich nach radikalem Neutöner-Beginn einem gemäßigt modernen Ausdruck zugewendet und sogar manche seiner theoretischen Anschauungen („Stilwende der Musik") preisgegeben, als er zu neuen Einsichten kam, — was mindestens für seine Aufrichtigkeit spricht. In einem Streichquartett (erschienen 1947) bekennt er sich zur erweiterten Tonalität (hier: As). Im Kopfsatz, der als meisterhaft gebaute Cantabile-Fuge anhebt, bezwingt sogleich das Bratschenthema, das nach breitem, festem Beginn in leicht verzierte Bewegung übergeht und geradezu plastisch im Raum schwebt. Straff dann das übersichtlich gebaute Scherzo, dem ein stark figuriertes Sostenuto von ergreifender Grundstimmung folgt. Rondoartig mit seinen Wiederholungen das geschwind dreinfahrende Schluß-Vivace.

Peters, Rudolf (geb. 1902), schrieb als Zwanzigjähriger sein erstes Streichquartett in a-moll von kraftvollem Wuchs; ferner u. a. Cellosonate. Brahms-Fortsetzer.

Petersen, Wilhelm (geb. 1890), zeichnerisch klar, dabei fesselnd im Klanglichen. U. a. Werke für Geige und Klavier.

Petzold, Rudolf (geb. 1908), u. a. kraftvolle, thematisch gedrängte Geigensonate; grüblerisches Streichquartett.

Petzoldt, Richard (geb. 1907), u. a. Sonate für Geige und Klavier; Streichquartett.

Piston, Walter (geb. 1894, Vereinigte Staaten), lebendiger, gleichwohl Problemen nicht abholder Kontrapunktiker. U. a. Streichquartett.

Pizzetti, Ildebrando (geb. 1880, Italiener), wie die meisten neueren Italiener vorwiegend melodisch bestimmt, z. T. Einflüsse impressionistischer Farbenkunst, ursprünglicher Musiker ohne gedankliche Überlastung. U. a. A-dur-Sonate für Geige und Klavier; a-moll-Trio, D-dur-Streichquartett (prachtvoller langsamer Satz).

Prokofieff, Serge (1891—1953, Russe), einer der bedeutendsten russischen Komponisten der Gegenwart, ist, wenn man von seiner Cello-Klavier-Ballade absieht, erst verhältnismäßig spät zur Kammermusik gekommen. Und man darf sagen, daß seine eigentliche Größe mehr in Klavier- und Orchesterwerken liegt. In seinen kammermusikalischen Werken (u. a. Violinsonaten, Streichquartette, Quintett für Oboe, Klarinette, Geige, Bratsche und Kontrabaß) stößt man immer wieder auf drei Grundbestandteile: tänzerische Rhythmik, melodische Sicherheit, formale Meisterschaft. Einflüsse der französischen Musik, die er während langjährigem Aufenthalt in Paris studierte, wurden nach der Rückkehr in die russische Heimat nicht aufgegeben, sondern fast unmerklich dem neuen heimatlichen Musizierideal eingeschmolzen.

Protze, Curt (geb. 1891), klanglich fesselnde Bekenntnismusik in mehreren Streichquartetten.

Ramin, Günther (geb. 1898), Thomaskantor, bisher nur mit einer C-dur-Sonate für Geige und Klavier (Werk 1) hervorgetreten, Bekenntnis zur Romantik.

Raphael, Günther (geb. 1903), schrieb u. a. Sonaten für Geige und Klavier, für Flöte und Klavier, Trio, Streichquartette, Klavierquartett, Holzbläserquartett, Streichquintett. Sicherer Satz, kein Streben nach Wirkung.

Reidinger, Friedrich (geb. 1890, Österreicher), gibt mit einem Klarinettenquintett „Spätsommer" sehr feine programmusikalische, stimmunggesättigte Landschaftsbilder aus dem Inntal.

Reiter, Josef (1862—1939, Österreicher), fast vergessener Komponist (Opern, Chorwerke usw.), u. a. ein fünfsätziges Klaviersextett von dichterischer Kraft.

Respighi, Ottorino (1879—1936, Italiener), der bekannte Orchesterkomponist, schrieb u. a. ein D-dur-Streichquartett, ein „Quartetto dorico", eine Sonate für Geige und Klavier. Trotz Verwendung strenger Formen (Variation, Passacaglia) überwiegend harmonisch-farbig, auf Melodie gestellt.

Reutter, Hermann (geb. 1900), u. a. eine bedeutende Rhapsodie für Geige und Klavier, melodisch ursprünglich, übereinandergelegte Harmonien, frischer Rhythmus, mancherlei Schubert-Zitate. Die Sonate für Bratsche und Klavier (1951) mit Variationen über Weihnachtslieder läßt sich sehr hübsch unter dem Weihnachtsbaum spielen; ansonsten dürfte sie kaum von Belang sein.

Reznicek, Emil Nikolaus von (1860—1945), Österreicher nach Empfindung und Ausdruck. Drei Streichquartette c-moll, cis-moll und B-dur, dieses über das mehrfach abgewandelte Thema A-b-e-g-g" (erster Satz), zweiter Satz „Notturno", dritter ein Allegro con fuoco, Schlußsatz ein Variationenandante. Nachromantiker von edelstem Geblüt.

Rochat-Aschlimann, Andrée (geb. 1900, in Italien lebende Schweizerin). U. a. Sonaten für Geige und Klavier sowie Klarinette und Klavier; Streichseptett. Für eine Frau auffallend grüblerisch, besonders im (polytonal) Harmonischen.

Röttger, Heinz, u. a. eine stürmisch zufassende, geschmeidig geschriebene Sonate für Cello und Klavier (1938) und das gehaltvolle gis-moll-Quintett (1939).

Roussel, Albert (1869—1937, Franzose), längst nicht genügend gewürdigter Vertreter der berühmten französischen Schola cantorum, im Satz polyphon, doch klanglich wie harmonisch vom Impressionismus beeinflußt, ja, über diesen hinausgehend. U. a. Sonate für Geige und Klavier; Trio für Flöte, Bratsche und Cello; Klaviertrio; D-dur-Streichquartett; Serenade für Flöte, Streichtrio und Harfe; Divertissement für Klavier und Holzbläser (wohl sein wichtigstes kammermusikalisches Werk).

Rózsa, Miklós (geb. 1907, Ungar), schreibt vorwiegend Kammermusik. Serenade für Streichtrio Werk 1; Klavierquintett f-moll Werk 2; Duo für Geige und Klavier Werk 7; Duo für Cello und Klavier Werk 8.

Rüdinger, Gottfried (geb. 1886), u. a. eine urmusikantische, leicht eingängige, doch sorgsam gefügte Bläserserenade.

Sachsse, Hans (geb. 1891), Streichquartette von ungewöhnlicher gedanklicher Zucht und gewähltem Ausdruck. Hervorzuheben das vierte Streichquartett fismoll Werk 61 (Uraufführung 1938) und das fünfte in a-moll Werk 62 (Uraufführung 1940).

Saint-Saëns, Camille (1835—1922, Franzose), einst sehr berühmter Komponist, dessen oft leicht süßliche Melodik und harmonische Farbigkeit um die Jahrhundertwende auch in Deutschland sehr beliebt waren (Oper „Samson und Dalila"). Seine Kammermusik gerät immer mehr in Vergessenheit.

Sandby, Hermann (geb. 1881, Däne), Cellist, u. a. Streichquartette und ein in rauschenden Klängen schwingendes Quintett für Flöte, Streichtrio und Klavier.

Scharlau, Ulf (geb. 1915), erwies mit seinem Klarinettenquintett von 1939 ausgesprochen kammermusikalischen Sinn.

Schäuble, Hans (geb. 1906, Schweizer), bisher nur ein kammermusikalisches Werk in Deutschland gedruckt: die Musik für Streichquartett Werk 19, herbe Klangreibungen, eigenwilliger Aufbau (1936).

Schibler, Armin (geb. 1920, Schweizer), Schüler von W. Burkhard, hat sich in ernster Arbeit von anfänglichem Neuklassizismus und Neubarock mehr und mehr zu einer nicht orthodoxen Zwölfton-Technik entwikkelt. In der Kammermusik zeigt sich das behutsame Abtasten der Klang-, Satz- und Ausdrucksmöglichkeiten besonders deutlich in den ständigen Versuchen, möglichst verschiedenen Instrumenten das zu Sagende anzuvertrauen. So entstanden zwischen 1944 und 1951 u. a. folgende Werke: Solosonate für Flöte, Kleine konzertante Suite für Solocello, Kleines Konzert für Solobratsche, Kleine Fantasie für Oboe und Klavier, Konzertantes Duo für Violine und Klavier, Konzertantes Trio für Trompete, Violine und Klavier, zwei Streichquartette.

Schiffmann, Ernst (geb. 1901), u. a. Streichquartett Werk 35, lebendig erfühlt, klangvoll.

Schilling, Otto-Erich, u. a. ein Streichquartett mit polyphoner Arbeit, schwer ansprechend, sodaß man nicht weiß, ob es Ringen um Wesentliches oder Einspinnen in Abseitigkeit darstellt.

Schillings, Max von (1868—1933), ein 1906 umgearbeitetes Streichquartett e-moll (1887) und ein klangschönes Streichquintett Es-dur, beide Werke über den Opern des Meisters fast vergessen.

Schindler, Hanns (geb. 1889), u. a. Kammertrio im alten Stil für Oboe, Fagott und Klavier; die sehr ansprechenden „Nordischen Skizzen" für Streichquartett.

Schiske, Alfred, führte 1939 ein Sextett für Klarinette, Streicher und Klavier auf; hoher farbiger Reiz, innerlich heiter.

Schlemm, Gustav Adolf (geb. 1902), Schüler von Sekles und Baußnern, schrieb u. a. ein festgefügtes Streichquartett, Streichtrio, Duosonaten.

Schmid, Josef, außer einer Cellosonate wurde 1941 ein d-moll-Streichquartett uraufgeführt, das von abgewogenem Können, guter Gestaltung und Einfallsstärke zeugt.

Schmidt, Heinrich Kaspar (geb. 1874), liebenswerter Mehrer überkommenen Musikgutes in neuzeitlicher Sprache, u. a. Duo für Geige und Cello; Trio für Klarinette, Bratsche und Klavier; Klaviertrio; Streichquartett; Bläserquintett.

Schmitt, Florent (geb. 1870, Franzose), hervorragender Komponist mit starkem Sinn für Farbe, Klang, weiträumige Form. In ihm scheinen europäische Romantik, französischer Impressionismus und jungrussische Klangsattheit verschmolzen und zwar auf höchst persönliche

Weise. Sein Klavierquartett Werk 57 (1908) zählt zu den besten Werken der Gattung. Stark auch das Klavierquintett Werk 51.

Schoeck, Othmar (geb. 1886, Schweizer), ein Komponist, dessen lyrischer Grundhaltung vor allem zahlreiche bedeutende Lieder entwuchsen. In seiner Kammermusik erweitert er vorsichtig und langsam seinen Ausdrucksbereich von der Romantik (D-dur-Streichquartett und D-dur-Geigensonate) schrittweise (C-dur-Quartett) zu neueren Ausdrucksformen (E-dur-Geigen-Sonate), freilich ohne sonderlich überzeugend zu wirken; Sonate für Baßklarinette und Klavier.

Schostakowitsch, Dimitri (geb. 1906, Russe), in Deutschland bekannt als bedeutendster russischer Sinfoniker der Gegenwart. Soweit wir sehen, sind seine besten Kammermusikwerke das fast „klassische" Streichquartett Werk 49, das von Elementen russischer Volksmusik durchsetzte Streichquartett Werk 69 mit den Sätzen Ouvertüre / Rezitativ und Romanze / Walzer / Thema mit Variationen, das düstere Klaviertrio Werk 67 und das Klavierquintett Werk 57, — dieses schlechthin ein Meisterwerk.

Schrauth, Werner (geb. 1899), Schüler von Baußnern, ein unproblematisches, mitteilsames Quartett für Klarinette und Streichtrio (Uraufführung 1937), dabei von eigenartigem Reiz.

Schröder, Hermann (geb. 1904), u. a. bedeutendes Streichquartett c-moll; Streichtrio e-moll mit tänzerischem Hauptsatz, tief empfundenem Adagio und kanonisch durchwirktem Rondo. Ein zweites Streichtrio, ein weiteres Streichquartett sowie ein Duo für Violine und Klavier vervollständigen das bisher nur sparsame kammermusikalische Schaffen des vor allem als Kirchenmusiker bekannten Komponisten.

Schubert, Heinz (geb. 1908), Schüler u. a. von Hausegger und Haas, vorwärtsgerichtet, stimmig, ohne konstruktiv zu wirken. U. a. Kammersonate für Streichtrio (Uraufführung 1934); Fantasie und Gigue für Streichquartett (Uraufführung 1940), in der „Fantasie" schweifend und gleichwohl kontrapunktische Arbeit, in der spielerisch kurzen „Gigue" durchaus streng polyphon.

Schubert, Kurt (geb. 1891), Könner von romantischer Grundhaltung. U. a. Divertimento für Klavier, Klarinette und Cello; einsätziges Klavierquintett auf ein schlesisches Volkslied.

Seeboth, Max (geb. 1904), schlicht-ursprüngliches Erleben, strengste Gedankenzucht in der festgefügten Stimmigkeit, gleichzeitig Sinn für Klang und Farbe. U. a. Sonatine für Flöte, Oboe und Klavier; Geigensonate; Cellosonate; Klaviertrio; Streichquartett (Variationen und Fuge); Adagio für Streichquartett, Klavier und Horn.

Seiber, Matyas (geb. 1905 in Ungarn, lebt in England), Schüler Kodálys, hat sich frühzeitig mit Schönberg, Jazz und verschiedenen Musikkulturen auseinandergesetzt. Wurde allgemein bekannt durch eine „Ulysses-Kantate". Mehrere Streichquartette (das erste schrieb er mit neunzehn Jahren) lassen seinen Entwicklungsweg von Kodály über Schönberg bis zu einem musizierfroh, zugleich denkerisch geschürzten Knoten Schönberg—Berg—Bartók anschaulich verfolgen (Quartetto lirico). Schreibt einen gelösten Zwölfton-Stil.

Siegl, Otto (geb. 1896), u. a. Romanze und Ländlerweisen für Geige und Klavier; Bratschensonate (Uraufführung 1939); Streichquintett (Uraufführung 1941).

Spannagel, Carl, ein Suchender, der es sich und dem Hörer nicht leicht macht, bereder Kontrapunkt. U. a.

Streichquartette; Trio für Oboe, Klarinette, Fagott; Streichtrio; Sonate für Cello und Klavier (Uraufführung 1939).

Straesser, Ewald (1867—1933), selbständiger Brahms-Nachfahre. U. a. Streichquartette; Klaviertrio; Klarinettenquintett; Klavierquintett Werk 41 (erst 1941 aufgeführt).

Strawinski, Igor (geb. 1882, Russe, lebt in der Emigration), ist vor allem als Komponist von Orchester- und Ballett-Musik bekannt. Kammermusik hat er zu allen Zeiten nur nebenher geschrieben; sie wirkt zumeist wie gestrichelte Studien, freilich gezeichnet von einer Meisterhand. So das schwermütige, doch nicht schwerblütige Duo concertante für Geige und Klavier (fünf knappe Sätze), die Drei Stücke für Klarinette, das verblüffend kurze Pastorale für Geige (oder Sopran), Oboe, Englischhorn, Klarinette und Fagott, die „Drei Stücke" und das „Concertino" für Streichquartett. Wirklicher Strawinski: das Bläser-Oktett von 1924. Freilich: was heißt „wirklicher" Strawinski! Der sich ständig wandelnde, allem aufgeschlossene Meister überrascht immer wieder die musikalische Welt mit einem anderen Stil. So steckt in dem 1954 bekanntgewordenen Septett für Klarinette, Horn, Fagott, Streichtrio und Klavier erstmalig etwas von der Zwölftontechnik (im Giguen-Schlußsatz), und zwar in der Weise, daß die verschiedenen Reihen, in sich acht-tönig nach Tonleiterart, das zwölftonige Gesamtmaterial ergeben. Bezeichnend für Strawinskis Überlegenheit, daß man das eigentlich mehr beim Lesen merkt als beim Hören. Mittelsatz bildet eine teilweise aphoristisch wirkende Passacaglia; der Kopfsatz ist kontrapunktisch gehalten.

Stürmer, Bruno (geb. 1892), vorwärtsgerichtet, vorwiegend polyphon. U. a. Bratschensonate (1937); Thema mit Variationen für Streichquartett; Andante und Variationen für Klaviertrio; Sonatine in C für Geige und Klavier (erster Satz dreistimmig im imitierenden strengen Stil, zweiter Satz Figuralvariationen, dritter Satz bewegungsmäßig); Oboensonate (1948).

Suter, Hermann (1870—1926), kennzeichnender Vertreter der Schweizerischen Musik vor dem Auftreten der jungen Moderne. Stimmungsreiches G-dur-Quartett „Amselrufe" Werk 20; das cis-moll-Quartett Werk 10 wählt nicht ohne innere Beziehung die Tonart des „späten Beethoven"; ferner ein C-dur-Streichsextett Werk 18 mit schweizerischen Volksthemen; das D-dur-Streichquartett Werk 1 ist ein schönes, aber noch nicht recht „Sutersches" Werk.

Sutermeister, Heinrich (geb. 1910, Schweizer), Schüler u. a. von Courvoisier und Orff, schrieb u. a. ein teilweise vom Tanz her aufgelockertes, aber sicher gestaltetes mehrsätziges „Konzertstück für Geige und Klavier" (1937).

Szymanowski, Karol (1883—1937, Pole), musikantisch, aber nicht zur letzten Festigung gelangt; die d-moll-Sonate für Geige und Klavier Werk 9 hat noch Vollklang, während das C-dur-Streichquartett Werk 37 aus lauter fließenden impressionistischen Farbwischern zu bestehen scheint.

Thabe, Erich (geb. 1915), Höffer-Schüler, stark bewegungsmäßig bestimmt, linear, Rückgriff auf ältere Formen bei neuzeitlicher Haltung. U. a. Sonate für Flöte und Klavier (1934); Sonate für Geige und Klavier (1935); Streichquartett (1937).

Therstappen, Hans Joachim, u. a. eine ansprechende Partita für Flöte und Klavier; Quintett für Bläser (Uraufführung 1937).

Tiessen, Heinz (geb. 1887), stark vom atonalen Expressionismus angerührt, stimmig denkend, im Grunde aber dem Klang verhaftet, selbständiger Kopf. U. a. Duo für Geige und Klavier (1925, Werk 35); Kleine Suite für zwei Geigen (1940, Werk 42); Streichquintett (1924, Werk 32); G-dur-Septett für Flöte, Klarinette, Horn und Streichquartett (Werk 19).

Tippett, Michael (geb. 1904, Engländer), hat zwar bisher nicht allzu viele Werke geschrieben, gilt aber seit einigen Jahren als einer der bedeutendsten jüngeren Musiker Englands. Harmonisch bindet er mit überlegener Sicherheit Überlieferung und Moderne, mit seiner Vielrhythmik greift er auf jahrhundertelange englische Musizierpraxis zurück. Schrieb drei Streichquartette vornehmster Haltung.

Toch, Ernst (geb. 1887, Österreicher, lebt in den Vereinigten Staaten), vielseitiger, einfallsreicher Komponist und hervorragender Lehrer, fühlt sich der Überlieferung zutiefst verpflichtet, baut sie jedoch förmlich zweckbetont mit neuen und neuesten Mitteln immer weiter aus. Prüfstein auf dem Entwicklungsgang scheint ihm das Streichquartett zu sein, deren er nicht weniger als siebzehn geschrieben hat (bereits ein Streichquartett des Fünfzehnjährigen wurde von einer berühmten Quartett-Vereinigung aufgeführt). Ferner u. a. Sonaten für Violine und Klavier, Cello und Klavier, Divertimenti für Violine und Bratsche sowie für Violine und Cello, Serenade für drei Violinen und für zwei Violinen und Bratsche, Klavierquintett.

Trenkner, Werner (geb. 1902), Schüler von Krehl und Wetz, sieht nicht in irgendeinem „Stilproblem", sondern in lebendiger, eigenständiger Musik die Aufgabe. U. a. Streichtrio f-moll; Trio A-dur für Oboe, Klarinette und Fagott; Streichquartett f-moll.

Tscherepnin, Alexander (geb. 1899), Russe aus dem Umkreis von Strawinski. U. a. Sonate für Cello und Klavier in „Fis-dur-moll".

Turina, Joaquin (1882—1949, Spanier), impressionistischer, in Frankreich geschulter Tondichter von national-spanischer Prägung; u. a. Streichquartett.

Veidl, Theodor (geb. 1885), beweist u. a. mit dem 1940 uraufgeführten Bläserquintett seine Zeitverbundenheit; gedanklich nicht einfach, prächtig im Satz.

Veress, Sándor (geb. 1907. Ungar, lebt in der Schweiz), setzt die von seinen Lehrern Kodály und Bartók aufgezeichneten Linien selbständig fort, indem er ursprüngliche (nicht die salonhaft verwässerte) ungarische Volksmusik mit der modernen freien Dissonanz zu verbinden trachtet. Formal geht er zuweilen Wege, die auch Hindemith beschritten hat, indem er Sonaten- und Fugenformen ineinandergreifen läßt. Hier interessierendes Beispiel: der Schlußsatz eines Streichquartetts von 1937; da wird im sonatenartigen Wiederaufnahmeteil das zweite Thema fugenmäßig umgebildet, und das Hauptthema tritt als „Spiegel" auf. Bisher bekannt geworden vor allem zwei Streichquartette, eine Sonate für Violine und Klavier, eine Sonatine für Cello und Klavier.

Viecenz, Herbert (geb. 1893), bedient sich in einem Streichquartett altklassischer Satzformen, erfüllt sie jedoch neuromantisch; treffliche Sprache, ausgezeichneter Satz. Ferner u. a. ein Divertimento für Streichtrio.

Vogt, Hans (geb. 1911), schrieb u. a. Streichquartette, Streichquintett, Klaviertrio.

Wartisch, Otto (geb. 1893), Nachromantiker eigener Prägung. U. a. Klarinettentrio; Streichquartett (Uraufführung 1940).

Wehding, Hans Hendrik (geb. 1915), u. a. ein Streichquartett von erstaunlicher polyphoner Sicherheit (Variationen, Fuge, Finale).

Weismann, Julius (1879—1950), unter den selbständigen Nachromantikern einer der feinsten Köpfe, überlegen im Technischen, ganz verinnerlicht, dabei stets lebensnah und ursprünglich. U. a. Sonaten für Geige allein, für Geige und Klavier, für Cello und Klavier, Variationen für Oboe und Klavier, Trios, eine herrliche Kammermusik für Flöte, Bratsche und Klavier, Streichquartette.

Weiß, Hans (geb. 1889), strebt mit Erfolg nach Kammermusik in gehobenem hausmusikalischem Stil, verschiedene Besetzung. Sehr hübsch der „Kuriose Kaffeeklatsch" für Klavier, Geige, Flöte und Bratsche (1933) mit motivischen Wortscherzen (a - f - f - e, c - a - f - f - e - e, h - a - s - e usw.).

Wellesz, Egon (geb. 1885, Österreicher, lebt in England), bedeutender Musikwissenschafter, dessen die Tonalität sprengende Streichquartette bewundernswert gearbeitet sind, ohne innerlich zu überzeugen.

Wenzel, Eberhard (geb. 1896), u. a. ein herb-kantiges Klarinettentrio (1939).

Westerman, Gerhart von (geb. 1894, Deutschbalte), Schüler von Juon und Courvoisier, polytonaler Einschlag, gedanklich bauend, doch stets spielfroh und musikantisch, rhythmisch geistreich, stark in den langsamen Sätzen. Das gilt besonders für das c-moll-Streichquartett mit der gleichbleibenden Lagerung des ersten Satzes, den fesselnden Scherzorhythmen und dem ergreifenden langsamen Satz. Ferner u. a. Streichquartett fis-moll; Sonate für Geige und Klavier; Sonate für Cello und Klavier.

Westermann, Helmut (geb. 1895), u. a. eine 1941 uraufgeführte Sonate für Cello und Klavier Werk 35, klangschönes Werk ohne stilistische Problematik.

532

Wetz, Richard (1875—1935), Neuromantiker von starker persönlicher Prägung, tief empfindend und sicher gestaltend. U. a. Streichquartette; Sonate für Geige allein.

Weweler, August (geb. 1868), bekannt als Vokalkomponist, unbeirrter Nachromantiker. U. a. Streichquartette; Suite im alten Stil für Geige und Klavier.

Windsperger, Lothar (1885—1935), mißt seine starke, feingeistige Begabung fast übergewissenhaft an großen romantischen Vorbildern und hält sich daher zu sehr zurück. U. a. Streichquartett g-moll.

Witkowski, Georges Martin (geb. 1867, Franzose), hat ein Streichquartett geschrieben, das den polyphonarchitektonischen Gedanken der Neuen Musik vorwegnimmt; kunstvoll ohne Künstelei, gebaut ohne Konstruiererei, herb ohne Klangverachtung.

Wittmer, Eberhard Ludwig (geb. 1905), u. a. eine Suite für zwei Geigen und Klavier „An meine Heimat", Klangbilder aus dem Schwarzwald (uraufgeführt 1938).

Wödl, Franz (geb. 1899, Österreicher), ursprünglicher Musiker, der an Formproblemen nicht vorübergeht, ihnen aber keine entscheidende Rolle beimißt, ansprechend bis zum gelegentlich Unterhaltsamen. U. a. Streichquartette in h-moll (1931) und d-moll (1938); Bläserquintett (1935); Sonate für Cello und Klavier (1937).

Wolf-Ferrari, Ermanno (1876—1948), deutsch-italienischer Tondichter von Rang, klangschön, harmonisch farbig, erlesene Thematik, polyphones Denken, einfallsreich, niemals gekünstelt, stets vom Herzen gespeist, überaus verantwortungsbewußt auch bei heiterem Frohsinn. U. a. zwei Sonaten für Geige und Klavier (Werk 1 und 10); zwei Klaviertrios (Werk 5 und 7); Klavierquin-

tett (Werk 6); ein innerlich bewegtes Streichquartett
e-moll (Werk 23, Uraufführung 1941) mit einem emp-
findungstiefen langsamen und einem harmonisch wie
stimmig belebten Schlußsatz; ein Streichquintett C-dur
(Werk 24, Uraufführung 1942) von ergreifenden Gegensätzen.

Wolfurt, Kurt (geb. 1880, Deutschbalte), baut die von
seinem Lehrer Max Reger empfangenen Anregungen
selbständig aus. Erlesenes Streichquartett (Werk 27a,
nach einem früheren Werk gestaltet), Ecksätze stimmig
und rhythmisch bestimmt, das Largo von edel geschwun-
gener Geigenthematik über Pizzicatobegleitung angeführt. Meisterhaft im Satz das Streichquartett Werk 40.

FACHWÖRTER-ERKLÄRUNG

A

Absolute Musik, Musik, die nur durch ihre eigenen Formgesetze (also nicht durch dichterische usw.) bestimmt wird.

Achtel, der achte Teil einer ganzen Note: ♪

Adagio, ruhig.

Affettuoso, gemütvoll, mit viel innerem Ausdruck.

Agitato, aufgeregt, erregt.

Akkord, Zusammenklang mehrerer Töne verschiedener Höhe (siehe auch „Dur" und „Moll").

Allegretto, etwas langsamer als allegro.

Allegro, heiter, rasch.

Altklassik, etwa die Bach-Händel-Zeit.

Andante, Andantino, schreitend, gehend.

Animato, belebt, beseelt.

Appassionato, leidenschaftlich.

Assai, sehr.

Atonalität, Nichtachtung der Tonalität (siehe diese, sowie Zwölfton-System).

Auftakt, vor dem Taktstrich stehende, meist unbetonte Note, die innerlich zum folgenden Takt gehört.

B

Ballade, Sagen erzählendes Lied (ursprünglich Tanzlied). *Bratsche*, etwas größer als die Geige und eine Quinte tiefer gestimmt als diese. Klang etwas näselnd, aber nicht im unangenehmen Sinne. Deckt die Klang-Lücke zwischen den hohen Geigen und dem tiefen Cello. Üblicher Tonumfang:

C

Cantabile, singbar, gesangsartig.

Cello, eigentlich Violoncello (heute zuweilen Kniegeige genannt), tiefes Streichinstrument, der Geige nachgebaut, wird beim Spielen auf den Boden zwischen die Knie gestellt. Der edle, männliche Klang entspricht im Streicherchor etwa dem der menschlichen Baritonstimme im gesungenen Chor.

Cembalo, eigentlich Clavicembalo, ein Vorläufer des Klaviers. Die Saiten wurden — durch Niederdrücken der Tasten („Claves") — mit einem Federkiel angerissen oder gezupft. Feiner, auch rauschender Klang, der sich gut mit dem der Streicher mischt.

Chaconne (Ciacona), altes Instrumentalwerk im $^3/_4$-Takt, in dem ursprünglich ein höchstens achttaktiges Thema ständig wiederkehrte und immer neu umspielt wurde. Dann langsame Variationen solcher Art.

Chromatik (von „chroma" = Farbe), streng genommen die Aufeinanderfolge von Tönen, die sich nur durch ein Versetzungszeichen unterscheiden. Dann aber auch allgemein eine Folge von Halbtönen (siehe „Halbtonschritt").

Coda, „Schwanz", Anhang, Schlußstück.

Comodo, gemächlich.

Con brio, mit Feuer, mit Schwung.

Con moto, mit Bewegtheit.

Con spirito, mit Geist, mit Witz.

Continuo, eigentlich „Basso continuo", d. h. ununterbrochener Baß. In der älteren Musik eine Baßstimme, die mit Ziffern versehen wurde und vom Cembalospieler mehrstimmig auszuführen war.

D

Dämpfer (sordino), Vorrichtung, durch die man den Klang der Instrumente dämpfen kann.

Dissonanz, „mißklingendes" Tönen (wörtlich „Auseinanderklang").

Divertimento, wörtlich „Unterhaltung". Instrumentalstück von fünf oder mehr Sätzen, die kurz, unterhaltsam und einfach gearbeitet sind.

Dolce, sanft, süß.

Doloroso, schmerzlich.

Doppelfuge, Fuge, in der zwei Themen durchgeführt werden (nacheinander oder gleichzeitig).

Dreiklang, Zusammenklang von drei Tönen, im allgemeinen aber für Dur und Moll gebraucht (siehe diese).

Duo, Musikstück für zwei Stimmen oder Instrumente (z. B. zwei Geigen, Geige und Cello, Geige und Klavier usw.).

Dur, vom lateinischen durus („hart"). Dreiklang mit der großen Terz (z. B. c-e-g), hell und „hart" klingend, im Gegensatz zu Moll (von mollis, „weich"), dem Dreiklang mit der kleinen Terz (z. B. c-es-g).

Durchführung, in der Sonate derjenige Teil eines Satzes, in dem die zuvor aufgestellten Themen verarbeitet werden. In der Fuge das einmalige Durchlaufen eines Themas durch alle Stimmen. Früher war die Durchführung an bestimmte Vorschriften in Reihenfolge und Tonarten gebunden.

E

Ecksätze, Außensätze eines Werkes. Bei einem viersätzigen Werk z. B. der erste und der vierte Satz.

Energico, kraftvoll.

Engführung, Stimmführung, bei der Themen und Gegenstimmen nicht einander folgen, sondern schon einsetzen, bevor das erste Thema zu Ende ist.

Englischhorn, Alt-Oboe, Oboe in tieferer Tonlage (um eine Quinte tiefer, siehe „Oboe").

Engstufig ist ein Thema, wenn die einzelnen Tonschritte nicht weit ausgreifen, sondern eng, „kurz" sind.

Espressivo, mit Ausdruck.

Expressionismus, etwa „Ausdruckskunst". Musikalisch im engeren Sinne: selbständiges Eigenleben der Stimmen ohne Rücksicht auf überkommene Harmoniebegriffe.

F

Fagott, Holzblasinstrument, das schon seit Jahrhunderten im Gebrauch ist. Als tiefes Füllinstrument (im Orchester) tritt es wenig hervor. Dagegen wirkt es als Solo entweder erheiternd oder schüchtern. Der Klang ist tief und näselnd, zuweilen kollernd. Im Fortissimo wird der Klang zuweilen erregend. Tonumfang:

Fantasie, in der Instrumentalmusik freie Gestaltung musikalischer Gedanken ohne Rücksicht auf bestimmte Formen.

Figuration, etwa „Rankenwerk".

Finale, Schlußstück.

Flöte, das beim Spielen quer gehaltene Holzblasinstrument. Der Tonumfang ist ziemlich groß.

Da die Flöte sehr leicht anspricht und ihr perlender Klang im allgemeinen unpersönlich wirkt, hat man sie die „Koloratursängerin" unter den Instrumenten genannt. Aber in der Tiefenlage stehen ihr Klänge zur Verfügung, die man zunächst kaum als „Flötentöne" erkennen wird: gedeckt, dunkel und unheimlich.

Forte, stark, kräftig.

Fortissimo, sehr stark.

Fugato, fugenartige, aber nicht strenge Einsätze.

Fuge, mehrstimmiges Stück, in dem ein Thema von sämtlichen Stimmen in verschiedener Tonlage nachahmend durchgeführt wird.

G

Ganze Note: ○

Geige, höchstes Streichinstrument. Von 1480—1550 umgewandelt aus der älteren

537

Viola (daher: Violine = kleine Viola), voll entwickelt Anfang des 17. Jahrhunderts. Der Ton wird entweder durch Bogenstrich oder durch Zupfen mit dem Finger hervorgebracht. Gestimmt wird die Geige mit ihren vier Saiten.

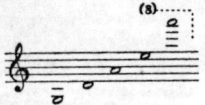

Der Tonumfang reicht im allgemeinen bis zur eingeklammerten Note, kann aber noch höher geführt werden.

Gigue, alter Geschwindtanz im dreiteiligen Takt; später fugenähnliches Instrumentalstück, wobei im zweiten Teil das Thema häufig in der Umkehrung auftritt.

Giocoso, heiter, lustig.

Gitarre, Zupfinstrument, entspricht im wesentlichen der Laute, hat aber einen kleineren, geigenförmigen Schallkörper.

Giusto, recht.

Grave, schwer, ernst.

Grazioso, anmutig.

H

Halbe Note, die Hälfte einer ganzen Note:

Halbtonschritte, Tonfolgen wie

(vgl. auch Chromatik).

Harmonie, eigentlich Gefüge. Im engeren Sinne: Zusammenklang zusammengehöriger Töne.

Holzbläser, Gesamtheit der Blasinstrumente aus Holz, also der Flöten, Oboen, Klarinetten, Fagotte.

Horn, Blechblasinstrument, das sich durch einen weichen Klang von allen übrigen Blechbläsern unterscheidet. Es hat sich aus dem Waldhorn entwickelt. Durch Ventile, die das Ein- und Ausschalten von Bogen in den Schallkörper gestatten, lassen sich nicht nur die Naturtöne, sondern — im Gegensatz zum reinen Waldhorn — auch alle Zwischentöne erzeugen. Das meist gebräuchliche F-Horn hat den Tonumfang:

I

Impressionismus, etwa mit Eindruckskunst zu verdeutschen. Der musikalische Impressionismus richtet sich nicht auf Wiedergabe in festen Formen, sondern vorübergehender, sich verflüchtigender Eindrücke, gibt also Mischfarben, Mischklänge, Mischbewegungen usw.

Intermezzo, Zwischensatz

Introduktion, Einführung, Einleitung.

Invention, „Erfindung", kurzes Tonstück über nur e i n e n musikalischen Gedanken, in nachahmendem Stil.

K

Kanon, strenge Form der sogenannten Nachahmung. Mehrere Stimmen machen die gleichen Tonschritte, aber nicht gleichzeitig, sondern nacheinander, wobei die zweite usw. Stimme nicht immer abzuwarten braucht, bis die erste usw. das Thema beendet hat.

Klarinette, Holzblasinstrument, das erst um die Mitte des 18. Jahrhunderts ins Orchester eingeführt wurde. Es gibt Klarinetten mit verschiedener Stimmung. Die A-Klarinette z. B. mit dem Tonumfang

klingt weich, schwellend und lockend, die Es-Klarinette dagegen heftig und schrill. Die tiefen Klarinetten-Töne können unheilvoll, düster wirken.

Klassik, im engeren Sinne die musikalische Sprache der Zeit Haydns, Mozarts und Beethovens („Wiener Klassik").

Kontrabaß, tiefstes Streichinstrument.

Kontrapunkt, im engeren Sinne Kunst, mehrere selbständige Stimmen zu vereinigen.

Konzertant, konzertierend, im vorliegenden Buch, meist im Sinne von kunstvollspielerisch, solistisch, virtuos gebraucht.

Kopfmotiv, Motiv (siehe dieses), welches am Beginn, am „Kopf" eines Themas oder Tonstückes steht und der weiteren Entwicklung das Gepräge gibt.

L

Larghetto, ziemlich breit, nicht ganz so langsam wie Largo.

Largo, breit, langsamstes Zeitmaß.

Lento, langsam.

Linear, linienhaft, also nicht durch den „senkrechten" Z u s a m m e n klang (Harmonie), sondern durch „waagerechte" Ton f o l g e bestimmt.

Lyrisch, stimmungshaft, empfindungsmäßig.

M

Maestoso, majestätisch, erhaben.

Meno, weniger.

Menuett, altfranzösischer Tanz in mäßig bewegtem $^3/_4$-Takt.

Mezzo, mittel-, halb-.

Moderato, gemäßigte, mäßig rasch.

Modulation, Übergang von einer Tonart zur anderen.

Moll, siehe Dur.

Molto, viel, sehr.

Mosso, bewegt.

Motiv, kleinste musikalische Spannungs- („Bewegungs"-) Einheit.

N

Nachahmung, musikalische Satzweise, in der die einzelnen Stimmen einen von einer anderen Stimme zuvor schon gebrachten Gedanken in ähnlicher Weise wiederaufnehmen, z. B. Kanon, Fuge sind strengere Formen der Nachahmung.

Nocturno (Notturno), Nachtstück, träumerisches Stück.

Non, nicht.

Nonett, Musikstück für neun Stimmen oder Instrumente.

O

Oboe, die alte Schreibart „Hoboe" zeigt noch die Namensherkunft an, nämlich „hautbois", hohes Holz. Etwa dreihundert Jahre bekanntes Holzblasinstrument. Tonumfang:

Der Klang ist herb, leicht näselnd, keusch, nicht so weich wie der der Klarinette, persönlicher als der der Flöte.

Oktave, achte Stufe (vom Ausgangston gerechnet) der Tonleiter.

Oktett, Tonstück für acht Stimmen oder Instrumente.

Ostinato, hartnäckig; ständige Wiederholung eines Tones, Akkordes oder Motivs.

P

Partita, eine Folge („Suite") mehrerer in der gleichen Tonart stehender Tonstücke, ursprünglich vom Tanzcharakter.

Passacaglia, alter Tanz in langsamem, dreiteiligem Takt. Dann entsprechendes Instrumentalstück, das sich auf einem immer wiederkehrenden Thema (meist im Baß) aufbaut.

Pastorale, „hirtenmäßig", ländliches Stück.

Pianissimo, äußerst leise.

Piano, leise.

Piu, mehr.

Pizzikato, wörtlich „gekniffen"; Hervorbringen eines Tones auf Saiteninstrumenten durch Zupfen.

Poco, wenig, ein wenig.

Polyphonie, Vielstimmigkeit, Vielsträngigkeit, Zuordnung gleichberechtigter selbständiger Stimmen.

Polytonalität, „Viel-Tonartlichkeit", Beziehung nicht auf e i n e Grundtonart, sondern auf m e h r e r e (siehe Tonalität).

Präludium, Vorspiel, Einleitung.

Presto, schnell.

Prestissimo, äußerst schnell.

Programm-Musik, Tonstück, für das nicht rein musikalische Gesetze formgebend sind, sondern eine außermusikalische (etwa dichterische und bildhafte) Vorstellung.

Punktierter Rhythmus, z. B. ♪
Der Punkt hinter einer Note verlängert deren Wert um die Hälfte.

Q

Quarte, Abstand von vier Tönen (z. B. c-f).

Quartett, geschlossene instrumentale Vierergruppe.

Quasi, gleichsam.

Quinte, Abstand von fünf Tönen (z. B. c-g).

Quintett, geschlossene Gruppe von fünf Instrumenten.

R

Rezitativisch, nach Art des Sprechgesangs.

Rhapsodie, Stück in freier Form unter Benutzung von volksliederartigen Weisen.

Rhythmus, Grundmaß ständig wiederkehrender Unterschiede von Tönen längerer oder kürzerer Zeitdauer. Nicht zu verwechseln mit „Takt". Z. B. stehen Polonaise

und Mazurka

im ³/₄-Takt, haben jedoch durchaus verschiedenen Rhythmus.

Rokoko, musikalisch die Zeit Phil. Emanuel Bachs, Pergolesis u. a.; Mozart entstammt dem Rokoko, hat es aber in seinen späteren Werken überwunden.

Romantik, im engeren Sinne die musikalische Sprache der Zeit Webers, Schuberts, Schumanns u. a. Im allgemeineren Sinne die gemüthaft-innerliche Empfindungsweise.

Rondo, „Rundgesang". Ein Instrumentalstück, in dem der Hauptgedanke mehrmals wiederkehrt (auch in gewandelter Gestalt), während sich Nebengedanken zwischen die Wiederholungen schieben.

S

Scherzando, scherzo-artig.

Scherzo („Scherz", „Spaß"), Bezeichnung für einen geschwinden, vorwiegend rhythmisch bestimmten Satz von meist heiterem Gepräge, dreiteiliger Takt.

Sechzehntel, der 16. Teil einer ganzen Note:

Sekunde, Abstand zweier benachbarter Töne.

Semplice, einfach, schlicht.

Septett, geschlossene Gruppe von sieben Instrumenten.

Septime, Abstand von sieben Stufen der Tonleiter, z. B. d-c.

Serenade, „Abendmusik", eine Folge von mehreren ständchenartigen Tonstücken.

Sexte, Abstand von sechs Tonstufen, z. B. d-h.

Sextett, geschlossene Gruppe von sechs Instrumenten.

Sforzato, starke Betonung von Einzelnoten oder -akkorden.

Solo, einzeln, allein.

Sonate, ursprünglich nichts anderes als „Klangstück".

Heute meist viersätziges Tonstück für einzelne Instrumente. Der Sonatensatz ist dreiteilig: Themenaufstellung mit Uberleitung und Schlußstück — Durchführung — Themenwiederaufnahme mit Coda.

Sostenuto, gehalten.

Spiritoso (spirituoso), geistvoll.

Stakkato, gestoßen.

Stretta, beschleunigter Ausgang eines Musikstücks (eigentlich „gedrängt").

Suite, „Folge", Tonstück von mindestens vier, meist mehr Sätzen tanzartigen Charakters. Die Bezeichnung wird sehr frei gebraucht.

Synkope, Verbindung eines schwachen mit einem guten Zeitwert, wodurch die Betonung sich auf den schwachen Zeitwert verschiebt, „gegen den Takt". Z. B.

T

Takt, höhere Einheit mehrerer Zählzeiten. Z. B.: im $^4/_4$-Takt ist jedes Viertel eine Zählzeit, vier Viertel zusammen bilden den Takt. 1. und 3. Viertel sind dabei meist betonte, „gute", 2. und 4. Viertel weniger betonte, „schlechte" Taktteile.

Tanto, sehr.

Thema, musikalischer, in sich geschlossener Gedanke (größer als Motiv).

Themenaufstellung, in einem Tonstück der erste Hauptteil, in dem die Themen (meist zwei) aufgestellt, durch eine Uberleitung verbunden und durch ein Schlußstück abgeschlossen werden (siehe auch Sonate).

Tonalität. Beziehung von Tönen oder Akkorden auf e i n e n Grundton oder Grundakkord.

Tonart, Festlegung des Tongeschlechts und des Grundtons dieses Tongeschlechts: also Moll oder Dur (siehe dieses) über einem bestimmten Grundton.

Triller, schneller Wechsel eines Tones mit seinem Nachbarton.

Trio, eigentlich jede Dreiheit. In unserem Sinne entweder eine Gruppe von drei Instrumenten (z. B. das „Streichtrio" von Geige, Bratsche und Cello) oder das langsamere Mittelstück eines meist tänzerisch bewegten Satzes (Menuett, Scherzo).

Triole, drei Töne anstelle zweier von der gleichen Gesamtdauer.

Troppo, zu sehr, zu viel.

U

Umkehrung, die Stimmschritte eines Motivs oder Themas erfolgen in umgekehrter Richtung (z. B. ist c-d-e die Umkehrung von e-d-c).

Unisono, einstimmig, wobei die tieferen Instrumente auch

in den unteren Oktaven geführt sein können.

V

Variation, Veränderung. Harmonische, melodische oder rhythmische Veränderung eines musikalischen Gedankens, aber so, daß er in irgendeiner Form noch erkennbar bleibt.

Vergrößerung oder Verlängerung. Streckung eines Themas oder Motivs auf längere Notenwerte.

Verkürzung oder Verkleinerung, der umgekehrte Vorgang wie bei der Vergrößerung.

Viertel, vierter Teil einer ganzen Note:

Vierundsechzigstel, der 64. Teil einer ganzen Note:

Virtuos, tüchtig im rein technischen, zuweilen äußerlichen Sinne.

Vokalise, eigentlich: Übung im Tonleitersingen auf Selbstlauten („Vokalen"); dann auch instrumentales Nachahmen solchen Tonleitersingens.

Vorklassik, etwa die Sprache des musikalischen Rokoko.

Z

Zweiunddreißigstel, der 32. Teil einer ganzen Note:

Zwölfton-System, Lehre oder Kompositionsweise, in der die Töne und Klänge eines Musikstücks nicht auf einen Grundton oder Grundakkord bezogen werden (wie im tonalen System), sondern in der alle zwölf Töne der Halbtonleiter gleichberechtigt sind. Um der möglichen Willkür zu steuern, gilt die allgemeine Regel, daß ein Ton in einem Thema erst dann wieder auftreten darf, wenn zuvor die übrigen elf Töne erklungen sind.

ALPHABETISCHES NAMEN- UND WERKVERZEICHNIS